A SURVEY OF

French Literature

VOLUME FOUR:
THE NINETEENTH CENTURY

A SURVEY OF

French Literature

VOLUME FOUR:
THE NINETEENTH CENTURY

MORRIS BISHOP

THIRD EDITION

KENNETH T. RIVERS

 Publishing
R. Pullins Co.

For Dianna Lipp Rivers

with added appreciation to
Beatrice Rivers and Alison Jolly

NOTE ABOUT ILLUSTRATIONS

One of the most easily noticed differences between this edition and its predecessors is the addition of extensive visual material. Nearly half the new illustrations included have come from the Bibliothèque nationale de France (the French National Library), which was of considerable help to the editor. The remaining illustrations are, except for the few noted otherwise, in the public domain and derived primarily from rare books in private collections. The line drawings illustrating each century are by Alison Mason Kingsbury; they constitute the only pictures carried over from the previous editions.

Table of Contents

(All works are complete unless otherwise indicated.)

Preface

The editors of this compilation have been guided by certain principles: to introduce the student to the greatest masters of French literature; to make a Survey of Literature rather than a course in literary history; to choose famous examples rather than obscure ones; to choose examples more for their merit, interest, and present vitality than for their "significance" or importance for other than literary reasons; to present one long selection in preference to a collection of *morceaux*; and to make the entire text as user-friendly as possible for instructor and student alike.

This volume is divided into twenty lessons, representing the maximum number of assignments usually possible in an American college semester. Even so, in the choice of selections, the editors have been forced to compromise sometimes. In choosing texts, a balancing of qualities has been necessary, as not every work of an important author is simultaneously interesting, famous, self-contained, and of convenient length. The case of Balzac may serve as an illustration of the editors' problems and of their effort to resolve them. Balzac's great novels, flowing and diverse as life itself, do not well lend themselves to excerpting. Some of the most familiar of his short stories seemed unsatisfactory for one reason or another. The editors chose *La Femme abandonnée*, which, though much praised by the critics, is not famous in the way that, for example, the rather lackluster story *Le Curé de Tours* is famous. *La Femme abandonnée*, if not famous, is interesting, lively, self-contained, and of convenient length; it is splendidly illustrative of Balzac's purpose and method. Thus the editors made what seemed to them the best choice for the readers' purposes.

In this Third Edition, account has been taken of suggestions offered by many over past years. We are proud to give a greater representation to women writers, such as Madame de Staël and George Sand, both of whom have now been added to our roster of nineteenth-century authors. The selections from a few other authors throughout the edition have been further abridged to make them more manageable for class assignments. The footnotes have been somewhat amplified throughout, in order to assist students who may not have the strongest of vocabularies or much background in French culture. The introductions have been expanded, updated, and reorganized. Bibliographical information is now included at the end of the volume. And as regards the appearance of the text, numerous visual materials have been added, including, where possible, portraits of authors or pictures of their home-town areas in order to give a sense of social context and make their work seem all the more real to the reader. Moreover, the appearance of the text has been modernized to enhance clarity and ease of use.

Your editors will embark on no long defense of their own judgment, which others have every right to impugn. No doubt every instructor will quarrel with some of the editors' choices and omissions. Many readers will undoubtedly be delighted to learn that we have brought back Gautier, Leconte de Lisle, and Heredia, who were absent from the Second Edition after having appeared in the First. We believe these restored writers in this Third Edition may properly stand with their illustrious predecessors. Some readers will bemoan the absence of Nerval, Daudet and A. France, and the shortening of the list of some author's poems. We are sorry, but France has happily produced more immortals with more great works to their credit than we can accommodate. Still, we have presumably more than enough for anyone's needs.

Introductions and footnotes are in English. Our students apprehend and remember best what they have read in their own idiom, without the intrusion of language difficulties. They need not labor with an editor's French; they might better get on as fast as possible to the memorable words of the great authors.

In the footnotes, words and phrases which would not be in the vocabulary of a typical good student are translated, and other aids to fluent reading and ready comprehension are given. Since footnotes should aid and not distract, the editor has struggled against the temptation to give unnecessary information. What is there is enough to keep most students from having to consult the dictionary or the encyclopedia very often.

Introduction

Literature is the best that man has ever thought and dreamed. As such, it has always been the substance of liberal education in the Western world, in ancient Greece and Rome, in Moslem lands, in China. It has served to form young minds according to the tradition of their culture and of the world. It has been welcome to the young, for it has given them access to understanding, strength, solace, and joy.

Among the literatures of the world, each nationality naturally chooses its own as the most helpful and harmonious to its spirit. For most of us, English literature, including American, is the richest and the most directly appealing. There may be some dispute as to which literature is second in importance. Some would elect Greek literature, some German; and other claims may be made. But for the great majority of educated Americans, French literature comes second to English for its past and present meaning.

Each national literature has its general characteristics, as well as its list of master-pieces.

In the first place, French literature, by comparison with others, is a *serious* literature. French writers have always been deeply concerned with the essential problems of man in his world, with the definition of his relation to Nature and to God, with the analysis of his behavior in society, with the understanding of his obscure emotions. French authors often cast their observations in a light and graceful form, but on the whole they are more interested in presenting a general contention about life than are their English or American counterparts.

The seriousness of the writer is matched by the seriousness of the French reader. The intellectual content of the average French book is greater than that of a corresponding American book. The French read books instead of magazines; the sale of serious books in proportion to the population is larger in France than in the United States. Every French newspaper reserves a section for literary articles and discussions, and even when, during the Second World War, the newspapers were reduced to two or four pages, the literary columns were preserved. The universal French respect for literature has given its authors a popular prestige which both rewards and stimulates them.

Secondly, French literature is a *rational* literature. It derives more from cold and sober reason than from the mysterious impulses of inspiration. It is a literature of the idea, of thought, rather than of the lyric outburst. Unlike Italian and English literature, it is supreme in prose rather than in poetry. The French seek in their reading more an intellectual pleasure than an emotional experience. (There are many exceptions to these statements, of course; that is the fault of all generalizations.)

French literature is, thirdly, a *psychological* literature. The center of its concern is man's nature as revealed by his actions. The first great monument of French literature, the *Chanson de Roland,* is a fine, stirring epic of battle and adventure; but even in this primitive tale the events are provoked by the character of the actors. This preoccupation with human psychology has continued to our own time. To the French, man is more interesting than external Nature, than machinery, commerce, the technics of civilization.

Fourthly, French literature is, relative to many others, *free.* Despite external restrictions imposed in certain periods, French writers have always been impelled to push their thought and observation to their logical ends. If their speculation brings them to perilous and unwelcome conclusions, if they discover evil and ugliness in the human spirit, they will not be deterred by convention from stating their conclusions. For this reason, more squeamish peoples than the French have invested French literature with an aura of wickedness, with regard to both the radicalism of its thought and its frankness in reporting the relations of the sexes.

Fifthly and finally, French literature is *artistic*. The French are deeply conscious of form in all the arts. They admire good technique. They are trained in their schools to an exact appreciation of literary form by the remorseless word-by-word analysis of paragraphs and stanzas. Practically everyone who can read a newspaper has strong opinions about literary style. When Victor Hugo's *Hernani* was staged, a run-on line (in which the thought is carried from one line to the next without a break, contrary to classic rule) caused a riot in the audience.

As the public has a strong sense of literary form, the author typically is intensely concerned with questions of technique. He weighs his words, plays endlessly with *la coupe de la phrase*; he insists upon the *ordonnance,* or harmonious structure, of the whole. The result is that most literary judges regard French literature as the most notably artistic in the world. (In Camus' *La Peste* a would-be author spends his entire life working on the first sentence of his novel. The American reader finds this development absurd; to the French it is grotesque, but not absurd.)

Such are the most striking qualities of French literature, as they seem to your editor, after a lifetime of reading. His judgments are by no means final; they are to be taken as casts at truth, not Truth, not dogmas to be memorized for examination purposes.

The student should read with a free mind, accepting or rejecting the critical judgments provided, developing one's own critical judgment. Reading is itself a creative act. There is no reward in the dull repetition of secondhand opinions. Students should not let someone else do their reading for them.

The reward of reading is the literary experience by which one lends oneself to great writers, accepts as much as possible of their wisdom, shares in the story they tell, feels the delayed charge of their poetic emotion. What one should gain from the reading of this book is a greater understanding, if not wisdom. And what one should chiefly gain is pleasure. For intellectual pleasure, of a high, rare, and noble quality, is the chief end of literary study.

The editor congratulates you, the student, on the opportunity you will have, in reading this book, to gain understanding and delight. The editor envies you.

M. B.

✤ ✤ ✤

The beliefs that Morris Bishop expressed above were highly popular in the mid-twentieth century when he expressed them. Like others of his generation, he clearly believed that literature, even when secular, was something sacred and ennobling. In ensuing years, this belief became somewhat degraded in our society. Even some academics went so far as to see literature as corruptive of morals and wasteful of the precious resources of higher education. Similarly, the biographical approach that was synonymous with Morris Bishop fell into disfavor as formalists and post-structuralists often deleted "the author" from their studies and concentrated solely on the literary text in isolation. Now, the twenty-first century is seeing a strong revival of interest in biography and other historical studies designed to give the text an understandable context in which to be analyzed. And American universities are increasingly recognizing the need for students to have the literature of the world in their curriculum to help them become truly cultivated and aware citizens of the planet. The Bishop approach is back, and to good purpose. International understanding is the noblest of goals, and the study of French literature, central to Western culture and thought for over a thousand years, is definitely one of the finest places to start—and one of the most pleasurable as well. Congratulations to all of you who are about to experience this profound and stimulating literature for the first time, and also those of you who are back to experience it once again. Like my predecessor, this editor envies you.

K.R., 2005

The Early Nineteenth Century

Time Line of the Early Nineteenth Century

1800	1825	1850

HISTORY

1804. Napoleon becomes Emperor of France
1812. France's Invasion of Russia
1815. Hundred Days; Waterloo; Napoleon exiled definitively
1815–24. Restoration of the Monarchy; Louis XVIII
1818. Géricault: Romantic painting
1821. Death of Napoleon
1821. Greek Revolt
1824–30. Charles X
1830. The July Revolution
1830–48. Louis-Philippe
1837. England's Queen Victoria
1848. European revolutions
1848–51. Second Republic

FRENCH LITERATURE

1800. Mme de Staël: *De la Littérature*
1801. Chateaubriand: *Atala*
1802. Chateaubriand: *Génie du christianisme*
1810. Mme de Staël: *De l'Allemagne*
1820. Lamartine: *Méditations*
1822. Hugo: *Odes et Ballades*
1826. Vigny: *Poèmes antiques et modernes*
1827. Hugo: *Cromwell*
1828. Sainte-Beuve: *Tableau de la poésie*
1829. Mérimée: *Tamango*
1830. Hugo: *Hernani*
1831. Stendhal: *Le Rouge et le Noir*
1831. Hugo: *Notre-Dame de Paris*
1833. Balzac: *Eugénie Grandet*
1834. Balzac: *Le Père Goriot*
1835. Musset: *La Nuit de mai*
1835. Vigny: *Chatterton*
1839. Stendhal: *La Chartreuse de Parme*
1840+. Sainte-Beuve: *Port Royal*
1844. Dumas: *Les Trois Mousquetaires*
1845. Mérimée: *Carmen*
1848. Chateaubriand: *Mémoires d'outre-tombe*
1849. George Sand: *La Petite Fadette*

OTHER LITERATURES

1805. Wordsworth: *Prelude*
1808. Goethe: *Faust*, Part I
1812. Byron: *Childe Harold*
1817. Keats: *Poems*
1817. Franklin: *Autobiography*
1818. Leopardi: *All'Italia*
1818. Schopenhauer: *Die Welt als Wille and Vorstellung*
1819. Shelley: *Prometheus Unbound*
1819. Irving: *Sketch Book*
1820. Scott: *Ivanhoe*
1821–23. Manzoni: *I promessi sposi*
1827. Poe: *Tamerlane*
1835. Browning: *Paracelsus*
1836. Emerson: *Nature*
1837. Carlyle: *French Revolution*
1837. Dickens: *Pickwick Papers*
1842. Gogol: *Dead Souls*
1845. Wagner: *Tannhäuser*
1848. Thackeray: *Vanity Fair*

Diversity and Revolt

The nineteenth century stands out as a century of unprecedented variety of form and content, strongly marked by intellectual and emotional rebellion. Like the Renaissance, it was a time of *vital energy,* not in this case merely west-European, but worldwide. It was a century of *revolution,* philosophical, social, industrial, and political.

The intellectual revolution went from seeing the universe as static to dynamic. The conception of the cosmos as a static mechanism implies that it was created once for all; man's effort was to understand its universal perfection. The conception of the cosmos as a dynamic organism implies that it is changing and growing, that there is no absolute perfection and no preestablished pattern for philosophy, art, government, anything — even truth. Thus the way is opened for all diversity, for every originality.

The social revolution meant the downfall of the noble aristocracy, the rise of the business class (bourgeoisie), the substitution of wealth for rank as the badge of the world's esteem. The industrial revolution made life easier, more agreeable, for many (by, for instance, the diffusion of cheap newspapers and cheap lighting to read them by). At the same time it created a new class, the industrial proletariat, made up mostly of factory workers whose lives were often, according to sober social historians, more wretched than those of medieval serfs.

The political revolutions undermined the old accepted systems. Kings found it necessary to justify themselves by works, to accept constitutions guaranteeing popular rights. Most of Europe moved toward liberalism, male suffrage, and removal of at least some censorship. France came twice to the edge of communism (in 1848 and 1871).

Literacy, Theories and "-isms"

The effect of these revolutions was, in our field, to create a new public of relatively uneducated but competent readers and a new class of professional writers, living, sometimes very well, by the pen. These writers developed a new type of literature for the mass public, often violently at odds with the type of literature for the cultivated few, the elite. We shall be concerned with both types of literature.

This literature, or these literatures, were governed by *literary theories,* sometimes formulated, sometimes implicit. These theories, propounded by and for the few, usually lived briefly, dwindled, and died. But some of them proved to be vital and vigorous; they were communicated, though in diluted form, to the literature for the many.

Three literary theories were most vitally effective in French nineteenth-century literature. These were *Romanticism, Realism, and Symbolism.* In some respects, all three were reactions against Classicism and Neo-classicism – the strict, highly standardized literary codes of the seventeenth and eighteenth centuries – which governed supposedly good taste and never really died out, at least as far as elitist critics were concerned. So, to a large extent, the writers that we are going to be covering were the creative ones who were largely considered the crazy, radical fringe of literature in their day.

I. Le Romantisme

Romanticism (*le romantisme*), like Classicism (*le classicisme*), has so many meanings that no definition of it can totally suffice. Let us then distinguish: Romanticism has a large meaning and a small meaning.

In its *large meaning,* Romanticism is a state of mind that has always existed, that exists today. It is the prizing of emotion above reason; it is tender-mindedness versus tough-mindedness (according to William James); it is the desire and expectation of change rather than the desire and expectation of fixity (Jacques Barzun); it is organicism, dynamism, diversitarianism (Arthur O. Lovejoy); it is the recognition of the subconscious (F.L. Lucas); its values are change, imperfection, growth, diversity, the creative imagination, the unconscious (Morse Peckham). In this large sense Euripides was a Romantic. So was Shakespeare; so were D. H. Lawrence and James Joyce.

This state of mind was very marked in the French *pre-Romantics,* especially Rousseau. It became a school in eighteenth-century Germany; Wolfgang Goethe's *Sorrows of Werther* (1773) had a great influence in France. English Romanticism likewise took form in the mid-eighteenth century, with Richardson, Cowper, and Macpherson eventually leading to great nineteenth century Romantics such as Byron, Shelley, and Keats. The romantic spirit invaded not only literature but philosophy, graphic art, music, even costume, even behavior.

But it is the *small meaning* of Romanticism that prevails in French literary history. In the small meaning, Romanticism is a literary theory elaborated and practiced by a group of writers in the early nineteenth century. It flourished from about 1820 to about 1850, and its period of dominance lasted only from 1830 to 1843. Its constant characteristics are the search for emotion and passion, the mood swing between depression and exaltation, the taste for the mysterious and often the fantastic, the glorification of individualism, the esteem of personal lyricism.

The admiration of the Romantics for their own passion had its effect on their lives as well as on their works. Inspiration was regarded as sacred, justifying any infringement of social rules as well as any violation of literary tradition. (Modern insistence on "self-expression" is a Romantic trait.) In order to give free play to inspiration the Romantics developed their own *literary doctrine.*

According to this doctrine, Romanticism had a duty to oppose Classicism. For centuries, Classicism had imposed a standard requiring noble subject matter, universal themes, simple yet elegant style, mature perspectives, strict rules of form and content, and a limited vocabulary. Romantics felt that Classicism had gone stale and could appeal only to their grandparents. The inherited rules of classic literature were to be abolished, for they interfered with the free expression of inspiration. There should be no limitation on *subject matter*; the grotesque should accompany the sublime, the ugly should pair with the beautiful. Since the writer's imagination was unhappy in the commercialized, industrialized present, it would flee – not to the idealized marble purity of ancient Greece and Rome, as in Classicism, but to the strange, devil-haunted mystery of the Middle Ages. In *form,* the artist was free to follow wherever inspiration should lead. He would not be bound by Boileau's distinctions of *genres,* tragedy, comedy, and the rest. He would cast off all the rules that fettered *verse form.* And in *language,* he would accept any word that pleased him; there should no longer be any distinction between the *style noble* and the *style bas.* "Je mis un bonnet rouge au vieux dictionnaire," said Hugo, in reference to the red cap worn by radicals in the French Revolution.

The Romantic theory readily lends itself to absurd exaggerations in practice. But the Romantic poet, wild-eyed, wild-haired, quivering with self-induced emotion, has been sufficiently mocked. The fact is that the Romantics gave to French literature some of its greatest masterpieces. And the Romantic innovations have never been revoked. In modern times, we tend to agree that literature should be free, that it should render all accessible reality, that it must express the individual's mysterious emotional life, including the subconscious. What most of us regard today as poetry is the lyricism conceived and shaped by the Romantics. We agree even that inspiration is more important to the artist than hard work. We believe that genius exists. Modern literature is inconceivable without the contributions of the Romantics.

François-René de Chateaubriand

[1768–1848]

Launching Romanticism

François-René de Chateaubriand was a pure Romantic, in the larger sense of the word. In the smaller sense (an adherent of a certain French literary school, with its defined doctrines and aesthetic), he was not a full-fledged member, but a great forerunner, like his predecessor Jean-Jacques Rousseau. Although he would, to some extent, regret the monster of Romanticism that he created, Chateaubriand did open the way to the Romantics by his idealization of the mysterious ego, by his poetic, emotional description of exotic nature, by his aesthetic Christianity, by his appreciation of the Middle Ages. He transformed French prose, revealing its powers of rendering sensuous meaning in harmonious cadences. And he was the first – and perhaps the only – great literary figure of the first decade of the nineteenth century in France.

François-René de Chateaubriand. Courtesy of Bibliothèque nationale de France.

A Haunted Youth

The tenth child of a Breton nobleman, he was born in Britanny at the picturesque seaside town of Saint-Malo, on a night of howling tempest, Nature's salute (so he thought) to the future master. He was brought up mostly in the grim, spooky, solitary castle of Combourg; you will read in a moment his eerie memories of his haunted youth. His dearest companion was his sister Lucile, excessively emotional, gifted (so she thought) with psychic powers. His adolescence was difficult; he once attempted suicide. A lieutenant in the royal army, he scorned the decadence of the court, looked skeptically on revealed religion, and dreamed of a new, free, Rousseauan world, based on Nature's laws. He could not, however, bring himself to join the revolutionists of 1789.

Imaginative Travels

In 1791 he came to America. He wished to see the free natural savages of the forests and the new free social men of the young Republic side by side. He had also the fantastic purpose of building two enormous covered wagons, proceeding westward to the Pacific, journeying north to Alaska, and returning along the arctic coast via Hudson Bay to civilization.

What did he do in America? He *says* that he interviewed General Washington in Philadelphia, went to Boston to see the sacred battlefield of Lexington, returned to New York, sailed up the Hudson to Albany, rode to Niagara Falls, crossed western Pennsylvania to Pittsburgh, descended the Ohio and Mississippi to Natchez, made a side trip to Florida, returned overland via Nashville to Chillicothe, Ohio (which was in fact still untouched wilderness). There he learned of King Louis XVI's flight and recapture. He returned to France immediately to fight on the royal side.

What in fact did he do in America? His interview with Washington is pure imagination. The itinerary he describes is an absolute impossibility, in his four and a half months in this country. An intensive search has so far revealed no independent check on his own assertions. No one noticed him on his travels (and he must have been rather striking, since, he says, he was wearing a bearskin robe and a red woolen cap with ear tabs, in a New York August.) None of the stories he tells can be corroborated; some of his assertions are grotesquely impossible. He probably made the journey to Niagara, and then returned to Philadelphia. But, for our purposes, it makes no difference what he did or did not see. The important thing is that in his American experiences he found material for great art.

He returned to France, married (frankly for money), joined the royalist army in Belgium, was wounded, and took refuge in London. There he was penniless and hungry; he ate (he *says*) even grass and paper. He lived somehow by tutoring, and began writing in earnest.

Religious Inspiration and Literature

Chateaubriand wrote an *Essai sur les Révolutions,* skeptical, radical, anti-Catholic. He then wrote the pro-religious tract *Le Génie du christianisme*, either because he was mystically converted ("j'ai pleuré et j'ai cru," he says) or because, as a troublesome story goes, his London publisher persuaded him that atheism was out and that Christianity would sell books.) An extract, *Atala,* appeared in 1801, and suddenly made Chateaubriand famous. *Atala* is a prose poem, a pulsing tale of love and Christian faith in a wild American setting. It is vibrant with emotion, sumptuous in description of exotic nature.

Le Génie du christianisme (1802) is a defense of Catholicism more on *aesthetic* than on *rational* grounds. It emphasizes the beauty of Christian doctrine and ceremony. The art inspired by Christianity, literary, graphic, plastic, architectural, surpasses any pagan art, he says. Especially the art and architecture of the Middle Ages deserve our reverent admiration, he asserts, pleading that the French should open their eyes to the splendor of their own past.

The *Mal du Siècle*

Interpolated in *Le Génie du christianisme* is the story of *René*. René is Chateaubriand's young self; even the name is his own. He is intensely emotional, and he observes his emotion with fascination. He alternates between fits of frenzy and periods of pathological boredom. Conscious of his superiority to the world, contemptuous of religion, he sees no recourse but suicide. A mild manic depressive, we might say. But in his own time, René represented the superior young man's dream-picture of himself. It became fashionable to confront the world with loathing and despair, to patrol lonely cliffs on stormy midnights, to be at the same time a misanthropic hermit and a volcano of passion. This attitude, or affliction, became known as *le mal de René,* and later as *le mal du siècle.* This astonishing glorification of bipolar disorder would wreck havoc with the literary world and even society in general for decades to come.

Chateaubriand evidently conceived and wrote *René* as a part of an *épopée de l'homme de la nature.* He adapted it to the purpose of his *Génie du christianisme* by arguing that he was teaching the young not to withdraw from their duties toward society, and that he was showing the evil results of eighteenth-century skepticism (for the Renés of the past would have found peace in a monastery).

Many readers of the story wonder whether the *"criminelle passion"* of Amélie for René was founded on fact; that is, whether Lucile de Chateaubriand's love for her brother was abnormal. Most admirers of Chateaubriand insist that he put in the suggestion of incest to make the story more exciting. Lucile, in fact, married and was widowed and, mentally deranged, died as a boarder in a convent. (Sainte-Beuve says she killed herself.) Chateaubriand did not even attempt to discover and mark her grave.

There is little need to describe Chateaubriand's other works, valuable and influential though they are — works such as *Les Martyrs* (1809), *L'Itinéraire de Paris à Jérusalem* (1811), *Mémoires d'outre-tombe* (1848–1850). Nor is there need for much detail about his eminent political career, in which he was ambassador to Berlin, London, and Rome, and served as the Minister of Foreign Affairs under Louis XVIII. (Gourmets will be interested to know that Chateaubriand's chef in London did indeed invent the beefsteak dish still known in restaurants as *Chateaubriand*. His recipe was: cook a sirloin steak stacked between two others; when the two outer ones are blackened, throw them away and eat the middle one. The family dog must have eaten uncommonly well in their household.)

Chateaubriand died in 1848 and was buried, by his own arrangement, on a rocky islet off Saint-Malo, beaten by all the storms from the Atlantic ocean ("Levez-vous vite, orages désirés…"). A statue of the author still marks the spot.

Unstable Enchantment

The twenty-first century reader, especially in a cynical mood, may be inclined to find Chateaubriand insufferably vain, ridiculous in his tragic pose, untrustworthy with facts, and mentally unstable, all of which is undeniable. Why, then, is Chateaubriand still esteemed so highly? The answer lies in the richness of his creative imagination, and especially in the magic of his style, which, for most admirers, redeems every shortcoming. In his descriptions, such as those of the awe and mystery of American solitudes, he sought to transpose visual sensations into musical prose. Any reader who develops an ear for the evocative harmonies of the French language as used by Chateaubriand will understand why he has been called, for the past two centuries, the Enchanter.

MÉMOIRES D'OUTRE-TOMBE[1]

[*Excerpts*]

La Vie au château de Combourg[2]

Pendant la mauvaise saison, des mois entiers s'écoulaient sans qu'aucune créature humaine frappât à la porte de notre forteresse.[3] Si la tristesse était grande sur les bruyères[4] de Combourg, elle était encore plus grande au château: on éprouvait, en pénétrant sous ses voûtes, la même sensation qu'en entrant à la Chartreuse de Grenoble…[5]

Le calme morne du château de Combourg était augmenté par l'humeur taciturne et insociable de mon père. Au lieu de resserrer sa famille et ses gens autour de lui, il les avait dispersés à toutes les aires de vent[6] de l'édifice. Sa chambre à coucher était placée dans la petite tour de l'est, et son cabinet[7] dans la petite tour de l'ouest. Les meubles de ce cabinet consistaient en trois chaises de cuir noir et une table couverte de titres[8] et de parchemins. Un arbre généalogique de la famille des Chateaubriand tapissait le manteau de la cheminée, et dans l'embrasure d'une fenêtre on voyait toutes sortes d'armes, depuis le pistolet jusqu'à l'espingole.[9] L'appartement de ma mère régnait au-dessus de la grand'salle, entre les deux petites tours: il était parqueté[10] et orné de glaces de Venise à facettes.[11] Ma sœur[12] habitait un cabinet dépendant de l'appartement de ma mère. La femme de chambre couchait loin de là, dans le corps de logis[13] des grandes tours. Moi, j'étais niché dans une espèce de cellule isolée, au haut de la tourelle de l'escalier[14] qui communiquait de la cour intérieure aux diverses parties du château. Au bas de cet escalier, le valet de chambre de mon père et le domestique[15] gisaient[16] dans les caveaux voûtés, et la cuisinière tenait garnison[17] dans la grosse tour de l'ouest.

Mon père se levait[18] à quatre heures du matin, hiver comme été: il venait dans la cour intérieure appeler et éveiller son valet de chambre, à l'entrée de la tourelle. On lui apportait un peu de café à cinq heures; il travaillait ensuite dans son cabinet jusqu'à midi. Ma mère et ma sœur déjeunaient chacune dans leur chambre, à huit heures du matin. Je n'avais aucune heure fixe, ni pour me lever, ni pour déjeuner; j'étais censé[19] étudier jusqu'à midi: la plupart du temps je ne faisais rien.

A onze heures et demie, on sonnait le dîner que l'on servait à midi. La grand'salle était à la fois salle à manger et salon; on dînait et l'on soupait à l'une de ses extrémités du côté de l'est; après le repas, on se venait placer[20] à l'autre extrémité du côté

---

1. These 1848 memoirs "from beyond the tomb" were posthumous in that Chateaubriand submitted them to his publisher just before his death.
2. Combourg, about 25 miles southeast of Saint-Malo, in Brittany.
3. The castle dates in part from the eleventh century; it still stands. Chateaubriand was sixteen years old at the period he describes.
4. *bruyères:* heath.
5. *Chartreuse de Grenoble:* picturesque eleventh-century monastery in the mountains of southeast France.
6. *aires de vent:* points of the compass.
7. *cabinet:* study, small room.
8. *titres:* deeds, certificates of ownership.
9. *espingole:* blunderbuss.

10. *parqueté:* floored with inlaid wood.
11. *à facettes:* made of fitted sections.
12. *Ma sœur:* i. e., Lucile.
13. *corps de logis:* main block of building.
14. *tourelle de l'escalier:* tower enclosing circular staircase. Chateaubriand considers his room to be both a medieval tower room and a quasi-monastic cell.
15. *domestique:* servant staff.
16. *gisaient:* lay, were lodged.
17. *tenait garnison:* was quartered.
18. *se levait:* Notice the force of the imperfect tense throughout. Chateaubriand is indicating habitual repetition of the household activities.
19. *censé:* supposed.
20. *se venait placer = venait se placer.*

Combourg Château. Courtesy of Bibliothèque nationale de France.

de l'ouest, devant une énorme cheminée. La grand'salle était boisée,[21] peinte en gris blanc et ornée de vieux portraits depuis le règne de François Ier jusqu'à celui de Louis XIV;[22] parmi ces portraits, on distinguait ceux de Condé et de Turenne:[23] un tableau représentant Hector tué par Achille sous les murs de Troie[24] était suspendu au-dessus de la cheminée.

Le dîner fait, on restait ensemble, jusqu'à deux heures. Alors, si[25] l'été, mon père prenait le divertissement de la pêche, visitait ses potagers,[26] se promenait dans l'étendue du vol du chapon;[27] si l'automne et l'hiver, il partait pour la chasse, ma mère se retirait dans la chapelle, où elle passait quelques heures en prière. Cette chapelle était un oratoire sombre, embelli de bons tableaux des plus grands maîtres, qu'on ne s'attendait guère à trouver dans un château féodal, au fond de la Bretagne. J'ai aujourd'hui en ma possession une *Sainte Famille* de l'Albane,[28] peinte sur cuivre, tirée de cette chapelle: c'est tout ce qui me reste de Combourg.

Mon père parti et ma mère en prière, Lucile s'enfermait dans sa chambre; je regagnais ma cellule, ou j'allais courir les champs.

A huit heures, la cloche annonçait le souper. Après le souper, dans les beaux jours, on s'asseyait sur le perron.[29] Mon père, armé de son fusil, tirait des chouettes[30] qui sortaient des créneaux[31] à l'entrée de la nuit. Ma mère, Lucile et moi, nous regardions le ciel, les bois, les derniers rayons du soleil, les premières étoiles. A dix heures on rentrait et l'on se couchait.

---

21. *boisée:* wainscoted.
22. *François Ier:* reigned 1515–47; *Louis XIV:* reigned 1643–1715.
23. *Condé, Turenne:* famous generals, period of Louis XIV.
24. *Hector tué par Achille sous les murs de Troie:* In Homer's ancient Greek epic poem *The Iliad*, the Greek hero Achilles defeats and kills the Trojan hero Hector in the city of Troy, believed to be in present-day Turkey. Such a scene would have been typical for an eighteenth-century Classical painting. However, the average family would not have had such a collection of king's portraits and battle scenes in their living room.
25. *si = si c'était.*
26. *potagers:* kitchen gardens.
27. *vol du chapon:* as far as a capon can fly — about 200 feet. (Term used in medieval definitions of land rights.)
28. *Albane:* Albani, seventeenth-century painter.
29. *perron:* entrance steps.
30. *tirait des chouettes:* would shoot owls.
31. *créneaux:* battlements.

Les soirées d'automne et d'hiver étaient d'une autre nature. Le souper fini et les quatre convives revenus de la table à la cheminée, ma mère se jetait, en soupirant, sur un vieux lit de jour[32] de siamoise flambée;[33] on mettait devant elle un guéridon[34] avec une bougie. Je m'asseyais auprès du feu avec Lucile; les domestiques enlevaient le couvert et se retiraient. Mon père commençait alors une promenade qui ne cessait qu'à l'heure de son coucher. Il était vêtu d'une robe de ratine[35] blanche, ou plutôt d'une espèce de manteau que je n'ai vu qu'à lui. Sa tête, demi-chauve, était couverte d'un grand bonnet blanc qui se tenait tout droit. Lorsqu'en se promenant il s'éloignait du foyer, la vaste salle était si peu éclairée par une seule bougie qu'on ne le voyait plus; on l'entendait seulement encore marcher dans les ténèbres: puis il revenait lentement vers la lumière et émergeait peu à peu de l'obscurité, comme un spectre, avec sa robe blanche, son bonnet blanc, sa figure longue et pâle. Lucile et moi, nous échangions quelques mots à voix basse quand il était à l'autre bout de la salle; nous nous taisions quand il se rapprochait de nous. Il nous disait en passant: « De quoi parliez-vous? » Saisis de terreur, nous ne répondions rien; il continuait sa marche. Le reste de la soirée, l'oreille n'était plus frappée que du bruit mesuré de ses pas, des soupirs de ma mère et du murmure du vent.

Dix heures sonnaient à l'horloge du château: mon père s'arrêtait; le même ressort[36] qui avait soulevé de marteau[37] de l'horloge semblait avoir suspendu ses pas. Il tirait sa montre, la montait,[38] prenait un grand flambeau[39] d'argent surmonté d'une grande bougie, entrait un moment dans la petite tour de l'ouest, puis revenait, son flambeau à la main, et s'avançait vers sa chambre à coucher, dépendante de la petite tour de l'est. Lucile et moi, nous nous tenions sur son passage; nous l'embrassions en lui souhaitant une bonne nuit. Il penchait vers nous sa joue sèche et creuse sans nous répondre, continuait sa route et se retirait au fond de la tour, dont nous entendions les portes se refermer sur lui.

Le talisman[40] était brisé; ma mère, ma sœur et moi, transformés en statues par la présence de mon père, nous recouvrions les fonctions de la vie. Le premier effet de notre désenchantement se manifestait par un débordement de paroles: si le silence nous avait opprimés, il nous le payait cher.

Ce torrent de paroles écoulé, j'appelais la femme de chambre, et je reconduisais ma mère et ma sœur à leur appartement. Avant de me retirer, elles me faisaient regarder sous les lits, dans les cheminées, derrière les portes, visiter les escaliers, les passages et les corridors voisins. Toutes les traditions du château, voleurs et spectres, leur revenaient en mémoire. Les gens étaient persuadés qu'un certain comte de Combourg, à jambe de bois, mort depuis trois siècles, apparaissait à certaines époques, et qu'on l'avait rencontré dans le grand escalier de la tourelle; sa jambe de bois se promenait aussi quelquefois seule avec un chat noir.

Ces récits occupaient tout le temps du coucher de ma mère et de ma sœur: elles se mettaient au lit mourantes de peur; je me retirais au haut de ma tourelle; la cuisinière rentrait dans la grosse tour, et les domestiques descendaient dans leur souterrain.

La fenêtre de mon donjon s'ouvrait sur la cour intérieure; le jour, j'avais en perspective les créneaux de la courtine[41] opposée, où végétaient des scolopendres[42]

---

32. *lit de jour:* couch.
33. *siamoise flambée:* cotton material, in Siamese style.
34. *guéridon:* small table.
35. *ratine:* frieze, rough woolen cloth.
36. *ressort:* spring.
37. *marteau:* hammer.
38. *montait: here,* would wind.
39. *flambeau:* candlestick.
40. *talisman:* talisman, spell.
41. *courtine:* wall joining two towers. Note that in France dungeons were above ground, hence the view from Chateaubriand's window.
42. *scolopendres:* hart's-tongues (ferns growing on damp walls).

et croissait un prunier[43] sauvage. Quelques martinets,[44] qui durant l'été s'enfonçaient en criant dans les trous des murs, étaient mes seuls compagnons. La nuit, je n'apercevais qu'un petit morceau de ciel et quelques étoiles. Lorsque la lune brillait et qu'elle s'abaissait à l'occident, j'en étais averti par ses rayons, qui venaient à mon lit au travers des carreaux losangés[45] de la fenêtre. Des chouettes, voletant[46] d'une tour à l'autre, passant et repassant entre la lune et moi, dessinaient sur mes rideaux l'ombre mobile de leurs ailes. Relégué dans l'endroit le plus désert, à l'ouverture des galeries, je ne perdais pas un murmure des ténèbres. Quelquefois le vent semblait courir à pas légers; quelquefois il laissait échapper des plaintes; tout à coup ma porte était ébranlée avec violence; les souterrains poussaient des mugissements,[47] puis ces bruits expiraient pour recommencer encore. A quatre heures du matin, la voix du maître du château, appelant le valet de chambre à l'entrée des voûtes séculaires,[48] se faisait entendre comme la voix du dernier fantôme de la nuit. Cette voix remplaçait pour moi la douce harmonie au son de laquelle le père de Montaigne éveillait son fils.[49]

L'entêtement du comte de Chateaubriand à faire coucher un enfant au haut d'une tour pouvait avoir quelque inconvénient; mais il tourna à mon avantage. Cette manière violente de me traiter me laissa le courage d'un homme, sans m'ôter cette sensibilité d'imagination dont on voudrait aujourd'hui priver la jeunesse. Au lieu de chercher à me convaincre qu'il n'y avait point de revenants,[50] on me força de les braver. Lorsque mon père me disait, avec un sourire ironique: « Monsieur le chevalier aurait-il peur? » il m'eût fait coucher avec un mort. Lorsque mon excellente mère me disait: « Mon enfant, tout n'arrive que par la permission de Dieu; vous n'avez rien à craindre des mauvais esprits, tant que vous serez bon chrétien »; j'étais mieux rassuré que par tous les arguments de la philosophie. Mon succès fut si complet que les vents de la nuit dans ma tour déshabitée ne servaient que de jouets à mes caprices et d'ailes à mes songes. Mon imagination allumée, se propageant sur tous les objets, ne trouvait nulle part assez de nourriture et aurait dévoré la terre et le ciel.

SOUVENIRS D'AMÉRIQUE

Lorsque, après avoir passé le Mohawk,[51] j'entrai dans des bois qui n'avaient jamais été abattus, je fus pris d'une sorte d'ivresse d'indépendance; j'allais d'arbre en arbre, à gauche, à droite, me disant: « Ici plus de chemins, plus de villes, plus de monarchie, plus de république, plus de présidents, plus de rois, plus d'hommes. » Et, pour essayer

si j'étais rétabli dans mes droits originels,[52] je me livrais à des actes de volonté qui faisaient enrager mon guide, lequel, dans son âme, me croyait fou.

Hélas! je me figurais être seul dans cette forêt où je levais une tête si fière! Tout à coup je viens m'énaser[53] contre un hangar.[54] Sous ce hangar s'offrent à mes

---

43. *prunier:* plum tree.
44. *martinets:* swifts.
45. *carreaux losangés:* diamond-shaped panes.
46. *voletant:* fluttering.
47. *mugissements:* moans.
48. *séculaires:* centuries old.
49. Montaigne's father aroused him by sweet music, to spare him shock.
50. *revenants:* ghosts.
51. Mohawk, river of east-central New York, tribu-

tary of the Hudson. Chateaubriand would have followed Genesee Road, from near Utica through Oneida and Geneva (which barely existed) to Canandaigua; from there a well-marked trail led through present Avon and Batavia to Niagara.
52. *droits originels:* ironic reference to Rousseau and doctrines of the Revolution.
53. *m'énaser:* bump into.
54. *hangar:* shed.

yeux ébaubis[55] les premiers sauvages que j'aie vus de ma vie. Ils étaient une vingtaine, tant hommes que femmes, tous barbouillés[56] comme des sorciers, le corps demi-nu, les oreilles découpées, des plumes de corbeau sur la tête et des anneaux passés dans les narines. Un petit Français, poudré et frisé,[57] habit vert pomme, veste de droguet,[58] jabot et manchettes de mousseline,[59] reclait[60] un violon de poche et faisait danser *Madelon Friquet*[61] à ces Iroquois. M. Violet (c'était son nom) était maître de danse chez les sauvages. On lui payait ses leçons en peaux de castors[62] et en jambons d'ours. Il avait été marmiton[63] au service du général Rochambeau[64] pendant la guerre d'Amérique. Demeuré à New-York après le départ de notre armée, il se résolut d'enseigner les beaux-arts aux Américains. Ses vues s'étant agrandies avec le succès, le nouvel Orphée[65] porta la civilisation jusque chez les hordes sauvages du Nouveau Monde. En me parlant des Indiens, il me disait toujours: « Ces messieurs sauvages et ces dames sauvagesses. » Il se louait beaucoup de la légèreté de ses écoliers; en effet, je n'ai jamais vu faire de telles gambades.[66] M. Violet, tenant son petit violon entre son menton et sa poitrine, accordait[67] l'instrument fatal; il criait aux Iroquois: « A vos places! » Et toute la troupe sautait comme une bande de démons.

N'était-ce pas une chose accablante pour un disciple de Rousseau, que cette introduction à la vie sauvage par un bal que l'ancien marmiton du général Rochambeau donnait à des Iroquois? J'avais grande envie de rire, mais j'étais cruellement humilié…[68]

Nous voilà, mon guide et moi, remontés à cheval. Notre route, devenue plus pénible, était à peine tracée par des abattis d'arbres.[69] Les troncs de ces arbres servaient de ponts sur les ruisseaux, ou de fascines[70] dans les fondrières.[71] La population américaine se portait alors vers les concessions de Genesee. Ces concessions se vendaient plus ou moins cher selon la bonté du sol, la qualité des arbres, le cours et la foison[72] des eaux…

Les défrichements[73] sur les deux bords de la route que je parcourais offraient un curieux mélange de l'état de nature et de l'état civilisé. Dans le coin d'un bois qui n'avait jamais retenti que des cris du sauvage et des bramements[74] de la bête fauve, on rencontrait une terre labourée; on apercevait du même point de vue le wigwaum d'un Indien et l'habitation d'un planteur. Quelques-unes de ces habitations, déjà achevées, rappelaient la propreté des fermes hollandaises; d'autres n'étaient qu'à demi terminées et n'avaient pour toit que le ciel.

J'étais reçu dans ces demeures, ouvrages d'un matin; j'y trouvais souvent une famille avec les élégances de l'Europe: des meubles d'acajou,[75] un piano,[76] des tapis, des glaces, à quatre pas de la hutte d'un Iroquois. Le soir, lorsque les serviteurs étaient revenus des bois ou des champs avec la cognée[77] ou la houe,[78] on ouvrait les fenêtres. Les filles de mon hôte, en beaux cheveux blonds annelés,[79] chantaient au piano le duo de

55. *ébaubis:* astounded.
56. *barbouillés:* bedaubed.
57. *poudré et frisé:* with hair powdered and curled.
58. *droguet:* drugget, coarse woolen fabric.
59. *jabot…mousseline:* neck cloth and cuffs of muslin.
60. *raclait:* was scraping.
61. *Madelon Friquet:* popular song of early eighteenth century.
62. *castors:* beavers.
63. *marmiton:* cook's helper.
64. Rochambeau, commander of French forces that came to American aid during the Revolution.
65. *Orphée:* Orpheus, legendary Greek musician.
66. *gambades:* capers.
67. *accordait:* would tune.

68. No other traveler of the period reported M. Violet and his picturesque trade.
69. *abattis d'arbres:* felled trees.
70. *fascines:* bundles of light wood (Perhaps a description of "corduroy roads").
71. *fondrières:* mud holes.
72. *foison:* abundance.
73. *défrichements:* clearings.
74. *bramements:* bellowings.
75. *acajou:* mahogany.
76. Antiquarians assert that there were no pianos west of Albany at this date.
77. *cognée:* ax.
78. *houe:* hoe.
79. *annelés:* curled, ringleted.

Pandolfetto de Paisiello, ou un *cantabile*
de Cimarosa,[80] le tout à la vue du désert et
quelquefois au murmure d'une cascade…

Nous avançâmes vers Niagara. Nous
n'en étions qu'à huit ou neuf lieues, lorsque
nous aperçûmes, dans une chênaie,[81] le feu
de quelques sauvages, arrêtés au bord d'un
ruisseau, où nous songions nous-mêmes
à bivouaquer. Nous profitâmes de leur
établissement: chevaux pansés,[82] toilette de
nuit faite, nous accostâmes la horde. Les
jambes croisées à la manière des tailleurs,
nous nous assîmes avec les Indiens, autour
du bûcher, pour mettre rôtir nos quenouilles
de maïs.[83]

La famille était composée de deux
femmes, de deux enfants à la mamelle, et
de trois guerriers. La conversation devint
générale, c'est-à-dire par quelques mots
entrecoupés de ma part et par beaucoup de
gestes; ensuite chacun s'endormit dans la
place où il était. Resté seul éveillé, j'allai
m'asseoir à l'écart, sur une racine qui
traçait[84] au bord du ruisseau.

La lune se montrait à la cime des
arbres, une brise embaumée, que cette reine
des nuits amenait de l'Orient avec elle,
semblait la précéder dans les forêts, comme
sa fraîche haleine. L'astre solitaire[85] gravit[86]
peu à peu dans le ciel: tantôt il suivait sa
course, tantôt il franchissait des groupes de
nues, qui ressemblaient aux sommets d'une
chaîne de montagnes couronnées de neiges.
Tout aurait été silence et repos, sans la chute
de quelques feuilles, le passage d'un vent
subit, le gémissement de la hulotte:[87] au loin
on entendait les sourds mugissements de la

*Chateaubriand at Niagara Falls. From the 1863
Oeuvres Complètes de Chateaubriand.*

cataracte de Niagara, qui, dans le calme de
la nuit, se prolongeaient de désert en désert,
et expiraient à travers les forêts solitaires.
C'est dans ces nuits que m'apparut une
muse inconnue: je recueillis quelques-uns
de ses accents; je les marquai sur mon livre,
à la clarté des étoiles, comme un musicien
vulgaire écrirait les notes que lui dicterait
quelque grand maître des harmonies.

❖ ❖ ❖

---

80. *Paisiello, Cimarosa:* eighteenth-century com-
     posers. ("Pandolfetto" was Chateaubriand's
     favorite song.)
81. *chênaie:* oak grove.
82. *pansés:* groomed.
83. *quenouilles de maïs:* ears of corn.
84. *traçait:* emerged.
85. *l'astre solitaire = la lune.*
86. *gravit:* climbed.
87. *hulotte:* hoot owl.

RENÉ

[*The background to this psychological mystery story is told in the prologue to Chateaubriand's novel* Atala: « *En 1725, un Français, nommé René, poussé par des passions et des malheurs, arriva à la Louisiane. Il remonta le Meschacebé* (Mississippi River) *jusqu'aux Natchez, et demanda à être reçu guerrier de cette nation. Chactas l'ayant interrogé, et le trouvant inébranlable dans sa résolution, l'adopta pour fils, et lui donna pour épouse une Indienne, appelée Céluta.* »]

En arrivant chez les Natchez, René avait été obligé de prendre une épouse, pour se conformer aux mœurs des Indiens, mais il ne vivait point avec elle. Un penchant mélancolique l'entraînait au fond des bois; il y passait seul des journées entières, et semblait sauvage parmi les sauvages. Hors Chactas,[88] son père adoptif, et le père Souël,[89] missionnaire au fort Rosalie,[90] il avait renoncé au commerce des hommes. Ces deux vieillards avaient pris beaucoup d'empire sur son cœur: le premier, par une indulgence aimable; l'autre, au contraire, par une extrême sévérité. Depuis la chasse du castor, où le Sachem aveugle raconta ses aventures à René,[91] celui-ci n'avait jamais voulu parler des siennes. Cependant Chactas et le missionnaire désiraient vivement connaître par quel malheur un Européen bien né avait été conduit à l'étrange résolution de s'ensevelir dans les déserts de la Louisiane. René avait toujours donné pour motif de ses refus le peu d'intérêt de son histoire, qui se bornait, disait-il, à celles de ses pensées et de ses sentiments. « Quant à l'événement qui m'a déterminé à passer en Amérique, ajoutait-il, je le dois ensevelir dans un éternel oubli. »

Quelques années s'écoulèrent de la sorte, sans que les deux vieillards lui pussent arracher son secret. Une lettre qu'il reçut d'Europe, par le bureau des Missions étrangères, redoubla tellement sa tristesse, qu'il fuyait jusqu'à ses vieux amis. Ils n'en furent que plus ardents à le presser de leur ouvrir son cœur; ils y mirent tant de discrétion, de douceur et d'autorité, qu'il fut enfin obligé de les satisfaire. Il prit donc jour[92] avec eux pour leur raconter, non les aventures de sa vie, puisqu'il n'en avait point éprouvé, mais les sentiments secrets de son âme.

Le 21 de ce mois que les sauvages appellent *la lune des fleurs,*[93] René se rendit à la cabane de Chactas. Il donna le bras au Sachem, et le conduisit sous un sassafras, au bord du Meschacebé. Le père Souël ne tarda pas à arriver au rendez-vous. L'aurore se levait: à quelque distance dans la plaine, on apercevait le village des Natchez, avec son bocage de mûriers[94] et ses cabanes qui ressemblent à des ruches d'abeilles.[95] La colonie française et le fort Rosalie se montraient sur la droite, au bord du fleuve. Des tentes, des maisons à moitié bâties, des forteresses commencées, des défrichements couverts de nègres, des groupes de blancs et d'Indiens, présentaient, dans ce petit espace, le contraste des mœurs sociales et des mœurs sauvages. Vers l'orient, au fond de la perspective, le soleil commençait à paraître entre les sommets brisés des Apalaches,[96] qui se dessinaient comme des caractères[97] d'azur dans les hauteurs dorées du ciel; à l'occident, le Meschacebé roulait ses ondes dans un silence magnifique et formait la bordure du tableau avec une inconcevable grandeur.

---

88. *Chactas:* blind Natchez chief, in his youth the Native American hero of *Atala.*
89. *père Souël:* this French clergyman was a historic character.
90. *fort Rosalie:* French fort on site of Natchez, Mississippi.
91. *le Sachem...René:* reference to the story of *Atala.*
92. *prit jour:* made an appointment.
93. *lune des fleurs:* i.e., May.
94. *bocage de mûriers:* grove of mulberry trees.
95. *ruches d'abeilles:* beehives.
96. *Apalaches:* Appalachian mountains, in fact about 300 miles eastward.
97. *caractères:* letters. (An example of Chateaubriand's bold, novel similes.)

Le jeune homme et le missionnaire admirèrent quelque temps cette belle scène, en plaignant le Sachem, qui ne pouvait plus en jouir; ensuite le père Souël et Chactas s'assirent sur le gazon, au pied de l'arbre; René prit sa place au milieu d'eux, et, après un moment de silence, il parla de la sorte à ses vieux amis:

« Je ne puis, en commençant mon récit, me défendre d'un mouvement de honte. La paix de vos cœurs, respectables vieillards, et le calme de la nature autour de moi me font rougir du trouble et de l'agitation de mon âme.

« Combien vous aurez pitié de moi! que mes éternelles inquiétudes vous paraîtront misérables! Vous qui avez épuisé tous les chagrins de la vie, que penserez-vous d'un jeune homme sans force et sans vertu, qui trouve en lui-même son tourment et ne peut guère se plaindre que des maux qu'il se fait à lui-même? Hélas! ne le condamnez pas: il a été trop puni!

« J'ai coûté la vie à ma mère en venant au monde; j'ai été tiré de son sein avec le fer.[98] J'avais un frère, que mon père bénit, parce qu'il voyait en lui son fils aîné. Pour moi, livré de bonne heure à des mains étrangères, je fus élevé loin du toit paternel.

« Mon humeur était impétueuse, mon caractère inégal.[99] Tour à tour bruyant et joyeux, silencieux et triste, je rassemblais autour de moi mes jeunes compagnons; puis, les abandonnant tout à coup, j'allais m'asseoir à l'écart pour contempler la nue fugitive, ou entendre la pluie tomber sur le feuillage.

« Chaque automne, je revenais au château paternel, situé au milieu des forêts,

René. From the 1863 Oeuvres Complètes de Chateaubriand.

près d'un lac, dans une province reculée.

« Timide et contraint devant mon père, je ne trouvais l'aise et le contentement qu'auprès de ma sœur Amélie.[100] Une douce conformité d'humeur et de goûts m'unissait étroitement à cette sœur; elle était un peu plus âgée que moi. Nous aimions à gravir les coteaux ensemble, à voguer sur le lac, à parcourir les bois à la chute des feuilles: promenades dont le souvenir remplit encore mon âme de délices. O illusions de l'enfance et de la patrie, ne perdez-vous jamais vos douceurs?

« Tantôt nous marchions en silence, prêtant l'oreille au sourd mugissement de l'automne, ou au bruit des feuilles séchées que nous traînions tristement sous nos pas; tantôt, dans nos jeux innocents, nous

98. *avec le fer:* i.e., Caesarean operation. (Obviously Chateaubriand's birth did not cost his mother her life; perhaps this is a recollection of Rousseau. But most of the following development is reminiscence.)

99. *inégal:* variable.

100. *Amélie:* i.e., Lucile de Chateaubriand, four years older than the author.

poursuivions l'hirondelle[101] dans la prairie, l'arc-en-ciel sur les collines pluvieuses; quelquefois aussi nous murmurions des vers que nous inspirait le spectacle de la nature. Jeune, je cultivais les Muses; il n'y a rien de plus poétique, dans la fraîcheur de ses passions, qu'un cœur de seize années. Le matin de la vie est comme le matin du jour, plein de pureté, d'images et d'harmonies.

« Les dimanches et les jours de fête, j'ai souvent entendu, dans le grand bois, à travers les arbres, les sons de la cloche lointaine qui appelait au temple l'homme des champs. Appuyé contre le tronc d'un ormeau,[102] j'écoutais en silence le pieux murmure. Chaque frémissement de l'airain[103] portait à mon âme naïve l'innocence des mœurs champêtres, le calme de la solitude, le charme de la religion, et la délectable mélancolie des souvenirs de ma première enfance! Oh! quel cœur si mal fait n'a tressailli au bruit des cloches de son lieu natal, de ces cloches qui frémirent de joie sur son berceau, qui annoncèrent son avènement à la vie, qui marquèrent le premier battement de son cœur, qui publièrent dans tous les lieux d'alentour la sainte allégresse de son père, les douleurs et les joies encore plus ineffables de sa mère! Tout se trouve dans les rêveries enchantées où nous plonge le bruit de la cloche natale: religion, famille, patrie, et le berceau et la tombe, et le passé et l'avenir.[104]

« Il est vrai qu'Amélie et moi nous jouissions plus que personne de ces idées graves et tendres, car nous avions tous les deux un peu de tristesse au fond du cœur: nous tenions cela de Dieu ou de notre mère.

« Cependant mon père fut atteint d'une maladie qui le conduisit en peu de jours au tombeau. Il expira dans mes bras. J'appris à connaître la mort sur les lèvres de celui qui m'avait donné la vie. Cette impression fut grande; elle dure encore. C'est la première fois que l'immortalité de l'âme s'est présentée clairement à mes yeux. Je ne pus croire que ce corps inanimé était en moi l'auteur de la pensée; je sentis qu'elle me devait venir d'une autre source; et, dans une sainte douleur qui approchait de la joie, j'espérai me rejoindre un jour à l'esprit de mon père.

« Un autre phénomène me confirma dans cette haute idée. Les traits paternels avaient pris au cercueil quelque chose de sublime. Pourquoi cet étonnant mystère ne serait-il pas l'indice de notre immortalité? Pourquoi la mort, qui sait tout, n'aurait-elle pas gravé sur le front de sa victime les secrets d'un autre univers? Pourquoi n'y aurait-il pas dans la tombe quelque grande vision de l'éternité?

« Amélie, accablée de douleur, était retirée au fond d'une tour, d'où elle entendit retentir, sous les voûtes du château gothique, le chant des prêtres du convoi[105] et les sons de la cloche funèbre.

« J'accompagnai mon père à son dernier asile; la terre se referma sur sa dépouille;[106] l'éternité et l'oubli le pressèrent de tout leur poids: le soir même l'indifférent passait sur sa tombe; hors pour sa fille et pour son fils, c'était déjà comme s'il n'avait jamais été.

« Il fallut quitter le toit paternel, devenu l'héritage de mon frère: je me retirai avec Amélie chez de vieux parents.

« Arrêté à l'entrée des voies trompeuses de la vie, je les considérais l'une après l'autre sans m'y oser engager. Amélie m'entretenait souvent du bonheur de la vie religieuse; elle me disait que j'étais le seul lien qui la retînt dans le monde,[107] et ses yeux s'attachaient sur moi avec tristesse.

« Le cœur ému par ces conversations pieuses, je portais souvent mes pas vers un monastère voisin de mon nouveau séjour; un moment même j'eus la tentation d'y cacher ma vie.[108] Heureux ceux qui ont fini

---

101. *hirondelle:* swallow.
102. *ormeau:* elm.
103. *airain:* brass, bronze.
104. The ringing of church bells was forbidden in France when this melodious passage was written.
105. *convoi:* funeral procession.
106. *dépouille:* remains.
107. *qui la retînt dans le monde:* i.e., which restrained her from becoming a nun.
108. Young Chateaubriand in fact proposed briefly to become a priest.

leur voyage sans avoir quitté le port, et qui n'ont point, comme moi, traîné d'inutiles jours sur la terre!

« Les Européens, incessamment agités, sont obligés de se bâtir des solitudes. Plus notre cœur est tumultueux et bruyant, plus le calme et le silence nous attirent. Ces hospices de mon pays, ouverts aux malheureux et aux faibles, sont souvent cachés dans des vallons qui portent au cœur le vague sentiment de l'infortune et l'espérance d'un abri; quelquefois aussi on les découvre sur de hauts sites où l'âme religieuse, comme une plante des montagnes, semble s'élever vers le ciel pour lui offrir ses parfums.

« Je vois encore le mélange majestueux des eaux et des bois de cette antique abbaye où je pensai dérober ma vie au caprice du sort; j'erre encore au déclin du jour dans ces cloîtres retentissants et solitaires. Lorsque la lune éclairait à demi les piliers des arcades et dessinait leur ombre sur le mur opposé, je m'arrêtais à contempler la croix qui marquait le champ de la mort et les longues herbes qui croissaient entre les pierres des tombes. O hommes qui, ayant vécu loin du monde, avez passé du silence de la vie au silence de la mort, de quel dégoût de la terre vos tombeaux ne remplissaient-ils pas mon cœur!

« Soit inconstance naturelle, soit préjugé contre la vie monastique, je changeai mes desseins; je me résolus à voyager. Je dis adieu à ma sœur; elle me serra dans ses bras avec un mouvement qui ressemblait à de la joie, comme si elle eût été heureuse de me quitter; je ne pus me défendre d'une réflexion amère sur l'inconséquence des amitiés humaines.

« Cependant, plein d'ardeur, je m'élançai seul sur cet orageux océan du monde, dont je ne connaissais ni les ports ni les écueils.[109] Je visitai d'abord les peuples qui ne sont plus; je m'en allai, m'asseyant sur les débris de Rome et de la Grèce, pays de forte et d'ingénieuse mémoire, où les palais sont ensevelis dans la poudre[110] et les mausolées des rois cachés sous les ronces.[111] Force de la nature, et faiblesse de l'homme! un brin d'herbe perce souvent le marbre le plus dur de ces tombeaux, que tous ces morts, si puissants, ne soulèveront jamais!

« Quelquefois une haute colonne se montrait seule debout dans un désert, comme une grande pensée s'élève, par intervalles, dans une âme que le temps et le malheur ont dévastée.

« Je méditai sur ces monuments dans tous les accidents[112] et à toutes les heures de la journée. Tantôt ce même soleil qui avait vu jeter les fondements de ces cités se couchait majestueusement, à mes yeux, sur leurs ruines; tantôt la lune se levant dans un ciel pur, entre deux urnes cinéraires[113] à moitié brisées, me montrait les pâles tombeaux. Souvent, aux rayons de cet astre qui alimente les rêveries, j'ai cru voir le Génie des souvenirs, assis tout pensif à mes côtés.

« Mais je me lassai de fouiller dans des cercueils, où je ne remuais trop souvent qu'une poussière criminelle.[114]

« Je voulus voir si les races vivantes m'offriraient plus de vertus, ou moins de malheurs, que les races évanouies. Comme je me promenais un jour dans une grande cité, en passant derrière un palais, dans une cour retirée et déserte, j'aperçus une statue qui indiquait du doigt un lieu fameux par un sacrifice.[115] Je fus frappé du silence de ces lieux; le vent seul gémissait autour du marbre tragique. Des manœuvres[116] étaient couchés avec indifférence au pied de la statue, ou taillaient des pierres en sifflant. Je leur demandai ce que signifiait ce monument: les uns purent à peine me

---

109. *écueils:* reefs.
110. *poudre:* dust.
111. *ronces:* brambles.
112. *accidents: here,* changes of light.
113. *urnes cinéraires:* urns to contain ashes of dead.
114. *poussière criminelle:* i.e., the remains of some

ancient malefactor.
115. Behind Whitehall Palace, London, stands a statue of James II, pointing inaccurately (and without the sculptor's intent) to the spot where his father, Charles I, was beheaded in 1649.
116. *manœuvres:* workmen.

le dire, les autres ignoraient la catastrophe qu'il retraçait. Rien ne m'a plus donné la juste mesure des événements de la vie, et du peu que nous sommes. Que sont devenus ces personnages qui firent tant de bruit? Le temps a fait un pas, et la face de la terre a été renouvelée.

« Je recherchai surtout dans mes voyages les artistes, et ces hommes divins qui chantent les dieux sur la lyre, et la félicité des peuples qui honorent les lois, la religion et les tombeaux.

« Ces chantres[117] sont de race divine, ils possèdent le seul talent incontestable dont le ciel ait fait présent à la terre. Leur vie est à la fois naïve et sublime; ils célèbrent les dieux avec une bouche d'or, et sont les plus simples des hommes; ils causent comme des immortels ou comme de petits enfants; ils expliquent les lois de l'univers et ne peuvent comprendre les affaires les plus innocentes de la vie; ils ont des idées merveilleuses de la mort, et meurent sans s'en apercevoir, comme des nouveau-nés.

« Sur les monts de la Calédonie,[118] le dernier barde qu'on ait ouï dans ces déserts me chanta des poèmes dont un héros consolait jadis sa vieillesse. Nous étions assis sur quatre pierres rongées de mousse;[119] un torrent coulait à nos pieds; le chevreuil[120] paissait[121] à quelque distance parmi les débris d'une tour, et le vent des mers sifflait sur la bruyère de Cona.[122] Maintenant la religion chrétienne, fille aussi des hautes montagnes, a placé des croix sur les monuments des héros de Morven,[123] et touché la harpe de David au bord du même torrent où Ossian fit gémir la sienne. Aussi pacifique que les divinités de Selma[124]

étaient guerrières, elle garde des troupeaux où Fingal livrait des combats, et elle a répandu des anges de paix dans les nuages qu'habitaient des fantômes homicides.[125]

« L'ancienne et riante Italie m'offrit la foule de ses chefs-d'œuvre. Avec quelle sainte et poétique horreur[126] j'errais dans ces vastes édifices consacrés par les arts à la religion! Quel labyrinthe de colonnes! quelle succession d'arches et de voûtes! Qu'ils sont beaux, ces bruits qu'on entend autour des dômes, semblables aux rumeurs des flots dans l'Océan, aux murmures des vents dans les forêts, ou à la voix de Dieu dans son temple! L'architecte bâtit, pour ainsi dire, les idées de poète, et les fait toucher aux sens.[127]

« Cependant qu'avais-je appris jusqu'alors avec tant de fatigue? rien de certain parmi les anciens, rien de beau parmi les modernes. Le passé et le présent sont deux statues incomplètes: l'une a été retirée toute mutilée du débris des âges; l'autre n'a pas encore reçu sa perfection de l'avenir.

« Mais peut-être, mes vieux amis, vous surtout, habitants du désert, êtes-vous étonnés que, dans ce récit de mes voyages, je ne vous aie pas une seule fois entretenus des monuments de la nature?

« Un jour, j'étais monté au sommet de l'Etna,[128] volcan qui brûle au milieu d'une île. Je vis le soleil se lever dans l'immensité de l'horizon au-dessous de moi, la Sicile resserrée comme un point à mes pieds,[129] et la mer déroulée au loin dans les espaces. Dans cette vue perpendiculaire du tableau, les fleuves ne me semblaient plus que des lignes géographiques tracées sur une carte; mais, tandis que d'un côté mon œil

---

117. *chantres:* bards.
118. *Calédonie:* Caledonia, Scotland. (Reference to romantic prose poems, purportedly translated from fragments of works by Gaelic bard Ossian, by James Macpherson in the 1760s.)
119. *mousse:* moss.
120. *chevreuil:* roebuck, stag.
121. *paissait* (from *paître):* was grazing.
122. *Cona:* small stream in Argyllshire, Scotland.
123. *Morven:* Scottish mountain, scene of exploits of Fingal, a hero of Ossianic poems.
124. *Selma:* home of Fingal.
125. *fantômes homicides:* i.e., shades of Gaelic

warriors.
126. *horreur: here,* awe.
127. *L'achitecte...sens:* This bold metaphor is typical of the new Romantic freedom of poetic expression.
128. Etna is an Italian volcano, in Sicily, that is still active, having had a major eruption in 2004. Romantic heroes, brimming with potentially explosive emotion, felt a particular affinity for volcanoes, which seemed to symbolize their situation.
129. *La Sicile...à mes pieds:* a typically Romantic exaggeration.

apercevait ces objets, de l'autre il plongeait dans le cratère de l'Etna, dont je découvrais les entrailles brûlantes entre les bouffées d'une noire vapeur.

[« Un jeune homme plein de passions, assis sur la bouche d'un volcan, et pleurant sur les mortels dont à peine il voyait à ses pieds les demeures, n'est sans doute, ô vieillards, qu'un objet digne de votre pitié; mais, quoi que vous puissiez penser de René, ce tableau vous offre l'image de son caractère et de son existence: c'est ainsi que toute ma vie j'ai eu devant les yeux une création à la fois immense et imperceptible, et un abîme ouvert à mes côtés. »]

En prononçant ces derniers mots, René se tut et tomba subitement dans la rêverie. Le père Souël le regardait avec étonnement, et le vieux Sachem aveugle, qui n'entendait plus parler le jeune homme, ne savait que penser de ce silence.

René avait les yeux attachés sur un groupe d'Indiens qui passaient gaiement dans la plaine. Tout à coup sa physionomie s'attendrit, des larmes coulent de ses yeux; il s'écrie:

« Heureux sauvages! oh! que ne puis-je jouir de la paix qui vous accompagne toujours! Tandis qu'avec si peu de fruit je parcourais tant de contrées, vous, assis tranquillement sous vos chênes, vous laissiez couler les jours sans les compter. Votre raison n'était que vos besoins, et vous arriviez mieux que moi au résultat de la sagesse, comme l'enfant, entre les jeux et le sommeil. Si cette mélancolie qui s'engendre de l'excès du bonheur atteignait quelquefois votre âme, bientôt vous sortiez de cette tristesse passagère et votre regard levé vers le ciel cherchait avec attendrissement ce je ne sais quoi inconnu qui prend pitié du pauvre sauvage.[130] »

Ici la voix de René expira de nouveau, et le jeune homme pencha la tête sur sa poitrine. Chactas, étendant les bras dans l'ombre et prenant le bras de son fils, lui cria d'un ton ému: « Mon fils! mon cher fils! » A ces accents, le frère d'Amélie, revenant à lui et rougissant de son trouble, pria son père de lui pardonner.

Alors le vieux sauvage: « Mon jeune ami, les mouvements d'un cœur comme le tien ne sauraient être égaux;[131] modère seulement ce caractère qui t'a déjà fait tant de mal. Si tu souffres plus qu'un autre des choses de la vie, il ne faut pas t'en étonner: une grande âme doit contenir plus de douleurs qu'une petite.[132] Continue ton récit. Tu nous as fait parcourir une partie de l'Europe, fais-nous connaître ta patrie. Tu sais que j'ai vu la France et quels liens m'y ont attaché; j'aimerais à entendre parler de ce grand chef[133] qui n'est plus et dont j'ai visité la superbe cabane. Mon enfant, je ne vis plus que pour la mémoire. Un vieillard avec ses souvenirs ressemble au chêne décrépit de nos bois: ce chêne ne se décore plus de son propre feuillage, mais il couvre quelquefois sa nudité des plantes étrangères qui ont végété sur ses antiques rameaux. »

Le frère d'Amélie, calmé par ces paroles, reprit ainsi l'histoire de son cœur:

« Hélas, mon père! je ne pourrai t'entretenir de ce grand siècle dont je n'ai vu que la fin dans mon enfance, et qui n'était plus lorsque je rentrai dans ma patrie. Jamais un changement plus étonnant et plus soudain ne s'est opéré chez un peuple. De la hauteur du génie, du respect pour la religion, de la gravité des mœurs, tout était subitement descendu à la souplesse de l'esprit, à l'impiété, à la corruption.[134]

« C'était donc bien vainement que j'avais espéré retrouver dans mon pays de

---

130. The idea of the happy "Noble Savage" had been fixed in French consciousness by philosopher Jean-Jacques Rousseau relatively late in the eighteenth century.

131. *égaux:* steady, placid.

132. *une grande âme...petite:* a succinct statement of the theory of the Romantic hero.

133. *ce grand chef:* i.e., Louis XIV, being the most important French king of the seventeenth century.

134. Reference to the *Régence* (1715–23) of Philippe d'Orléans, and subsequent reign of Louis XV, during whose times licentious libertines had their day.

quoi calmer cette inquiétude, cette ardeur de désir qui me suit partout. L'étude du monde ne m'avait rien appris, et pourtant je n'avais plus la douceur de l'ignorance.

« Ma sœur, par une conduite inexplicable, semblait se plaire à augmenter mon ennui; elle avait quitté Paris quelques jours avant mon arrivée. Je lui écrivis que je comptais l'aller rejoindre; elle se hâta de me répondre pour me détourner de ce projet, sous prétexte qu'elle était incertaine du lieu où l'appelleraient ses affaires. Quelles tristes réflexions ne fis-je point alors sur l'amitié, que la présence attiédit,[135] que l'absence efface, qui ne résiste point au malheur, et encore moins à la prospérité!

« Je me trouvai bientôt plus isolé dans ma patrie que je ne l'avais été sur une terre étrangère. Je voulus[136] me jeter pendant quelque temps dans un monde qui ne disait rien et qui ne m'entendait pas. Mon âme, qu'aucune passion n'avait encore usée, cherchait un objet qui pût l'attacher; mais je m'aperçus que je donnais plus que je ne recevais. Ce n'était ni un langage élevé ni un sentiment profond qu'on demandait de moi. Je n'étais occupé qu'à rapetisser[137] ma vie, pour la mettre au niveau de la société. Traité partout d'[138]esprit romanesque, honteux du rôle que je jouais, dégoûté de plus en plus des choses et des hommes, je pris le parti de me retirer dans un faubourg[139] pour y vivre totalement ignoré.

« Je trouvai d'abord assez de plaisir dans cette vie obscure et indépendante. Inconnu, je me mêlais à la foule: vaste désert d'hommes!

« Souvent assis dans une église peu fréquentée, je passais des heures entières en méditation. Je voyais de pauvres femmes venir se prosterner devant le Très-Haut, ou des pécheurs s'agenouiller au tribunal de la pénitence. Nul ne sortait de ces lieux sans un visage plus serein, et les sourdes clameurs qu'on entendait au dehors semblaient être les flots des passions et les orages du monde qui venaient expirer au pied du temple du Seigneur. Grand Dieu, qui vis en secret couler mes larmes dans ces retraites sacrées, tu sais combien de fois je me jetai à tes pieds pour te supplier de me décharger du poids de l'existence, ou de changer en moi le vieil homme![140] Ah! qui n'a senti quelquefois le besoin de se régénérer, de se rajeunir aux eaux du torrent, de retremper son âme à la fontaine de vie! Qui ne se trouve quelquefois accablé du fardeau de sa propre corruption, et incapable de rien faire de grand, de noble, de juste?

« Quand le soir était venu, reprenant le chemin de ma retraite, je m'arrêtais sur les ponts pour voir se coucher le soleil. L'astre, enflammant les vapeurs de la cité, semblait osciller lentement dans un fluide d'or, comme le pendule[141] de l'horloge des siècles. Je me retirais ensuite avec la nuit, à travers un labyrinthe de rues solitaires. En regardant les lumières qui brillaient dans la demeure des hommes, je me transportais par la pensée au milieu des scènes de douleur et de joie qu'elles éclairaient, et je songeais que sous tant de toits habités je n'avais pas un ami. Au milieu de mes réflexions, l'heure venait frapper à coups mesurés dans la tour de la cathédrale[142] gothique; elle allait se répétant sur tous les tons et à toutes les distances d'église en église. Hélas! chaque heure dans la société ouvre un tombeau et fait couler des larmes.

« Cette vie, qui m'avait d'abord enchanté, ne tarda pas à me devenir insupportable. Je me fatiguai de la répétition des mêmes scènes et des mêmes idées. Je me mis à sonder mon cœur, à me demander ce que je désirais. Je ne le savais pas; mais je crus tout à coup que les bois me seraient délicieux. Me voilà soudain résolu d'achever dans un exil champêtre

---

135. *attiédit:* cools.
136. *voulus:* tried.
137. *rapetisser:* constrict, diminish.
138. *traité d':* called.
139. *faubourg:* outlying quarter of city (apparently Paris).
140. *le vieil homme:* the old man (of sin) (*Biblical expression*).
141. *pendule:* pendulum. (Notice the gender.)
142. *cathédrale:* i.e., Notre-Dame de Paris.

une carrière à peine commencée et dans laquelle j'avais déjà dévoré des siècles.

« J'embrassai ce projet avec l'ardeur que je mets à tous mes desseins; je partis précipitamment pour m'ensevelir dans une chaumière,[143] comme j'étais parti autrefois pour faire le tour du monde.

« On m'accuse d'avoir des goûts inconstants, de ne pouvoir jouir longtemps de la même chimère,[144] d'être la proie d'une imagination qui se hâte d'arriver au fond de mes plaisirs, comme si elle était accablée de leur durée; on m'accuse de passer[145] toujours le but que je puis atteindre: hélas! je cherche seulement un bien inconnu, dont l'instinct[146] me poursuit. Est-ce ma faute, si je trouve partout des bornes, si ce qui est fini[147] n'a pour moi aucune valeur? Cependant je sens que j'aime la monotonie des sentiments de la vie, et si j'avais encore la folie de croire au bonheur, je le chercherais dans l'habitude.[148]

« La solitude absolue, le spectacle de la nature, me plongèrent bientôt dans un état presque impossible à décrire. Sans parents, sans amis, pour ainsi dire seul sur la terre, n'ayant point encore aimé, j'étais accablé d'une surabondance de vie. Quelquefois je rougissais subitement, et je sentais couler dans mon cœur comme des ruisseaux d'une lave ardente; quelquefois je poussais des cris involontaires, et la nuit était également troublée de mes songes et de mes veilles. Il me manquait quelque chose pour remplir l'abîme de mon existence: je descendais dans la vallée, je m'élevais sur la montagne, appelant de toute la force de mes désirs l'idéal objet d'une flamme future; je l'embrassais dans les vents, je croyais l'entendre dans les gémissements du fleuve; tout était ce fantôme imaginaire,

et les astres dans les cieux, et le principe même de vie dans l'univers.

« Toutefois cet état de calme et de trouble, d'indigence et de richesse, n'était pas sans quelques charmes: un jour je m'étais amusé à effeuiller une branche de saule[149] sur un ruisseau, et à attacher une idée à chaque feuille que le courant entraînait. Un roi, qui craint de perdre sa couronne par une révolution subite, ne ressent pas des angoisses plus vives que les miennes à chaque accident qui menaçait les débris de mon rameau. O faiblesse des mortels! ô enfance du cœur humain, qui ne vieillit jamais! Voilà donc à quel degré de puérilité notre superbe[150] raison peut descendre! Et encore est-il vrai que bien des hommes attachent leur destinée à des choses d'aussi peu de valeur que mes feuilles de saule.

« Mais comment exprimer cette foule de sensations fugitives que j'éprouvais dans mes promenades? Les sons que rendent les passions dans le vide d'un cœur solitaire ressemblent au murmure que les vents et les eaux font entendre dans le silence d'un désert: on en jouit, mais on ne peut les peindre.

« L'automne me surprit au milieu de ces incertitudes: j'entrai avec ravissement dans les mois des tempêtes. Tantôt j'aurais voulu être un de ces guerriers[151] errants au milieu des vents, des nuages et des fantômes, tantôt j'enviais jusqu'au sort du pâtre[152] que je voyais réchauffer ses mains à l'humble feu de broussailles[153] qu'il avait allumé au coin d'un bois. J'écoutais ses chants mélancoliques qui me rappelaient que dans tout pays le chant naturel de l'homme est triste, lors même qu'il exprime le bonheur. Notre cœur est un instrument incomplet, une lyre où il manque des cordes, et où

---

143. *chaumière:* cottage.
144. *chimère:* chimera, fantastic obsession.
145. *passer = dépasser.*
146. *instinct:* instinctive desire.
147. *fini:* finite, limited.
148. This passage and those that follow analyze the *mal de René,* or *mal du siècle,* with its wild impulsions, disgust with existence, excessive dreaming, refusal of life's ordinary activities and obligations. Contemporaries compared it with

the *acedia,* or melancholia, or pathological boredom, of monastic life. (See Dante's *Purgatorio,* Canto XVIII.) Modern readers will undoubtedly see it as bipolar disorder, a common mental ailment in the twenty-first century.
149. *saule:* willow.
150. *superbe:* proud.
151. *guerriers:* i.e., of Ossian.
152. *pâtre:* shepherd.
153. *broussailles:* brushwood.

nous sommes forcés de rendre les accents de la joie sur le ton consacré aux soupirs.

« Le jour, je m'égarais sur de grandes bruyères terminées par des forêts. Qu'il fallait peu de choses à ma rêverie! une feuille séchée que le vent chassait devant moi, une cabane dont la fumée s'élevait dans la cime dépouillée[154] des arbres, la mousse qui tremblait au souffle du nord sur le tronc d'un chêne, une roche écartée, un étang désert où le jonc flétri[155] murmurait! Le clocher solitaire s'élevant au loin dans la vallée a souvent attiré mes regards; souvent j'ai suivi des yeux les oiseaux de passage[155A] qui volaient au-dessus de ma tête. Je me figurais les bords[156] ignorés, les climats lointains où ils se rendent; j'aurais voulu être sur leurs ailes. Un secret instinct me tourmentait; je sentais que je n'étais moi-même qu'un voyageur; mais une voix du ciel semblait me dire: « Homme, la saison de ta migration n'est pas encore venue; attends que le vent de la mort se lève, alors tu déploieras ton vol vers ces régions inconnues que ton cœur demande. »

« Levez-vous vite, orages désirés, qui devez emporter René dans les espaces d'une autre vie! » Ainsi disant, je marchais à grands pas, le visage enflammé, le vent sifflant dans ma chevelure, ne sentant ni pluie ni frimas,[157] enchanté, tourmenté, et comme possédé par le démon de mon cœur.[158]

« La nuit, lorsque l'aquilon[159] ébranlait ma chaumière, que les pluies tombaient en torrent sur mon toit, qu'à travers ma fenêtre je voyais la lune sillonner les nuages amoncelés,[160] comme un pâle vaisseau qui laboure les vagues, il me semblait que la vie redoublait au fond de mon cœur, que j'aurais eu la puissance de créer des mondes. Ah! si j'avais pu faire partager à une autre les transports que j'éprouvais! O Dieu! si tu m'avais donné une femme selon mes désirs; si, comme à notre premier père, tu m'eusses amené par la main une Ève tirée de moi-même…Beauté céleste! je me serais prosterné devant toi, puis, te prenant dans mes bras, j'aurais prié l'Éternel de te donner le reste de ma vie!

« Hélas! j'étais seul, seul sur la terre! Une langueur secrète s'emparait de mon corps. Ce dégoût de la vie que j'avais ressenti dès mon enfance revenait avec une force nouvelle. Bientôt mon cœur ne fournit plus d'aliment à ma pensée, et je ne m'apercevais de mon existence que par un profond sentiment d'ennui.

« Je luttai quelque temps contre mon mal, mais avec indifférence et sans avoir la ferme résolution de le vaincre. Enfin, ne pouvant trouver de remède à cette étrange blessure de mon cœur, qui n'était nulle part et qui était partout, je résolus de quitter la vie.[161]

« Prêtre du Très-Haut, qui m'entendez, pardonnez à un malheureux que le ciel avait presque privé de la raison. J'étais plein de religion, et je raisonnais en impie; mon cœur aimait Dieu, et mon esprit le méconnaissait; ma conduite, mes discours, mes sentiments, mes pensées, n'étaient que contradiction, ténèbres, mensonges. Mais l'homme sait-il bien toujours ce qu'il veut? est-il toujours sûr de ce qu'il pense?[162]

« Tout m'échappait à la fois, l'amitié, le monde, la retraite. J'avais essayé de tout, et tout m'avait été fatal. Repoussé par la

---

154. *cime dépouillée:* leafless top.
155. *jonc flétri:* withered reed.
155A. *oiseaux de passage:* birds of passage, migrating birds. This image symbolizes nicely the young Romantics who feel that they cannot fit into society, but must challenge it if they are to be more than just passing through. Balzac would use the same image for the same purpose three decades later in his novel *Le Père Goriot.*
156. *bords:* shores.
157. *frimas:* frost.
158. This beautiful paragraph is often quoted.

159. *aquilon:* north wind.
160. *sillonner…amoncelés:* furrow the heaped-up clouds.
161. Chateaubriand had in his youth attempted to shoot himself. His gun failed to discharge; a stranger appeared; he decided that he was not yet fated to die.
162. This concept of the hero who does not know what he wants is a major innovation in literature, one that will reappear again and again until becoming almost mandatory by the end of the nineteenth century.

société, abandonné d'Amélie quand la solitude vint à me manquer, que me restait-il? C'était la dernière planche sur laquelle j'avais espéré me sauver, et je la sentais encore s'enfoncer dans l'abîme!

« Décidé que j'étais à me débarrasser du poids de la vie, je résolus de mettre toute ma raison dans cet acte insensé. Rien ne me pressait; je ne fixai point le moment de départ, afin de savourer à longs traits les derniers moments de l'existence et de recueillir toutes mes forces, à l'exemple d'un ancien, pour sentir mon âme s'échapper.

« Cependant je crus nécessaire de prendre des arrangements concernant ma fortune, et je fus obligé d'écrire à Amélie. Il m'échappa quelques plaintes sur son oubli, et je laissai sans doute percer l'attendrissement qui surmontait peu à peu mon cœur. Je m'imaginais pourtant avoir bien dissimulé mon secret; mais ma sœur, accoutumée à lire dans les replis[163] de mon âme, le devina sans peine. Elle fut alarmée du ton de contrainte qui régnait dans ma lettre et de mes questions sur des affaires dont je ne m'étais jamais occupé. Au lieu de me répondre, elle me vint tout à coup surprendre.

« Pour bien sentir quelle dut être dans la suite l'amertume de ma douleur et quels furent mes premiers transports en revoyant Amélie, il faut vous figurer que c'était la seule personne au monde que j'eusse aimée, que tous mes sentiments se venaient confondre en elle avec la douceur des souvenirs de mon enfance. Je reçus donc Amélie dans une sorte d'extase de cœur. Il y avait si longtemps que je n'avais trouvé quelqu'un qui m'entendît et devant qui je pusse ouvrir mon âme!

« Amélie, se jetant dans mes bras, me dit: « Ingrat, tu veux mourir, et ta sœur existe! Tu soupçonnes son cœur! Ne t'explique point, ne t'excuse point, je sais tout; j'ai tout compris, comme si j'avais été avec toi. Est-ce moi que l'on trompe, moi qui ai vu naître tes premiers sentiments? Voilà ton malheureux caractère, tes dégoûts, tes injustices. Jure, tandis que je te presse sur mon cœur, jure que c'est la dernière fois que tu te livreras à tes folies; fais le serment de ne jamais attenter à tes jours. »

« En prononçant ces mots, Amélie me regardait avec compassion et tendresse, et couvrait mon front de ses baisers; c'était presque une mère, c'était quelque chose de plus tendre. Hélas! mon cœur se rouvrit à toutes les joies; comme un enfant je ne demandais qu'à être consolé; je cédai à l'empire d'Amélie: elle exigea un serment solennel; je le fis sans hésiter, ne soupçonnant même pas que désormais je pusse être malheureux.

« Nous fûmes plus d'un mois à nous accoutumer à l'enchantement d'être ensemble. Quand le matin, au lieu de me trouver seul, j'entendais la voix de ma sœur, j'éprouvais un tressaillement de joie et de bonheur. Amélie avait reçu de la nature quelque chose de divin; son âme avait les mêmes grâces innocentes que son corps; la douceur de ses sentiments était infinie; il n'y avait rien que de suave et d'un peu rêveur dans son esprit; on eût dit que son cœur, sa pensée et sa voix soupiraient comme de concert; elle tenait de la femme la timidité et l'amour, et de l'ange la pureté et la mélodie.

« Le moment était venu où j'allais expier toutes mes inconséquences.[164] Dans mon délire, j'avais été jusqu'à désirer d'éprouver un malheur, pour avoir du moins un objet réel de souffrance; épouvantable souhait que Dieu, dans sa colère, a trop exaucé![165]

« Que vais-je vous révéler, ô mes amis! voyez les pleurs qui coulent de mes yeux. Puis-je même…Il y a quelques jours, rien n'aurait pu m'arracher ce secret…A présent, tout est fini!

« Toutefois, ô vieillards! que cette histoire soit à jamais ensevelie dans le

---

163. *replis:* recesses, secret places.
164. *inconséquences:* inconsistencies, indiscretions.
165. *exaucé:* granted. (René's longing for "experi-ence," even though it be suffering, is a symbol of the Romantic revolt against classic convention, codified well-being.)

silence: souvenez-vous qu'elle n'a été racontée que sous l'arbre du désert.

« L'hiver finissait lorsque je m'aperçus qu'Amélie perdait le repos et la santé, qu'elle commençait à me rendre. Elle maigrissait; ses yeux se creusaient, sa démarche était languissante et sa voix troublée. Un jour je la surpris tout en larmes au pied d'un crucifix. Le monde, la solitude, mon absence, ma présence, la nuit, le jour, tout l'alarmait. D'involontaires soupirs venaient expirer sur ses lèvres; tantôt elle soutenait sans se fatiguer une longue course; tantôt elle se traînait à peine: elle prenait et laissait son ouvrage, ouvrait un livre sans pouvoir lire, commençait une phrase qu'elle n'achevait pas, fondait tout à coup en pleurs, et se retirait pour prier.

« En vain je cherchais à découvrir son secret. Quand je l'interrogeais en la pressant dans mes bras, elle me répondait avec un sourire qu'elle était comme moi, qu'elle ne savait pas ce qu'elle avait.

« Trois mois se passèrent de la sorte, et son état devenait pire chaque jour. Une correspondance mystérieuse me semblait être la cause de ses larmes, car elle paraissait ou plus tranquille, ou plus émue, selon les lettres qu'elle recevait. Enfin, un matin, l'heure à laquelle nous déjeunions ensemble étant passée, je monte à son appartement; je frappe: on ne me répond point; j'entr'ouvre la porte: il n'y avait personne dans la chambre. J'aperçois sur la cheminée un paquet à mon adresse. Je le saisis en tremblant, je l'ouvre, et je lis cette lettre, que je conserve pour m'ôter à l'avenir tout mouvement de joie.

A René

« Le ciel m'est témoin, mon frère, que je donnerais mille fois ma vie pour vous épargner un moment de peine; mais, infortunée que je suis, je ne puis rien pour votre bonheur. Vous me pardonnerez donc de m'être dérobée de chez vous comme une coupable; je n'aurais jamais pu résister à vos prières, et cependant il fallait partir… Mon Dieu, ayez pitié de moi!

« Vous savez, René, que j'ai toujours eu du penchant pour la vie religieuse;[166] il est temps que je mette à profit les avertissements du ciel. Pourquoi ai-je attendu si tard? Dieu m'en punit. J'étais restée pour vous dans le monde[167]…Pardonnez, je suis toute troublée par le chagrin que j'ai de vous quitter.

« C'est à présent, mon cher frère, que je sens bien la nécessité de ces asiles contre lesquels je vous ai vu souvent vous élever.[168] Il est des malheurs qui nous séparent pour toujours des hommes: que deviendraient alors de pauvres infortunées?…Je suis persuadée que vous-même, mon frère, vous trouveriez le repos dans ces retraites de la religion: la terre n'offre rien qui soit digne de vous.

« Je ne vous rappellerai point votre serment: je connais la fidélité de votre parole. Vous l'avez juré, vous vivrez pour moi. Y a-t-il rien de plus misérable que de songer sans cesse à quitter la vie? Pour un homme de votre caractère, il est si aisé de mourir! Croyez-en votre sœur, il est plus difficile de vivre.

« Mais, mon frère, sortez au plus vite de la solitude, qui ne vous est pas bonne; cherchez quelque occupation. Je sais que vous riez amèrement de cette nécessité où l'on est en France de *prendre un état*.[169] Ne méprisez pas tant l'expérience et la sagesse de nos pères. Il vaut mieux, mon cher René, ressembler un peu plus au commun des hommes et avoir un peu moins de malheur.

« Peut-être trouveriez-vous dans le mariage un soulagement à vous ennuis. Une femme, des enfants occuperaient vos jours. Et quelle est la femme qui ne chercherait pas à vous rendre heureux! L'ardeur de votre âme, la beauté de votre génie, votre air noble et passionné, ce regard fier et tendre, tout vous assurerait de son amour et de sa fidélité. Ah! avec quelles délices ne

---

166. *religieuse:* monastic, conventual.
167. *le monde:* i.e., secular life.
168. *vous élever:* protest.
169. *état:* position, profession.

te[170] presserait-elle pas dans ses bras et sur son cœur! Comme tous ses regards, toutes ses pensées, seraient attachés sur toi pour prévenir[171] tes moindres peines! Elle serait tout amour, tout innocence devant toi: tu croirais retrouver une sœur.

« Je pars pour le couvent de…Ce monastère, bâti au bord de la mer, convient à la situation de mon âme. La nuit, du fond de ma cellule, j'entendrai le murmure des flots qui baignent les murs du couvent; je songerai à ces promenades que je faisais avec vous au milieu des bois, alors que nous croyions retrouver le bruit des mers dans la cime agitée des pins. Aimable compagnon de mon enfance, est-ce que je ne vous verrai plus? A peine plus âgée que vous, je vous balançais[172] dans votre berceau; souvent nous avons dormi ensemble. Ah! si un même tombeau nous réunissait un jour! Mais non, je dois dormir seule sous les marbres glacés de ce sanctuaire où reposent pour jamais ces filles qui n'ont point aimé.

« Je ne sais si vous pourrez lire ces lignes à demi effacées par mes larmes. Après tout, mon ami, un peu plus tôt, un peu plus tard, n'aurait-il pas fallu nous quitter? Qu'ai-je besoin de vous entretenir de l'incertitude et du peu de valeur de la vie? Vous vous rappelez le jeune M…qui fit naufrage à l'Ile-de-France.[173] Quand vous reçûtes sa dernière lettre, quelques mois après sa mort, sa dépouille terrestre n'existait même plus, et l'instant où vous commenciez son deuil en Europe était celui où on le finissait aux Indes. Qu'est-ce donc que l'homme, dont la mémoire périt si vite? Une partie de ses amis ne peut apprendre sa mort que[174] l'autre n'en soit déjà consolée! Quoi, cher et trop cher René, mon souvenir s'effacera-t-il si promptement de ton cœur? O mon frère! si je m'arrache à vous dans le temps, c'est pour n'être pas séparée de vous dans l'éternité.

« *Amélie.*

« *P. S.* Je joins ici l'acte de la donation de mes biens; j'espère que vous ne refuserez pas cette marque de mon amitié. »

« La foudre qui fût tombée[175] à mes pieds ne m'eût pas causé plus d'effroi que cette lettre. Quel secret Amélie me cachait-elle? Qui[176] la forçait si subitement à embrasser la vie religieuse? Ne m'avait-elle rattaché à l'existence par le charme de l'amitié que pour me délaisser tout à coup? Oh! pourquoi était-elle venue me détourner de mon dessein! Un mouvement de pitié l'avait rappelée auprès de moi; mais bientôt, fatiguée d'un pénible devoir, elle se hâte de quitter un malheureux qui n'avait qu'elle sur la terre. On croit avoir tout fait quand on a empêché un homme de mourir! Telles étaient mes plaintes. Puis, faisant un retour sur moi-même: « Ingrate Amélie, disais-je, si tu avais été à ma place, si comme moi tu avais été perdue dans la vide de tes jours, ah! tu n'aurais pas été abandonnée de ton frère! »

« Cependant, quand je relisais la lettre, j'y trouvais je ne sais quoi de si triste et de si tendre, que tout mon cœur se fondait. Tout à coup il me vint une idée qui me donna quelque espérance: je m'imaginai qu'Amélie avait peut-être conçu une passion pour un homme qu'elle n'osait avouer. Ce soupçon sembla m'expliquer sa mélancolie, sa correspondance mystérieuse et le ton passionné qui respirait dans sa lettre. Je lui écrivis aussitôt pour la supplier de m'ouvrir son cœur.

« Elle ne tarda pas à me répondre, mais sans me découvrir son secret: elle me mandait seulement qu'elle avait obtenu les dispenses du noviciat[177] et qu'elle allait prononcer ses vœux.

« Je fus révolté de l'obstination d'Amélie, du mystère de ses paroles et de son peu de confiance en mon amitié.

---

170. Notice that in a passage of heightened emotion Amélie trades the *vous* forms for the *tu* forms.
171. *prévenir:* forestall.
172. *balançais:* used to rock.
173. *l'Ile-de-France:* Mauritius, French island colony off east African coast. (The identity of "le jeune

M…" is disputed.)
174. *que:* except when.
175. *fût tombée:* Notice the force of the subjunctive.
176. *Qui = Qu'est-ce qui.*
177. *dispenses du noviciat:* i.e., release from the usual novitiate, or long testing of religious vocation.

« Après avoir hésité un moment sur le parti que j'avais à prendre, je résolus d'aller à B…[178] pour faire un dernier effort auprès de ma sœur. La terre où j'avais été élevé se trouvait sur la route. Quand j'aperçus les bois où j'avais passé les seuls moments heureux de ma vie, je ne pus retenir mes larmes, et il me fut impossible de résister à la tentation de leur dire un dernier adieu.

« Mon frère aîné avait vendu l'héritage paternel et le nouveau propriétaire ne l'habitait pas. J'arrivai au château par la longue avenue de sapins; je traversai à pied les cours désertes; je m'arrêtai à regarder les fenêtres fermées ou demi-brisées, le chardon[179] qui croissait au pied des murs, les feuilles qui jonchaient[180] le seuil des portes, et ce perron solitaire où j'avais vu si souvent mon père et ses fidèles serviteurs.[181] Les marches étaient déjà couvertes de mousse; le violier[182] jaune croissait entre leurs pierres déjointes et tremblantes. Un gardien inconnu m'ouvrit brusquement les portes. J'hésitais à franchir le seuil; cet homme s'écria: « Hé bien! allez-vous faire comme cette étrangère qui vint ici il y a quelques jours? Quand ce fut pour entrer, elle s'évanouit, et je fus obligé de la reporter à sa voiture. » Il me fut aisé de reconnaître l'*étrangère* qui, comme moi, était venue chercher dans ces lieux des pleurs et des souvenirs!

« Couvrant un moment mes yeux de mon mouchoir, j'entrai sous le toit de mes ancêtres. Je parcourus les appartements sonores où l'on n'entendait que le bruit de mes pas. Les chambres étaient à peine éclairées par la faible lumière qui pénétrait entre les volets[183] fermés: je visitai celle où ma mère avait perdu la vie en me mettant au monde, celle où se retirait mon père, celle où j'avais dormi dans mon berceau, celle enfin où l'amitié avait reçu mes premiers vœux dans le sein d'une sœur. Partout les salles étaient détendues,[184] et l'araignée filait sa toile dans les couches[185] abandonnées. Je sortis précipitamment de ces lieux, je m'en éloignai à grands pas, sans oser tourner la tête. Qu'ils sont doux, mais qu'ils sont rapides, les moments que les frères et les sœurs passent dans leurs jeunes années, réunis sous l'aile de leurs vieux parents! La famille de l'homme n'est que d'un jour; le souffle de Dieu la disperse comme une fumée. A peine le fils connaît-il le père, le père le fils, le frère la sœur, la sœur le frère! Le chêne voit germer ses glands[186] autour de lui; il n'en est pas ainsi des enfants des hommes!

« En arrivant à B…je me fis conduire au couvent; je demandai à parler à ma sœur. On me dit qu'elle ne recevait personne. Je lui écrivis: elle me répondit que, sur le point de se consacrer à Dieu, il ne lui était pas permis de donner une pensée au monde; que si je l'aimais, j'éviterais de l'accabler de ma douleur. Elle ajoutait: « Cependant, si votre projet est de paraître à l'autel le jour de ma profession, daignez m'y servir de père:[187] ce rôle est le seul digne de votre courage, le seul qui convienne à notre amitié et à mon repos. »

« Cette froide fermeté qu'on opposait à l'ardeur de mon amitié me jeta dans de violents transports. Tantôt j'étais près de retourner sur mes pas; tantôt je voulais rester, uniquement pour troubler le sacrifice. L'enfer me suscitait jusqu'à la pensée de me poignarder dans l'église et de mêler mes derniers soupirs aux vœux qui m'arrachaient ma sœur. La supérieure du couvent me fit prévenir[188] qu'on avait préparé un banc dans le sanctuaire, et elle m'invitait à me rendre à la cérémonie, qui devait avoir lieu dès le lendemain.

---

178. *B…:* Brest, seaport in western Brittany.
179. *chardon:* thistle.
180. *jonchaient:* were heaped upon.
181. Reference to the description of evenings at Combourg. This passage records Chateaubriand's actual emotions on revisiting the castle, unoccupied and desolate.
182. *violier:* gillyflower.
183. *volets:* shutters.
184. *détendues:* stripped of their hangings and curtains.
185. *couches:* beds.
186. *glands:* acorns.
187. The entry into a conventual order symbolizes the mystical marriage to Christ; the father or his substitute "gives the bride away."
188. *prévenir:* inform.

« Au lever de l'aube, j'entendis le premier son des cloches…Vers dix heures, dans une sorte d'agonie, je me traînai au monastère. Rien ne peut plus être tragique quand on a assisté à un pareil spectacle; rien ne peut plus être douloureux quand on y a survécu.

« Un peuple immense remplissait l'église. On me conduit au banc du sanctuaire; je me précipite à genoux sans presque savoir où j'étais ni à quoi j'étais résolu. Déjà le prêtre attendait à l'autel; tout à coup la grille mystérieuse s'ouvre, et Amélie s'avance, parée de toutes les pompes du monde.[189] Elle était si belle, il y avait sur son visage quelque chose de si divin, qu'elle excita un mouvement de surprise et d'admiration. Vaincu par la glorieuse douleur de la sainte, abattu par les grandeurs de la religion, tous mes projets de violence s'évanouirent; ma force m'abandonna; je me sentis lié par une main toute-puissante, et, au lieu de blasphèmes et de menaces, je ne trouvai dans mon cœur que de profondes adorations et les gémissements de l'humilité.

« Amélie se place sous un dais.[190] Le sacrifice commence à la lueur des flambeaux, au milieu des fleurs et des parfums, qui devaient rendre l'holocauste agréable. A l'offertoire, le prêtre se dépouilla de ses ornements, ne conserva qu'une tunique de lin,[191] monta en chaire,[192] et, dans un discours simple et pathétique, peignit le bonheur de la vierge qui se consacre au Seigneur. Quand il prononça ces mots: « Elle a paru comme l'encens qui se consume dans le feu, » un grand calme et des odeurs célestes semblèrent se répandre dans l'auditoire; on se sentit comme à l'abri sous les ailes de la colombe mystique et l'on eût cru voir les anges descendre sur l'autel et remonter vers les cieux avec des parfums et des couronnes.

«Le prêtre achève son discours, reprend ses vêtements, continue le sacrifice. Amélie, soutenue de deux jeunes religieuses, se met à genoux sur la dernière marche de l'autel. On vient alors me chercher pour remplir les fonctions paternelles. Au bruit de mes pas chancelants dans le sanctuaire, Amélie est prête à défaillir. On me place à côté du prêtre pour lui présenter les ciseaux. En ce moment je sens renaître mes transports; ma fureur va éclater, quand Amélie, rappelant son courage, me lance un regard où il y a tant de reproche et de douleur, que j'en suis atterré. La religion triomphe. Ma sœur profite de mon trouble; elle avance hardiment la tête. Sa superbe chevelure tombe de toutes parts sous le fer sacré; une longue robe d'étamine[193] remplace pour elle les ornements du siècle[194] sans la rendre moins touchante; les ennuis de son front se cachent sous un bandeau de lin, et le voile mystérieux, double symbole de la virginité et de la religion, accompagne sa tête dépouillée. Jamais elle n'avait paru si belle. L'œil de la pénitente était attaché sur la poussière du monde, et son âme était dans le ciel.

« Cependant Amélie n'avait point encore prononcé ses vœux, et pour mourir au monde il fallait qu'elle passât à travers le tombeau. Ma sœur se couche sur le marbre; on étend sur elle un drap mortuaire; quatre flambeaux en marquent les quatre coins. Le prêtre, l'étole[195] au cou, le livre à la main, commence l'Office des morts; de jeunes vierges le continuent. O joies de la religion, que vous êtes grandes, mais que vous êtes terribles! On m'avait contraint de me placer à genoux près de ce lugubre appareil. Tout à coup un murmure confus sort de dessous le voile sépulcral; je m'incline, et ces paroles épouvantables (que je fus seul à entendre) viennent frapper mon oreille: « Dieu de miséricorde, fais que je ne me relève jamais

---

189. *monde:* the secular world. (The ceremony represents the death of the worldly creature, the entry into spiritual life.)
190. *dais:* canopy.
191. *lin:* linen.

192. *chaire:* pulpit.
193. *étamine:* coarse cloth.
194. *siècle:* the secular world.
195. *étole:* stole.

de cette couche funèbre, et comble de tes biens un frère qui n'a point partagé ma criminelle passion! »

A ces mots échappés du cercueil, l'affreuse vérité m'éclaire; ma raison s'égare; je me laisse tomber sur le linceul[196] de la mort, je presse ma sœur dans mes bras; je m'écrie: « Chaste épouse de Jésus-Christ, reçois mes derniers embrassements à travers les glaces du trépas[197] et les profondeurs de l'éternité, qui te séparent déjà de ton frère! »

« Ce mouvement, ce cri, ces larmes, troublent la cérémonie: le prêtre s'interrompt, les religieuses ferment la grille, la foule s'agite et se presse vers l'autel; on m'emporte sans connaissance. Que je sus peu de gré à ceux qui me rappelèrent au jour![198] J'appris, en rouvrant les yeux, que le sacrifice était consommé, et que ma sœur avait été saisie d'une fièvre ardente. Elle me faisait prier de ne plus chercher à la voir. O misère de ma vie! une sœur craindre de parler à un frère, et un frère craindre de faire entendre sa voix à une sœur! Je sortis du monastère comme de ce lieu d'expiation où des flammes nous préparent pour la vie céleste, où l'on a tout perdu comme aux enfers, hors l'espérance.

« On peut trouver des forces dans son âme contre un malheur personnel, mais devenir la cause involontaire du malheur d'un autre, cela est tout à fait insupportable. Éclairé sur les maux de ma sœur, je me figurais ce qu'elle avait dû souffrir. Alors s'expliquèrent pour moi plusieurs choses que je n'avais pu comprendre: ce mélange de joie et de tristesse qu'Amélie avait fait paraître au moment de mon départ pour mes voyages, le soin qu'elle prit de m'éviter à mon retour, et cependant cette faiblesse qui l'empêcha si longtemps d'entrer dans un monastère: sans doute la fille malheureuse s'était flattée de guérir! Ses projets de retraite, la dispense du noviciat, la disposition de ses biens en ma

faveur, avaient apparemment produit cette correspondance secrète qui servit à me tromper.

« O mes amis! je sus donc ce que c'était que de verser des larmes pour un mal qui n'était point imaginaire! Mes passions, si longtemps indéterminées, se précipitèrent sur cette première proie avec fureur. Je trouvai même une sorte de satisfaction inattendue dans la plénitude de mon chagrin et je m'aperçus, avec un secret mouvement de joie, que la douleur n'est pas une affection qu'on épuise comme le plaisir.

« J'avais voulu quitter la terre avant l'ordre du Tout-Puissant, c'était un grand crime: Dieu m'avait envoyé Amélie à la fois pour me sauver et pour me punir. Ainsi, toute pensée coupable, toute action criminelle entraîne après elle des désordres et des malheurs. Amélie me priait de vivre, et je lui devais bien de ne pas aggraver ses maux. D'ailleurs (chose étrange!) je n'avais plus envie de mourir depuis que j'étais réellement malheureux. Mon chagrin était devenu une occupation qui remplissait tous mes moments: tant mon cœur est naturellement pétri[199] d'ennui et de misère!

« Je pris donc subitement une autre résolution; je me déterminai à quitter l'Europe et à passer en Amérique.[200]

« On équipait dans ce moment même, au port de B..., une flotte pour la Louisiane; je m'arrangeai avec un des capitaines de vaisseau, je fis savoir mon projet à Amélie, et je m'occupai de mon départ.

« Ma sœur avait touché aux portes de la mort; mais Dieu, qui lui destinait la première palme des vierges, ne voulut pas la rappeler si vite à lui; son épreuve ici-bas fut prolongée. Descendue une seconde fois dans la pénible carrière[201] de la vie, l'héroïne, courbée sous la croix, s'avança courageusement à l'encontre des douleurs, ne voyant plus que le triomphe dans le combat, et dans l'excès des souffrances l'excès de la gloire.

---

196. *linceul:* shroud.
197. *trépas:* death.
198. *jour:* life.
199. *pétri:* molded, compounded.

200. America represented, to most French people at this time, the very ends of the earth.
201. *carrière:* arena.

« La vente du peu de bien qui me restait, et que je cédai à mon frère, les longs préparatifs d'un convoi, les vents contraires, me retinrent longtemps dans le port. J'allais chaque matin m'informer des nouvelles d'Amélie, et je revenais toujours avec de nouveaux motifs d'admiration et de larmes.

« J'errais sans cesse autour du monastère, bâti au bord de la mer. J'apercevais souvent, à une petite fenêtre grillée qui donnait sur une plage déserte, une religieuse assise dans une attitude pensive; elle rêvait à l'aspect de l'Océan où apparaissait quelque vaisseau cinglant[202] aux extrémités de la terre. Plusieurs fois, à la clarté de la lune, j'ai revu la même religieuse aux barreaux de la même fenêtre: elle contemplait la mer, éclairée par l'astre de la nuit, et semblait prêter l'oreille au bruit des vagues qui se brisaient tristement sur des grèves[203] solitaires.

« Je crois encore entendre la cloche qui, pendant la nuit, appelait les religieuses aux veilles[204] et aux prières. Tandis qu'elle tintait avec lenteur et que les vierges s'avançaient en silence à l'autel du Tout-Puissant, je courais au monastère: là, seul au pied des murs, j'écoutais dans une sainte extase les derniers sons des cantiques.[205] qui se mêlaient sous les voûtes du temple au faible bruissement[206] des flots.

« Je ne sais comment toutes ces choses, qui auraient dû nourrir mes peines, en émoussaient au contraire l'aiguillon.[207] Mes larmes avaient moins d'amertume, lorsque je les répandais sur les rochers et parmi les vents. Mon chagrin même, par sa nature extraordinaire, portait avec lui quelque remède: on jouit de ce qui n'est pas commun, même quand cette chose est un malheur. J'en conçus presque l'espérance que ma sœur deviendrait à son tour moins misérable.

« Une lettre que je reçus d'elle avant mon départ sembla me confirmer dans ces idées. Amélie se plaignait tendrement de ma douleur et m'assurait que le temps diminuait la sienne. « Je ne désespère pas de mon bonheur, me disait-elle. L'excès même du sacrifice, à présent que le sacrifice est consommé, sert à me rendre quelque paix. La simplicité de mes compagnes, la pureté de leurs vœux, la régularité de leur vie, tout répand du baume sur mes jours. Quand j'entends gronder les orages et que l'oiseau de mer vient battre des ailes à ma fenêtre, moi, pauvre colombe du ciel, je songe au bonheur que j'ai eu de trouver un abri contre la tempête. C'est ici la sainte montagne, le somment élevé d'où l'on entend les derniers bruits de la terre et les premiers concerts du ciel; c'est ici que la religion trompe doucement une âme sensible: aux plus violentes amours elle substitue une sorte de chasteté brûlante où l'amante et la vierge sont unies; elle épure les soupirs, elle change en une flamme incorruptible une flamme périssable, elle mêle divinement son calme et son innocence à ce reste de trouble et de volupté d'un cœur qui cherche à se reposer et d'une vie qui se retire. »

« Je ne sais ce que le ciel me réserve, et s'il a voulu m'avertir que les orages accompagneraient partout mes pas. L'ordre était donné pour le départ de la flotte; déjà plusieurs vaisseaux avaient appareillé[208] au baisser du soleil; je m'étais arrangé pour passer la dernière nuit à terre, afin d'écrire ma lettre d'adieu à Amélie. Vers minuit, tandis que je m'occupe de ce soin et que je mouille mon papier de mes larmes, le bruit des vents vient frapper mon oreille. J'écoute, et au milieu de la tempête je distingue les coups de canon d'alarme mêlés au glas[209] de la cloche monastique. Je vole sur le rivage où tout était désert et où l'on n'entendait que le rugissement des flots. Je m'assieds sur un rocher. D'un côté s'étendent les vagues étincelantes, de l'autre les murs sombres du monastère se perdent confusément dans les cieux. Une petite lumière paraissait à la fenêtre grillée. Était-ce toi, ô mon Amélie!

---

202. *cinglant:* sailing.
203. *grèves:* beaches.
204. *veilles:* vigils, night watches.
205. *cantiques:* hymns.
206. *bruissement:* murmuring.

207. *en émoussaient...l'aiguillon:* blunted their pricking.
208. *appareillé:* set sail.
209. *glas:* tolling.

qui, prosternée au pied du crucifix, priais le Dieu des orages d'épargner ton malheureux frère? La tempête sur les flots, le calme dans ta retraite; des hommes brisés sur des écueils, au pied de l'asile que rien ne peut troubler; l'infini de l'autre côté du mur d'une cellule; les fanaux[210] agités des vaisseaux, le phare[211] immobile du couvent; l'incertitude des destinées du navigateur, la vestale connaissant dans un seul jour tous les jours futurs de sa vie; d'une autre part, une âme telle que la tienne, ô Amélie, orageuse comme l'Océan; un naufrage plus affreux que celui du marinier: tout ce tableau est encore profondément gravé dans ma mémoire. Soleil de ce ciel nouveau, maintenant témoin de mes larmes, échos du rivage américain qui répétez les accents de René, ce fut le lendemain de cette nuit terrible qu'appuyé sur le gaillard[212] de mon vaisseau je vis s'éloigner pour jamais ma terre natale! Je contemplai longtemps sur la côte les derniers balancements des arbres de la patrie et les faîtes[213] du monastère qui s'abaissaient à l'horizon. »

Comme René achevait de raconter son histoire, il tira un papier de son sein, et le donna au père Souël; puis, se jetant dans les bras de Chactas et étouffant ses sanglots, il laissa le temps au missionnaire de parcourir la lettre qu'il venait de lui remettre.

Elle était de la supérieure de… Elle contenait le récit des derniers moments de la sœur Amélie de la Miséricorde, morte victime de son zèle et de sa charité en soignant ses compagnes attaquées d'une maladie contagieuse. Toute la communauté était inconsolable et l'on y regardait Amélie comme une sainte. La supérieure ajoutait que, depuis trente ans qu'elle était à la tête de la maison, elle n'avait jamais vu de religieuse d'une humeur aussi douce et aussi égale, ni qui fût plus contente d'avoir quitté les tribulations du monde.

Chactas pressait René dans ses bras; le vieillard pleurait. « Mon enfant, dit-il à son fils, je voudrais que le père Aubry[214] fût ici; il tirait du fond de son cœur je ne sais quelle paix qui, en les calmant, ne semblait cependant point étrangère aux tempêtes: c'était la lune dans une nuit orageuse. Les nuages errant ne peuvent l'emporter dans leur course; pure et inaltérable, elle s'avance tranquille au-dessus d'eux. Hélas! pour moi, tout me trouble et m'entraîne! »

Jusqu'alors le père Souël, sans proférer une parole, avait écouté d'un air austère l'histoire de René. Il portait en secret un cœur compatissant,[215] mais il montrait au dehors un caractère inflexible; la sensibilité du Sachem le fit sortir du silence:

« Rien, dit-il au frère d'Amélie, rien ne mérite dans cette histoire la pitié qu'on vous montre ici. Je vois un jeune homme entêté de chimères, à qui tout déplaît, et qui s'est soustrait aux charges de la société pour se livrer à d'inutiles rêveries. On n'est point, monsieur, un homme supérieur parce qu'on aperçoit le monde sous un jour odieux. On ne hait les hommes et la vie, que faute de voir assez loin. Étendez un peu plus votre regard, et vous serez bientôt convaincu que tous ces maux dont vous vous plaignez sont de purs néants. Mais quelle honte de ne pouvoir songer au seul malheur réel de votre vie sans être forcé de rougir! Toute la pureté, toute la vertu, toute la religion, toutes les couronnes d'une sainte rendent à peine tolérable la seule idée de vos chagrins. Votre sœur a expié sa faute; mais, s'il faut dire ici ma pensée, je crains que, par une épouvantable justice, un aveu sorti du sein de la tombe n'ait troublé votre âme à son tour. Que faites-vous seul au fond des forêts où vous consumez vos jours, négligeant tous vos devoirs? Des saints, me direz-vous, se sont ensevelis dans les déserts? Ils y étaient avec leurs larmes et employaient à éteindre leurs passions le temps que vous perdez peut-être à allumer les vôtres. Jeune présomptueux, qui avez cru que l'homme se peut suffire à lui-même!

---

210. *fanaux:* side lights.
211. *phare:* beacon.
212. *gaillard:* raised deck.

213. *faîtes:* roofs.
214. *père Aubry:* missionary in *Atala.*
215. *compatissant:* compassionate.

« La solitude est mauvaise à celui qui n'y vit pas avec Dieu; elle redouble les puissances de l'âme, en même temps qu'elle leur ôte tout sujet pour s'exercer. Quiconque a reçu des forces doit les consacrer au service de ses semblables; s'il les laisse inutiles, il en est d'abord puni par une secrète misère, et tôt ou tard le ciel lui envoie un châtiment effroyable.[216] »

Troublé par ces paroles, René releva du sein de Chactas sa tête humiliée. Le Sachem aveugle se prit à sourire; et ce sourire de la bouche, qui ne se mariait plus à celui des yeux, avait quelque chose de mystérieux et de céleste. « Mon fils, dit le vieil amant d'Atala, il nous parle sévèrement; il corrige et le vieillard et le jeune homme, et il a raison. Oui, il faut que tu renonces à cette vie extraordinaire qui n'est pleine que de soucis: il n'y a de bonheur que dans les voies communes.

« Un jour le Meschacebé, encore assez près de sa source, se lassa de n'être qu'un limpide ruisseau. Il demande des neiges aux montagnes, des eaux aux torrents, des pluies aux tempêtes; il franchit ses rives, et désole ses bords charmants. L'orgueilleux ruisseau s'applaudit d'abord de sa puissance; mais, voyant que tout devenait désert sur son passage, qu'il coulait abandonné dans la solitude, que ses eaux étaient toujours troublées, il regretta l'humble lit que lui avait creusé la nature, les oiseaux, les fleurs, les arbres et les ruisseaux, jadis modestes compagnons de son paisible cours. »

Chactas cessa de parler, et l'on entendit la voix du flamant[217] qui, retiré dans les roseaux[218] du Meschacebé, annonçait un orage pour le milieu du jour. Les trois amis reprirent la route de leurs cabanes: René marchait en silence entre le missionnaire, qui priait Dieu, et le Sachem aveugle, qui cherchait sa route. On dit que, pressé par les deux vieillards, il retourna chez son épouse, mais sans y trouver le bonheur. Il périt peu de temps après avec Chactas et le père Souël dans le massacre des Français et des Natchez à la Louisiane.[219] On montre encore un rocher où il allait s'asseoir au soleil couchant.

---

216. The reader may well be stunned by the turn in philosophical outlook that the story takes at this point. After page upon page of what seems to be glorification of René's highly self-indulgent Romantic masochism, the author suddenly has René's wise mentors, Père Souël and Chactas, rebuke this behavior with sharp denunciations. Chateaubriand's sympathies are clearly with the mentors; he believes that René should stop his sniveling and think about the less fortunate for a change. Nonetheless, young nineteenth-century readers were far less attracted to Père Souël's excellent lesson of duty and service than to the picture of René's tortured soul. Chateaubriand notes in his Memoirs, with a certain smugness, that every schoolboy dreamed of being the unhappiest of men, a haggard, fascinating René.

217. *flamant:* flamingo.

218. *roseaux:* reeds.

219. In an uprising of Yazoo Indians in 1729, many French, including Père Souël, were massacred.

2. Germaine de Staël

[1766-1817]

Leading the Way

One of the boldest and most influential literary theorists of the nineteenth century, Anne-Louise-Germaine Necker, Baronne de Staël-Holstein – known to all as Madame de Staël – gained immense fame not only for her writings, but also for maintaining the finest literary and intellectual salon in Europe. Mme de Staël was more responsible than anyone other than possibly Chateaubriand for making Romanticism the dominant trend in French literature.

Thriving on Scandal

Born April 22, 1766 in Paris, Germaine was raised in a Protestant family. Her father, Swiss banker Jacques Necker, rose to become Minister of Finance to French King Louis XVI. Her mother, Suzanne Curchod, was a socially prominent intellectual who hosted at

Mme de Staël. Courtesy of Bibliothèque nationale de France.

her salon such notables as the encyclopedist Diderot and the historian Gibbon, among other important thinkers. Rising in high society, Germaine gained esteem (and the enmity of her own mother) by attracting to her own salon even greater celebrities than those who frequented her mother's soirées.

After a childhood in which she was teased relentlessly by her contemporaries for a perceived lack of beauty, Germaine at age 20 wed a Swiss diplomat, the Baron Eric de Staël-Holstein. Unhappy in marriage, Germaine bore five children — only one of them fathered by the Baron, the others by assorted lovers. Her most famous romantic liaisons were with politician Charles de Talleyrand, philosopher August von Schlegel, and novelist Benjamin Constant. Her salon was also frequented by such notables as the Marquis de Lafayette, poet André Chénier, politician Le Marquis de Mirabeau, and British Romantic Lord Byron. Mme de Staël's scandalous sex life, radical ideas and controversial friends put her in hot water with the authorities again and again. Yet, her notoriety only made her all the more popular.

Mme de Staël went a bit too far the time she ran afoul of Napoleon. The Emperor was displeased by her writings, which extolled wild emotionalism in place of the steady propaganda literature that Napoleon sought to promote. (In actuality, Napoleon virtually stifled all literary creativity for some fifteen years.) He ordered all copies of her pro-German book *De l'Allemagne* destroyed and exiled her from Paris, a heavy blow to a woman accustomed to being at the center of French intellectual life. She was highly upset at having to live in a series of luxurious chateaux in France, Switzerland, England, Sweden, Finland, and Russia. Some nine years after the death of her husband, Mme de Staël at age 45 married a 24-year-old Swiss-Italian soldier. At this time she wrote novels, plays, and poems, but none of these are much read today. Eventually she returned to Paris, where her last years were marred by illness. At the end an invalid and opium user, Mme de Staël passed away in 1817 and was buried at Coppet, where she had lived much of her life.

Revitalizing French Literature

Mme de Staël is remembered today mostly for originating and popularizing some highly influential ideas in the realm of literary theory and politics. Throughout her life, she urged France to adopt the English model of parliamentary monarchy. She also promoted Montesquieu's concept of law and Jean-Jacques Rousseau's ideas in favor of a social contract between the public and the government. Strongly advocating a role for the passions in society and the arts, she revived French literature by proselytizing for the budding new trend called Romanticism. In her dynamic works *De la littérature considérée dans ses rapports avec les institutions sociales* (1800) and *De l'Allemagne* (1810), Mme de Staël drew a contrast between southern European literatures (French, Italian, Greek), which featured classical style, intellectual rationalism, antiquity, and universality, and the northern literatures (mostly Germanic and Anglo-Saxon), which emphasized emotionalism, folklore, and modern nationalistic themes. While praising both types of literature, she urged a spreading of the northern, romantic variety. She also stressed the concept of nature as a cosmic oneness to be expressed through literature, especially poetry, by authors in harmony with nature. These notions profoundly influenced Chateaubriand, Lamartine, Byron, Emerson, and countless other writers and thinkers around the world.

DE LA LITTÉRATURE and DE L'ALLEMAGNE
[*Excerpts*]

[*Most of* De la Littérature *consists of a long semi-historical discourse on the literature of ancient Greece and Rome and how the literature of the Christian era took a different path. Mme de Staël then makes a distinction between the literature of* le Sud *and that of* le Nord. *Basically, she sees the South, meaning primarily France, Italy and Spain, as overly obedient to the ancient classical tradition, whereas she sees the North, meaning basically England and Germany, as having taken a more creative, more uniquely Christian direction in their literature. Probably the most striking segment of* De la Littérature *is the commentary on Shakespeare. In the works and spirit of this great British poet and playwright of the sixteenth and seventeenth centuries, Mme de Staël sees almost everything that she thinks French literature needs in the nineteenth.*]

Les Anglais ont pour Shakespeare l'enthousiasme le plus profond qu'aucun peuple ait jamais ressenti pour un écrivain. Les peuples libres ont un esprit de propriété pour tous les genres de gloire qui illustrent leur patrie; et ce sentiment doit inspirer une admiration qui exclut toute espèce de critique.

Il y a dans Shakespeare des beautés du premier genre, et de tous les pays comme de tous les temps; des défauts qui appartiennent à son siècle, et des singularités tellement populaires parmi les Anglais, qu'elles ont encore le plus grand succès sur leur théâtre. Ce sont ces beautés et ces bizarreries que je veux examiner dans leur rapport avec l'esprit national de l'Angleterre et le génie de la littérature du Nord.

Shakespeare n'a point imité les anciens; il ne s'est point nourri, comme Racine,[1] des

1. *Racine :* Great seventeenth-century French playwright who composed his plays according to classical rules. He apparently was unaware of Shakespeare's works, which were not popularized in France until well into the eighteenth century.

tragédies grecques. Il a fait une pièce sur un sujet grec, *Troïle et Cresside,* et les mœurs d'Homère[2] n'y sont point observées. Il est bien plus admirable dans ses tragédies sur les sujets romains. Mais l'histoire, mais *les Vies* de Plutarque[3] que Shakespeare paraît avoir lues avec le plus grand soin ne sont point une étude purement littéraire; on peut y observer l'homme comme presque vivant. Lorsqu'on se pénètre uniquement des modèles de l'art dramatique dans l'antiquité, lorsqu'on imite l'imitation, on a moins d'originalité, on n'a pas ce génie qui peint d'après nature, ce génie immédiat, si je puis m'exprimer ainsi, qui caractérise particulièrement Shakespeare. Depuis les Grecs jusqu'à lui nous voyons toutes les littératures dériver les unes des autres, en partant de la même source. Shakespeare commence une littérature nouvelle: il est empreint, sans doute, de l'esprit et de la couleur générale des poésies du Nord; niais c'est lui qui a donné à la littérature des Anglais son impulsion, et à leur art dramatique son caractère.

Shakespeare, égalé quelquefois depuis par les auteurs anglais et allemands, est l'écrivain qui a peint le premier la douleur morale au plus haut degrés; l'amertume de souffrance dont il donne l'idée, pourrait presque passer pour une invention, si la nature ne s'y reconnaissait pas.

Les anciens croyaient au fatalisme, qui frappe comme la foudre et renverse comme elle. Les modernes et surtout Shakespeare, trouvent de plus profondes sources d'émotions dans la nécessité philosophique. Elle se compose du souvenir de tant de malheurs irréparables, de tant d'efforts inutiles, de tant d'espérances trompées! Les anciens habitaient un monde trop nouveau, possédaient encore trop peu d'histoires, étaient trop avides d'avenir, pour que le malheur qu'ils peignaient fût

jamais aussi déchirant que dans les pièces anglaises.

Un sentiment que Shakespeare seul a su rentre théâtral, c'est la pitié sans aucun mélange d'admiration pour celui qui souffre, la pitié pour un être insignifiant et quelquefois même méprisable. Il faut un talent infini pour transporter ce sentiment de la vie au théâtre, en lui conservant toute sa force; mais quand on y est parvenu, l'effet qu'il produit est d'une plus grande vérité que tout autre: ce n'est pas au grand homme, c'est à l'homme que l'on s'intéresse; l'on n'est point alors ému par des sentiments qui sont quelquefois de convention tragique, mais par une impression tellement rapprochée des impressions de la vie, que l'illusion en est plus grande.

S'il excelle à peindre la pitié, quelle énergie dans la terreur! C'est du crime qu'il fait sortir l'effroi. On pourrait dire du crime peint par Shakespeare, comme la Bible de la mort, qu'il est le roi des épouvantements. Combien sont habilement combinés, dans *Macbeth,* les remords et la superstition croissant avec les remords!

La sorcellerie[4] est en elle-même beaucoup plus effrayante que les dogmes religieux les plus absurdes. Ce qui est inconnu, ce qui n'est guidé par aucune volonté intelligente, porte la crainte au dernier degré. Dans un système de religion quelconque, la terreur sait toujours à quel point elle doit s'arrêter; elle se fonde toujours du moins sur quelques motifs raisonnés: mais le chaos de la magie jette dans la tête le désarroi le plus complet.

La foule des spectateurs, en Angleterre, exige qu'on fasse succéder les scènes comiques aux effets tragiques.[5] Le contraste de ce qui est noble avec ce qui ne l'est pas, produit néanmoins toujours, comme je l'ai dit, une désagréable impression sur les hommes de goût. Le genre noble veut des

---

2. *Homère :* Ancient Greek epic poet.
3. *Plutarque :* Ancient Greek biographer famous for his *Lives* of Greek and Roman men of history.
4. In *Macbeth* (1606), a prediction by witches leads a nobleman to commit an assassination in order

to become king. The play follows the course of Macbeth's guilt.
5. Classical French theater insisted on a unity of tone. Shakespeare blithely alternates comical and tragic sequences.

nuances; mais des oppositions trop fortes ne sont que de la bizarrerie. Les jeux de mots, les équivoques licencieuses: les contes populaires, les proverbes qui s'entassent successivement dans les vieilles nations, et sont, pour ainsi dire, les idées patrimoniales des hommes du peuple, tous ces moyens qui sont applaudis de la multitude, sont critiqués par la raison. Ils n'ont aucun rapport avec les sublimes effets que Shakespeare sait tirer des mots simples, des circonstances vulgaires placées avec art, et qu'à tort nous n'oserions pas admettre sur notre théâtre.

Shakespeare se ressent aussi de l'ignorance où l'on était de son temps sur les principes de la littérature. Ses pièces sont supérieures aux tragédies grecques pour la philosophie des passions et la connaissance des hommes; mais elles sont beaucoup plus reculées sous le rapport de la perfection de l'art. Des longueurs, des répétitions inutiles, des images incohérentes, peuvent être souvent reprochées à Shakespeare. Le spectateur était alors trop facile à intéresser, pour que l'auteur fût aussi sévère envers lui-même qu'il aurait dû l'être.

Les deux situations les plus profondément tragiques que l'homme puisse concevoir, Shakespeare les a peintes le premier; c'est la folie causée par le malheur, et l'isolement dans l'infortune.

Ajax est un furieux, Oreste est poursuivi par la colère des Dieux, Phèdre[6] est dévorée par la fièvre, de l'amour, mais Hamlet, Ophélie, le roi Léar,[7] avec des situations et des caractères différents, ont un même caractère d'égarement. La douleur parle seule en eux, l'idée dominante a fait disparaître toutes les idées communes de la vie; tous les organes sont dérangés, hors ceux de la souffrance; et ce touchant délire de l'être malheureux semble l'affranchir

de la réserve timide qui défend de s'offrir sans contrainte à la pitié, Les spectateurs refuseraient peut-être leur attendrissement à la plainte volontaire; ils s'abandonnent à l'émotion que fait naître une douleur qui ne répond plus d'elle. La folie, telle qu'elle est peinte dans Shakespeare, est le plus beau tableau du naufrage[8] de la nature morale quand la tempête de la vie surpasse ses forces. Il existe, sur le théâtre français, de sévères règles de convenances,[9] même pour la douleur. Elle est en scène avec elle-même; les amis lui servent de cortège, et les ennemis de témoins. Mais ce que Shakespeare a peint avec une vérité, avec une force d'âme admirables, c'est l'isolement. Il place à côté des tourments de la douleur, l'oubli des hommes et le calme de la nature, ou bien un vieux serviteur, seul être qui se souvienne encore que son maître a été roi. …

[*In the second section of the* De la Littérature, *Mme de Staël argues that logic has its utility in poetry, but only as a vehicle for conveying the emotions in human nature. She summarizes her central opinions in the following paragraph.*]

Tout se lie dans la nature dès qu'on en bannit le merveilleux;[10] et les écrits doivent imiter l'accord et l'ensemble de la nature. La philosophie, en généralisant davantage les idées, donne plus de grandeur aux images poétiques. La connaissance de la logique rend plus capable de faire parler la passion. Une progression constante dans les idées, un but d'utilité doit se faire sentir dans tous les ouvrages d'imagination. On ne met plus d'intérêt aux difficultés vaincues, lorsqu'elles ne font avancer en rien l'esprit humain. Il faut analyser

---

6. *Ajax…Oreste…Phèdre:* Tragic characters in ancient Greek tragedies by Sophocles, Aeschylus, and Euripides, respectively.

7. *Hamlet…Ophélie…Léar:* Characters in Shakespeare tragedies. In *Hamlet,* the title character is a prince who pretends to be mad, and Ophelia his girlfriend who does go mad. In *King Lear*, Lear is an aged monarch whose children drive him to madness.

8. *naufrage :* shipwreck.

9. *règles de convenance :* rules of propriety, decorum.

10. *merveilleux :* supernatural. Believing that everything in nature has a perfect harmony, Mme de Staël argues for banning from literature the supernatural, which would only disrupt nature's order.

l'homme ou le perfectionner. Les romans, la poésie, les pièces dramatiques, et tous les écrits qui semblent n'avoir pour objet que d'intéresser, ne peuvent atteindre à cet objet même, qu'en remplissant un but philosophique. Les romans qui n'offriraient que des événements extraordinaires seraient bientôt délaissés. La poésie qui ne contiendrait que des fictions, les vers qui n'auraient que de la grâce, fatigueraient les esprits avides, avant tout, des découvertes que l'on peut faire dans les mouvements[11] et dans les caractères des hommes.

[*Written in 1810, a decade after* De la Littérature, *the even bolder* De l'Allemagne *narrowly escaped destruction at the hands of the censor's police. In it, Mme de Staël continues to expound on literature, nature, inspiration, and various aspects of Germanic culture, especially as they might be applicable to France.*]

Ce qui est vraiment divin dans le cœur de l'homme ne peut être défini; s'il y a des mots pour quelques traits, il n'y en a point pour exprimer l'ensemble, et surtout le mystère de la véritable beauté dans tous les genres. Il est difficile de dire ce qui n'est pas de la poésie; mais si l'on veut comprendre ce qu'elle est, il faut appeler à son secours les impressions qu'excitent une belle contrée, une musique harmonieuse, le regard d'un objet chéri, et par-dessus tout un sentiment religieux qui nous fait éprouver en nous-mêmes la présence de la Divinité. La poésie est le langage naturel à tous les cultes.[12] La Bible est pleine de poésie; Homère est plein de religion. Ce n'est pas qu'il y ait des fictions dans la Bible, ni des dogmes dans Homère; mais l'enthousiasme[13] rassemble dans un même foyer des sentiments divers; l'enthousiasme est l'encens de la terre vers le ciel; il les réunit l'un à l'autre.

Le don de révéler par la parole ce qu'on ressent au fond du cœur est très rare; il y a pourtant de la poésie dans tous les êtres capables d'affections vives et profondes; l'expression manque à ceux qui ne sont pas exercés à la trouver. Le poète ne fait, pour ainsi dire, que dégager le sentiment prisonnier au fond de l'âme; le génie poétique est une disposition intérieure, de la même nature que celle qui rend capable d'un généreux sacrifice: c'est rêver l'héroïsme que de composer une belle ode. Si le talent n'était pas mobile, il inspirerait aussi souvent les belles actions que les touchantes paroles; car elles partent toutes également de la conscience du beau, qui se fait sentir en nous-mêmes.

Les Allemands, réunissant tout à la fois, ce qui est très rare, l'imagination et le recueillement contemplatif, sont plus capables que la plupart des autres nations de la poésie lyrique. Les modernes ne peuvent se passer d'une certaine profondeur d'idées dont une religion spiritualiste leur a donné l'habitude; et si cependant cette profondeur n'était point revêtue d'images, ce ne serait pas de la poésie: il faut donc que la nature grandisse aux yeux de l'homme, pour qu'il puisse s'en servir comme de l'emblème de ses pensées. Les bosquets, les fleurs et les ruisseaux suffisaient aux poètes du paganisme; la solitude des forêts, l'Océan sans bornes, le ciel étoilé, peuvent à peine exprimer l'éternel et l'infini dont l'âme des chrétiens est remplie.

Les Allemands n'ont pas plus que nous de poème épique;[14] cette admirable composition ne paraît pas accordée aux modernes, et peut-être n'y a-t-il que l'Iliade qui réponde entièrement à l'idée qu'on se fait de ce genre d'ouvrage: il faut, pour le poème épique, un concours singulier de circonstances qui ne s'est rencontré que chez les Grecs, l'imagination des temps héroïques et la perfection du langage des temps civilisés. Dans le moyen âge, l'imagination était forte, mais le langage

---

11. *mouvements :* emotional upheavals.
12. *cultes :* religions. (The word does not have the negative connotation common of the English word *cult*.)
13. *enthousiasme :* inspiration.

14. Neither France nor Germany has much of a tradition of epic poetry apart from the great examples from the Middle Ages, such as the *Chanson de Roland*, which had been forgotten and would not be rediscovered until after Mme de Staël's time.

imparfait; de nos jours, le langage est pur, mais l'imagination est en défaut. Les Allemands ont beaucoup d'audace dans les idées et dans le style, et peu d'invention dans le fond du sujet; leurs essais épiques se rapprochent presque toujours du genre lyrique. Ceux des Français rentrent plutôt dans le genre dramatique, et l'on y trouve plus d'intérêt que de grandeur. Quand il s'agit de plaire au théâtre, l'art de se circonscrire dans un cadre donné, de deviner le goût des spectateurs et de s'y plier avec adresse, fait une partie du succès, tandis que rien ne doit tenir aux circonstances, extérieures et passagères, dans la composition d'un poème épique. Il exige des beautés absolues, des beautés qui frappent le lecteur solitaire, lorsque ses sentiments sont plus naturels, et son imagination plus hardie. Celui qui voudrait trop hasarder dans un poème épique pourrait bien encourir le blâme sévère du bon goût français; mais celui qui ne hasarderait rien n'en serait pas moins dédaigné.

[*Mme de Staël looks at the origins of the term* romantique *and ponders why France lacks (so far) a literature of that type.*]

Le nom de *romantique* a été introduit nouvellement en Allemagne, pour désigner la poésie dont les chants des troubadours[15] ont été l'origine, celle qui est née de la chevalerie et du christianisme. Si l'on n'admet pas que le paganisme et le christianisme, le Nord et le Midi, l'antiquité et le moyen âge, la chevalerie et les institutions grecques et

On prend quelquefois le mot classique comme synonyme de perfection. Je m'en sers ici dans une autre acception, en considérant la poésie classique comme celle des anciens, et la poésie romantique comme celle qui tient de quelque manière aux traditions chevaleresques. Cette division se rapporte également aux deux ères du monde: celle qui a précédé l'établissement du christianisme et celle qui l'a suivi.

On a comparé aussi dans divers ouvrages allemands la poésie antique à la sculpture, et la poésie romantique à la peinture; enfin, l'on a caractérisé de toutes les manières la marche de l'esprit humain, passant des religions matérialistes aux religions spiritualistes, de la nature à la Divinité.

La nation française, la. plus cultivée des nations latines, penche vers la poésie classique, imitée des Grecs et des Romains. La nation anglaise, la plus illustre des nations germaniques, aime la poésie romantique et chevaleresque, et se glorifie des chefs-d'œuvre qu'elle possède en ce genre. Je n'examinerai point ici lequel de ces deux genres de poésie mérite la préférence: il suffit de montrer que la diversité des goûts, à cet égard, dérive non seulement de causes accidentelles, mais aussi des sources primitives de l'imagination et de la pensée.

Il y a dans les poèmes épiques, et dans les tragédies des anciens, un genre de simplicité qui tient à ce que les hommes étaient identifiés à cette époque avec la nature, et croyaient dépendre du destin, comme elle dépend de la nécessité. L'homme, réfléchissant peu,[16] portait toujours l'action de son âme au dehors; la conscience elle-même était figurée par des objets extérieurs et les flambeaux des Furies[17] secouaient les remords sur la tête des coupables. L'événement était tout[18] dans l'antiquité, le caractère tient plus de place dans les temps modernes; et cette réflexion

---

15. *troubadours:* wandering musicians and singers of the Middle Ages.
16. Mme de Staël seems to think of the ancient Greeks as simpletons incapable of philosophical reflection. This gross ignorance about the ancients weakens her argument at this point. She would do better to argue that French Classicism is simply stale because it always copies ancient style and imagery and therefore lacks creativity. And she

does make that argument elsewhere in this piece.
17. *Furies :* In mythology, winged females who meted out harsh punishments.
18. Mme de Staël thinks plot was everything in Greek theater. But that is a factually dubious contention. It is likely that she had not actually read or seen at least some of the Greek plays upon which she is commenting.

inquiète[19], qui nous dévore souvent comme le vautour de Prométhée, [20] n'eût semblé que[21] de la folie, au milieu des rapports clairs et prononcés qui existaient dans l'état civil et social des anciens.

On ne faisait en Grèce, dans le commencement de l'art, que des statues isolées; les groupes ont été composés plus tard. On pourrait dire de même, avec vérité, que dans tous les arts il n'y avait point de groupes: les objets représentés se succédaient comme dans les bas-reliefs, sans combinaison, sans complication d'aucun genre. L'homme personnifiait la nature; des nymphes habitaient les eaux, des hamadryades[22] les forêts: mais la nature, à son tour, s'emparait de[23] l'homme, et l'on eût dit qu'il ressemblait au torrent, à la foudre, au volcan, tant il agissait par une impulsion involontaire, et sans que la réflexion pût en rien altérer les motifs ni les suites de ses actions. Les anciens avaient, pour ainsi dire, une âme corporelle, dont tous les mouvements étaient forts, directs et conséquents: il n'en est pas de même du cœur humain développé par le christianisme: les modernes ont puisé dans le repentir chrétien l'habitude de se replier continuellement sur eux-mêmes. [24]

Mais, pour manifester cette existence tout intérieure, il faut qu'une grande variété dans les faits présente sous toutes les formes les nuances infinies de ce qui se passe dans l'âme. Si de nos jours les beaux-arts étaient astreints[25] à la simplicité des anciens, nous n'atteindrions pas à la force primitive qui les distingue, et nous perdrions les émotions intimes et multipliées dont notre âme est susceptible. La simplicité de l'art chez les modernes, tournerait facilement à la froi-

deur et à l'abstraction, tandis que celle des anciens était pleine de vie. L'honneur et l'amour, la bravoure et la pitié sont les sentiments qui signalent le christianisme chevaleresque; et ces dispositions de l'âme ne peuvent se faire voir que par les dangers, les exploits, les amours, les malheurs, l'intérêt romantique enfin, qui varie sans cesse les tableaux. Les sources des effets de l'art sont donc différentes, à beaucoup d'égards, dans la poésie romantique: dans l'une, c'est le sort qui règne; dans l'autre, c'est la Providence;[26] le sort ne compte pour rien les sentiments des hommes, la Providence ne juge les actions que d'après les sentiments. Comment la poésie ne créerait-elle pas un monde d'une tout autre nature, quand il faut peindre l'œuvre d'un destin aveugle et sourd, toujours en lutte avec les mortels, ou cet ordre intelligent auquel préside un Etre suprême, que notre cœur interroge, et qui répond à notre cœur?

La poésie païenne doit être simple et saillante comme les objets extérieurs; la poésie chrétienne a besoin des mille couleurs de l'arc-en-ciel pour ne pas se perdre dans les nuages. La poésie des anciens est plus pure comme art, celle des modernes fait verser plus de larmes; mais la question pour nous n'est pas entre la poésie classique et la poésie romantique, mais entre l'imitation de l'une et l'inspiration de l'autre. La littérature des anciens est chez les modernes une littérature transplantée: la littérature romantique ou chevaleresque est chez nous indigène, et c'est notre religion et nos institutions qui l'ont fait éclore. Les écrivains imitateurs des anciens se sont soumis aux règles du goût les plus sévères; car, ne pouvant consulter ni leur

---

19. *cette réflexion inquiète:* this anxious reflecting (i.e., this tendency to brood, to worry.)
20. Prometheus was punished by Zeus by having a vulture peck at his liver.
21. *n'eût semblé que :* would only have seemed.
22. *hamadryades :* wood-nymphs.
23. *s'emparait de :* took hold of.
24. Thus Christian repentance is responsible for the moderns' capacity to reflect, and allegedly makes them superior to the ancients. This notion of perfectability over time had been popularized at the end of the eighteenth century by Condorcet.

And the notion of the perfectability of literature through Christianity was being developed by Chateaubriand at the same time that Mme de Staël was formulating it.
25. *astreints :* constrained.
26. Mme de Staël is drawing a distinction between two types of fate: pagan destiny and Christian providence. To her, the pagan variety operates without regard for human feelings, whereas the Christian variety works solely on the basis of human feelings.

propre nature, ni leurs propres souvenirs, il a fallu qu'ils se conformassent aux lois d'après lesquelles les chefs-d'œuvre des anciens peuvent être adaptés à notre goût, bien que toutes les circonstances politiques et religieuses qui ont donné le jour à ces chefs-d'œuvre soient changées. Mais ces poésies d'après l'antique, quelques parfaites qu'elles soient, sont rarement populaires, parce qu'elles ne tiennent, dans le temps actuel, à rien de national.

La poésie française, étant la plus classique de toutes les poésies modernes, est la seule qui ne soit pas répandue parmi le peuple. Les stances du Tasse[27] sont chantées par les gondoliers de Venise; les Espagnols et les Portugais de toutes les classes savent par cœur les vers de Calderon[28] et de Camoëns.[29] Shakespeare est autant admiré par le peuple en Angleterre que par la classe supérieure. Des poèmes de Gœthe[30] et de Bürger[31] sont mis en musique et vous les entendez répéter des bords du Rhin jusqu'à la Baltique. Nos poètes français sont admirés par tout ce qu'il y a d'esprits cultivés chez nous et dans le reste de l'Europe; mais ils sont tout à fait inconnus aux gens du peuple et aux bourgeois même des villes, parce que les arts en France ne sont pas, comme ailleurs, natifs du pays même où leurs beautés se développent.

Quelques critiques français ont prétendu que la littérature des peuples germaniques était encore dans l'enfance de l'art: cette opinion est tout à fait fausse; les hommes les plus instruits dans la connaissance des langues et des ouvrages des anciens n'ignorent certainement pas les inconvénients et les avantages du genre qu'ils adoptent, ou de celui qu'ils rejettent; mais leur caractère, leurs habitudes et leurs raisonnements les ont conduits à préférer la littérature fondée sur les souvenirs de la chevalerie, sur le merveilleux du moyen âge, à celle dont la mythologie des Grecs est la base. La littérature romantique est la seule qui soit susceptible encore d'être perfectionnée, parce qu'ayant ses racines dans notre propre sol, elle est la seule qui puisse croître et se vivifier de nouveau: elle exprime notre religion; elle rappelle notre histoire; son origine est ancienne, mais non antique.

La poésie classique doit passer par les souvenirs du paganisme pour arriver jusqu'à nous: la poésie des Germains est l'ère chrétienne des beaux-arts: elle se sert de nos impressions personnelles pour nous émouvoir: le génie qui l'inspire s'adresse immédiatement à notre cœur, et semble évoquer notre vie elle-même comme un fantôme, le plus puissant et le plus terrible de tous.

[*She then explains what is so appealing about contemporary German poetry, such as that by Goethe.*]

[…] On dit qu'il y a des personnes qui découvrent les sources[32] cachées sous la terre par l'agitation nerveuse qu'elles leur causent: on croit souvent reconnaître dans la poésie allemande ces miracles de la sympathie entre l'homme et les éléments. Le poète allemand comprend la nature, non pas seulement en poète, mais en frère; et l'on dirait que des rapports de famille lui parlent pour l'air, l'eau, les fleurs, les arbres, enfin pour toutes les beautés primitives de la création.

Il n'est personne qui n'ait senti l'attrait indéfinissable que les vagues font éprouver, soit par le charme de la fraîcheur, soit par l'ascendant qu'un mouvement uniforme et perpétuel pourrait prendre insensiblement sur une existence passagère et périssable.

---

27. *Tasse :* Tasso, an Italian Renaissance poet.
28. *Calderon :* Seventeenth-century Spanish poetic dramatist.
29. *Camoëns :* Sixteenth-century Portuguese epic poet.
30. *Gœthe :* Great German poet and playwright of the eighteenth and nineteenth centuries. His *Faust* was published just two years prior to this piece by Mme de Staël.

31. *Bürger :* Minor eighteenth-century German poet.
32. *Sources :* Springs. She is referring to the popular practice of locating underground water through the use of dowsing rods that would allegedly transmit emotional vibrations into the user. The French scientist Lavoisier, who was executed in the French Revolution, had already debunked this practice. Mme de Staël is metaphorically comparing hypersenstive poets with dowsers.

La romance[33] de Gœthe exprime
admirablement le plaisir toujours croissant
qu'on trouve à considérer les ondes pures
d'un fleuve: le balancement du rythme et de
l'harmonie imite celui des flots, et produit
sur l'imagination un effet analogue. L'âme
de la nature se fait connaître à nous de
toutes parts et sous mille formes diverses.
La campagne fertile, comme les déserts
abandonnés, la mer, comme les étoiles,
sont soumises aux mêmes lois; et l'homme
renferme en lui-même des sensations, des
puissances occultes qui correspondent avec
le jour, avec la nuit, avec l'orage: c'est
cette alliance secrète de notre être avec
les merveilles de l'univers qui donne à la
poésie sa véritable grandeur. Le poète sait
rétablir l'unité du monde physique avec le
monde moral: son imagination forme un
lien entre l'un et l'autre.

[*According to this next section, a key
to the Romantic genius is a sense of
the infinite, which serves as a powerful
stimulus to the poetic imagination.*]

C'est au sentiment de l'infini que la
plupart des écrivains allemands rapportent
toutes les idées religieuses. L'on demande
s'il est possible de concevoir l'infini;
cependant, ne le conçoit-on pas, au moins
d'une manière négative, lorsque, dans les
mathématiques, on ne peut supposer aucun
terme à la durée ni à l'étendue? Cet infini
consiste dans l'absence des bornes; mais le
sentiment de l'infini, tel que l'imagination et
le cœur l'éprouvent est positif et créateur.[34]
L'enthousiasme que le beau idéal
nous fait éprouver, cette émotion pleine de
trouble et de pureté tout ensemble, c'est le
sentiment de l'infini qui l'excite. Nous nous
sentons comme dégagés, par l'admiration,
des entraves de la destinée humaine, et il
nous semble qu'on nous révèle des secrets
merveilleux pour affranchir l'âme à jamais
de la langueur et du déclin. Quand nous
contemplons le ciel étoilé, où des étincelles

de lumière sont des Univers comme le
nôtre, où la poussière brillante de la voie
lactée trace avec des mondes une route
dans le firmament, notre pensée se perd
dans l'infini, notre cœur bat pour l'inconnu,
pour l'immense, et nous sentons que ce
n'est qu'au delà des expériences terrestres
que notre véritable vie doit commencer.

Quand nous nous livrons en entier
aux réflexions, aux images, aux désirs
qui dépassent les limites de l'expérience,
c'est alors seulement que nous respirons.
Quand on veut s'en tenir aux intérêts,
aux convenances, aux lois de ce monde,
le génie, la sensibilité, l'enthousiasme,
agitent péniblement notre âme; mais ils
l'inondent de délices quand on les consacre
à ce souvenir, à cette attente de l'infini qui
se présente, dans la métaphysique, sous
la forme des dispositions innées; dans la
vertu, sous celle du dévouement; dans les
arts, sous celle, de l'idéal, et dans la religion
elle-même, sous celle de l'amour divin.

Le sentiment de l'infini est le véritable
attribut de l'âme: tout ce qui est beau dans
tous les genres excite en nous l'espoir et le
désir d'un avenir éternel et d'une existence
sublime; on ne peut entendre ni le vent
dans la forêt, ni les accords délicieux
des voix humaines; on ne peut éprouver
l'enchantement de l'éloquence ou de la
poésie; enfin, surtout, on ne peut aimer
avec innocence, avec profondeur, sans être
pénétré de religion et d'immortalités.

Tous les sacrifices de l'intérêt personnel
viennent du besoin de se mettre en harmonie
avec ce sentiment de l'infini dont on
éprouve tout le charme, quoiqu'on ne puisse
l'exprimer. Si la puissance du devoir était
renfermée dans le court espace de cette vie,
comment donc aurait-elle plus d'empire que
les passions sur notre âme? qui sacrifierait
des bornes à des bornes? *Tout ce qui finit est
si court,* dit saint Augustin;[35] les instants de
jouissance que peuvent valoir les penchants

---

33. *romance :* ballad.
34. The great seventeenth-century French philo-
    sopher and mathematician Blaise Pascal had
    dwelled on this issue at length and expressed
    much the same idea, although he was also struck

by the terror inherent in the concept of the
infinite.
35. *saint Augustin :* Catholic theologian who lived
    in the fourth and fifth centuries.

terrestres, et les jours de paix qu'assure une conduite morale différeraient de bien peu, si des émotions sans limite et sans terme ne s'élevaient pas au fond du cœur de l'homme qui se dévoue à la vertu.

Beaucoup de gens nieront ce sentiment de l'infini; et, certes, ils sont sur un excellent terrain pour le nier, car il est impossible de le leur expliquer; ce n'est pas quelques mots de plus qui réussiront à leur faire comprendre ce que l'univers ne leur a pas dit. La nature a revêtu l'infini des divers symboles qui peuvent le faire arriver jusqu'à nous: la lumière et les ténèbres, l'orage et le silence, le plaisir et la douleur, tout inspire à l'homme cette religion universelle dont son cœur est le sanctuaire.

[*Later on, Mme de Staël goes into more depth about the poet's capacity for inspiration, a special type of which she calls* enthousiasme. *There is a religious connection as well, since both* inspiration *and* enthousiasme *literally mean* filled with God's breath or spirit.]

Beaucoup de gens sont prévenus[36] contre l'enthousiasme; ils le confondent avec le fanatisme, et c'est une grande erreur. Le fanatisme est une passion exclusive, [37] dont une opinion est l'objet; l'enthousiasme se rallie à l'harmonie universelle: c'est l'amour du beau, l'élévation de l'âme, la jouissance du dévouement, réunis dans un même sentiment, qui a de la grandeur et du calme. Le sens de ce mot, chez les Grecs, en est la plus noble définition: l'enthousiasme signifie *Dieu en nous.* En effet, quand l'existence de l'homme est expansive, elle a quelque chose de divin.

Tout ce qui nous porte à sacrifier notre propre bien-être ou notre propre vie est presque toujours de l'enthousiasme; car le droit chemin de la raison égoïste doit être de se prendre soi-même pour but de tous ses efforts, et de n'estimer dans ce monde que la santé, l'argent. et le pouvoir. Sans doute la conscience suffit pour conduire le caractère

le plus froid dans la route de la vertu; mais l'enthousiasme est à la conscience ce que l'honneur est au devoir: il y a en nous un superflu d'âme qu'il est doux de consacrer à ce qui est beau, quand ce qui est bien[38] est accompli.

[*She now distinguishes the happiness that is caused by enthusiasm from the depraved and materialistic pleasure-seeking of the eighteenth-century Libertines.*]

Il est temps de parler de bonheur! J'ai écarté ce mot avec un soin extrême, parce que depuis près d'un siècle surtout on l'a placé dans des plaisirs si grossiers, dans une vie si égoïste, dans des calculs si rétrécis, que l'image même en est profanée. Mais on peut le dire cependant avec confiance, l'enthousiasme est de tous les sentiments celui qui donne le plus de bonheur, le seul qui en donne véritablement, le seul qui sache nous faire supporter la destinée humaine, dans toutes les situations où le sort peut nous placer.

C'est en vain qu'on veut se réduire aux jouissances matérielles, l'âme revient de toutes parts; l'orgueil, l'ambition, l'amour-propre, tout cela, c'est encore de l'âme, quoiqu'un souffle empoisonné s'y mêle. Quelle misérable existence cependant, que celle de tant d'hommes en ruse avec eux-mêmes presque autant qu'avec les autres, et repoussant les mouvements généreux qui renaissent dans leur cœur, comme une maladie de l'imagination que le grand air doit dissiper! Quelle pauvre existence aussi, que celle de beaucoup d'hommes qui se contentent de ne pas faire du mal, et traitent de folie la source d'où dérivent les belles actions et les grandes pensées! Ils se renferment par vanité dans une médiocrité tenace, qu'ils auraient pu rendre accessible aux lumières du dehors; ils se condamnent à cette monotonie d'idées, à cette froideur de sentiment qui laisse passer les jours sans en tirer ni fruits, ni progrès, ni souvenirs; et si le temps ne sillonnait pas leurs traits,

---

36. *prévenus :* predisposed.
37. *exclusive :* which excludes everything else.

38. *ce qui est bien = ce qui est bon.*

quelles traces, auraient-ils gardées de son passage? S'il ne fallait pas vieillir et mourir, quelle réflexion sérieuse entrerait jamais dans leur tête?

[*Writers lacking enthusiasm are declared innately inferior.*]

Les travaux de l'esprit ne semblent à beaucoup d'écrivains qu'une occupation presque mécanique, et qui remplit leur vie comme toute autre profession pourrait le faire; c'est encore quelque chose de préférer celle-là; mais de tels hommes ont-ils l'idée du sublime bonheur de la pensée, quand l'enthousiasme l'anime? Savent-ils de quel espoir l'on se sent pénétré, quand on croit manifester par le don de l'éloquence une vérité profonde, une vérité qui forme un généreux lien entre nous et toutes les âmes en sympathie avec la nôtre?

Les écrivains sans enthousiasme ne connaissent de la carrière littéraire que les critiques, les rivalités, les jalousies, tout ce qui doit menacer la tranquillité, quand on se mêle aux passions des hommes; ces attaques et ces injustices font quelquefois du mal; mais la vraie, l'intime jouissance du talent peut-elle en être altérée? Quand un livre paraît, que de moments heureux n'a-t-il pas déjà valus à celui qui l'écrivit selon son cœur, et comme un acte de son culte![39] Que de larmes pleines de douceur n'a-t-il pas répandues dans sa solitude sur les merveilles de la vie, l'amour, la gloire, la religion?

[*Not only are persons lacking enthusiasm incapable of producing great art, they are also incapable of appreciating it.*]

Les hommes sans enthousiasme croient goûter des jouissances par les arts; ils aiment l'élégance du luxe, ils veulent se connaître en musique et en peinture, afin d'en parler avec grâce, avec goût, et même avec ce ton de supériorité qui convient à l'homme du monde, lorsqu'il s'agit de l'imagination ou de la nature; mais tous ces arides plaisirs, que sont-ils à côté du véritable enthousiasme? En contemplant le regard de la Niobé, [40] de cette douleur calme et terrible qui semble accuser les dieux d'avoir été jaloux du bonheur d'une mère, quel mouvement s'élève dans notre sein! Quelle consolation l'aspect de la beauté ne fait-il pas éprouver! car la beauté est aussi de l'âme, et l'admiration qu'elle inspire est noble et pure. Ne faut-il pas, pour admirer l'Apollon, sentir en soi-même un genre de fierté qui foule aux pieds tous les serpents de la terre? Ne faut-il pas être chrétien pour pénétrer la physionomie des Vierges de Raphaël[41] et du saint Jérôme du Dominiquin,[42] pour retrouver la même expression dans la grâce enchanteresse et dans le visage abattu, dans la jeunesse éclatante et dans les traits défigurés; la même expression qui part de l'âme et traverse, comme un rayon céleste, l'aurore de la vie, où les ténèbres de l'âge avancé?

Y a-t-il de la musique pour ceux qui ne sont pas capables d'enthousiasme? Une certaine habitude leur rend les sons harmonieux nécessaires, ils en jouissent comme de la saveur des fruits, du prestige des couleurs; mais leur être entier a-t-il retenti comme une lyre, quand, au milieu de la nuit, le silence a tout à coup été troublé par des chants ou par ces instruments qui ressemblent à la voix humaine? Ont-ils alors senti le mystère de l'existence, dans cet attendrissement qui réunit nos deux natures, et confond dans une même jouissance les sensations et l'âme? Les palpitations de leur cœur ont-elles suivi le rythme de la musique? Une émotion pleine de charmes leur a-t-elle appris ces pleurs[43] qui n'ont rien de personnel, ces pleurs qui ne demandent point de pitié, mais qui nous délivrent d'une souffrance inquiète, excitée par le besoin d'admirer et d'aimer.

---

39. *culte :* faith. (Again this term is used without any pejorative connotation.)
40. *Niobé :* Probably a reference to a sculpture of the mythological character whose children were killed by the sun-god Apollo.
41. *Raphaël :* Italian Renaissance painter.
42. *le Dominiquin :* another Italian artist, famous for a painting of Saint Jerome.
43. *pleurs = larmes*

[*Mme de Staël urges France to embrace German-style Romantic enthusiasm so that French writers will become "les maîtres du monde." In fact, largely due to Mme de Staël, France did plunge wholeheartedly into Romanticism. So did French literature then go on to surpass all others? Reading the rest of this anthology should help you to come to your own conclusion.*]

3. Alphonse de Lamartine

[1790–1869]

A Romantic Poetry for France

Although Romantic poetry was not a new concept in Europe, it did not arrive in France, according to most authorities, until Lamartine brought it into being. He thus claimed his place as one of the great innovators in the long history of French verse.

Love and Mourning

Alphonse de Lamartine was born in the Burgundian region of eastern France. His family was old, noble, proud, and poor. Most of his childhood was spent in the château of Milly, near Mâcon (between Dijon and Lyon), among the vines which the Burgundians regard almost with pagan veneration. His nostalgia for his country childhood will be one of his constant themes.

In 1816 he was sent to Aix-les-Bains, in the French Alps, for treatment of liver trouble. (His health was always poor.) There, on the lovely Lac du Bourget, he came one day to the aid of an interesting lady, Mme Charles, the young wife of an old physicist. She was tuberculous and tragically aware of her doom. Suddenly and in the terror of death the two fell passionately in love. Their idyll was brief, lasting perhaps only a fortnight. Mme Charles returned to Paris and her husband, promising to rejoin Lamartine at Aix-les-Bains the following summer. But when summer came she was too ill to move. She died in December, 1817. Her memory inspired some of Lamartine's most beautiful and moving poems.

Lamartine did not spend the rest of his life mourning. We find him, at the very moment that he is writing one of his most urgent appeals to death, eagerly soliciting a post in a *sous-préfecture* and correcting proofs on his first book of poems. The book, *Méditations poétiques,* appeared in 1820, and gained an immediate success. The date is important, for the *Méditations* is the first volume of French poetry which is unmistakably Romantic in theme and manner.

In the same year 1820 Lamartine married (very happily, as it turned out) an English girl, Marianne Birch. He secured a diplomatic post in Naples, and later he served in Florence. He wrote busily and fluently, and published several of his best collections of verse. At the same time he was active in politics, turning more and more to the left. After the Revolution of 1848 he became one of the five members of the provisional government and a popular idol. In a famous burst of eloquence he persuaded the assembly to keep the tricolor of France, not to adopt the red flag as the national emblem. But his popularity waned before the rising power of Louis-Napoleon, Bonaparte's nephew. While serving as provisional President of the French Republic, Lamartine was soundly thrashed by Louis-Napoleon (later Emperor Napoleon III) in the elections.

Unwise speculations and noble extravagance had plunged him into debt to the tune of five million francs. His later years were spent in a valiant effort to pay his debts by incessant and often mediocre writing. (Herein he is the French counterpart to Walter Scott and Mark Twain.) Among the works of these years is the small poetic masterpiece, *Le Désert ou l'immatérialité de Dieu* (1856).

The Sighs of the Soul

In his introduction to the *Méditations*, Lamartine called his poems "des soupirs de l'âme." It was an apt characterization. Lamartine's themes are the old, inevitable, universal ones: the grief of parting, the affliction of death, the adjuration to love while one may.

Alphonse de Lamartine. Illustration in 1905 Société des Beaux Arts edition of Lamartine's Raphaël.

In the expression of his thought Lamartine uses a vague, unspecific vocabulary. In *Le Lac,* for instance, there is nothing to distinguish his lake from any lake, except the *rochers* and *grottes* which were the familiar stage properties of the pre-Romantics. The moon is *l'astre au front d'argent,* a worn-out classic cliché which can evoke no sharp picture in the reader's mind. This vagueness, vaporousness, dimness of outline is a constant characteristic of Lamartine. But it has its merits. The reader does not see Lamartine's specific lake, but a universal lake of the imagination replete with death, sorrow, love, regret.

Although an innovator as regards poetry's content and spirit, Lamartine is really quite classical in form. He seldom strays from the use of standard *alexandrains*, the twelve syllable lines employed in classical poetry, or the eight-syllable *octosyllabes* that were also well established.

The magic of Lamartine resides in his *musicality.* The mysterious resonances of Lamartine's verse are *poésie pure,* almost beyond the necessity of meaning. He professed to be a natural, instinctive poet, an improviser, which is to say that he believed in his own inspiration. No one has defined his poetic method better than he did himself:

Je chantais, mes amis, comme l'homme respire,
Comme l'oiseau gémit, comme le vent soupire,
Comme l'eau murmure en coulant.

❖ ❖ ❖

L'Isolement

[*Written at Milly, shortly after the death of Mme Charles.*]

Souvent sur la montagne,[1] à l'ombre du vieux chêne,
Au coucher du soleil, tristement je m'assieds;
Je promène au hasard mes regards sur la plaine,
Dont le tableau changeant se déroule à mes pieds.

Ici gronde le fleuve aux vagues écumantes;
Il serpente, et s'enfonce en un lointain obscur;
Là, le lac immobile étend ses eaux dormantes
Où l'étoile du soir se lève dans l'azur.

Au sommet de ces monts couronnés de bois sombres,
Le crépuscule encor jette un dernier rayon;
Et le char vaporeux de la reine des ombres[2]
Monte, et blanchit déjà les bords de l'horizon.

Cependant, s'élançant de la flèche[3] gothique,
Un son religieux se répand dans les airs:
Le voyageur s'arrête, et la cloche rustique
Aux derniers bruits du jour mêle de saints concerts.

Mais à ces doux tableaux[4] mon âme indifférente
N'éprouve devant eux ni charme ni transports;
Je contemple la terre ainsi qu'une ombre errante:
Le soleil des vivants n'échauffe plus les morts.

De colline en colline en vain portant ma vue,
Du sud à l'aquilon,[5] de l'aurore au couchant,
Je parcours tous les points de l'immense étendue,
Et je dis: «Nulle part le bonheur ne m'attend!»

Que me font ces vallons, ces palais, ces chaumières,
Vains objets dont pour moi le charme est envolé?
Fleuves, rochers, forêts, solitudes si chères,
Un seul être vous manque, et tout est dépeuplé![6]

Que le tour du soleil ou commence ou s'achève,
D'un œil indifférent je le suis[7] dans son cours;
En un ciel sombre ou pur qu'il se couche ou se lève,
Qu'importe le soleil? je n'attends rien des jours.

---

1. *montagne:* no doubt the mountain of Craz, near Milly. But the landscape Lamartine describes is synthetic, made up of memories of the Alps and the lac du Bourget.
2. *Et le char...ombres:* a typical periphrasis, a holdover from the classic art of poetry.
3. *flèche:* spire.
4. *tableaux:* The poet's first theme was the description of the background. Now he introduces his second theme: when the beloved is absent, the world is empty.
5. *aquilon:* north wind; *(here merely)* the north.
6. *Un seul...dépeuplé:* a famous line.
7. *suis:* from *suivre.*

Lamartine's home at Milly. Courtesy of Bibliothèque nationale de France.

Quand je pourrais le suivre en sa vaste carrière,
Mes yeux verraient partout le vide et les déserts:
Je ne désire rien de tout ce qu'il éclaire:
Je ne demande rien à l'immense univers.

Mais[8] peut-être au delà des bornes de sa sphère,
Lieux où le vrai soleil[9] éclaire d'autres cieux,
Si je pouvais laisser ma dépouille à la terre,
Ce que j'ai tant rêvé paraîtrait à mes yeux!

Là, je m'enivrerais à la source où[10] j'aspire;
Là, je retrouverais et l'espoir et l'amour,
Et ce bien idéal que toute âme désire,
Et qui n'a pas de nom au terrestre séjour!

Que ne puis-je, porté sur le char de l'Aurore,
Vague objet de mes vœux, m'élancer jusqu'à toi!
Sur la terre d'exil pourquoi resté-je encore?
Il n'est rien de commun entre la terre et moi.

Quand la feuille des bois tombe dans la prairie,
Le vent du soir se lève et l'arrache aux vallons:
Et moi, je suis semblable à la feuille flétrie:
Emportez-moi comme elle, orageux aquilons![11]
[*Méditations*]

---

8. Here begins the third theme: the mystical aspiration toward an other-worldly ideal.
9. *le vrai soleil:* i.e., God.
10. *où = à laquelle.* Despite the startling resemblance of this passage to Du Bellay's "Si notre vie…" in *l'Olive* (see Vol. 1), Lamartine had probably never read Du Bellay. But his mind was full of reminiscences, particularly of the Italian poet Petrarch.
11. *Emportez-moi…aquilons:* a recollection of Chateaubriand, and *René's* "Levez-vous vite, orages désirés…"

Lamartine's lake, the Lac du Bourget. Courtesy of Bibliothèque nationale de France.

✤ ✤ ✤

LE LAC

[*This highly Romantic poem was written, in its first form, in September, 1817, at Aix-les-Bains, beside the Lac du Bourget. Lamartine had gone there to meet Mme Charles, and had learned that she was too ill to join him. Whether its emotionalism is to everyone's taste or not, this remains one of the best known and best loved poems in French.*]

Ainsi, toujours poussés vers de nouveaux rivages,
Dans la nuit <u>éternelle</u> emportés sans retour,
Ne pourrons-nous jamais sur l'océan des âges
Jeter l'ancre un seul jour?

O lac! l'année à peine a fini sa carrière,
Et, près des flots chéris qu'elle devait revoir,
Regarde! je viens seul m'asseoir sur cette pierre
Où tu la vis s'asseoir![12]

Tu mugissais ainsi sous ces roches profondes;
Ainsi tu te brisais sur leurs flancs déchirés;
Ainsi le vent jetait l'écume de tes ondes
Sur ses pieds adorés.

Un soir, t'en souvient-il? nous voguions[13] en silence;
On n'entendait au loin, sur l'onde et sous les cieux,
Que le bruit des rameurs qui frappaient en cadence
Tes flots harmonieux.

Tout à coup des accents inconnus à la terre
Du rivage charmé frappèrent les échos;
Le flot fut attentif, et la voix qui m'est chère
Laissa tomber ces mots:

---

12. The poet expects Nature to sympathize with his mood, and Nature does so. This concept is a famous one called the *pathetic fallacy.*

13. *voguions:* were sailing; (*here*) were being rowed.

«O temps, suspends ton vol! et vous, heures propices,[14]
Suspendez votre cours!
Laissez-nous savourer les rapides délices
Des plus beaux de nos jours!

«Assez de malheureux ici-bas vous implorent:
Coulez, coulez pour eux;
Prenez avec leurs jours les soins[15] qui les dévorent;
Oubliez les heureux.

«Mais je demande en vain quelques moments encore,
Le temps m'échappe et fuit;
Je dis à cette nuit: «Sois plus lente»; et l'aurore
Va dissiper la nuit.

«Aimons donc, aimons donc! de l'heure fugitive,
Hâtons-nous, jouissons!
L'homme n'a point de port, le temps n'a point de rive;
Il coule, et nous passons!»

Temps jaloux, se peut-il que ces moments d'ivresse,
Où l'amour à longs flots nous verse le bonheur,
S'envolent loin de nous de la même vitesse
Que les jours de malheur?

Hé quoi! n'en pourrons-nous fixer au moins la trace?
Quoi! passés pour jamais? quoi! tout entiers perdus?
Ce temps qui les donna, ce temps qui les efface,
Ne nous les rendra plus?

Éternité, néant, passé, sombres abîmes,
Que faites-vous des jours que vous engloutissez?
Parlez: nous rendrez-vous ces extases sublimes
Que vous nous ravissez?

O lac! rochers muets! grottes! forêt obscure!
Vous que le temps épargne ou qu'il peut rajeunir,
Gardez de cette nuit, gardez, belle nature,
Au moins le souvenir!

Qu'il soit dans ton repos, qu'il soit dans tes orages,
Beau lac, et dans l'aspect de tes riants coteaux,[16]
Et dans ces noirs sapins, et dans ces rocs sauvages
Qui pendent sur tes eaux!

---

14. *propices:* propitious, favorable.
15. *soins = soucis.*
16. *coteaux:* hillsides.

Qu'il soit dans le zéphyr qui frémit et qui passe,
Dans les bruits de tes bords par tes bords répétés,
Dans l'astre au front d'argent qui blanchit ta surface
De ses molles clartés!

Que le vent qui gémit, le roseau qui soupire,
Que les parfums légers de ton air embaumé,
Que tout ce qu'on entend, l'on voit ou l'on respire,
Tout dise: «Ils ont aimé!»
[*Méditations*]

❖ ❖ ❖

¬*Le Crucifix*¬

[*Mme Charles, on her deathbed, bequeathed her crucifix to Lamartine. A friend
brought it to him. By a "poetic fiction," he presumes that he was present at her death.*]

Toi que j'ai recueilli sur sa bouche expirante
Avec son dernier souffle et son dernier adieu,
Symbole deux fois saint, don d'une voix mourante,
Image de mon Dieu;

Que de pleurs ont coulé sur tes pieds que j'adore,
Depuis l'heure sacrée où, du sein d'un martyr,
Dans mes tremblantes mains tu passas, tiède encore
De son dernier soupir!

Les saints flambeaux jetaient une dernière flamme;
Le prêtre murmurait ces doux chants de la mort,
Pareils aux chants plaintifs que murmure une femme
A l'enfant qui s'endort.

De son pieux espoir son front gardait la trace,
Et sur ses traits, frappés d'une auguste beauté,
La douleur fugitive avait empreint sa grâce,
La mort sa majesté.

Le vent qui caressait sa tête échevelée[17]
Me montrait tour à tour ou me voilait ses traits,
Comme l'on voit flotter sur un blanc mausolée[18]
L'ombre des noirs cyprès.

Un de ses bras pendait de la funèbre couche;
L'autre, languissamment replié sur son cœur,
Semblait chercher encore et presser sur sa bouche
L'image du Sauveur.

---

17. *échevelée:* disheveled.   18. *mausolée:* tomb.

Ses lèvres s'entr'ouvraient pour l'embrasser encore,
Mais son âme avait fui dans ce divin baiser,
Comme un léger parfum que la flamme dévore
Avant de l'embraser.[19]

Maintenant tout dormait sur sa bouche glacée,
Le souffle se taisait dans son sein endormi,
Et sur l'œil sans regard la paupière affaissée[20]
Retombait à demi.

Et moi, debout, saisi d'une terreur secrète,
Je n'osais m'approcher de ce reste[21] adoré,
Comme si du trépas la majesté muette
L'eût déjà consacré.

Je n'osais!…Mais le prêtre entendit[22] mon silence,
Et, de ses doigts glacés prenant le crucifix:
«Volià le souvenir et voilà l'espérance:[23]
Emportez-les, mon fils!»

Oui, tu me resteras, ô funèbre héritage!
Sept fois, depuis ce jour, l'abre que j'ai planté
Sur sa tombe sans nom a changé de feuillage:
Tu ne m'as pas quitté.

Placé près de ce cœur, hélas! où tout s'efface,
Tu l'as contre le temps défendu de l'oubli,
Et mes yeux goutte à goutte ont imprimé leur trace
Sur l'ivoire amolli.

O dernier confident de l'âme qui s'envole,
Viens, reste sur mon cœur! parle encore, et dis-moi
Ce qu'elle te disait quand sa faible parole
N'arrivait plus qu'à toi;

A cette heure douteuse où l'âme recueillie,[24]
Se cachant sous le voile épaissi sur nos yeux,
Hors de nos sens glacés pas à pas se replie,[25]
Sourde aux derniers adieux;

Alors qu'entre la vie et la mort incertaine,[26]
Comme un fruit par son poids détaché[27] du rameau,
Notre âme est suspendue et tremble à chaque haleine
Sur la nuit du tombeau;

---

19. *embraser:* kindle. The comparison is with incense, which smolders and gives off its perfume before actually burning.
20. *affaissée:* subsiding, limp.
21. *reste: i.e.,* body.
22. *entendit = comprit.*
23. *l'espérance:* This is the theme of the remainder of the poem.
24. *recueillie:* ingathered, rapt.
25. *se replie:* withdraws.
26. *entre…incertaine: i.e.,* the soul uncertain whether it belongs to life or death.
27. *détaché:* about to be detached.

Quand des chants, des sanglots la confuse harmonie
N'éveille déjà plus notre esprit endormi,
Aux lèvres du mourant collé[28] dans l'agonie,
Comme un dernier ami:

Pour éclaircir[29] l'horreur de cet étroit passage,
Pour relever vers Dieu son regard abattu,
Divin consolateur, dont nous baisons l'image,
Réponds, que lui dis-tu?

Tu sais, tu sais mourir! et tes larmes divines,
Dans cette nuit terrible où tu prias en vain,[30]
De l'olivier sacré baignèrent les racines
Du soir jusqu'au matin.

De la croix, où[31] ton œil sonda ce grand mystère,
Tu vis ta mère en pleurs et la nature en deuil;
Tu laissas comme nous tes amis sur la terre,
Et ton corps au cercueil!

Au nom de cette mort, que ma faiblesse obtienne
De rendre sur ton sein ce douloureux soupir:
Quand mon heure viendra, souviens-toi de la tienne,
O toi qui sais mourir!

Je chercherai la place où sa bouche expirante
Exhala sur tes pieds l'irrévocable adieu,
Et son âme viendra guider mon âme errante
Au sein du même Dieu.[32]

Ah! puisse, puisse alors sur ma funèbre couche,
Triste et calme à la fois, comme un ange éploré,
Une figure en deuil recueillir sur ma bouche
L'héritage sacré!

Soutiens ses derniers pas,[33] charme sa dernière heure;
Et, gage consacré d'espérance et d'amour,
De celui qui s'éloigne à celui qui demeure
Passe ainsi tour à tour,

Jusqu'au jour[34] où, des morts perçant la voûte sombre,
Une voix dans le ciel, les appelant sept fois,
Ensemble éveillera ceux qui dorment à l'ombre
De l'éternelle croix!
[*Nouvelles Méditations*]

---

28. *collé:* fastened (*i.e.,* to the crucifix).
29. *éclaircir:* lighten, illuminate.
30. *cette nuit...en vain:* reference to the night on the Mount of Olives when Christ prayed and received no answer.
31. *où = sur laquelle.*
32. The poet's prayer was in fact answered. On his deathbed, his niece Valentine placed on his lips the crucifix of Mme Charles…At this point the poet introduces his final theme: may the crucifix pass from hand to hand as a symbol of salvation until the end of the world.
33. *ses derniers pas: i.e.,* of the *figure en deuil* who will attend his death.
34. *jour: i.e.,* Judgment Day.

Le Désert; ou l'Immatérialité de Dieu

[Excerpt]

Tel que le nageur nu, qui plonge dans les ondes,
Dépose au bord des mers ses vêtements immondes,[35]
Et, changeant de nature en changeant d'élément,
Retrempe sa vigueur dans le flot écumant;
Il ne se souvient plus, sur ces lames[36] énormes,
Des tissus dont la maille[37] emprisonnait ses formes,
Des sandales de cuir, entraves[38] de ses pieds,
De la ceinture étroite où ses flancs sont liés,
Des uniformes plis, des couleurs convenues
Du manteau rejeté de ses épaules nues:
Il nage, et, jusqu'au ciel par la vague emporté,
Il jette à l'Océan son cri de liberté!…
Demandez-lui s'il pense, immergé dans l'eau vive;
Ce qu'il pensait naguère accroupi sur la rive!
Non, ce n'est plus en lui l'homme de ses habits,
C'est l'homme de l'air vierge et de tous les pays.
En quittant le rivage, il recouvre son âme;
Roi de sa volonté, libre comme la lame! [39]

4. Alfred De Vigny

[1797–1863]

A Separate Romanticism

For the enthusiast of Romantic poetry in the early nineteenth century, there was an alternative to Lamartine's tearful verse: the scornful, almost haughty poetry of Vigny.

Military Background

Alfred de Vigny's family was noble and ancient, but impoverished by the Revolution. As a child he learned the spirit of his caste: pride of race, a conviction of superiority with its rights, disdain for the commoner and the commonplace. He was destined naturally for the army. But when, at 17, he received his commission, Napoleon had fallen, and the peaceable reign of Louis XVIII had begun. He endured fourteen years of dreary barrack life (but he spent fully half of them on leave in Paris), and was discharged with the rank of captain. His slow promotion was an intolerable grievance to him, but one may suspect that he was not really the officer type. He married in 1825 a beautiful English girl with a rich father,

---

35. *immondes:* unclean.
36. *lames:* waves.
37. *maille:* mesh.
38. *entraves:* clogs, fetters.
39. *lame:* wave (although the word normally means blade.)

Sir Hugh Mills Bunbury. His wife almost immediately lost her health and good looks; her father gave the young couple only a cannibal island in Polynesia, no doubt as a kind of joke. When Sir Hugh met Lamartine a few years later, he remarked that his son-in-law was also a French poet, but blest if he could remember the blighter's name. (The biographers still belabor the stingy milord, but, after all, if some oddball foreign poet-fellow marries your daughter for your money....)

A Burst of Creativity

During his army furloughs, Vigny frequented Victor Hugo's Paris literary gatherings. Vigny's first poems appeared in 1822; his first real collection, the *Poèmes antiques et modernes,* in 1826. He wrote an excellent historical novel that is still widely read and studied, *Cinq-Mars.* In 1829, he successfully staged an adaptation of *Othello* called *Le More de Venise*; in it, he caused a scandal by daring to employ so vulgar a word as *mouchoir* — handkerchief. His drama *Chatterton* (1835), describing the miseries of a young self-proclaimed genius misunderstood and slandered by society, is one of the best Romantic plays. However, its finale, in which the hero gloriously commits suicide, inspired a series of real-life suicides, and that makes the play a rather dangerous reading assignment even today.

Intellectual Scorn

The rest of his life was spent in partial retirement. He wrote little and published less. His second collection of poems (*Les Destinées,* 1864) appeared only after his death. He said: "Ma vie a été...très simple à l'extérieur, et, en apparence, presque immobile, mais pleine d'agitations violentes et sombres, éternellement dissimulées sous un visage paisible."

That phrase sums up his character. A man of acute sensibility, he was taught to scorn emotion, to hide it behind a mask of aristocratic impassiveness. Yet he took pains not to hide it completely. There is always the crooked smile that hints at the bleeding heart, the too-loud praise of silence, the too-insistent contempt of a world in which, after all, he has not succeeded according to his desire.

What was he so unhappy about? True, his health was always poor; he spent his life caring for two invalids, his wife and his mother; he was bitterly disappointed in his father-in-law. On the other hand, he was able to live without having to hold a job; he had a good share of literary success; his friends were the most eminent intellectuals of his day; a series of beautiful ladies consoled his wounded heart. There are plenty of people one can feel sorrier for.

Heroic Pessimism

Vigny is commonly termed the philosopher of Romanticism, and his philosophy is called *heroic pessimism.* Very briefly, he insists that the individual stands alone in a hostile world. Nature is man's enemy. If God exists, He is mute and helpless; on the Day of Judgment, He must come to justify himself to man; then man shall judge and no doubt condemn Him. Everything suffers, and the genius, by the fact of his superiority, suffers superiorly. What then can we do? Suffer in silent scorn. This is the command of honor, of human pride. And we can still love our companions in misery.

That is not exactly a deep philosophy, to be sure, but it does distinguish Vigny from the rest of the Romantics to a substantial degree. While most Romantics are weepy (*larmoyant* is the pejorative term for it), Vigny is stoic. *Stoicism* was an ancient Greek philosophy that put a high value on being able to take all the pain of life and still stand tall in silence. Actually, Vigny did complain a great deal, but he wrote poems extolling the non-complaining Stoic way of life that he at least saw as an ideal to admire.

In any event, Vigny's fame and merit do not rest on his philosophy. They rest upon half a dozen poems, magnificent expressions of a state of mind that most people have occasionally known, that every thoughtful person can understand.

Power of the Symbol

His poems typically present a generalized idea by a dramatic symbol. In each of the following poems, you should ask yourself what is the symbolic meaning of Moses, of the wolf at bay, and so forth. The preoccupation with the symbol, which has a kind of existence independent of the thing symbolized, was to have a great influence on Baudelaire and on the symbolist school. Vigny was also a master of poetic language. Many of his ringing lines have so impressed themselves on the French that they are often taken for proverbs and hardly recognized as quotations. Some of these lines will be pointed out as we proceed.

Alfred de Vigny. Illustration in L. Petit de Julleville's Histoire de la Langue et de la Littérature *volume VII, 1922.*

MOÏSE[1]

[*An interesting take on the poem's meaning is that from Vigny himself. He wrote (in 1838): "S'il y en a un que je préfère aux autres, c'est Moïse. Je l'ai toujours placé le premier, peut-être à cause de sa tristesse…Mon Moïse n'est pas celui des Juifs. Ce grand nom ne sert que de masque à un homme de tous les siècles et plus moderne qu'antique: l'homme de génie, las de son éternel veuvage et désespéré de voir sa solitude plus vaste et plus aride à mesure qu'il grandit. Fatigué de sa grandeur, il demande le néant. Ce désespoir n'est ni juif ni chrétien." For the story of Moses on Mount Nebo in the Bible, see Deuteronomy 34: 1–9.*]

Le soleil prolongeait sur la cime des tentes[2]
Ces obliques rayons, ces flammes éclatantes,
Ces larges traces d'or qu'il laisse dans les airs,
Lorsqu'en un lit de sable il se couche aux déserts.
La pourpre[3] et l'or semblaient revêtir la campagne.
Du stérile Nébo gravissant la montagne,

---

1. *Moïse:* Moses.
2. *tentes:* i.e., of the wandering Jews on the edge of

3. the promised land.
pourpre: purple dye or robe. (Notice gender.)

Moïse, homme de Dieu, s'arrête, et, sans orgueil,
Sur le vaste horizon promène un long coup d'œil.
Il voit d'abord Phasga,[4] que des figuiers entourent;
Puis, au delà des monts que ses regards parcourent,
S'étend tout Galaad,[5] Éphraïm, Manassé,
Dont le pays fertile à sa droite est placé;
Vers le Midi, Juda, grand et stérile, étale
Ses sables où s'endort la mer occidentale;[6]
Plus loin, dans un vallon que le soir a pâli,
Couronné d'oliviers, se montre Nephtali;
Dans des plaines de fleurs magnifiques et calmes,
Jéricho s'aperçoit: c'est la ville des palmes;
Et, prolongeant ses bois, des plaines de Phogor,[7]
Le lentisque[8] touffu s'étend jusqu'à Ségor.[9]
Il voit tout Chanaan,[10] et la terre promise,
Où sa tombe, il le sait, ne sera point admise.
Il voit, sur les Hébreux étend sa grande main,
Puis vers le haut du mont il reprend son chemin.

Or, des champs de Moab couvrant la vaste enceinte,
Pressés au large pied de la montagne sainte,
Les enfants d'Israël s'agitaient au vallon
Comme les blés épais qu'agite l'aquilon.
Dès l'heure où la rosee humecte[11] l'or des sables
Et balance sa perle au sommet des érables,[12]
Prophète centenaire,[13] environné d'honneur,
Moïse était parti pour trouver le Seigneur.
On le suivait des yeux aux flammes de sa tête,[14]
Et, lorsque du grand mont il atteignit le faîte,[15]
Lorsque son front perça le nuage de Dieu
Qui couronnait d'éclairs[16] la cime du haut lieu,
L'encens brûla partout sur les autels de pierre,
Et six cent mille Hébreux, courbés dans la poussière,
A l'ombre du parfum par le soleil doré,
Chantèrent d'une voix le cantique sacré;
Et les fils de Lévi,[17] s'élevant sur la foule,
Tels qu'un bois de cyprès sur le sable qui roule,
Du peuple avec la harpe accompagnant les voix,
Dirigeaient vers le ciel l'hymne du Roi des Rois.

---

4. *Phasga:* Pisgah.
5. *Galaad:* Gilead.
6. *mer occidentale:* the Mediterranean.
7. *Phogor:* Peor.
8. *lentisque:* lentisk, mastic tree.
9. *Ségor:* Zoar.
10. *Chanaan:* Canaan.
11. *humecte:* moistens.
12. *érables:* maples.
13. *centenaire:* more than 100 years old. (Moses

was 120.)
14. *flammes de sa tête:* "Behold, the skin of his face shone." Exodus 34:30. The flames are represented in art by horns (see Michelangelo's statue of Moses at Saint-Peter-in-Chains Church in Rome).
15. *faîte:* summit.
16. "There were thunders and lightnings, and a thick cloud upon the mount." Exodus 19:16.
17. *fils de Lévi:* the Levites, the priestly tribe.

Et, debout devant Dieu, Moïse ayant pris place,
Dans le nuage obscur lui parlait face à face.[18]
Il disait au Seigneur: « Ne finirai-je pas?
Où voulez-vous encor que je porte mes pas?
Je vivrai donc toujours puissant et solitaire?
Laissez-moi m'endormir du sommeil de la terre.[19]
Que vous ai-je donc fait pour être votre élu?
J'ai conduit votre peuple où vous avez voulu.
Voilà que son pied touche à la terre promise.
De vous à lui qu'un autre accepte l'entremise,[20]
Au coursier d'Israël qu'il attache le frein;
Je lui lègue mon livre[21] et la verge d'airain.[22]

« Pourquoi vous fallut-il tarir mes espérances,
Ne pas me laisser homme avec mes ignorances,
Puisque du mont Horeb[23] jusques au mont Nébo
Je n'ai pas pu trouver le lieu de mon tombeau?
Hélas! vous m'avez fait sage parmi les sages!
Mon doigt du peuple errant a guidé les passages.
J'ai fait pleuvoir le feu sur la tête des rois;[24]
L'avenir à genoux adorera mes lois;[25]
Des tombes des humains j'ouvre la plus antique,[26]
La mort trouve à ma voix une voix prophétique,[27]
Je suis très grand, mes pieds sont sur les nations,
Ma main fait et défait les générations.—
Hélas! je suis, Seigneur, puissant et solitaire,
Laissez-moi m'endormir du sommeil de la terre!

« Hélas! je sais aussi tous les secrets des cieux,
Et vous m'avez prêté la force de vos yeux.
Je commande à la nuit de déchirer ses voiles;
Ma bouche par leur nom a compté les étoiles,
Et, dès qu'au firmament mon geste l'appela,
Chacune s'est hâtée en disant: « Me voilà. »
J'impose mes deux mains sur le front des nuages
Pour tarir dans leurs flancs la source des orages,[28]
J'engloutis les cités sous les sables mouvants;
Je renverse les monts sous les ailes des vents;
Mon pied infatigable est plus fort que l'espace;

---

18. "And the Lord spake unto Moses face to face, as a man speaketh unto his friend." Exodus 33:11.
19. This couplet is very famous.
20. *entremise:* mediation.
21. *mon livre:* Pentateuch, the first five books of the Bible.
22. *verge d'airain:* rod which Moses cast upon the ground and which became a serpent (Exodus 4:2–4).
23. *Horeb:* mountain in Sinai where God spoke from the burning bush (Exodus 3:1–2).
24. Moses brought lightning and hail on Pharaoh and the Egyptians (Exodus 9:23).
25. *mes lois:* i.e., the Ten Commandments.
26. *Des tombes...antique:* probable reference to Exodus 13:19: "And Moses took the bones of Joseph with him."
27. *La mort...prophétique:* An obscure line. Perhaps a reference to Moses' farewell song (Deuteronomy 32).
28. "And Moses...spread abroad his hands unto the Lord: and the thunders and hail ceased, and the rain was not poured upon the earth." Exodus 9:33.

Le fleuve aux grandes eaux[29] se range quand je passe,
Et la voix de la mer se tait devant ma voix.
Lorsque mon peuple souffre, ou qu'il lui faut des lois,
J'élève mes regards, votre esprit me visite;
La terre alors chancelle et le soleil hésite,
Vos anges sont jaloux et m'admirent entre eux.—
Et cependant, Seigneur, je ne suis pas heureux;
Vous m'avez fait vieillir puissant et solitaire,
Laissez-moi m'endormir du sommeil de la terre!

« Sitôt que votre souffle a rempli le berger,[30]
Les hommes se sont dit: « Il nous est étranger; »
Et les yeux se baissaient devant mes yeux de flamme,
Car ils venaient, hélas! d'y voir plus que mon âme.
J'ai vu l'amour s'éteindre et l'amitié tarir;
Les vierges se voilaient et craignaient de mourir.
M'enveloppant alors de la colonne noire,[31]
J'ai marché devant tous, triste et seul dans ma gloire,
Et j'ai dit dans mon cœur: « Que vouloir à présent? »
Pour dormir sur un sein mon front est trop pesant,
Ma main laisse l'effroi sur la main qu'elle touche,
L'orage est dans ma voix, l'éclair est sur ma bouche;
Aussi, loin de m'aimer, voilà qu'ils tremblent tous,
Et, quand j'ouvre les bras on tombe à mes genoux.
O Seigneur! j'ai vécu puissant et solitaire,
Laissez-moi m'endormir du sommeil de la terre! »

Or, le peuple attendait, et, craignant son courroux,
Priait sans regarder le mont du Dieu jaloux;[32]
Car s'il levait les yeux, les flancs noirs du nuage
Roulaient et redoublaient les foudres de l'orage,
Et le feu des éclairs, aveuglant les regards,
Enchaînait tous les fronts courbés de toutes parts.
Bientôt le haut du mont reparut sans Moïse.—
Il fut pleuré.—Marchant vers la terre promise,
Josué[33] s'avançait pensif, et pâlissant,
Car il était déjà l'élu du Tout-Puissant.

29. *Le fleuve aux grandes eaux:* i.e., the Red Sea (Exodus 14:21).

30. *berger:* Moses was tending his father-in-law's flocks when God first spoke to him.

31. *colonne noire:* pillar of cloud (Exodus 13:21).

32. *Dieu jaloux:* "for the Lord, whose name is Jealous, is a jealous God." Exodus 34:14.

33. *Josué:* Joshua (Vigny likes to introduce a new theme in his concluding lines, to reverberate in the reader's imagination).

Vigny's home town, Loche. Courtesy of Bibliothèque nationale de France.

LA MORT DU LOUP

I

Les nuages couraient sur la lune enflammée,
Comme sur l'incendie on voit fuir la fumée,
Et les bois étaient noirs jusques à l'horizon.
Nous marchions, sans parler, dans l'humide gazon,
Dans la bruyère épaisse et dans les hautes brandes,[34]
Lorsque, sous des sapins[35] pareils à ceux des Landes,[36]
Nous avons aperçu les grands ongles marqués
Par les loups voyageurs que nous avions traqués.
Nous avons écouté, retenant notre haleine
Et le pas suspendu.—Ni le bois ni la plaine
Ne poussaient un soupir dans les airs; seulement
La girouette en deuil[37] criait au firmament;
Car le vent, élevé bien au-dessus des terres,
N'effleurait de ses pieds que les tours solitaires,
Et les chênes d'en bas, contre les rocs penchés,
Sur leurs coudes semblaient endormis et couchés.[38]
Rien ne bruissait[39] donc, lorsque, baissant la tête,
Le plus vieux des chasseurs qui s'étaient mis en quête
A regardé le sable en s'y couchant; bientôt,
Lui que jamais ici l'on ne vit en défaut,[40]
A déclaré tout bas que ces marques récentes
Annonçaient la démarche et les griffes puissantes
De deux grands loups-cerviers[41] et de deux louveteaux.[42]
Nous avons tous alors préparé nos couteaux,
Et, cachant nos fusils et leurs lueurs trop blanches,
Nous allions, pas à pas, en écartant les branches.

---

34. *brandes:* dry heather.
35. *sapins:* fir trees.
36. *Landes:* forested sandy lowlands of southwestern France.
37. *girouette en deuil:* complaining weathervane.
38. The picture is of gnarled scrubby oaks growing among rocks.
39. *bruissait* (from *bruire*): rustled.
40. *en défaut:* at a loss.
41. *loups-cerviers:* lynxes. (Apparently Vigny did not know that wolves and lynxes are totally different.)
42. *louveteaux:* wolf cubs.

Trois s'arrêtent, et moi, cherchant ce qu'ils voyaient,
J'aperçois tout à coup deux yeux qui flamboyaient,
Et je vois au delà quatre formes[43] légères
Qui dansaient sous la lune au milieu des bruyères,
Comme font chaque jour, à grand bruit sous—nos yeux,
Quand le maître revient, les lévriers[44] joyeux.
Leur forme était semblable et semblable la danse;
Mais les enfants du Loup se jouaient en silence,
Sachant bien qu'à deux pas, ne dormant qu'à demi,
Se couche dans ses murs l'homme, leur ennemi.
Le père était debout, et plus loin, contre un arbre,
Sa Louve reposait comme celle de marbre
Qu'adoraient les Romains, et dont les flancs velus[45]
Couvaient[46] les demi-dieux Rémus et Romulus.
Le Loup vient et s'assied, les deux jambes dressées,
Par leurs ongles crochus dans le sable enfoncées.
Il s'est jugé perdu, puisqu'il était surpris,
Sa retraite coupée et tous ses chemins pris;
Alors il a saisi, dans sa gueule brûlante,
Du chien le plus hardi la gorge pantelante,[47]
Et n'a pas desserré ses mâchoires[48] de fer,
Malgré nos coups de feu qui traversaient sa chair,
Et nos couteaux aigus qui, comme des tenailles,[49]
Se croisaient en plongeant dans ses larges entrailles,
Jusqu'au dernier moment où le chien étranglé,
Mort longtemps avant lui, sous ses pieds a roulé.
Le Loup le quitte alors et puis il nous regarde.
Les couteaux lui restaient au flanc jusqu'à la garde,
Le clouaient au gazon tout baigné dans son sang;
Nos fusils l'entouraient en sinistre croissant.
Il nous regarde encore, ensuite il se recouche,
Tout en léchant le sang répandu sur sa bouche,
Et, sans daigner savoir comment il a péri,
Refermant ses grands yeux, meurt sans jeter un cri.

II

J'ai reposé mon front sur mon fusil sans poudre,
Me prenant à penser, et n'ai pu me résoudre
A poursuivre sa Louve et ses fils, qui, tous trois,
Avaient voulu l'attendre; et, comme je le crois,
Sans ses deux Louveteaux, la belle et sombre veuve
Ne l'eût pas laissé seul subir la grande épreuve;
Mais son devoir était de les sauver, afin
De pouvoir leur apprendre à bien souffrir la faim,
A ne jamais entrer dans le pacte des villes

---

43. *quatre formes:* evidently the two cubs and their shadows in moonlight.
44. *lévriers:* hounds, greyhounds.
45. *velus:* hairy.
46. *couvaient:* sheltered.
47. *pantelante:* quivering.
48. *mâchoires:* jaws.
49. *tenailles:* tongs.

Que l'homme a fait avec les animaux serviles
Qui chassent devant lui, pour avoir le coucher,
Les premiers possesseurs du bois et du rocher.

III

Hélas! ai-je pensé, malgré ce grand nom d'Hommes,
Que j'ai honte de nous, débiles que nous sommes!
Comment on doit quitter la vie et tous ses maux,
C'est vous qui le savez, sublimes animaux!
A voir ce que l'on fut sur terre et ce qu'on laisse,[50]
Seul le silence est grand; tout le reste est faiblesse.[51]
—Ah! je t'ai bien compris, sauvage voyageur,
Et ton dernier regard m'est allé jusqu'au cœur!
Il disait: « Si tu peux, fais que ton âme arrive,
A force de rester studieuse et pensive,
Jusqu'à ce haut degré de stoïque fierté
Où, naissant dans les bois, j'ai tout d'abord monté.
Gémir, pleurer, prier est également lâche.[52]
Fais énergiquement ta longue et lourde tâche
Dans la voie où le sort a voulu t'appeler,
Puis, après, comme moi, souffre et meurs sans parler. »

❧ ❧ ❧

LE MONT DES OLIVIERS

[The poem is full of reminiscences of the Biblical accounts of the vigil on the Mount of Olives, when Jesus implored God to spare him from the tortures awaiting him: Matthew 26:36–46; Mark 14: 32–42; Luke 22:39–46.]

I

Alors il était nuit, et Jésus marchait seul,
Vêtu de blanc ainsi qu'un mort de son linceul;
Les disciples dormaient au pied de la colline,
Parmi les oliviers, qu'un vent sinistre incline;
Jésus marche à grands pas en frissonnant comme eux;
Triste jusqu'à la mort, l'œil sombre et ténébreux,
Le front baissé, croisant les deux bras sur sa robe
Comme un voleur de nuit cachant ce qu'il dérobe,
Connaissant les rochers mieux qu'un sentier uni,
Il s'arrête en un lieu nommé Gethsémani.
Il se courbe à genoux, le front contre la terre;
Puis regarde le ciel en appelant: « Mon Père! »
—Mais le ciel reste noir, et Dieu ne répond pas.
Il se lève étonné, marche encore à grands pas,

---

50. *laisse: here,* bequeaths.
51. A much-quoted line.

52. A good statement of Vigny's doctrine of stoic honor. The whole final quatrain is very famous.

Froissant les oliviers qui tremblent. Froide et lente
Découle de sa tête une sueur sanglante.
Il recule, il descend, il crie avec effroi:
« Ne pourriez-vous prier et veiller avec moi? »
Mais un sommeil de mort accable les apôtres.
Pierre à la voix du maître est sourd comme les autres.
Le Fils de l'Homme alors remonte lentement;
Comme un pasteur d'Égypte, il cherche au firmament
Si l'Ange ne luit pas au fond de quelque étoile.
Mais un nuage en deuil s'étend comme le voile
D'une veuve, et ses plis entourent le désert.
Jésus, se rappelant ce qu'il avait souffert
Depuis trente-trois ans, devint homme,[53] et la crainte
Serra son cœur mortel d'une invincible étreinte.
Il eut froid. Vainement il appela trois fois:
« Mon Père! » Le vent seul répondit à sa voix.
Il tomba sur le sable assis, et, dans sa peine,
Eut sur le monde et l'homme une pensée humaine.
—Et la terre trembla, sentant la pesanteur
Du Sauveur qui tombait aux pieds du Créateur.

II

Jésus disait: « O Père, encor laisse-moi vivre!
Avant le dernier mot ne ferme pas mon livre!
Ne sens-tu pas le monde et tout le genre humain
Qui souffre avec ma chair et frémit dans ta main?
C'est que la Terre a peur de rester seule et veuve,
Quand meurt celui qui dit une parole neuve,
Et que tu n'as laissé dans son sein desséché
Tomber qu'un mot du ciel par ma bouche épanché.
Mais ce mot est si pur, et sa douceur est telle,
Qu'il a comme enivré la famille mortelle
D'une goutte de vie et de divinité,
Lorsqu'en ouvrant les bras, j'ai dit: « Fraternité ».

« Père, oh! si j'ai rempli mon douloureux message,[54]
Si j'ai caché le Dieu sous la face du sage,
Du sacrifice humain si j'ai changé le prix,[55]
Pour l'offrande des corps recevant les esprits,
Substituant partout aux choses le symbole,
La parole au combat, comme au trésor l'obole,[56]
Aux flots rouges du sang les flots vermeils du vin,
Aux membres de la chair le pain blanc sans levain;[57]
Si j'ai coupé les temps en deux parts,[58] l'une esclave
Et l'autre libre;—au nom du passé que je lave,

---

53. *devint homme:* i.e., put aside his divine nature.
(Thus Vigny makes of him a symbol of all humanity at odds with divinity.)
54. *message: here,* mission.
55. *prix:* cost.

56. *obole:* penny. (Reference to story of the widow's mite [Mark 12:41–44].)
57. *levain:* leaven, yeast. (Reference to the sacrifice of the Mass.)
58. *en deux parts:* i.e., B.C. and A.D.

Par le sang de mon corps qui souffre et va finir,
Versons-en la moitié pour laver l'avenir![59]
Père libérateur! jette aujourd'hui, d'avance,
La moitié de ce sang d'amour et d'innocence
Sur la tête de ceux qui viendront en disant:
« Il est permis pour tous[60] de tuer l'innocent. »
Nous savons qu'il naîtra, dans le lointain des âges,
Des dominateurs durs escortés de faux sages
Qui troubleront l'esprit de chaque nation
En donnant un faux sens à ma rédemption.[61]
—Hélas! je parle encor, que déjà ma parole[62]
Est tournée en poison dans chaque parabole;
Éloigne ce calice impur et plus amer
Que le fiel, ou l'absinthe,[63] ou les eaux de la mer.
Les verges[64] qui viendront, la couronne d'épine,
Les clous des mains, la lance au fond de ma poitrine,
Enfin toute la croix qui se dresse et m'attend,
N'ont rien, mon Père, oh! rien qui m'épouvante autant!
Quand les Dieux veulent bien s'abattre sur les mondes,
Ils n'y doivent laisser que des traces profondes;
Et, si j'ai mis le pied sur ce globe incomplet,[65]
Dont le gémissement sans repos m'appelait,
C'était pour y laisser deux Anges à ma place
De qui la race humaine aurait baisé la trace,
La Certitude heureuse et l'Espoir confiant,
Qui, dans le paradis, marchent en souriant.
Mais je vais la quitter, cette indigente terre,
N'ayant que soulevé ce manteau de misère
Qui l'entoure à grands plis, drap lugubre et fatal,
Que d'un bout tient le Doute et de l'autre le Mal.

« Mal et Doute! En un mot je puis les mettre en poudre.
Vous les aviez prévus, laissez-moi vous absoudre
De les avoir permis.—C'est l'accusation
Qui pèse de partout sur la création!—
Sur son tombeau désert faisons monter Lazare.[66]
Du grand secret des morts qu'il ne soit plus avare,
Et de ce qu'il a vu donnons-lui souvenir;
Qu'il parle.—Ce qui dure et ce qui doit finir,
Ce qu'a mis le Seigneur au cœur de la Nature,
Ce qu'elle prend et donne à toute créature,
Quels sont avec le ciel ses muets entretiens,
Son amour ineffable et ses chastes liens;
Comment tout s'y détruit et tout s'y renouvelle,
Pourquoi[67] ce qui s'y cache et ce qui s'y révèle;

---

59. (Jesus prays that he may atone for future guilt and sin.)
60. *pour tous:* for the advantage of all.
61. Evidently a reference to Protestantism.
62. *je parle...parole:* even while I am speaking, already my word...
63. *absinthe:* wormwood.
64. *verges:* rods (with which Jesus was to be beaten).
65. *incomplet:* i.e., imperfect.
66. *Lazare:* Lazarus, resurrected from death (John 11).
67. *pourquoi:* the reason for.

Si les astres des cieux tour à tour éprouvés
Sont comme celui-ci coupables et sauvés;
Si la terre est pour eux ou s'ils sont pour la terre;
Ce qu'a de vrai la fable et de clair le mystère,
D'ignorant le savoir et de faux la raison;
Pourquoi l'âme est liée en sa faible prison,
Et pourquoi nul sentier entre deux larges voies,
Entre l'ennui du calme et des paisibles joies
Et la rage sans fin des vagues passions,
Entre la léthargie et les convulsions;
Et pourquoi pend la Mort comme une sombre épée,[68]
Attristant la Nature à tout moment frappée;
Si le juste et le bien, si l'injuste et le mal
Sont de vils accidents en un cercle fatal,
Ou si de l'univers ils sont les deux grands pôles,
Soutenant terre et cieux sur leurs vastes épaules;
Et pourquoi les Esprits du mal sont triomphants
Des maux immérités, de la mort des enfants;
Et si les Nations sont des femmes guidées
Par les étoiles d'or des divines idées,
Ou de folles enfants[69] sans lampes dans la nuit,
Se heurtant et pleurant, et que rien ne conduit;
Et si, lorsque des temps l'horloge[70] périssable
Aura jusqu'au dernier versé ses grains de sable,
Un regard de vos yeux, un cri de votre voix,
Un soupir de mon cœur, un signe de ma croix,
Pourra faire ouvrir l'ongle aux Peines éternelles,[71]
Lâcher leur proie humaine et reployer leurs ailes.
—Tout sera révélé dès que l'homme saura
De quels lieux il arrive et dans quels il ira. »

III

Ainsi le divin Fils parlait au divin Père.
Il se prosterne encore, il attend, il espère,
Mais il renonce et dit: « Que votre volonté
Soit faite et non la mienne, et pour l'éternité! »
Une terreur profonde, une angoisse infinie
Redoublent sa torture et sa lente agonie.
Il regarde longtemps, longtemps cherche sans voir.
Comme un marbre de deuil tout le ciel était noir;
La Terre, sans clartés, sans astre et sans aurore,
Et sans clartés de l'âme ainsi qu'elle est encore,
Frémissait.—Dans le bois il entendit des pas,
Et puis il vit rôder[72] la torche de Judas. [73]

---

68. *épée:* reference to the sword which hung by a thread over the head of King Damocles.
69. *folles enfants:* reference to the parable of the foolish virgins (Matthew 25:1–13).
70. *horloge:* here, hourglass.
71. *pourra...éternelles:* Will be able to make the eternal Punishments open their talons (release their prey).
72. *rôder:* moving, approaching.
73. The disciple Judas, torch in hand, leads the Roman soldiers to Jesus, thus betraying him.

LE SILENCE
S'il est vrai qu'au Jardin sacré des Écritures,
Le Fils de l'Homme ait dit ce qu'on voit rapporté;
Muet, aveugle et sourd au cri des créatures,
Si le Ciel nous laissa comme un monde avorté,[74]
Le juste opposera le dédain à l'absence,
Et ne répondra plus que par un froid silence
Au silence éternel de la Divinité.

5. Victor Hugo

[1802–1885]

A Legend in His Time

By the magic of his written words and by the vigor of his personality, Victor Hugo dominated French literature for a good half century. In his own time, he was revered. Swinburne called him the greatest writer since Shakespeare and the greatest Frenchman of all time, and compared one of his books to the effort of God creating the springtime. Henry Adams heard an admirer ask Hugo if he believed in God. "I do," replied the Master. "Un dieu qui croit en Dieu!" exclaimed the awed worshipper. No literary or cultural figure in modern-day France possesses the stature that Hugo, rightly or wrongly, had in the nineteenth century.

He was a mental, spiritual, physical power. His strength and energy were legendary. The hairs of his beard blunted the barber's razors. His appetite was colossal and uncritical; he would pop an entire orange into his mouth without bothering to peel it. No wonder that he was regarded as almost superhuman, a force of Nature.

A Young Leader

He was the son of an army officer who rose, under Napoleon, to be Lieutenant-General. Military assignments took the family to Corsica, Italy, Spain; the impressionable boy was fascinated by the exotic color and life of southern lands. At school in Paris, he revealed a precocious talent. At 15 he received a mention from the Academy. At 17 he founded a magazine, with his two brothers, and filled it with his contributions. Chateaubriand called him "l'enfant sublime."

Through the 1820s the young poet was in full spate of production. ("Words flowed from Victor Hugo like light from the sun," said Lytton Strachey.) He accepted and codified the theories of the fumbling Romantics, made himself the leader of the school, assembled them in informal clubs (the two *cénacles*), established a new magazine, *La Muse française,* to be their organ.

His *Préface de Cromwell* (1827) demanded the abolition of the classic rules for the structure of tragedies, and called for a new, bold, free drama, like that of Shakespeare.

---

74. *avorté:* aborted, gone wrong.

Hugo's example of the new, free drama was *Hernani*, which literally caused a riot in 1830.

This date of 1830 is very important in French literary history, for it marks the conquest by Romanticism of the theatre, just as Chateaubriand had conquered French prose and Lamartine had conquered poetry. Thus 1830 is the beginning of the brief unquestioned dominance of Romanticism.

Hugo continued writing poetic dramas, of which the best, to the modern taste, is *Ruy Blas* (1838). He also published *Notre-Dame de Paris* (1831), his first important novel, and several volumes of his finest poetry.

This fecund stage of happy production came to an end in 1843. In that year his play *Les Burgraves* was a flat failure. Hugo abandoned the theater for good (except for one late

Victor Hugo in 1829. Illustration in L. Petit de Julleville's Histoire de la Langue et de la Littérature *volume VII, 1922.*

experiment), and Romanticism, no longer triumphant, began to yield to new influences.

An intimate tragedy in 1843 overshadowed his literary setback. Returning from a vacation trip to the Pyrenees, he learned from a newspaper picked up in an inn that his beloved daughter, with her husband of only a few months, had been drowned while boating on the lower Seine, at Villequier. His grief was as colossal as his other emotions. Many of his most beautiful and moving poems were provoked by his long agony, his questioning of fate. For ten years he published no work of literature, although he continued writing to ease his spirit.

Politics and Exile

He distracted his sorrow also by an active political life. When King Louis-Philippe was deposed, in 1848, Hugo became a Deputy in the Legislature, on the popular democratic side, and candidate for the presidency. But Louis-Napoleon (nephew of Bonaparte) won the election, and Hugo took the leadership of the opposition. So violent were his words that when Louis-Napoleon firmly established his power, by the bloody *coup d'état* of December 2, 1851, Hugo was forced to flee in disguise to Belgium. Louis-Napoleon became Napoleon III, Emperor of France. But Hugo ridiculed him as *Napoléon le petit*. Hugo's constant blasts against him made Hugo a major liability to the Belgians. Forced to move to the British Channel Islands in 1852, Hugo lived first on Jersey, then on Guernsey, and for eighteen years carried on a personal war with Emperor Napoleon III, showering that monarch with such poetic abuse as had never been known in French literature. To his retreat, Hauteville House, came worshippers from the entire world, as a century before they had come to adulate Voltaire at Ferney. Here Hugo did much of his best work, including the splendid poems collected in *Les Contemplations* and *La Légende des siècles*.

Final Triumph

With the fall of his enemy Napoleon III in 1870, Hugo returned to France, endured cheerfully the privations of the Siege of Paris, took some small part in politics, and continued to write busily. As "le glorieux vieillard" he became the pride of France, treated like a conquering hero. He died in 1885. He had written in his will: "Je donne 50,000 francs aux pauvres. Je désire être porté au cimetière dans leur corbillard (*hearse*). Je refuse l'oraison de toutes les églises. Je demande une prière à toutes les âmes. Je crois en Dieu. Victor Hugo."

His funeral was his farewell sensation. Whole regiments of cavalry led the way from the Arc de Triomphe to the Panthéon, followed by a long file of barouches bearing the highest dignitaries of France and Europe, and a procession of six-horse carriages loaded with wreaths and floral crowns, and finally the body of Victor Hugo in the rickety hearse used for the paupers of Paris. It was his final antithesis, his last contrast of the sublime and the grotesque.

A Triple Legacy

Victor Hugo's important work lies in three fields: drama, fiction, and poetry.

His *dramatic theory* is set forth in the *Préface de Cromwell*. (The play itself, *Cromwell*, is almost never performed, but the preface to it is an immortal manifesto.) Hugo says in it that the drama, the characteristic literary form of the nineteenth century, has as its aim nature and truth. Nature makes no distinction of *genres;* the tragic and comic, the beautiful and ugly, the sublime and grotesque, mingle in life, and they should mingle in the theater. To represent life, the theater has its special requirements and techniques. Verse is more suitable than prose, but the verse must be freed from the crippling rules of classic prosody. As regards the famous unities of classical theater, the unity of *time* (limiting the action to twenty-four hours) and the unity of place are artificial and should be abolished, but the unity of *action* (focusing the plot on a single story line) is dramatically justified. Local color should be authentic and should be liberally introduced. A play constructed on these principles is a *drame*. Of all Hugo's dramas, *Hernani* and *Ruy Blas* remain the best known.

Hugo's *fiction*, which included many novels such as the aforementioned *Notre-Dame de Paris* (the story of the Hunchback of Notre Dame, which created a vogue for medievalism and inspired the renovation of Notre Dame Cathedral), and the anti-capital punishment novel *Le Dernier jour d'un condamné*, is best represented by *Les Misérables* (1862). *Les Misérables* had an enormous, world-wide success. As it appeared in installments in America, month by month, it held the nation rapt. (This anthology's original editor used to say that he heard that his own grandfather, in receiving the new installment, would immediately read it aloud to a gaping circle, while business and household duties went undone.) Many a Civil War soldier in America carried the successive volumes in his knapsack, and died before the story ended. In a sense, *Les Misérables* is a collection of novels rather than a single story. It is a humanitarian epic, bound together by the character of Jean Valjean, the virtuous escaped convict, at odds with a cruel society. For society is the villain, and the book is a demand for social consciousness and social conscience. From a purely literary point of view, we may find its style unpolished and its plot overly obvious and excessively long. But its faults are redeemed by the power of a master storyteller. It is interesting that Hugo's reputation, after hitting low ebb in the mid-twentieth century, revived to a large extent when a musical theatrical version of *Les Misérables* became a worldwide hit.

Of his *poetry* a good deal has been said, and more comments will be made in the notes. He is a narrative poet, eager to rhetorically persuade the reader to his point of view. Many have considered Hugo the greatest master of *technique* in the history of French poetry. His imagination was visual, his utterance musical. Only Shakespeare, in English, used every resource of his language as did Hugo in French. It is perhaps unfortunate that Hugo's philosophical thought could not match his verbal mastery. Among Hugo's best collections of poetry are *Les Orientales, Les Feuilles d'automne, Les Contemplations, La Légende des siècles,* and *Les Châtiments.*

Now that we are freed from the oppression of his personality, how do we judge his work? We recognize its many shortcomings: its bombast, psychological insufficiency, shameless melodrama, verbosity, lack of humor. His sublime has often become grotesque. But we have only to read a few pages, a few words, to be captured by his narrative power, his poetic imagination, his prodigious mastery of language. André Gide, when asked who was the greatest French poet, replied: "Victor Hugo—hélas!" And

Caricature of Victor Hugo pondering a contractual deadline. From Le Grelot *newspaper, 21 Jan. 1872.*

said Jean Cocteau, in another famous *boutade:* "Victor Hugo? C'était un fou qui se croyait Victor Hugo."

But however one may mock, whatever just criticism one may make, Victor Hugo remains one of the greatest French poets of the nineteenth century and one of the great literary creators of all time.

✤ ✤ ✤

Les Djinns[1]

[*Hugo's poetry spans half a century and exhibits tremendous variety. At times revolutionary, at other times traditional, his poetry goes through many different forms and formats, always displaying extensive vocabulary and exuberant word play. Hugo's first collection of poems,* Odes et Ballades *(1826) was respectful of traditional formats, rules, and opinions. His next, and considerably more exciting collection, was* Les Orientales *(1829.) In it, he gave free reign to his imagination and innovated in the aspect of style. He also gained a new subject matter, the Middle East, as apparently inspired by the war between Greek rebels and the Turkish Empire. One of his most experimental pieces from* Les Orientales *is this poem called* Les Djinns. *In it, Middle Eastern genies, as well as dragons and vampires, swarm a Muslim town. Needless to say, there had never been subject matter like that in classical European poetry. Hugo's Romantic innovations also apply to form in stunning fashion in this poem. Note the rhyme scheme – ababcccb – which is quite unusual, as well as the magical way in which the lines change length throughout the poem. The number of syllables increases, stanza by stanza, as the swarm of monsters pours in, then diminishes gradually as the swarm retreats. Never had a young French poet so boldly flaunted his virtuosity as in this entertaining little gem.*]

Murs, ville,
Et port,
Asile
De mort,
Mer grise
Où brise
La brise,
Tout dort.

Dans la plaine
Naît un bruit.
C'est l'haleine
De la nuit.
Elle brame[2]
Comme une âme
Qu'une flamme
Toujours suit.

La voix plus haute
Semble un grelot.
D'un nain qui saute
C'est le galop.
Il fuit, s'élance,
Puis en cadence
Sur un pied danse
Au bout d'un flot.

La rumeur approche,
L'écho la redit.
C'est comme la cloche
D'un couvent maudit,
Comme un bruit de foule
Qui tonne et qui roule,
Et tantôt s'écroule,
Et tantôt grandit.

Dieu! la voix sépulcrale
Des Djinns!…—Quel bruit ils font!
Fuyons sous la spirale
De l'escalier profond!
Déjà s'éteint ma lampe,
Et l'ombre de la rampe,[3]
Qui le long du mur rampe,
Monte jusqu'au plafond.

C'est l'essaim[4] des Djinns qui passe,
Et tourbillonne en sifflant.
Les ifs,[5] que leur vol fracasse,[6]
Craquent comme un pin brûlant.
Leur troupeau lourd et rapide,
Volant dans l'espace vide,
Semble un nuage livide
Qui porte un éclair au flanc.[7]

---

1. *Djinns:* Jinns, genies as in Middle Eastern mythology.
2. *brame:* bells (like a stag).
3. *rampe:* banisters, stair rail.
4. *essaim:* swarm.
5. *ifs:* yew trees.
6. *fracasse:* shatters.
7. *au flanc: i.e.,* hidden within.

Ils sont tout près!—Tenons fermée
Cette salle où nous les narguons.[8]
Quel bruit dehors! Hideuse armée
De vampires et de dragons!
La poutre du toit descellée[9]
Ploie ainsi qu'une herbe mouillée,
Et la vieille porte rouillée
Tremble à déraciner ses gonds.[10]

Cris de l'enfer! voix qui hurle et qui
    pleure.
L'horrible essaim, poussé par
    l'aquilon,
Sans doute, ô ciel! s'abat sur ma
    demeure.
Le mur fléchit sous le noir bataillon.
La maison crie et chancelle penchée,
Et l'on dirait que, du sol arrachée,
Ainsi qu'il chasse une feuille séchée,
Le vent la roule avec leur tourbillon!

Prophète![11] si ta main me sauve
De ces impurs démons des soirs,
J'irai prosterner mon front chauve
Devant tes sacrés encensoirs![12]
Fais que sur ces portes fidèles
Meure leur souffle d'étincelles,
Et qu'en vain l'ongle de leurs ailes
Grince et crie à ces vitraux noirs!

Ils sont passés!—Leur cohorte
S'envole et fuit, et leurs pieds
Cessent de battre ma porte
De leurs coups multipliés.
L'air est plein d'un bruit de chaînes,
Et dans les forêts prochaines
Frissonnent tous les grands chênes,
Sous leur vol de feu pliés!

De leurs ailes lointaines
Le battement décroît,
Si confus dans les plaines,

Si faible, que l'on croit
Ouïr la sauterelle[13]
Crier d'une voix grêle,
Ou pétiller[14] la grêle
Sur le plomb d'un vieux toit.

D'étranges syllabes
Nous viennent encor:
Ainsi, des Arabes
Quand sonne le cor,
Un chant sur la grève
Par instants s'élève,
Et l'enfant qui rêve
Fait des rêves d'or.

Les Djinns funèbres,
Fils du trépas,
Dans les ténèbres
Pressent leurs pas;
Leur essaim gronde:
Ainsi, profonde,
Murmure une onde
Qu'on ne voit pas.

Ce bruit vague
Qui s'endort,
C'est la vague
Sur le bord;
C'est la plainte
Presque éteinte
D'une sainte
Pour un mort.

On doute
La nuit…
J'écoute:—
Tout fuit.
Tout passe;
L'espace
Efface
Le bruit.[15]
[*Août 1828*]

---

8.   *narguons:* flout, defy.
9.   *poutre du toit descellée:* dislodged roof beam.
10. *à déraciner ses gonds:* enough to unseat its
     hinges.
11. *Prophète:* Mahomet.
12. *encensoirs:* censers.
13. *sauterelle:* grasshopper.

14. *pétiller:* crackle.
15. Now review to see how Hugo gets his effects.
     Count the syllables in the first line of each
     stanza. Try to recognize how the prevailing
     vowel sounds combine with the meaning to
     suggest stagnant peace at the beginning and end,
     and sonority, noise, and speed in the middle.

TRISTESSE D'OLYMPIO

[*"Olympio" is a name Hugo gave to a kind of idealization of himself, which enabled him to speak of himself in the third person. He treats here the problem which recurs to all reflective men, and particularly to the Romantic poets: the relation of Nature and man, the contrast of Nature's serene eternal purpose and man's pitiful brief life, the effort of man to impose himself on Nature, to make her remember him. The poem is inspired by a visit Hugo made to the valley of the Bièvre, near Paris, where he had loved the actress Juliette Drouet. But his memories of this idyll are entangled with those of a happy vacation on the same spot with his wife and family. Compare this poem with Lamartine's* Le Lac.]

Les champs n'étaient point noirs, les cieux n'étaient pas mornes;[16]
Non, le jour rayonnait dans un azur sans bornes
Sur la terre étendu,
L'air était plein d'encens et les prés de verdures,
Quand il revit ces lieux où par tant de blessures
Son cœur s'est répandu.

L'automne souriait; les coteaux vers la plaine
Penchaient leurs bois charmants qui jaunissaient à peine;
Le ciel était doré;
Et les oiseaux, tournés vers celui que tout nomme,
Disant peut-être à Dieu quelque chose de l'homme,
Chantaient leur chant sacré.

Il voulut tout revoir, l'étang près de la source,
La masure[17] où l'aumône avait vidé leur bourse,
Le vieux frêne[18] plié,
Les retraites d'amour au fond des bois perdues,
L'arbre où dans les baisers leurs âmes confondues
Avaient tout oublié.

Il chercha le jardin, la maison isolée,
La grille d'où l'œil plonge en une oblique allée,
Les vergers en talus.[19]
Pâle, il marchait.—Au bruit de son pas grave et sombre
Il voyait à chaque arbre, hélas! se dresser l'ombre
Des jours qui ne sont plus.

Il entendait frémir dans la forêt qu'il aime
Ce doux vent qui, faisant tout vibrer en nous-même,
Y réveille l'amour,
Et, remuant le chêne ou balançant la rose,
Semble l'âme de tout qui[20] va sur chaque chose
Se poser tour à tour.

---

16. The first line sets the mood. Radiant nature shows no sympathy with the poet's depression.
17. *masure:* hovel.
18. *frêne:* ash (tree).

19. *en talus:* sloping.
20. *tout qui:* Notice difference in meaning from *tout ce qui.*

Les feuilles qui gisaient dans le bois solitaire,
S'efforçant sous ses pas de s'élever de terre,
Couraient dans le jardin;
Ainsi, parfois, quand l'âme est triste, nos pensées
S'envolent un moment sur leurs ailes blessées,
Puis retombent soudain.
Il contempla longtemps les formes magnifiques
Que la nature prend dans les champs pacifiques;
Il rêva jusqu'au soir;
Tout le jour il erra le long de la ravine,
Admirant tour à tour le ciel, face divine,
Le lac,[21] divin miroir.

Hélas! se rappelant ses douces aventures,
Regardant, sans entrer, par-dessus les clôtures,[22]
Ainsi qu'un paria,
Il erra tout le jour. Vers l'heure où la nuit tombe,
Il se sentit le cœur triste comme une tombe,
Alors il s'écria:

—«O douleur! j'ai voulu, moi dont l'âme est troublée,
Savoir si l'urne encor conservait la liqueur,
Et voir ce qu'avait fait cette heureuse vallée
De tout ce que j'avais laissé là de mon cœur!

«Que peu de temps suffit pour changer toutes choses!
Nature au front serein, comme vous oubliez![23]
Et comme vous brisez dans vos métamorphoses
Les fils mystérieux où nos cœurs sont liés!

«Nos chambres de feuillage en halliers[24] sont changées;
L'arbre où fut notre chiffre[25] est mort ou renversé;
Nos roses dans l'enclos ont été ravagées
Par les petits enfants qui sautent le fossé.

«Un mur clôt la fontaine où, par l'heure échauffée,
Folâtre, elle buvait en descendant des bois;
Elle prenait de l'eau dans la main, douce fée,
Et laissait retomber des perles de ses doigts!

«On a pavé la route âpre et mal aplanie,
Où, dans le sable pur se dessinant si bien,
Et de sa petitesse étalant l'ironie,
Son pied charmant semblait rire à côté du mien.

---

21. There is actually no lake in the course of the Bièvre. No doubt Hugo put it in to invite comparison with Lamartine.

22. *clôtures:* fences, walls.

23. *Nature...oubliez:* Here is the statement of the principal theme.

24. *halliers:* thickets.

25. *chiffre:* initials.

«La borne[26] du chemin, qui vit des jours sans nombre,
Où jadis pour m'entendre elle aimait à s'asseoir
S'est usée en heurtant, lorsque la route est sombre,
Les grands chars gémissants qui reviennent le soir.

«La forêt ici manque et là s'est agrandie…
De tout ce qui fut nous presque rien n'est vivant;
Et, comme un tas de cendre éteinte et refroidie,
L'amas des souvenirs se disperse à tout vent!

«N'existons-nous donc plus? Avons-nous eu notre heure?
Rien ne la rendra-t-il à nos cris superflus?
L'air joue avec la branche au moment où je pleure;
Ma maison me regarde et ne me connaît plus.

«D'autres vont maintenant passer où nous passâmes.
Nous y sommes venus, d'autres vont y venir;
Et le songe qu'avaient ébauché nos deux âmes,
Ils le continueront sans pouvoir le finir!

«Car personne ici-bas ne termine et n'achève;
Les pires des humains sont comme les meilleurs.
Nous nous réveillons tous au même endroit du rêve.
Tout commence en ce monde et tout finit ailleurs.[27]

«Oui, d'autres à leur tour viendront, couples sans tache,
Puiser dans cet asile heureux, calme, enchanté,
Tout ce que la nature à l'amour qui se cache
Mêle de rêverie et de solennité!

«D'autres auront nos champs, nos sentiers, nos retraites;
Ton bois, ma bien-aimée, est à des inconnus.
D'autres femmes viendront, baigneuses indiscrètes,
Troubler le flot sacré qu'ont touché tes pieds nus.

«Quoi donc! c'est vainement qu'ici nous nous aimâmes!
Rien ne nous restera de ces coteaux fleuris
Où nous fondions notre être en y mêlant nos flammes!
L'impassible nature a déjà tout repris.[28]

«Oh! dites-moi, ravins, frais ruisseaux, treilles[29] mûres,
Rameaux chargés de nids, grottes, forêts, buissons,
Est-ce que vous ferez pour d'autres vos murmures?
Est-ce que vous direz à d'autres vos chansons?

---

26. *borne:* milestone.
27. The theme of death is introduced.
28. *L'impassible…repris:* a key line. Compare, and
contrast, with Lamartine's *Le Lac.*
29. *treilles:* vine arbors.

«Nous vous comprenions tant! doux, attentifs, austères,
Tous nos échos s'ouvraient si bien à votre voix!
Et nous prêtions si bien, sans troubler vos mystères,
L'oreille aux mots profonds que vous dites parfois!

«Répondez, vallon pur, répondez, solitude,
O nature abritée en ce désert si beau,
Lorsque nous dormirons tous deux dans l'attitude
Que donne aux morts pensifs la forme du tombeau;

«Est-ce que vous serez à ce point insensible
De nous savoir couchés morts, avec nos amours,
Et de continuer votre fête paisible,
Et de toujours sourire et de chanter toujours?

«Est-ce que, nous sentant errer dans vos retraites,
Fantômes reconnus par vos monts et vos bois,
Vous ne nous direz pas de ces choses secrètes
Qu'on dit en revoyant des amis d'autrefois?

«Est-ce que vous pourriez, sans tristesse et sans plainte,
Voir nos ombres flotter où marchèrent nos pas,
Et la voir m'entraîner, dans une morne étreinte,
Vers quelque source en pleurs qui sanglote tout bas?

«Et s'il est quelque part, dans l'ombre où rien ne veille,
Deux amants sous vos fleurs abritant leurs transports,
Ne leur irez-vous pas murmurer à l'oreille:
—Vous qui vivez, donnez une pensée aux morts?—

«Dieu nous prête un moment les prés et les fontaines,
Les grands bois frissonnants, les rocs profonds et sourds,
Et les cieux azurés et les lacs et les plaines,
Pour y mettre nos cœurs, nos rêves, nos amours;

«Puis il nous les retire. Il souffle notre flamme.
Il plonge dans la nuit l'antre où nous rayonnons;
Et dit à la vallée, où s'imprima notre âme,
D'effacer notre trace et d'oublier nos noms.

«Eh bien! oubliez-nous, maison, jardin, ombrages;
Herbe, use notre seuil! ronce, cache nos pas!
Chantez, oiseaux! ruisseaux, coulez! croissez, feuillages!
Ceux que vous oubliez ne vous oublieront pas.[30]

---

30. *Ceux...pas:* another key line.

«Car vous êtes pour nous l'ombre de l'amour même,
Vous êtes l'oasis qu'on rencontre en chemin!
Vous êtes, ô vallon, la retraite suprême
Où nous avons pleuré, nous tenant par la main!

«Toutes les passions s'éloignent avec l'âge,
L'une emportant son masque et l'autre son couteau,
Comme un essaim chantant d'histrions[31] en voyage
Dont le groupe décroît derrière le coteau.

«Mais toi, rien ne t'efface, amour! toi qui nous charmes!
Toi qui, torche ou flambeau, luis dans notre brouillard!
Tu nous tiens par la joie, et surtout par les larmes;
Jeune homme on te maudit, on t'adore vieillard.

«Dans ces jours où la tête au poids des ans s'incline,
Où l'homme, sans projets, sans but, sans visions,
Sent qu'il n'est déjà plus qu'une tombe en ruine
Où gisent ses vertus et ses illusions;

«Quand notre âme en rêvant descend dans nos entrailles,
Comptant dans notre cœur, qu'enfin la glace atteint,
Comme on compte les morts sur un champ de batailles,
Chaque douleur tombée et chaque songe éteint,

«Comme quelqu'un qui cherche en tenant une lampe,
Loin des objets réels, loin du monde rieur,
Elle arrive à pas lents par une obscure rampe
Jusqu'au fond désolé du gouffre intérieur;

«Et là, dans cette nuit qu'aucun rayon n'étoile,
L'âme, en un repli sombre où tout semble finir,
Sent quelque chose encor palpiter sous un voile...
C'est toi qui dors dans l'ombre, ô sacré souvenir![32]»
[*Octobre 1837*]

---

31. *histrions:* actors, mountebanks. Note the visual
    character of this elaborate image

32. The final words point the final lesson.

SOUVENIR DE LA NUIT DU 4

[*This powerful poem and the three following are taken from* Les Châtiments, *Hugo's collection of poetic invectives against his enemy, Napoleon III. This poem refers to the massacre of December 4, 1851. Following the coup d'état of December 2, Napoleon sought to impress the "red" Parisians by a show of force. Thirty thousand soldiers marched down the boulevards, firing on the unarmed mob at any show of opposition, or at none. The number of victims was never known. It was at least several hundred.*]

L'enfant avait reçu deux balles dans la tête.
Le logis était propre, humble, paisible, honnête.
On voyait un rameau bénit[33] sur un portrait.
Une vieille grand'mère était là qui pleurait.
Nous le déshabillions en silence. Sa bouche,
Pâle, s'ouvrait; la mort noyait son œil farouche;[34]
Ses bras pendants semblaient demander des appuis.
Il avait dans sa poche une toupie en buis.[35]
On pouvait mettre un doigt dans les trous de ses plaies.
Avez-vous vu saigner la mûre[36] dans les haies?
Son crâne était ouvert comme un bois qui se fend.
L'aïeule regarda déshabiller l'enfant,
Disant: «Comme il est blanc! approchez donc la lampe.
Dieu! ses pauvres cheveux sont collés sur sa tempe![37]—
Et quand ce fut fini, le prit sur ses genoux.
La nuit était lugubre; on entendait des coups
De fusil dans la rue où l'on en tuait d'autres.
—Il faut ensevelir l'enfant, dirent les nôtres.
Et l'on prit un drap blanc dans l'armoire en noyer.[38]
L'aïeule cependant l'approchait du foyer,
Comme pour réchauffer ses membres déjà roides.
Hélas! ce que la mort touche de ses mains froides
Ne se réchauffe plus aux foyers d'ici-bas!
Elle pencha la tête et lui tira ses bas,
Et dans ses vieilles mains prit les pieds du cadavre.
—Est-ce que ce n'est pas une chose qui navre!
Cria-t-elle; monsieur, il n'avait pas huit ans!
Ses maîtres, il allait en classe, étaient contents.
Monsieur, quand il fallait que je fisse une lettre,
C'est lui qui l'écrivait. Est-ce qu'on va se mettre
A tuer les enfants maintenant? Ah! mon Dieu!
On est donc des brigands? Je vous demande un peu,
Il jouait ce matin, là, devant la fenêtre!
Dire qu'ils m'ont tué ce pauvre petit être!
Il passait dans la rue, ils ont tiré dessus.
Monsieur, il était bon et doux comme un Jésus.

---

33. *rameau bénit:* blessed branch (of boxwood, sacred to the dead. The inference is that the child's father or mother is dead).
34. *farouche:* wild.
35. *toupie en buis:* top of boxwood.
36. *mûre:* blackberry.
37. *tempe:* temple.
38. *armoire en noyer:* walnut wardrobe.

Moi je suis vieille, il est tout simple que je parte;
Cela n'aurait rien fait à monsieur Bonaparte
De me tuer au lieu de tuer mon enfant!—
Elle s'interrompit, les sanglots l'étouffant.
Puis elle dit, et tous pleuraient près de l'aïeule:
—Que vais-je devenir à présent toute seule?
Expliquez-moi cela, vous autres, aujourd'hui.
Hélas! je n'avais plus de sa mère que lui.
Pourquoi l'a-t-on tué? je veux qu'on me l'explique.
L'enfant n'a pas crié: Vive la République.»
Nous nous taisions, debout et graves, chapeau bas,
Tremblant devant ce deuil qu'on ne console pas.

Vous ne compreniez point, mère, la politique.
Monsieur Napoléon, c'est son nom authentique,
Est pauvre, et même prince; il aime les palais;
Il lui convient d'avoir des chevaux, des valets,
De l'argent pour son jeu, sa table, son alcôve,[39]
Ses chasses; par la même occasion, il sauve
La famille, l'église et la société;
Il veut avoir Saint-Cloud,[40] plein de roses l'été,
Où viendront l'adorer les préfets[41] et les maires;
C'est pour cela qu'il faut que les vieilles grand'mères,
De leurs pauvres doigts gris que fait trembler le temps,
Cousent dans le linceul des enfants de sept ans.
[*2 décembre 1852*]

39. *alcôve:* bedroom. The suggestion is of extrama-
     rital adventures.
40. *Saint-Cloud:* royal palace and park on outskirts

     of Paris.
41. *préfets:* governors of *départements,* appointed
     by the central government

CHANSON

[This humorously venomous bit of political satire from Les Châtiments *evokes a contrast between Napoleon Bonaparte, whom Hugo worshipped, and Bonaparte's nephew, Napoleon III, whom Hugo detested.]*

Sa grandeur éblouit l'histoire.
Quinze ans, il fut
Le dieu que traînait la victoire
Sur un affût;[42]
L'Europe sous sa loi guerrière
Se débattit.—
Toi, son singe, marche[43] derrière
Petit, petit.

Napoléon dans la bataille,
Grave et serein,
Guidait à travers la mitraille[44]
L'aigle d'airain.
Il entra sur le pont d'Arcole,[45]
Il en sortit.—
Voici de l'or, viens, pille et vole,
Petit, petit.

Berlin, Vienne, étaient ses maîtresses;
Il les forçait,
Leste,[46] et prenant les forteresses
Par le corset;
Il triompha de cent bastilles
Qu'il investit.—
Voici pour toi, voici des filles,[47]
Petit, petit.

Il passait les monts et les plaines,
Tenant en main
La palme, la foudre et les rênes[48]
Du genre humain;
Il était ivre de sa gloire
Qui retentit.—
Voici du sang, accours, viens boire,
Petit, petit.

Quand il tomba, lâchant le monde,
L'immense mer
Ouvrit à sa chute profonde
Le gouffre amer;[49]
Il y plongea, sinistre archange,
Et s'engloutit.—
Toi, tu te noieras dans la fange,
Petit, petit.
[Septembre 1853]

✤ ✤ ✤

---

42. *affût:* gun carriage.
43. *Toi ... marche:* You, his monkey, (go) walk behind (him).
44. *mitraille:* grapeshot (antipersonnel artillery shells).
45. *pont d'Arcole:* in a two-day battle with the Austrians (November 17, 1796) the French gained the strategic bridge in a final charge led by Napoleon in person.
46. *Leste:* Lightly, gaily. Notice the striking, novel metaphor which follows.
47. *filles:* courtesans.
48. *palme, foudre, rênes: i.e.,* the prizes, the punishments, and the restraints.
49. The reference is to the death of Napoleon I while in exile on the island of St. Helena.

LUX[50]

[Excerpt]

[*This is the first movement of the concluding poem of* Les Châtiments. *Hugo optimistically looks beyond the present miseries of France to the happy future.*]

Temps futurs! vision sublime!
Les peuples sont hors de l'abîme.
Le désert morne est traversé.
Après les sables, la pelouse;
Et la terre est comme une épouse,
Et l'homme est comme un fiancé!

Dès à présent l'œil qui s'élève
Voit distinctement ce beau rêve
Qui sera le réel un jour;
Car Dieu dénoûra[51] toute chaîne,
Car le passé s'appelle haine
Et l'avenir se nomme amour!

Dès à présent dans nos misères
Germe l'hymen des peuples frères;
Volant sur nos sombres rameaux,
Comme un frelon[52] que l'aube éveille,
Le progrès, ténébreuse abeille,
Fait du bonheur avec nos maux.

Oh! voyez! la nuit se dissipe.
Sur le monde qui s'émancipe,
Oubliant Césars et Capets,[53]
Et sur les nations nubiles,[54]
S'ouvrent dans l'azur, immobiles,
Les vastes ailes de la paix!

O libre France enfin surgie!
O robe blanche après l'orgie!
O triomphe après les douleurs!
Le travail bruit dans les forges,
Le ciel rit, et les rouges-gorges[55]
Chantent dans l'aubépine[56] en fleurs!

La rouille mord les hallebardes.
De vos canons, de vos bombardes,
Il ne reste pas un morceau
Qui soit assez grand, capitaines,
Pour qu'on puisse prendre aux
    fontaines
De quoi faire boire un oiseau.

Les rancunes sont effacées;
Tous les cœurs, toutes les pensées,
Qu'anime le même dessin
Ne font plus qu'un faisceau[57] superbe;
Dieu prend pour lier cette gerbe[58]
La vieille corde du tocsin.[59]

Au fond des cieux un point scintille.
Regardez, il grandit, il brille,
Il approche, énorme et vermeil.
O République universelle,
Tu n'es encor que l'étincelle,
Demain tu seras le soleil.
[*Décembre 1853*]

❖ ❖ ❖

---

50. *Lux:* The Latin word for light, as in "Let there be light."
51. *dénoûra = dénouera.*
52. *frelon:* hornet (apparently used as synonymous with *abeille*).
53. *Césars et Capets: i.e.,* French emperors and kings (of the line of Hugues Capet, the first real French king and founder of the monarchy).
54. *nubiles:* ripe for mating.
55. *rouges-gorges:* robins.
56. *aubépine:* hawthorn.
57. *faisceau:* bundle.
58. *gerbe:* sheaf.
59. *tocsin:* alarm bell.

BOOZ[60] *ENDORMI*

[Booz endormi *is widely considered the best of Hugo's biblical poems. Elderly Boaz unexpectedly became the husband of the lovely young widow Ruth, according to the Bible story. This poem concentrates on how Boaz came to have this good fortune without even trying.*]

Booz s'était couché de fatigue accablé;
Il avait tout le jour travaillé dans son aire,[61]
Puis avait fait son lit à sa place ordinaire;
Booz dormait auprès des boisseaux[62] pleins de blé.

Ce vieillard possédait des champs de blés et d'orge,
Il était, quoique riche, à la justice enclin;
Il n'avait pas de fange en l'eau de son moulin,
Il n'avait pas d'enfer[63] dans le feu de sa forge.

Sa barbe était d'argent comme un ruisseau d'avril
Sa gerbe n'était point avare ni haineuse;[64]
Quand il voyait passer quelque pauvre glaneuse:
—Laissez tomber exprès des épis,[65] disait-il.

Cet homme marchait pur loin des sentiers obliques,
Vêtu de probité candide et de lin blanc;
Et, toujours du côté des pauvres ruisselant,[66]
Ses sacs de grains semblaient des fontaines publiques.

Booz était bon maître et fidèle parent;
Il était généreux, quoiqu'il fût économe;
Les femmes regardaient Booz plus qu'un jeune homme,
Car le jeune homme est beau, mais le vieillard est grand.

Le vieillard, qui revient vers la source première,
Entre aux jours éternels et sort des jours changeants;
Et l'on voit de la flamme aux yeux des jeunes gens,
Mais dans l'œil du vieillard on voit de la lumière.
Donc, Booz dans la nuit dormait parmi les siens;
Près des meules,[67] qu'on eût prises pour des décombres,[68]
Les moissonneurs couchés faisaient des groupes sombres
Et ceci se passait dans des temps très anciens.

Les tribus d'Israël avaient pour chef un juge;
La terre, où l'homme errait sous la tente, inquiet
Des empreintes de pieds de géant qu'il voyait,
Était encor mouillée et molle du déluge.

---

60. Boaz. See Book of Ruth.
61. *aire:* threshing floor.
62. *boisseaux:* bushel baskets.
63. *enfer:* slag.
64. *Sa gerbe...haineuse: i.e.,* he was not stingy in

binding his sheaves.
65. *épis:* ears (of wheat).
66. *ruisselant:* refers to *sacs* (line 16).
67. *meules:* haystacks.
68. *décombres:* rubbish.

Comme dormait Jacob, comme dormait Judith,
Booz, les yeux fermés, gisait sous la feuillée.
Or, la porte du ciel s'étant entre-bâillée
Au-dessus de sa tête, un songe en descendit.

Et ce songe était tel, que Booz vit un chêne
Qui, sorti de son ventre, allait jusqu'au ciel bleu;
Une race y montait comme une longue chaîne;
Un roi chantait en bas, en haut mourait un dieu.[69]

Et Booz murmurait avec la voix de l'âme:
«Comment se pourrait-il que de moi ceci vînt?
Le chiffre de mes ans a passé quatre-vingt,
Et je n'ai pas de fils, et je n'ai plus de femme.

«Voilà longtemps que celle avec qui j'ai dormi,
O Seigneur! a quitté ma couche pour la vôtre;
Et nous sommes encor tout mêlés l'un à l'autre,
Elle à demi vivante et moi mort à demi.

«Une race naîtrait de moi! Comment le croire?
Comment se pourrait-il que j'eusse des enfants?
Quand on est jeune, on a des matins triomphants,
Le jour sort de la nuit comme d'une victoire;

«Mais, vieux, on tremble ainsi qu'à l'hiver le bouleau.[70]
Je suis veuf, je suis seul, et sur moi le soir tombe,
Et je courbe, ô mon Dieu! mon âme vers la tombe,
Comme un bœuf ayant soif penche son front vers l'eau.»

Ainsi parlait Booz dans le rêve et l'extase,
Tournant vers Dieu ses yeux par le sommeil noyés;
Le cèdre ne sent pas une rose à sa base,
Et lui ne sentait pas une femme à ses pieds.

Pendant qu'il sommeillait, Ruth, une Moabite,
S'était couchée aux pieds de Booz, le sein nu,
Espérant on ne sait quel rayon inconnu,
Quand viendrait du réveil la lumière subite.

Booz ne savait point qu'une femme était là,
Et Ruth ne savait point ce que Dieu voulait d'elle,
Un frais parfum sortait des touffes d'asphodèle;[71]
Les souffles de la nuit flottaient sur Galgala.[72]

---

69. Reference to the symbolical "tree of Jesse," showing genealogy from Adam and Eve, through Boaz and Ruth, David the psalmist ("un roi chantait en bas") to Jesus.

70. *bouleau:* birch tree.
71. asphodel, common white-flowered plant of Mediterranean.
72. *Galgala:* Gilgal, city of Palestine.

L'ombre était nuptiale, auguste et solennelle;
Les anges y volaient sans doute obscurément,
Car on voyait passer dans la nuit, par moment,
Quelque chose de bleu qui paraissait une aile.

La respiration de Booz qui dormait
Se mêlait au bruit sourd des ruisseaux sur la mousse.
On était dans le mois où la nature est douce,
Les collines ayant les lys sur leur sommet.

Ruth songeait et Booz dormait; l'herbe était noire;
Les grelots des troupeaux palpitaient vaguement;
Une immense bonté tombait du firmament;
C'était l'heure tranquille où les lions vont boire.

Tout reposait dans Ur[73] et dans Jérimadeth;[74]
Les astres émaillaient le ciel profond et sombre;
Le croissant[75] fin et clair parmi ces fleurs de l'ombre
Brillait à l'occident, et Ruth se demandait,

Immobile, ouvrant l'œil à moitié sous ses voiles,
Quel dieu, quel moissonneur de l'éternel été
Avait, en s'en allant, négligemment jeté
Cette faucille[76] d'or dans le champ des étoiles.

✦ ✦ ✦

---

73. *Ur:* city of Babylonia.
74. *Jérimadeth:* apparently an invention of Hugo's.
75. *croissant:* crescent moon.
76. *faucille:* sickle.

6. Alfred de Musset

[1810–1857]

Definer of Love

Love is no doubt eternal, but the conventions governing its expression are certainly variable. Thanks to Alfred de Musset, nineteenth-century youths "in the storm-swept, sun-flecked moods of adolescence" (the words of Henry Dwight Sedgwick) carried around copies of Musset's *les Nuits* and shouted out: "J'aime et je veux pâlir; j'aime et je veux souffrir." Current adolescents, however storm-swept and sun-flecked, do not yearn to turn pale and suffer; but they do desire to love greatly, magnificently, even tragically, and thus they can still find in Alfred de Musset, the tender poet of love, a companion — and an object-lesson.

Privilege and Self-destructiveness

Alfred de Musset was born in Paris, in an upper-class family with a long tradition of gentility and culture. His father was a civil servant and an estimable part-time writer. Alfred developed young. He took every prize at school; at seventeen, "the page of Romanticism," he was already a member of Victor Hugo's *Cénacle*. His early literary success dispensed him from practicing a regular trade. He was free to occupy himself with his heart; he fell in love, he said, as he caught cold. He was free also to indulge his taste for drink and became an alcoholic by the age of twenty. His alternations of intoxications and hangovers help to explain his exaltations and despairs, his frayed nerves, his tortured sensibility. His own self-diagnosis is more psychological. He blamed his state of mind on the *mal du siècle,* his own variation of the *mal de René.* He and his mates, sickly offspring of the Napoleonic holocaust, inheritors of its failure and disillusion, were robbed of faith by Voltaire and the *philosophes.* "*Frêles roseaux sur un océan d'amertume,*" they had no hope nor expectations, not even enthusiasm for evil. They foundered in dismal boredom, which found its relief in even more dismal debauchery.

But love remained. Musset's decisive experiment in love was his liaison with Aurore Dupin, who wrote under the name of George Sand. Their tragi-comic romance is the stuff of legends. It must suffice to say that George Sand broke Musset's heart, brought him the supreme disillusionment, ruined his life. (But in justice to her, we must note that he was certainly the first to be unfaithful, that it is no fun to be bound to a drunkard, that she probably saved his life during a terrible illness, and that he was first into print with a novel about his broken heart. Then she wrote one, and Alfred's brother wrote one, and a lady friend wrote one, and authors have been writing books, articles, television shows and movies ever since. It is probably the best-documented broken heart in history.)

Musset's suffering was real. From it he drew the inspiration for his finest work. But by the time he was thirty he was fatigued, physically and mentally, and during the following years he produced little of value.

The Anti-Romantic Romantic

Musset has often been called "l'enfant terrible du romantisme"; that is, he was essentially a Romantic, but he mocked and defied the Romantic rules. He was Romantic in his self-concern, and in his taste for violent and excessive characters, for melodrama, for exotic local color. He was un-Romantic in his deliberately negligent style, his irony, his whimsical fancy.

After starting out as a lyric poet in the Romantic mood, in 1830 he produced a brief poetic drama, which was howled off the stage at its two performances. He returned to the lyric form, and at the same time wrote *spectacles dans un fauteuil*, plays in verse or prose intended to be read, not acted. These had a curious fate. A French actress in St. Petersburg was charmed by a dainty playlet presented in Russian. She had it translated, and discovered it to be Musset's *Un Caprice*. She tried it out on the Paris stage, in 1847. Its success led to the production of Musset's other plays. With the exception of the complicated but impressive political drama *Lorenzaccio*, Musset's plays are primarily bittersweet love comedies.

These plays, written as literature without thought to the problems of staging, defy all the rules of the French theater. They combine tragic and comic, they change scenes at the author's whim, they disregard external realism, they admit a frolicking fancy, more Shakespearian than French, made up of reverie, melancholy, and fits of wild, unreal gaiety. His best play, *On ne badine pas avec l'amour* (1834), written during a lull in his personal drama with George Sand, is full of echoes and memories of the affair.

Alfred de Musset. Illustration in L. Petit de Julleville's Histoire de la Langue et de la Littérature *volume VII, 1922.*

"Mon verre n'est pas grand, mais je bois dans mon verre," said Musset. His one subject is love, with its joys and agonies. "Doutez de tout au monde, et jamais de l'amour." He treats his subject with a grace and charm and sorrowful wisdom which have made him deeply beloved, especially by the young. Novelist Henry James said: "Half the beauty of Musset's writing is the simple suggestion of youthfulness, of something fresh and fair, slim and tremulous, with a tender epidermis." But the great love of one's life remains elusive and impractical in Musset's view.

For many years Musset was, beside La Fontaine, the most widely popular of French poets. His plays have been presented at the Comédie Française more often than those of any other writer except Molière. His charm, his wit, his fancy adorn a passionate earnestness which communicates itself to reader and spectator. He teaches a lesson which is universally welcome: "Il faut aimer sans cesse, après avoir aimé."

LA NUIT DE MAI

[The series of Nuits *poems are commonly considered the best of Musset's and among the finest by anyone in French. They are inspired chiefly by the poet's effort to recapture his inspiration after the disastrous affair with George Sand. The poet composed each of them in a single outburst of energy, amid a blaze of candles, with a place set for the Muse at his table. The poem is a dialogue between the poet and the Muse (that is, a mythological goddess of inspiration. In Musset's case, it could be said that suffering itself is his muse.) At the start of the poem, imagine the Muse murmuring softly and seductively.]*

LA MUSE

Poète, prends ton luth et me donne un baiser;
La fleur de l'églantier[1] sent ses bourgeons éclore.
Le printemps naît ce soir; les vents vont s'embraser,[2]
Et la bergeronnette,[3] en attendant l'aurore,
Aux premiers buissons verts commence à se poser.
Poète, prends ton luth et me donne un baiser.

LE POÈTE

Comme il fait noir dans la vallée!
J'ai cru qu'une forme voilée
Flottait là-bas sur la forêt.
Elle sortait de la prairie;
Son pied rasait l'herbe fleurie:
C'est une étrange rêverie;
Elle s'efface et disparaît.

alexandrins

LA MUSE

Poète, prends ton luth; la Nuit, sur la pelouse,[4]
Balance le zéphyr dans son voile odorant.
La rose, vierge encor, se referme jalouse
Sur le frelon nacré[5] qu'elle enivre en mourant.[6]
Écoute! tout se tait: songe à ta bien-aimée.
Ce soir, sous les tilleuls,[7] à la sombre ramée[8]
Le rayon du couchant laisse un adieu plus doux.
Ce soir, tout va fleurir: l'immortelle nature
Se remplit de parfums, d'amour et de murmure,
Comme le lit joyeux de deux jeunes époux.

octo

LE POÈTE

Pourquoi mon cœur bat-il si vite?
Qu'ai-je donc en moi qui s'agite
Dont je me sens épouvanté?
Ne frappe-t-on pas à ma porte?

---

1. *églantier:* wild rose.
2. *s'embraser:* turn warm.
3. *bergeronnette:* wagtail.
4. *pelouse:* lawn. (The Muse's voice is firmer, stronger).
5. *frelon nacré:* pearly wood wasp or hornet.
6. *en mourant:* while (the hornet) dies. This murderous behavior of the rose is very surprising.
7. *tilleuls:* lindens.
8. *ramée:* foliage.

Pourquoi ma lampe à demi morte
M'éblouit-elle de clarté?
Dieu puissant! tout mon corps frissonne.[9]
Qui vient? qui m'appelle?—Personne.
Je suis seul; c'est l'heure qui sonne;
O solitude! ô pauvreté!

LA MUSE

Poète, prends ton luth;[10] le vin de la jeunesse
Fermente cette nuit dans les veines de Dieu.
Mon sein est inquiet, la volupté l'oppresse,
Et les vents altérés[11] m'ont mis la lèvre en feu.
O paresseux enfant! regarde, je suis belle.
Notre premier baiser, ne t'en souviens-tu pas,
Quand je te vis si pâle au toucher de mon aile,
Et que, les yeux en pleurs, tu tombas dans mes bras?
Ah! je t'ai consolé d'une amère souffrance!
Hélas! bien jeune encor, tu te mourais d'amour.
Console-moi ce soir, je me meurs d'espérance;
J'ai besoin de prier pour vivre jusqu'au jour.

LE POÈTE

Est-ce toi dont la voix m'appelle,
O ma pauvre Muse! est-ce toi?
O ma fleur! ô mon immortelle![12]
Seul être pudique et fidèle
Où vive encor l'amour de moi!
Oui, te voilà, c'est toi, ma blonde,
C'est toi, ma maîtresse et ma sœur!
Et je sens, dans la nuit profonde,
De ta robe d'or qui m'inonde
Les rayons glisser dans mon cœur.

LA MUSE

Poète, prends ton luth; c'est moi, ton immortelle,
Qui t'ai vu cette nuit triste et silencieux,
Et qui, comme un oiseau que sa couvée[13] appelle,
Pour pleurer avec toi descends du haut des cieux.
Viens, tu souffres, ami. Quelque ennui solitaire
Te ronge, quelque chose a gémi dans ton cœur;
Quelque amour t'est venu, comme on en voit sur terre,
Une ombre de plaisir, un semblant de bonheur.
Viens, chantons devant Dieu; chantons dans tes pensées,
Dans tes plaisirs perdus, dans tes peines passées;
Partons, dans un baiser, pour un monde inconnu;

---

9. *frissonne:* shudders. The "divine frenzy" tradi-
    tionally comes thus to poets.
10. The Muse's voice becomes clearly audible.
11. *altérés:* athirst.

12. *immortelle:* strawflower, long unwithering, often
    laid on graves.
13. *couvée:* brood.

Éveillons au hasard les échos de ta vie,
Parlons-nous de bonheur, de gloire et de folie,
Et que ce soit un rêve, et le premier venu.
Inventons quelque part des lieux où l'on oublie;
Partons, nous sommes seuls, l'univers est à nous.
Voici la verte Écosse et la brune Italie,
Et la Grèce, ma mère,[14] où le miel est si doux,
Argos, et Ptéléon, ville des hécatombes;
Et Messa la divine, agréable aux colombes;
Et le front chevelu du Pélion changeant;
Et le bleu Titarèse, et le golfe d'argent
Qui montre dans ses eaux, où le cygne se mire,
La blanche Oloossone à la blanche Camire.
Dis-moi, quel songe d'or nos chants vont-ils bercer?
D'où vont venir les pleurs que nous allons verser?
Ce matin, quand le jour a frappé ta paupière,
Quel séraphin pensif, courbé sur ton chevet,
Secouait des lilas dans sa robe légère,
Et te contait tout bas les amours qu'il rêvait?[15]
Chanterons-nous l'espoir, la tristesse ou la joie?
Tremperons-nous de sang les bataillons d'acier?[16]
Suspendrons-nous l'amant sur l'échelle de soie?[17]
Jetterons-nous au vent l'écume du coursier?
Dirons-nous quelle main, dans les lampes sans nombre
De la maison céleste, allume nuit et jour
L'huile sainte de vie et d'éternel amour?[18]
Crierons-nous à Tarquin:[19] «Il est temps, voici l'ombre!»
Descendrons-nous cueillir la perle au fond des mers?
Mènerons-nous la chèvre aux ébéniers[20] amers?
Montrerons-nous le ciel à la Mélancolie?[21]
Suivrons-nous le chasseur sur les monts escarpés?[22]
La biche[23] le regarde; elle pleure et supplie;
Sa bruyère l'attend; ses faons sont nouveau-nés;
Il se baisse, il l'égorge, il jette à la curée[24]
Sur les chiens en sueur son cœur encor vivant.
Peindrons-nous une vierge à la joue empourprée,
S'en allant à la messe, un page la suivant,
Et d'un regard distrait, à côté de sa mère,
Sur sa lèvre entr'ouverte oubliant sa prière?
Elle écoute en tremblant, dans l'écho du pilier,

---

14. *Grèce, ma mère: i.e.,* mother of Muses. The Greek place names that follow are taken from the *Iliad*, Book II, and are chosen mostly for their sonority. Greek honey was famous in ancient times, and still is.
15. *les amours qu'il rêvait: i.e.,* amorous poetry.
16. *Tremperons-nous...d'acier: i.e.,* Shall we sing songs of battle?
17. *Suspendrons-nous...soie: i.e.,* poems of Romantic adventure.
18. *Dirons-nous...amour?* philosophical poetry;

e.g., Dante's *Paradiso.*
19. *Tarquin:* legendary villain of early Rome, attacker of Lucrece. The reference is to tragedy.
20. *ébéniers:* ebony trees, laburnums. Shall we write an eclogue?
21. *Montrerons-nous...Mélancolie?* elegiac poetry. Melancholy is shown in art (*e.g.,* by Dürer) pointing to the sky.
22. *escarpés:* steep.
23. *biche:* doe.
24. *curée:* pack.

Résonner l'éperon d'un hardi cavalier.
Dirons-nous aux héros des vieux temps de la France
De monter tout armés aux créneaux de leurs tours
Et de ressusciter la naïve romance[25]
Que leur gloire oubliée apprit aux troubadours?[26]
Vêtirons-nous de blanc une molle élégie?
L'homme de Waterloo nous dira-t-il sa vie,
Et ce qu'il a fauché du troupeau des humains
Avant que l'envoyé de la nuit éternelle
Vînt sur son tertre[27] vert l'abattre d'un coup d'aile
Et sur son cœur de fer lui croiser les deux mains?
Clouerons-nous au poteau[28] d'une satire altière
Le nom sept fois vendu d'un pâle pamphlétaire,
Qui, poussé par la faim, du fond de son oubli,
S'en vient, tout grelottant d'envie et d'impuissance,
Sur le front du génie insulter l'espérance,
Et mordre le laurier que son souffle a sali?
Prends ton luth! prends ton luth! je ne peux plus me taire.
Mon aile me soulève au souffle du printemps.
Le vent va m'emporter; je vais quitter la terre.
Une larme de toi! Dieu m'écoute; il est temps.

LE POÈTE

S'il ne te faut, ma sœur chérie,
Qu'un baiser d'une lèvre amie
Et qu'une larme de mes yeux,
Je te les donnerai sans peine;
De nos amours qu'il te souvienne,
Si tu remontes dans les cieux.
Je ne chante ni l'espérance,
Ni la gloire, ni le bonheur,
Hélas! pas même la souffrance.
La bouche garde le silence
Pour écouter parler le cœur.

LA MUSE

Crois-tu donc que je sois comme le vent d'automne,
Qui se nourrit de pleurs jusque sur un tombeau,
Et pour qui la douleur n'est qu'une goutte d'eau?
O poète! un baiser, c'est moi qui te le donne.
L'herbe que je voulais arracher de ce lieu,
C'est ton oisiveté; ta douleur est à Dieu.[29]
Quel que soit le souci que ta jeunesse endure,
Laisse-la s'élargir, cette sainte blessure
Que les noirs séraphins t'ont faite au fond du cœur;

---

25. *romance:* ballad.
26. *Dirons-nous...troubadours? i.e.,* the Romantic retelling of medieval tales.
27. *tertre:* mound, height (of St. Helena).
28. *poteau:* stake. Reference to satiric poetry.

29. A clue line. Musset recognizes that his unproductiveness is due to idleness as well as grief and that the poet's duty is to communicate his grief to other men.

Rien ne nous rend si grands qu'une grande douleur.[30]
Mais, pour[31] en être atteint, ne crois pas, ô poète,
Que ta voix ici-bas doive rester muette.
Les plus désespérés sont les chants les plus beaux,
Et j'en sais d'immortels qui sont de purs sanglots.[32]
Lorsque le pélican,[33] lassé d'un long voyage,
Dans les brouillards du soir retourne à ses roseaux,
Ses petits affamés courent sur le rivage
En le voyant au loin s'abattre sur les eaux.
Déjà, croyant saisir et partager leur proie,
Ils courent à leur père avec des cris de joie
En secouant leurs becs sur leurs goitres[34] hideux.
Lui, gagnant à pas lents une roche élevée,
De son aile pendante abritant sa couvée,
Pêcheur mélancolique, il regarde les cieux.
Le sang coule à longs flots de sa poitrine ouverte;
En vain il a des mers fouillé la profondeur:
L'Océan était vide et la plage déserte;
Pour toute nourriture il apporte son cœur.
Sombre et silencieux, étendu sur la pierre,
Partageant à ses fils ses entrailles de père,
Dans son amour sublime il berce sa douleur,
Et, regardant couler sa sanglante mamelle,[35]
Sur son festin de mort il s'affaisse[36] et chancelle,
Ivre de volupté, de tendresse et d'horreur.
Mais parfois, au milieu du divin sacrifice,
Fatigué de mourir dans un trop long supplice,
Il craint que ses enfants ne le laissent vivant;
Alors il se soulève, ouvre son aile au vent,
Et, se frappant le cœur avec un cri sauvage,
Il pousse dans la nuit un si funèbre adieu
Que les oiseaux des mers désertent le rivage,
Et que le voyageur attardé sur la plage,
Sentant passer la mort, se recommande à Dieu.
Poète, c'est ainsi que font les grands poètes.
Ils laissent s'égayer ceux qui vivent un temps;[37]
Mais les festins humains qu'ils servent à leurs fêtes
Ressemblent la plupart à ceux des pélicans.
Quand ils parlent ainsi d'espérances trompées,
De tristesse et d'oubli, d'amour et de malheur,
Ce n'est pas un concert à dilater[38] le cœur.

---

30. A famous line.
31. *pour:* because.
32. Famous couplet (though twentieth-century poet Paul Valéry said it was so obscure as to be quite meaningless).
33. The long comparison of the poet with the pelican is very celebrated. In the Middle Ages the Virgin Mary and Christ were often symbolized by the pelican, because of the legend that the bird, lacking food for its young, would tear open its own breast to feed them.
34. *goitres:* pouches.
35. *mamelle:* breast.
36. *s'affaisse:* sinks down.
37. *ceux qui vivent un temps: i.e.,* those trifling versifiers who live only a short time.
38. *dilater: i.e.,* warm, rejoice.

Musset's home of birth, 57 Boulevard St-Germain, Paris. Courtesy of Bibliothèque nationale de France.

Leurs déclamations sont comme des épées:
Elles tracent dans l'air un cercle éblouissant,
Mais il y pend toujours quelque goutte de sang.

LE POÈTE
O Muse! sprectre insatiable,
Ne m'en demande pas si long.
L'homme n'écrit rien sur le sable
A l'heure où passe l'aquilon.
J'ai vu le temps où ma jeunesse
Sur mes lèvres était sans cesse
Prête à chanter comme un oiseau;
Mais j'ai souffert un dur martyre,
Et le moins que j'en pourrais dire,
Si je l'essayais sur ma lyre,
La briserait comme un roseau.
[*Mai 1835*]

LA NUIT DE DÉCEMBRE

[Excerpt]

[*Musset was in fact subject to such hallucinations as he here describes.*]

LE POÈTE
Du temps que j'étais écolier,
Je restais un soir à veiller
Dans notre salle solitaire.
Devant ma table vint s'asseoir
Un pauvre enfant vêtu de noir,
Qui me ressemblait comme un frère.

Son visage était triste et beau:
A la lueur de mon flambeau,
Dans mon livre ouvert il vint lire.
Il pencha son front sur ma main
Et resta jusqu'au lendemain,
Pensif, avec un doux sourire.

Comme j'allais avoir quinze ans,
Je marchais un jour, à pas lents,
Dans un bois, sur une bruyère.
Au pied d'un arbre vint s'asseoir
Un jeune homme vêtu de noir,
Qui me ressemblait comme un frère.

Je lui demandai mon chemin;
Il tenait un luth d'une main,
De l'autre un bouquet d'églantine.[39]
Il me fit un salut d'ami
Et, se détournant à demi,
Me montra du doigt la colline.[40]

A l'âge où l'on croit à l'amour,
J'étais seul dans ma chambre un jour,
Pleurant ma première misère.
Au coin de mon feu vint s'asseoir
Un étranger vêtu de noir,
Qui me ressemblait comme un frère.

Il était morne et soucieux;
D'une main il montrait les cieux
Et de l'autre il tenait un glaive.[41]

De ma peine il semblait souffrir,
Mais il ne poussa qu'un soupir
Et s'évanouit comme un rêve.

A l'âge où l'on est libertin,
Pour boire un toast en un festin,
Un jour je soulevai mon verre.
En face de moi vint s'asseoir
Un convive vêtu de noir,
Qui me ressemblait comme un frère.

Il secouait sous son manteau
Un haillon de pourpre en lambeau,[42]
Sur sa tête un myrte[43] stérile.
Son bras maigre cherchait le mien,
Et mon verre, en touchant le sien,
Se brisa dans ma main débile.

Un an après, il était nuit;
J'étais à genoux près du lit
Où venait de mourir mon père.
Au chevet du lit vint s'asseoir
Un orphelin vêtu de noir,
Qui me ressemblait comme un frère.

Ses yeux étaient noyés de pleurs;
Comme les anges de douleurs,
Il était couronné d'épine;
Son luth à terre était gisant,
Sa pourpre de couleur de sang
Et son glaive dans sa poitrine.

Je m'en suis si bien souvenu
Que je l'ai toujours reconnu
A tous les instants de ma vie.
C'est une étrange vision,
Et cependant, ange ou démon,
J'ai vu partout cette ombre amie.

---

39. *églantine:* wild rose. This was the customary prize awarded in the *jeux floraux,* poetic competitions, of Toulouse; hence, it is symbolic of poetic success.
40. *colline:* i.e., Parnassus, the mountain of the Muses.
41. *glaive:* sword; *i.e.,* a weapon for life's struggle.
42. *Un haillon...lambeau:* A tattered purple (or crimson) garment. Purple was the symbol of honor and eminence.
43. *myrte:* myrtle, with which poets were crowned.

Lorsque plus tard, las de souffrir,
Pour renaître ou pour en finir,
J'ai voulu m'exiler de France;[44]
Lorsqu'impatient de marcher,
J'ai voulu partir, et chercher
Les vestiges d'une espérance;

A Pise, au pied de l'Apennin;
A Cologne, en face du Rhin;
A Nice, au penchant des vallées;
A Florence, au fond des palais;
A Brigues,[45] dans les vieux chalets
Au sein des Alpes désolées;

A Gênes,[46] sous les citronniers;[47]
A Vevey,[48] sous les verts pommiers;
Au Havre, devant l'Atlantique;
A Venise, à l'affreux Lido,
Où vient sur l'herbe d'un tombeau[49]
Mourir la pâle Adriatique;

Partout où, sous ces vastes cieux,
J'ai lassé mon cœur et mes yeux,
Saignant d'une éternelle plaie;
Partout où le boiteux Ennui,
Traînant ma fatigue après lui,
M'a promené sur une claie;[50]

Partout où, sans cesse altéré
De la soif d'un monde ignoré,
J'ai suivi l'ombre de mes songes;
Partout où, sans avoir vécu,
J'ai revu ce que j'avais vu,
La face humaine et ses mensonges;

Partout où, le long des chemins,
J'ai posé mon front dans mes mains
Et sangloté comme une femme;
Partout où j'ai, comme un mouton
Qui laisse sa laine au buisson,
Senti se dénuer[51] mon âme;

Partout où j'ai voulu dormir,
Partout où j'ai voulu mourir,
Partout où j'ai touché la terre,
Sur ma route est venu s'asseoir
Un malheureux vêtu de noir,
Qui me ressemblait comme un frère.

[*In the succeeding 72 lines (omitted here) the poet describes his present agony at his abandonment by the beloved.*]

Mais tout à coup j'ai vu dans la nuit
   sombre
Une forme glisser sans bruit.
Sur mon rideau j'ai vu passer une
   ombre;
Elle vient s'asseoir sur mon lit.
Qui donc es-tu, morne et pâle visage,
Sombre portrait vêtu de noir?
Que me veux-tu, triste oiseau de
   passage?
Est-ce un vain rêve? est-ce ma propre
   image
Que j'aperçois dans ce miroir?

Qui donc es-tu, spectre de ma jeunesse,
Pèlerin que rien n'a lassé?
Dis-moi pourquoi je te trouve sans
   cesse
Assis dans l'ombre où j'ai passé?
Qui donc es-tu, visiteur solitaire,
Hôte assidu de mes douleurs?
Qu'as-tu donc fait pour me suivre sur
   terre?
Qui donc es-tu, qui donc es-tu, mon
   frère,
Qui n'apparais qu'au jour des pleurs?

LA VISION
—Ami, notre père est le tien.
Je ne suis ni l'ange gardien,

---

44. *J'ai...France:* i.e., the Italian journey with George Sand.
45. *Brigues:* in Switzerland.
46. *Gênes:* Genoa.
47. *citronniers:* lemon trees.
48. *Vevey:* on the Lake of Geneva.
49. A lurid episode in the drama of Musset and

George Sand took place in the Jewish cemetery at the Lido, a beach isle that makes up part of Venice.
50. *claie:* hurdle; sledge used to transport criminals to execution.
51. *se dénuer:* laid bare.

Ni le mauvais destin des hommes.
Ceux que j'aime, je ne sais pas
De quel côté s'en vont leurs pas
Sur ce peu de fange où nous sommes.

Je ne suis ni dieu ni démon,
Et tu m'as nommé par mon nom
Quand tu m'as appelé ton frère;
Où tu vas, j'y serai toujours,
Jusques au dernier de tes jours,
Où j'irai m'asseoir sur ta pierre.

Le ciel m'a confié ton cœur.
Quand tu seras dans la douleur,
Viens à moi sans inquiétude,
Je te suivrai sur le chemin;
Mais je ne puis toucher ta main;
Ami, je suis la Solitude.

[*Novembre 1835*]

LA NUIT D'AOÛT

[*Excerpt*]

[*In the first 107 lines the Muse reproaches the Poet for his dissipation, the waste of his gifts. What answer, she says, can you give to my reproach?*]

LE POÈTE
Puisque l'oiseau des bois voltige et chante encore
Sur la branche où ses œufs sont brisés dans le nid;
Puisque la fleur des champs entr'ouverte à l'aurore,
Voyant sur la pelouse une autre fleur éclore,
S'incline sans murmure et tombe avec la nuit;

Puisqu'au fond des forêts, sous les toits de verdure,
On entend le bois mort craquer dans le sentier,
Et puisqu'en traversant l'immortelle nature
L'homme n'a su trouver de science qui dure,
Que de marcher toujours et toujours oublier;

Puisque, jusqu'aux rochers, tout se change en poussière,
Puisque tout meurt ce soir pour revivre demain;
Puisque c'est un engrais[52] que le meurtre et la guerre;
Puisque sur une tombe on voit sortir de terre
Le brin d'herbe sacré qui nous donne le pain;

O Muse! que m'importe ou la mort ou la vie?
J'aime, et je veux pâlir; j'aime, et je veux souffrir;
J'aime, et pour un baiser je donne mon génie;
J'aime, et je veux sentir sur ma joue amaigrie
Ruisseler une source impossible à tarir.

---

52. *engrais:* manure.

J'aime, et je veux chanter la joie et la paresse,
Ma folle expérience et mes soucis d'un jour,
Et je veux raconter et répéter sans cesse
Qu'après avoir juré de vivre sans maîtresse,
J'ai fait serment de vivre et de mourir d'amour.

Dépouille[53] devant tous l'orgueil qui te dévore,
Cœur gonflé d'amertume et qui t'es cru fermé.
Aime, et tu renaîtras; fais-toi fleur pour éclore.
Après avoir souffert, il faut souffrir encore;
Il faut aimer sans cesse, après avoir aimé.[54]
[*Août 1836*]

A M. VICTOR HUGO

[*In praise of friendship.*]

Il faut, dans ce bas monde, aimer beaucoup de choses,
Pour savoir, après tout, ce qu'on aime le mieux:
Les bonbons, l'Océan, le jeu, l'azur des cieux,
Les femmes, les chevaux, les lauriers et les roses.

Il faut fouler[55] aux pieds des fleurs à peine écloses; [56]
Il faut beaucoup pleurer, dire beaucoup d'adieux.
Puis le cœur s'aperçoit qu'il est devenu vieux,
Et l'effet qui s'en va nous découvre les causes.

De ces biens passagers[57] que l'on goûte à demi,
Le meilleur qui nous reste est un ancien ami.
On se brouille,[58] on se fuit.—Qu'un hasard nous rassemble,

On s'approche, on sourit, la main touche la main,
Et nous nous souvenons que nous marchions ensemble,
Que l'âme est immortelle, et qu'hier c'est demain.
[*1843*]

[*On a par in every way with Musset's poetry are his theatrical works. Although an early play of his was a box office disaster in 1830, resulting in his abandoning any and all projects for the stage, he kept on writing plays anyway, as literature. The following is among the most celebrated.*]

---

53. *dépouille:* cast off.
54. Two famous lines.
55. *fouler:* trample.

56. *à peine écloses:* barely in bloom.
57. *ces biens passagers:* these transitory goods.
58. *se brouille:* quarrels.

On ne badine pas avec l'amour

[*Musset wrote, or at least completed, this three-act play in 1834, immediately after his calamitous love affair in Venice with the irresistible but infuriating Sand. (When Musset fell ill from aggravation during the trip and required medical treatment, Sand seduced Musset's doctor.) Upon regaining health, Musset wrote this work with a vengeance. It was promptly published, but had no stage production until 1861, after his death. Since then it has been constantly popular.*

It is a proverbe, *that is, an illustration or development of a popular saying. (In this case the saying is "On ne badine pas avec le feu"; we may translate Musset's variation into current day vernacular as "Don't mess with love.") In his time, the impromptu dramatization of such a* proverbe *was a familiar parlor game. In this and a series of other quasi-comedies, Musset made of the* proverbe *an art form entirely his own. The characters, setting, and dialogue are stylized: that is, the characters are types, the setting is formal and unreal, the dialogue is literary, without individualization. The author is not trying for verisimilitude, for exact rendering of recognizable reality. The mood of his play is almost that of a ballet; or, briefly, it is poetic.*

By disdaining the superficial, the local, the transitory, Musset makes his characters universal. "Perdican est vrai, car Perdican c'est vous, c'est moi; c'est un homme qui fait le mal sans être méchant, qui souffre, qui aime, qui ne comprend rien au monde, qui doute de la bonté de la vie, et qui persiste à vivre pour aimer," says Jules Lemaître.

The situation in this tragi-comedy is that a Baron has decided to match up his son Perdican with Camille, the Baron's niece, who is fresh out of convent school and highly distrustful of romantic love. Camille, deep down, wants love, but she has so taken to heart the warnings of others that she refuses her apparent destiny. She trifles with love, and so does Perdican. The two young people verbally joust with one another, Perdican going so far as to hook up with a naive peasant girl, Rosette, to make Camille jealous. After a while, Perdican no longer can be sure himself whether he is really in a relationship with Rosette or not. Camille thinks she may love Perdican, but wavers. No one seems to care what Rosette thinks.]

PERSONNAGES

LE BARON
PERDICAN, son fils
MAÎTRE BLAZIUS, gouverneur de Perdican
MAÎTRE BRIDAINE, curé
CAMILLE, nièce du baron
DAME PLUCHE, sa gouvernante
ROSETTE, sœur de lait[1] de Camille
PAYSANS, VALETS, etc.

ACTE PREMIER

SCÈNE PREMIÈRE. *(UNE PLACE DEVANT LE CHÂTEAU)*

CHŒUR.[2] Doucement bercé sur sa mule fringante,[3] messer[4] Blazius s'avance dans les bluets[5] fleuris, vêtu de neuf, l'écritoire[6] au côté. Comme un poupon[7] sur l'oreiller,[8] il se ballotte[9] sur son

---

1. *sœur de lait:* foster sister. (Camille, when a baby, had been put to nurse to Rosette's mother. This "foster" relationship created a bond which was often preserved throughout life).
2. *Chœur:* Musset whimsically adopts the ancient Greek convention of a Chorus which introduces and interprets the action. His *Chœur* is apparently an old peasant, with a group of silent peasants, elegantly dressed according to the old pastoral tradition. On the stage, the *Chœur's* speeches are

usually divided between two actors. The *Chœur* immediately sets the unreal mood of the play by his high-flown literary language.
3. *fringante:* frisky.
4. *messer = messire.*
5. *bluets:* cornflowers.
6. *écritoire:* writing case.
7. *poupon:* baby.
8. *oreiller:* pillow.
9. *se ballotte:* bounces.

ventre rebondi, et, les yeux à demi fermés, il marmotte[10] un *Pater noster* dans son triple menton. Salut, maître Blazius, vous arrivez au temps de la vendange, pareil à une amphore[11] antique.

BLAZ. Que ceux qui veulent apprendre une nouvelle d'importance m'apportent ici premièrement un verre de vin frais.

CHŒUR. Voilà notre plus grande écuelle; buvez, maître Blazius; le vin est bon; vous parlerez après.

BLAZ. Vous saurez, mes enfants, que le jeune Perdican, fils de notre seigneur, vient d'atteindre à sa majorité, et qu'il est reçu docteur[12] à Paris. Il revient aujourd'hui même au château, la bouche toute pleine de façons de parler si belles et si fleuries qu'on ne sait que lui répondre les trois quarts du temps. Toute sa gracieuse personne est un livre d'or; il ne voit pas un brin d'herbe à terre, qu'il ne vous dise comment cela s'appelle en latin; et quand il fait du vent ou qu'il pleut, il vous dit tout clairement pourquoi. Vous ouvririez des yeux grands comme la porte que voilà, de le voir dérouler un des parchemins qu'il a coloriés d'encres de toutes couleurs, de ses propres mains et sans en rien dire à personne. Enfin c'est un diamant fin des pieds à la tête, et voilà ce que je viens annoncer à M. le baron. Vous sentez que cela me fait quelque honneur, à moi, qui suis son gouverneur depuis l'âge de quatre ans; ainsi donc, mes bons amis, apportez une chaise que je descende un peu de cette mule-ci sans me casser le cou; la bête est tant soit peu rétive,[13] et je ne serais pas fâché de boire encore une gorgée[14] avant d'entrer.

CHŒUR. Buvez, maître Blazius, et reprenez vos esprits. Nous avons vu naître le petit Perdican, et il n'était pas besoin, du moment qu'il arrive, de nous en dire si long. Puissions-nous retrouver l'enfant dans le cœur de l'homme!

BLAZ. Ma foi, l'écuelle est vide; je ne croyais pas avoir tant bu. Adieu; j'ai préparé, en trottant sur la route, deux ou trois phrases sans prétention qui plairont à monseigneur; je vais tirer la cloche. *(Il sort.)*

CHŒUR. Durement cahotée[15] sur son âne essoufflé, dame Pluche gravit la colline; son écuyer transi[16] gourdine[17] à tour de bras le pauvre animal, qui hoche la tête, un chardon[18] entre les dents. Ses longues jambes maigres trépignent[19] de colère, tandis que, de ses mains osseuses,[20] elle égratigne son chapelet.[21] Bonjour donc, dame Pluche; vous arrivez comme la fièvre, avec le vent qui fait jaunir les bois.

DAME P. Un verre d'eau, canaille que vous êtes! un verre d'eau et un peu de vinaigre!

CHŒUR. D'où venez-vous, Pluche, ma mie? Vos faux cheveux sont couverts de poussière; voilà un toupet[22] de gâté, et votre chaste robe est retroussée jusqu'à vos vénérables jarretières.[23]

DAME P. Sachez, manants,[24] que la belle Camille, la nièce de votre maître, arrive aujourd'hui au château. Elle a quitté le couvent sur l'ordre exprès de monseigneur, pour venir en son temps et lieu recueillir, comme faire se doit,[25] le bon bien qu'elle a de sa mère. Son éducation, Dieu merci, est terminée, et ceux qui la verront auront la joie de respirer une glorieuse fleur de sagesse

---

10. *marmotte:* mutters.
11. *amphore:* amphora, large Greek wine jar.
12. *reçu docteur:* has taken his doctor's degree.
13. *tant soit peu rétive:* somewhat skittish.
14. *gorgée:* draught.
15. *cahotée:* jolted.
16. *transi:* chilled.
17. *gourdine:* belabors.
18. *chardon:* thistle.
19. *trépignent:* stamp.
20. *osseuses:* bony.
21. *égratigne son chapelet: lit.,* scratches her rosary. A play on the usual phrase: *égrener son chapelet,* tell one's beads. Notice the parallelism of the arrival of the two characters; this helps to set the fanciful, formalized tone of the play.
22. *toupet:* tuft of false hair.
23. *jarretières:* garters.
24. *manants:* peasants.
25. *comme faire se doit:* as is proper.

et de dévotion. Jamais il n'y a rien eu
de si pur, de si ange, de si agneau et de
si colombe que cette chère nonnain;[26]
que le seigneur Dieu du ciel la conduise!
Ainsi soit-il! Rangez-vous, canaille; il
me semble que j'ai les jambes enflées.

CHŒUR. Défripez-vous,[27] honnête Pluche; et
quand vous prierez Dieu, demandez de
la pluie; nos blés sont secs comme vos
tibias.[28]

DAME P. Vous m'avez apporté de l'eau dans
une écuelle qui sent la cuisine; donnez-
moi la main pour descendre; vous êtes
des butors[29] et des malappris.[30] *(Elle
sort.)*

CHŒUR. Mettons nos habits du dimanche,
et attendons que le baron nous fasse
appeler. Ou je me trompe fort, ou
quelque joyeuse bombance[31] est dans
l'air aujourd'hui. *(Ils sortent.)*

SCÈNE II. *ENTRENT* LE BARON, MAÎTRE BRIDAINE *ET* MAÎTRE BLAZIUS

(Le salon du baron)

BARON. Maître Bridaine, vous êtes mon
ami; je vous présente maître Blazius,
gouverneur de mon fils. Mon fils a eu
hier matin, à midi huit minutes, vingt et
un ans comptés; il est docteur à quatre
boules blanches.[32] Maître Blazius, je
vous présente maître Bridaine, curé de la
paroisse; c'est mon ami.

BLAZ. *(saluant)*. A quatre boules blanches,
seigneur! littérature, botanique, droit
romain, droit canon.

BARON. Allez à votre chambre, cher
Blazius, mon fils ne va pas tarder à
paraître; faites un peu de toilette, et
revenez au coup de la cloche. *(Maître
Blazius sort.)*

BRID. Vous dirai-je ma pensée,
monseigneur? le gouverneur de votre

fils sent le vin à pleine bouche.

BARON. Cela est impossible.

BRID. J'en suis sûr comme de ma vie; il
m'a parlé de fort près tout à l'heure; il
sentait le vin à faire peur.

BARON. Brisons là;[33] je vous répète que cela
est impossible. *(Entre dame Pluche.)*
Vous voilà, bonne dame Pluche! Ma
nièce est sans doute avec vous.

DAME P. Elle me suit, monseigneur; je l'ai
devancée de quelques pas.

BARON. Maître Bridaine, vous êtes mon
ami. Je vous présente la dame Pluche,
gouvernante de ma nièce. Ma nièce
est depuis hier, à sept heures de nuit,
parvenue à l'âge de dix-huit ans; elle
sort du meilleur couvent de France.
Dame Pluche, je vous présente maître
Bridaine, curé de la paroisse; c'est mon
ami.

DAME P. *(saluant)*. Du meilleur couvent de
France, seigneur, et je puis ajouter: la
meilleure chrétienne du couvent.

BARON. Allez, dame Pluche, réparer le
désordre où vous voilà; ma nièce va
bientôt venir, j'espère; soyez prête à
l'heure du dîner. *(Dame Pluche sort.)*

BRID. Cette vieille demoiselle paraît tout à
fait pleine d'onction.

BARON. Pleine d'onction et de
componction, maître Bridaine; sa vertu
est inattaquable.

BRID. Mais le gouverneur sent le vin; j'en
ai la certitude.

BARON. Maître Bridaine, il y a des
moments où je doute de votre amitié.
Prenez-vous à tâche de me contredire?
Pas un mot de plus là-dessus. J'ai formé
le dessein de marier mon fils avec ma
nièce; c'est un couple assorti:[34] leur
éducation me coûte six mille écus.

BRID. Il sera nécessaire d'obtenir des
dispenses.[35]

---

26. *nonnain:* little nun.
27. *Défripez-vous:* Tidy yourself.
28. *tibias:* shinbones. [*Le Chœur* has remarked that
     it is vintage time (September), that the woods are
     yellowing (October), now that the wheat is dry
     (July); hence even the season is fanciful].
29. *butors:* dolts.
30. *malappris:* louts.
31. *ʙombance:* feast.
32. *boules blanches: i.e.,* favorable votes.
33. *Brisons là:* Enough of that.
34. *assorti:* well matched.
35. *dispenses:* dispensations (from high Church
     authorities, permitting cousins to marry).

BARON. Je les ai, Bridaine; elles sont sur ma table, dans mon cabinet. O mon ami! apprenez maintenant que je suis plein de joie. Vous savez que j'ai eu de tout temps la plus profonde horreur pour la solitude. Cependant la place que j'occupe et la gravité de mon habit[36] me forcent à rester dans ce château pendant trois mois d'hiver et trois mois d'été. Il est impossible de faire le bonheur des hommes en général, et de ses vassaux en particulier, sans donner parfois à son valet de chambre l'ordre rigoureux de ne laisser entrer personne. Qu'il est austère et difficile, le recueillement[37] de l'homme d'État! et quel plaisir ne trouverai-je pas à tempérer, par la présence de mes deux enfants réunis, la sombre tristesse à laquelle je dois nécessairement être en proie depuis que le roi m'a nommé receveur![38]

BRID. Ce mariage se fera-t-il ici, ou à Paris?

BARON. Voilà où je vous attendais, Bridaine; j'étais sûr de cette question. Eh bien! mon ami, que diriez-vous si ces mains que voilà, oui, Bridaine, vos propres mains,—ne les regardez pas d'une manière aussi piteuse,—étaient destinées à bénir solennellement l'heureuse confirmation de mes rêves les plus chers? Hé?

BRID. Je me tais; la reconnaissance me ferme la bouche.

BARON. Regardez par cette fenêtre; ne voyez-vous pas que mes gens se portent en foule à la grille?[39] Mes deux enfants arrivent en même temps; voilà la combinaison la plus heureuse. J'ai disposé les choses de manière à tout prévoir. Ma nièce sera introduite par cette porte à gauche, et mon fils par cette porte à droite. Qu'en dites-vous? Je me fais une fête de voir comment ils s'aborderont, ce qu'ils se diront; six

mille écus ne sont pas une bagatelle, il ne faut pas s'y tromper. Ces enfants s'aimaient d'ailleurs fort tendrement dès le berceau.—Bridaine, il me vient une idée.

BRID. Laquelle?

BARON. Pendant le dîner, sans avoir l'air d'y toucher,—vous comprenez, mon ami,—tout en vidant quelques coupes joyeuses,—vous savez le latin, Bridaine.

BRID. *Ita edepol,*[40] pardieu, si je le sais!

BARON. Je serais bien aise de vous voir entreprendre[41] ce garçon,—discrètement, s'entend,—devant sa cousine; cela ne peut produire qu'un bon effet;—faites-le parler un peu latin,—non pas précisément pendant le dîner, cela deviendrait fastidieux,[42] et quant à moi, je n'y comprends rien,—mais au dessert, entendez-vous?

BRID. Si vous n'y comprenez rien, monseigneur, il est probable que votre nièce est dans le même cas.

BARON. Raison de plus; ne voulez-vous pas[43] qu'une femme admire ce qu'elle comprend? D'où sortez-vous, Bridaine? Voilà un raisonnement qui fait pitié.

BRID. Je connais peu les femmes; mais il me semble qu'il est difficile qu'on admire ce qu'on ne comprend pas.

BARON. Je les connais, Bridaine; je connais ces êtres charmants et indéfinissables. Soyez persuadé qu'elles aiment à avoir de la poudre aux yeux,[44] et que plus on leur en jette, plus elles les écarquillent,[45] afin d'en gober[46] davantage. *(Perdican entre d'un côté, Camille de l'autre.)* Bonjour, mes enfants; bonjour, ma chère Camille, mon cher Perdican! embrassez-moi, et embrassez-vous.

PERD. Bonjour, mon père, ma sœur bien-aimée! Quel bonheur! que je suis heureux!

---

36. *habit: i.e.,* uniform.
37. *recueillement:* composure.
38. *receveur:* tax collector (a far from exalted post).
39. *grille: (here)* entrance gate.
40. *Ita edepol:* Yes, indeed.
41. *entreprendre:* try out.

42. *fastidieux:* tiresome.
43. *ne voulez-vous pas:* you wouldn't expect.
44. *avoir...yeux:* have dust thrown in their eyes, be dazzled.
45. *écarquillent:* open wide.
46. *gober:* receive (swallow).

CAM. Mon père et mon cousin, je vous salue.

PERD. Comme te voilà grande, Camille! et belle comme le jour!

BARON. Quand as-tu quitté Paris, Perdican?

PERD. Mercredi, je crois, ou mardi. Comme te voilà métamorphosée en femme! Je suis donc un homme, moi! Il me semble que c'est hier que je t'ai vue pas plus haute que cela.

BARON. Vous devez être fatigués; la route est longue, et il fait chaud.

PERD. Oh! mon Dieu, non. Regardez donc, mon père, comme Camille est jolie!

BARON. Allons, Camille, embrasse ton cousin.

CAM. Excusez-moi.

BARON. Un compliment vaut un baiser; embrasse-la, Perdican.

PERD. Si ma cousine recule quand je lui tends la main, je vous dirai à mon tour: Excusez-moi; l'amour peut voler un baiser, mais non l'amitié.

CAM. L'amitié ni l'amour ne doivent recevoir que ce qu'ils peuvent rendre.

BARON. *(à maître Bridaine).* Voilà un commencement de mauvais augure, hé?

BRID. *(au baron).* Trop de pudeur est sans doute un défaut; mais le mariage lève bien des scrupules.

BARON. *(à maître Bridaine).* Je suis choqué,—blessé.—Cette reponse m'a déplu.—*Excusez-moi!* Avez-vous vu qu'elle a fait mine de se signer?[47]— Venez ici que je vous parle.—Cela m'est pénible au dernier point. Ce moment, qui devait m'être si doux, est complètement gâté.—Je suis vexé, piqué.—Diable! voilà qui est fort mauvais.

BRID. Dites-leur quelques mots; les voilà qui se tournent le dos.

BARON. Eh bien! mes enfants, à quoi pensez-vous donc? Que fais-tu là, Camille, devant cette tapisserie?

CAM. *(regardant un tableau).* Voilà un beau portrait, mon oncle! N'est-ce pas une grand'tante à nous?

BARON. Oui, mon enfant, c'est ta bisaïeule,[48]—ou du moins la sœur de ton bisaïeul,—car la chère dame n'a jamais concouru,[49]—pour sa part, je crois, autrement qu'en prières,—à l'accroissement de la famille.—C'était, ma foi, une sainte femme.

CAM. Oh! oui, une sainte! c'est ma grand'tante Isabelle. Comme ce costume religieux lui va bien!

BARON. Et toi, Perdican, que fais-tu là devant ce pot de fleurs?

PERD. Voilà une fleur charmante, mon père. C'est un héliotrope.

BARON. Te moques-tu? elle est grosse comme une mouche.

PERD. Cette petite fleur grosse comme une mouche a bien son prix.

BRID. Sans doute! le docteur a raison. Demandez-lui à quel sexe, à quelle classe elle appartient, de quels éléments elle se forme, d'où lui viennent sa sève et sa couleur; il vous ravira en extase en vous détaillant les phénomènes de ce brin d'herbe, depuis la racine jusqu'à la fleur.

PERD. Je n'en sais pas si long, mon révérend. Je trouve qu'elle sent bon, voilà tout.

SCÈNE III. *(DEVANT LE CHÂTEAU)*

Entre LE CHŒUR. Plusieurs choses me divertissent et excitent ma curiosité. Venez, mes amis, et asseyons-nous sous ce noyer. Deux formidables dîneurs sont en ce moment en présence au château, maître Bridaine et maître Blazius. N'avez-vous pas fait une remarque? C'est que, lorsque deux hommes à peu près pareils, également gros, également sots, ayant les mêmes vices et les mêmes passions, viennent par hasard à se rencontrer, il faut nécessairement qu'ils s'adorent ou qu'ils s'exècrent. Par la raison que les contraires s'attirent, qu'un homme grand et desséché aimera un homme petit et rond, que les blonds

---

47. *se signer:* cross herself.
48. *bisaïeule:* great-grandmother.

49. *concouru:* cooperated.

recherchent les bruns, et réciproquement, je prévois une lutte secrète entre le gouverneur et le curé. Tous deux sont armés d'une égale impudence; tous deux ont pour ventre un tonneau; non seulement ils sont gloutons, mais ils sont gourmets; tous deux se disputeront, à dîner, non seulement la quantité, mais la qualité. Si le poisson est petit, comment faire? et dans tous les cas une langue de carpe ne peut se partager, et une carpe ne peut avoir deux langues. *Item,*[50] tous deux sont bavards; mais à la rigueur ils peuvent parler ensemble sans s'écouter ni l'un ni l'autre. Déjà maître Bridaine a voulu adresser au jeune Perdican plusieurs questions pédantes, et le gouverneur a froncé le sourcil.[51] Il lui est désagréable qu'un autre que lui semble mettre son élève à l'épreuve. *Item,*[52] ils sont aussi ignorants l'un que l'autre. *Item,* ils sont prêtres tous deux; l'un se targuera[53] de sa cure,[54] l'autre se rengorgera[55] dans sa charge de gouverneur. Maître Blazius confesse le fils, et maître Bridaine le père. Déjà je les vois accoudés sur la table, les joues enflammées, les yeux à fleur de tête,[56] secouer pleins de haine leurs triples mentons. Ils se regardent de la tête aux pieds, ils préludent par de légères escarmouches;[57] bientôt la guerre se déclare; les cuistreries[58] de toute espèce se croisent et s'échangent, et, pour comble de malheur, entre les deux ivrognes s'agite dame Pluche, qui les repousse l'un et l'autre de ses coudes affilés.[59]

Maintenant que voilà le dîner fini, on ouvre la grille du château. C'est la compagnie qui sort, retirons-nous à l'écart. *(Ils sortent. Entrent le baron et dame Pluche.)*

BARON. Vénérable Pluche, je suis peiné.

DAME P. Est-il possible, monseigneur?

BARON. Oui, Pluche, cela est possible. J'avais compté depuis longtemps,—j'avais même écrit, noté, sur mes tablettes de poche, que ce jour devait être le plus agréable de mes jours,—oui, bonne dame, le plus agréable.—Vous n'ignorez pas que mon dessein était de marier mon fils avec ma nièce;—cela était résolu,—convenu, j'en avais parlé à Bridaine,—et je vois, je crois voir, que ces enfants se parlent froidement; ils ne se sont pas dit un mot.

DAME P. Les voilà qui viennent, monseigneur. Sont-ils prévenus de vos projets?

BARON. Je leur en ai touché[60] quelques mots en particulier.[61] Je crois qu'il serait bon, puisque les voilà réunis, de nous asseoir sous cet ombrage propice, et de les laisser ensemble un instant. *(Il se retire avec dame Pluche. Entrent Camille et Perdican.)*

PERD. Sais-tu que cela n'a rien de beau, Camille, de m'avoir refusé un baiser?

CAM. Je suis comme cela; c'est ma manière.

PERD. Veux-tu mon bras pour faire un tour dans le village?

CAM. Non, je suis lasse.

PERD. Cela ne te ferait pas plaisir de revoir la prairie? Te souviens-tu de nos parties sur le bateau? Viens, nous descendrons jusqu'aux moulins; je tiendrai les rames, et toi le gouvernail.[62]

CAM. Je n'en ai nulle envie.

PERD. Tu me fends l'âme. Quoi! pas un souvenir, Camille? pas un battement de cœur pour notre enfance, pour tout ce pauvre temps passé, si bon, si doux, si plein de niaiseries délicieuses? Tu ne veux pas venir voir le sentier par où nous allions à la ferme?

---

50. *Item:* For one thing.
51. *froncé le sourcil:* frowned.
52. *Item:* For another thing.
53. *se targuera:* will boast.
54. *cure:* parish.
55. *se rengorgera:* will puff himself up.
56. *à fleur de tête:* protuberant.

57. *escarmouches:* skirmishes.
58. *cuistreries:* pedantries.
59. *affilés:* sharp.
60. *touché:* (here) dropped.
61. *en particulier:* privately.
62. *gouvernail:* rudder.

CAM. Non, pas ce soir.

PERD. Pas ce soir! et quand donc? Toute notre vie est là.

CAM. Je ne suis pas assez jeune pour m'amuser de mes poupées, ni assez vieille pour aimer le passé.

PERD. Comment dis-tu cela?

CAM. Je dis que les souvenirs d'enfance ne sont pas de mon goût.

PERD. Cela t'ennuie?

CAM. Oui, cela m'ennuie.

PERD. Pauvre enfant! Je te plains sincèrement. *(Ils sortent chacun de leur côté.)*

BARON. *(rentrant avec dame Pluche.)* Vous le voyez, et vous l'entendez, excellente Pluche; je m'attendais à la plus suave harmonie, et il me semble assister à un concert où le violon joue *Mon cœur soupire,* pendant que la flûte joue *Vive Henri IV.* Songez à la discordance affreuse qu'une pareille combinaison produirait. Voilà pourtant ce qui se passe dans mon cœur.

DAME P. Je l'avoue; il m'est impossible de blâmer Camille, et rien n'est de plus mauvais ton, à mon sens, que les parties de bateau.

BARON. Parlez-vous sérieusement?

DAME P. Seigneur, une jeune fille qui se respecte ne se hasarde pas sur les pièces d'eau.

BARON. Mais observez donc, dame Pluche, que son cousin doit l'épouser, et que dès lors…

DAME P. Les convenances défendent de tenir un gouvernail, et il est malséant de quitter la terre ferme seule avec un jeune homme.

BARON. Mais je répète…je vous dis…

DAME P. C'est là mon opinion.

BARON. Êtes-vous folle? En vérité, vous me feriez dire…Il y a certaines expressions que je ne veux pas…qui me répugnent… Vous me donnez envie…En vérité, si je ne me retenais…Vous êtes une pécore,[63] Pluche! je ne sais que penser de vous. *(Il sort.)*

SCÈNE IV. LE CHŒUR, PERDICAN

(Une place)

PERD. Bonjour, mes amis. Me reconnaissez-vous?

CHŒUR. Seigneur, vous ressemblez à un enfant que nous avons beaucoup aimé.

PERD. N'est-ce pas vous qui m'avez porté sur votre dos pour passer les ruisseaux de vos prairies, vous qui m'avez fait danser sur vos genoux, qui m'avez pris en croupe[64] sur vos chevaux robustes, qui vous êtes serrés quelquefois autour de vos tables pour me faire une place au souper de la ferme?

CHŒUR. Nous nous en souvenons, seigneur. Vous étiez bien le plus mauvais garnement[65] et le meilleur garçon de la terre.

PERD. Et pourquoi donc alors ne m'embrassez-vous pas, au lieu de me saluer comme un étranger?

CHŒUR. Que Dieu te bénisse, enfant de nos entrailles![66] Chacun de nous voudrait te prendre dans ses bras; mais nous sommes vieux, monseigneur, et vous êtes un homme.

PERD. Oui, il y a dix ans que je ne vous ai vus, et en un jour tout change sous le soleil. Je me suis élevé de quelques pieds vers le ciel, et vous vous êtes courbés de quelques pouces vers le tombeau. Vos têtes ont blanchi, vos pas sont devenus plus lents; vous ne pouvez plus soulever de terre votre enfant d'autrefois. C'est donc à moi d'être votre père, à vous qui avez été les miens.

CHŒUR. Votre retour est un jour plus heureux que votre naissance. Il est plus doux de retrouver ce qu'on aime que d'embrasser un nouveau-né.

PERD. Voilà donc ma chère vallée! mes noyers, mes sentiers verts, ma petite fontaine! voilà mes jours passés encore tout pleins de vie, voilà le monde mystérieux des rêves de mon enfance!

---

63. *pécore:* goose.
64. *en croupe:* behind the rider.
65. *garnement:* rascal.
66. *enfant de nos entrailles:* our beloved child.

O patrie! patrie! mot incompréhensible!
l'homme n'est-il donc né que pour un
coin de terre, pour y bâtir son nid et
pour y vivre un jour?

CHŒUR. On nous a dit que vous êtes un
savant, monseigneur.

PERD. Oui, on me l'a dit aussi. Les sciences
sont une belle chose, mes enfants; ces
arbres et ces prairies enseignent à haute
voix la plus belle de toutes, l'oubli de ce
qu'on sait.

CHŒUR. Il s'est fait plus d'un changement
pendant votre absence. Il y a des filles
mariées et des garçons partis pour
l'armée.

PERD. Vous me conterez tout cela. Je
m'attends bien à du nouveau; mais en
vérité je n'en veux pas encore. Comme
ce lavoir[67] est petit! autrefois il me
paraissait immense; j'avais emporté
dans ma tête un océan et des forêts, et
je retrouve une goutte d'eau et des brins
d'herbe. Quelle est donc cette jeune fille
qui chante à sa croisée,[68] derrière ces
arbres?

CHŒUR. C'est Rosette, la sœur de lait de
votre cousine Camille.

PERD. (s'avançant). Descends vite, Rosette,
et viens ici.

ROS. (entrant). Oui, monseigneur.

PERD. Tu me voyais de ta fenêtre, et tu ne
venais pas, méchante fille? Donne-moi
vite cette main-là et ces joues-là, que je
t'embrasse.

ROS. Oui, monseigneur.

PERD. Es-tu mariée, petite? on m'a dit que
tu l'étais.

ROS. Oh! non.

PERD. Pourquoi? Il n'y a pas dans le village
de plus jolie fille que toi. Nous te
marierons, [69] mon enfant.

CHŒUR. Monseigneur, elle veut mourir
fille.

PERD. Est-ce vrai, Rosette?

ROS. Oh! non.

PERD. Ta sœur Camille est arrivée. L'as-tu
vue?

ROS. Elle n'est pas encore venue par ici.

PERD. Va-t'en vite mettre ta robe neuve, et
viens souper au château.

SCÈNE V. *ENTRENT* LE BARON *ET* MAÎTRE BLAZIUS

(Une salle)

BLAZ. Seigneur, j'ai un mot à vous dire; le
curé de la paroisse est un ivrogne.

BARON. Fi donc! cela ne se peut pas.

BLAZ. J'en suis certain.—Il a bu à dîner
trois bouteilles de vin.

BARON. Cela est exorbitant.

BLAZ. Et en sortant de table, il a marché sur
les plates-bandes.[70]

BARON. Sur les plates-bandes?—Je suis
confondu!—Voilà qui est étrange!—
Boire trois bouteilles de vin à dîner!
marcher sur les plates-bandes! c'est
incompréhensible.—Et pourquoi ne
marchait-il pas dans l'allée?

BLAZ. Parce qu'il allait de travers.

BARON (à part). Je commence à croire
que Bridaine avait raison ce matin.
Ce Blazius sent le vin d'une manière
horrible.

BLAZ. De plus il a mangé beaucoup; sa
parole était embarrassée.

BARON. Vraiment, je l'ai remarqué aussi.

BLAZ. Il a lâché quelques mots latins;
c'étaient autant de solécismes.[71]
Seigneur, c'est un homme dépravé.

BARON (à part). Pouah! ce Blazius a une
odeur qui est intolérable.—Apprenez,
gouverneur, que j'ai bien autre chose en
tête, et que je ne me mêle jamais de ce
qu'on boit ni de ce qu'on mange. Je ne
suis pas un majordome.[72]

BLAZ. A Dieu ne plaise que je vous
déplaise, monsieur le baron. Votre vin
est bon.

BARON. Il y a de bon vin dans mes caves.

---

67. *lavoir:* public washhouse.
68. *croisée:* window.
69. *Nous te marierons:* We shall get you a husband.
70. *plates-bandes:* flower borders.
71. *solécismes:* errors of syntax.
72. *majordome:* butler.

BRID. *(entrant).* Seigneur, votre fils est sur la place, suivi de tous les polissons[73] du village.

BARON. Cela est impossible.

BRID. Je l'ai vu de mes propres yeux. Il ramassait des cailloux pour faire des ricochets.[74]

BARON. Des ricochets! Ma tête s'égare; voilà mes idées qui se bouleversent.— Vous me faites un rapport insensé, Bridaine. Il est inouï qu'un docteur fasse des ricochets.

BRID. Mettez-vous à la fenêtre, monseigneur, vous le verrez de vos propres yeux.

BARON. *(à part).* O ciel! Blazius a raison; Bridaine va de travers.

BRID. Regardez, monseigneurs, le voilà au bord du lavoir. Il tient sous le bras une jeune paysanne.

BARON. Une jeune paysanne? Mon fils vient-il ici pour débaucher mes vassales? Une paysanne sous son bras! et tous les gamins du village autour de lui! Je me sens hors de moi.

BRID. Cela crie vengeance.

BARON. Tout est perdu!—perdu sans ressource!—Je suis perdu: Bridaine va de travers, Blazius sent le vin à faire horreur, et mon fils séduit toutes les filles du village en faisant des ricochets! *(Il sort.)*

ACTE II

Scène première. *Entrent* Maître Blazius *et* Perdican

(Un jardin)

BLAZ. Seigneur, votre père est au désespoir.

PERD. Pourquoi cela?

BLAZ. Vous n'ignorez pas qu'il avait formé le projet de vous unir à votre cousine Camille?

PERD. Eh bien?—Je ne demande pas mieux.

BLAZ. Cependant le baron croit remarquer que vos caractères ne s'accordent pas.

PERD. Cela est malheureux; je ne puis refaire le mien.

BLAZ. Rendrez-vous par là ce mariage impossible?

PERD. Je vous répète que je ne demande pas mieux que d'épouser Camille. Allez trouver le baron et dites-lui cela.

BLAZ. Seigneur, je me retire: voilà votre cousine qui vient de ce côté. *(Il sort. Entre Camille.)*

PERD. Déjà levée, cousine? J'en suis toujours pour ce que je t'ai dit hier: tu es jolie comme un cœur.

CAM. Parlons sérieusement, Perdican; votre père veut nous marier. Je ne sais ce que vous en pensez; mais je crois bien faire en vous prévenant que mon parti est pris là-dessus.

PERD. Tant pis pour moi si je vous[75] déplais.

CAM. Pas plus qu'un autre; je ne veux pas me marier: il n'y a rien là dont votre orgueil puisse souffrir.

PERD. L'orgueil n'est pas mon fait; je n'en estime ni les joies ni les peines.

CAM. Je suis venue ici pour recueillir le bien de ma mère; je retourne demain au couvent.

PERD. Il y a de la franchise dans ta démarche; touche là,[76] et soyons bons amis.

CAM. Je n'aime pas les attouchements.

PERD. *(lui prenant la main).* Donne-moi ta main, Camille, je t'en prie. Que crains-tu de moi? Tu ne veux pas qu'on nous marie? eh bien! ne nous marions pas; est-ce une raison pour nous haïr? ne sommes-nous pas le frère et la sœur? Lorsque ta mère a ordonné ce mariage dans son testament, elle a voulu que notre amitié fût éternelle, voilà tout ce

---

73. *polissons:* gamins, little rascals.
74. *faire des ricochets:* skip stones.
75. Up to this point Perdican has used the *tu* form to Camille; she has avoided any direct address. In her last speech she used *vous.* Perdican,

offended, shifts to *vous.* From now on try to be conscious of their use of *tu* and *vous,* with the emotional implications.

76. *touche là:* shake hands.

qu'elle a voulu. Pourquoi nous marier? voilà ta main et voilà la mienne; et pour qu'elles restent unies ainsi jusqu'au dernier soupir, crois-tu qu'il nous faille un prêtre? Nous n'avons besoin que de Dieu.

CAM. Je suis bien aise que mon refus vous soit indifférent.

PERD. Il ne m'est point indifférent, Camille. Ton amour m'eût donné la vie, mais ton amitié m'en consolera. Ne quitte pas le château demain; hier, tu as refusé de faire un tour de jardin, parce que tu voyais en moi un mari dont tu ne voulais pas. Reste ici quelques jours; laisse-moi espérer que notre vie passée n'est pas morte à jamais dans ton cœur.

CAM. Je suis obligée de partir.

PERD. Pourquoi?

CAM. C'est mon secret.

PERD. En aimes-tu un autre que moi?

CAM. Non; mais je veux partir.

PERD. Irrévocablement?

CAM. Oui, irrévocablement.

PERD. Eh bien! adieu. J'aurais voulu m'asseoir avec toi sous les marronniers[77] du petit bois, et causer de bonne amitié une heure ou deux. Mais si cela te déplaît, n'en parlons plus; adieu, mon enfant. *(Il sort.)*

CAM. *(à dame Pluche qui entre).* Dame Pluche, tout est-il prêt? Partirons-nous demain? Mon tuteur[78] a-t-il fini ses comptes?

DAME P. Oui, chère colombe sans tache. Le baron m'a traitée de pécore hier soir, et je suis enchantée de partir.

CAM. Tenez, voilà un mot d'écrit que vous porterez avant dîner, de ma part, à mon cousin Perdican.

DAME P. Seigneur mon Dieu! est-ce possible? Vous écrivez un billet à un homme?

CAM. Ne dois-je pas être sa femme? Je puis bien écrire à mon fiancé.

DAME P. Le seigneur Perdican sort d'ici. Que pouvez-vous lui écrire? Votre fiancé, miséricorde! Serait-il vrai que vous oubliiez Jésus?

CAM. Faites ce que je vous dis, et disposez tout pour notre départ. *(Elles sortent.)*

SCÈNE II. *(LA SALLE À MANGER. ON MET LE COUVERT.)*

Entre BRID. Cela est certain, on lui donnera encore aujourd'hui la place d'honneur. Cette chaise que j'ai occupée si longtemps à la droite du baron sera la proie du gouverneur. O malheureux que je suis! Un âne bâté,[79] un ivrogne sans pudeur, me relègue au bas bout de la table! Le majordome lui versera le premier verre de malaga,[80] et lorsque les plats arriveront à moi, ils seront à moitié froids, et les meilleurs morceaux déjà avalés; il ne restera plus autour des perdreaux[81] ni choux ni carottes. O sainte Église catholique! Qu'on lui ait donné cette place hier, cela se concevait; il venait d'arriver; c'était la première fois, depuis nombre d'années, qu'il s'asseyait à cette table. Dieu! comme il dévorait! Non, rien ne me restera que des os et des pattes de poulet. Je ne souffrirai pas cet affront. Adieu, vénérable fauteuil où je me suis renversé[82] tant de fois, gorgé de mets[83] succulents! Adieu, bouteilles cachetées,[84] fumet[85] sans pareil de venaisons cuites à point![86] Adieu, table splendide, noble salle à manger, je ne dirai plus le *benedicite*![87] Je retourne à ma cure; on ne me verra pas confondu parmi la foule des convives, et j'aime mieux, comme César, être le premier au village que le second dans Rome. *(Il sort.)*

---

77. *marronniers:* chestnut trees.
78. *tuteur:* guardian.
79. *âne bâté: (lit.,* saddled ass) ignoramus.
80. *malaga:* sweet Spanish wine.
81. *perdreaux:* partridges.
82. *renversé:* leaned back.
83. *mets:* dishes, food.
84. *bouteilles cachetées:* sealed bottles, containing superior wine.
85. *fumet:* flavor.
86. *à point:* to a turn.
87. *benedicite:* grace.

SCÈNE III. *ENTRENT* **ROSETTE ET PERDICAN**

(Un champ devant une petite maison)

PERD. Puisque ta mère n'y est pas, viens faire un tour de promenade.

ROS. Croyez-vous que cela me fasse du bien, tous ces baisers que vous me donnez?

PERD. Quel mal y trouves-tu? Je t'embrasserais devant ta mère. N'es-tu pas la sœur de Camille? ne suis-je pas ton frère comme je suis le sien?

ROS. Des mots sont des mots, et des baisers sont des baisers. Je n'ai guère d'esprit, et je m'en aperçois bien sitôt que je veux dire quelque chose. Les belles dames savent leur affaire, selon qu'on leur baise la main droite ou la main gauche; leurs pères les embrassent sur le front, leurs frères sur la joue, leurs amoureux sur les lèvres; moi, tout le monde m'embrasse sur les deux joues, et cela me chagrine.

PERD. Que tu es jolie, mon enfant!

ROS. Il ne faut pas non plus vous fâcher pour cela. Comme vous paraissez triste ce matin! Votre mariage est donc manqué?

PERD. Les paysans de ton village se souviennent de m'avoir aimé; les chiens de la basse-cour[88] et les arbres du bois s'en souviennent aussi; mais Camille ne s'en souvient pas. Et toi, Rosette, à quand le mariage?

ROS. Ne parlons pas de cela, voulez-vous? Parlons du temps qu'il fait, de ces fleurs que voilà, de vos chevaux et de mes bonnets.

PERD. De tout ce qui te plaira, de tout ce qui peut passer sur tes lèvres sans leur ôter ce sourire céleste que je respecte plus que ma vie. *(Il l'embrasse.)*

ROS. Vous respectez mon sourire, mais vous ne respectez guère mes lèvres, à ce qu'il me semble. Regardez donc, voilà une goutte de pluie qui me tombe sur la main, et cependant le ciel est pur.

PERD. Pardonne-moi.

ROS. Que vous ai-je fait, pour que vous pleuriez? *(Ils sortent.)*

SCÈNE IV. *ENTRENT* **MAÎTRE BLAZIUS ET LE BARON**

(Au château)

BLAZ. Seigneur, j'ai une chose singulière à vous dire. Tout à l'heure, j'étais par hasard dans l'office,[89] je veux dire dans la galerie—qu'aurais-je été faire dans l'office?—j'étais donc dans la galerie. J'avais trouvé par accident une bouteille, je veux dire une carafe d'eau—comment aurais-je trouvé une bouteille dans la galerie?—J'étais donc en train de boire un coup de vin, je veux dire un verre d'eau, pour passer le temps, et je regardais par la fenêtre, entre deux vases de fleurs qui me paraissaient d'un goût moderne, bien qu'ils soient imités de l'étrusque.[90]

BARON. Quelle insupportable manière de parler vous avez adoptée, Blazius! Vos discours sont inexplicables.

BLAZ. Écoutez-moi, seigneur, prêtez-moi un moment d'attention. Je regardais donc par la fenêtre. Ne vous impatientez pas, au nom du ciel! il y va de l'honneur de la famille.

BARON. De la famille! Voilà qui est incompréhensible. De l'honneur de la famille, Blazius! Savez-vous que nous sommes trente-sept mâles, et presque autant de femmes, tant à Paris qu'en province?

BLAZ. Permettez-moi de continuer. Tandis que je buvais un coup de vin, je veux dire un verre d'eau, pour hâter la digestion tardive, imaginez que j'ai vu passer sous la fenêtre dame Pluche hors d'haleine.

---

88. *basse-cour:* farmyard.
89. *office:* pantry.

90. *étrusque:* Etruscan, of pre-Roman inhabitants of Italy.

BARON. Pourquoi hors d'haleine, Blazius? Ceci est insolite.[91]

BLAZ. Et à côté d'elle, rouge de colère, votre nièce Camille.

BARON. Qui était rouge de colère, ma nièce, ou dame Pluche?

BLAZ. Votre nièce, seigneur.

BARON. Ma nièce rouge de colère! Cela est inouï! Et comment savez-vous que c'était de colère? Elle pouvait être rouge pour mille raisons; elle avait sans doute poursuivi quelques papillons[92] dans mon parterre.

BLAZ. Je ne puis rien affirmer là-dessus; cela se peut; mais elle s'écriait avec force: «Allez-y! trouvez-le! faites ce qu'on vous dit! vous êtes une sotte! je le veux!» Et elle frappait avec son éventail sur le coude de dame Pluche, qui faisait un soubresaut[93] dans la luzerne[94] a chaque exclamation.

BARON. Dans la luzerne?…Et que répondait la gouvernante aux extravagances de ma nièce? car cette conduite mérite d'être qualifiée ainsi.

BLAZ. La gouvernante répondait: «Je ne veux pas y aller! Je ne l'ai pas trouvé! Il fait la cour aux filles du village, à des gardeuses de dindons.[95] Je suis trop vieille pour commencer à porter des messages d'amour; grâce à Dieu, j'ai vécu les mains pures jusqu'ici;»—et tout en parlant, elle froissait dans ses mains un petit papier plié en quatre.

BARON. Je n'y comprends rien; mes idées s'embrouillent tout à fait. Quelle raison pouvait avoir dame Pluche pour froisser un papier plié en quatre en faisant des soubresauts dans une luzerne? Je ne puis ajouter foi à de pareilles monstruosités.

BLAZ. Ne comprenez-vous pas clairement, seigneur, ce que cela signifiait?

BARON. Non, en vérité, non, mon ami, je n'y comprends absolument rien. Tout cela me paraît une conduite désordonnée, il est vrai, mais sans motif comme sans excuse.

BLAZ. Cela veut dire que votre nièce a une correspondance secrète.

BARON. Que dites-vous? Songez-vous de qui vous parlez? Pesez vos paroles, monsieur l'abbé.

BLAZ. Je les pèserais dans la balance céleste qui doit peser mon âme au jugement dernier, que je n'y trouverais pas un mot qui sente la fausse monnaie. Votre nièce a une correspondance secrète.

BARON. Mais songez donc, mon ami, que cela est impossible!

BLAZ. Pourquoi aurait-elle chargé sa gouvernante d'une lettre? Pourquoi aurait-elle crié: *Trouvez-le!* tandis que l'autre boudait[96] et rechignait?[97]

BARON. Et à qui était adressée cette lettre?

BLAZ. Voilà précisément le *hic,*[98] monseigneur, *hic jacet lepus.*[99] A qui était adressée cette lettre? à un homme qui fait la cour à une gardeuse de dindons. Or, un homme qui recherche en public une gardeuse de dindons peut être soupçonné violemment d'être né pour les garder lui-même. Cependant il est impossible que votre nièce, avec l'éducation qu'elle a reçue, soit éprise d'un tel homme; voilà ce que je dis, et ce qui fait que je n'y comprends rien non plus que vous, révérence parler.[100]

BARON. O ciel! ma nièce m'a déclaré ce matin même qu'elle refusait son cousin Perdican. Aimerait-elle un gardeur de dindons? Passons dans mon cabinet; j'ai éprouvé depuis hier des secousses si violentes que je ne puis rassembler mes idées. *(Ils sortent.)*

---

91. *insolite:* extraordinary.
92. *papillons:* butterflies.
93. *soubresaut:* jump.
94. *luzerne:* alfalfa.
95. *dindons:* turkeys.
96. *boudait:* was sulking.
97. *rechignait:* was looking sour.
98. *le hic:* the difficulty, the rub.
99. *hic jacet lepus:* (*lit.* here lies the hare) that's just the point.
100. *révérence parler:* with all due respect.

Scène V. *(Une fontaine dans un bois)*

Entre PERD. *(lisant un billet).* «Trouvez-
vous à midi à la petite fontaine.» Que
veut dire cela? tant de froideur, un
refus si positif, si cruel, un orgueil si
insensible, et un rendez-vous par-dessus
tout? Si c'est pour me parler d'affaires,
pourquoi choisir un pareil endroit? Est-
ce une coquetterie? Ce matin, en me
promenant avec Rosette, j'ai entendu
remuer dans les broussailles, et il m'a
semblé que c'était un pas de biche.
Y a-t-il ici quelque intrigue? *(Entre
Camille.)*

CAM. Bonjour, cousin; j'ai cru
m'apercevoir, à tort ou à raison, que
vous me quittiez tristement ce matin.
Vous m'avez pris la main malgré moi,
je viens vous demander de me donner
la vôtre. Je vous ai refusé un baiser, le
voilà. *(Elle l'embrasse.)* Maintenant,
vous m'avez dit que vous seriez bien
aise de causer de bonne amitié. Asseyez-
vous là, et causons. *(Elle s'assoit.)*

PERD. Avais-je fait un rêve, ou en fais-je un
autre en ce moment?

CAM. Vous avez trouvé singulier de
recevoir un billet de moi, n'est-ce pas?
Je suis d'humeur changeante; mais vous
m'avez dit ce matin un mot très juste:
«Puisque nous nous quittons, quittons-
nous bons amis.» Vous ne savez pas la
raison pour laquelle je pars, et je viens
vous la dire: je vais prendre le voile.

PERD. Est-ce possible? Est-ce toi, Camille,
que je vois dans cette fontaine, assise
sur les marguerites,[101] comme aux jours
d'autrefois?

CAM. Oui, Perdican, c'est moi. Je viens
revivre un quart d'heure de la vie
passée. Je vous ai paru brusque et
hautaine; cela est tout simple, j'ai
renoncé au monde. Cependant, avant
de le quitter, je serais bien aise d'avoir
votre avis. Trouvez-vous que j'ai raison
de me faire religieuse?

PERD. Ne m'interrogez pas là-dessus, car je
ne me ferai jamais moine.

CAM. Depuis près de dix ans que nous
avons vécu éloignés l'un de l'autre, vous
avez commencé l'expérience de la vie.
Je sais quel homme vous êtes, et vous
devez avoir beaucoup appris en peu de
temps avec un cœur et un esprit comme
les vôtres: Dites-moi, avez-vous eu des
maîtresses?

PERD. Pourquoi cela?

CAM. Répondez-moi, je vous en prie, sans
modestie et sans fatuité.[102]

PERD. J'en ai eu.

CAM. Les avez-vous aimées?

PERD. De tout mon cœur.

CAM. Où sont-elles maintenant? Le savez-
vous?

PERD. Voilà, en vérité, des questions
singulières. Que voulez-vous que je
vous dise? Je ne suis ni leur mari ni
leur frère; elles sont allées où bon leur a
semblé.

CAM. Il doit nécessairement y en avoir
une que vous ayez préférée aux autres.
Combien de temps avez-vous aimé celle
que vous avez aimée le mieux?

PERD. Tu es une drôle de fille! Veux-tu te
faire mon confesseur?

CAM. C'est une grâce que je vous demande
de me répondre sincèrement. Vous
n'êtes point un libertin, et je crois que
votre cœur a de la probité. Vous avez
dû inspirer l'amour, car vous le méritez,
et vous ne vous seriez pas livré à un
caprice. Répondez-moi, je vous en prie.

PERD. Ma foi, je ne m'en souviens pas.

CAM. Connaissez-vous un homme qui n'ait
aimé qu'une femme?

PERD. Il y en a certainement.

CAM. Est-ce un de vos amis? Dites-moi son
nom.

PERD. Je n'ai pas de nom à vous dire; mais
je crois qu'il y a des hommes capables
de n'aimer qu'une fois.

CAM. Combien de fois un honnête homme
peut-il aimer?

---

101. *marguerites:* daisies.　　　　102. *fatuité:* pretension.

PERD. Veux-tu me faire réciter une litanie,[103] ou récites-tu toi-même un catéchisme?

CAM. Je voudrais m'instruire, et savoir si j'ai tort ou raison de me faire religieuse. Si je vous épousais, ne devriez-vous pas répondre avec franchise à toutes mes questions, et me montrer votre cœur à nu? Je vous estime beaucoup, et je vous crois, par votre éducation et par votre nature, supérieur à beaucoup d'autres hommes. Je suis fâchée que vous ne vous souveniez plus de ce que je vous demande; peut-être en vous connaissant mieux je m'enhardirais.

PERD. Où veux-tu en venir? parle; je répondrai.

CAM. Répondez donc à ma première question. Ai-je raison de rester au couvent?

PERD. Non.

CAM. Je ferais donc mieux de vous épouser?

PERD. Oui.

CAM. Si le curé de votre paroisse soufflait sur un verre d'eau, et vous disait que c'est un verre de vin, le boiriez-vous comme tel?

PERD. Non.

CAM. Si le curé de votre paroisse soufflait sur vous, et me disait que vous m'aimeriez toute votre vie, aurais-je raison de le croire?

PERD. Oui et non.

CAM. Que me conseilleriez-vous de faire le jour où je verrais que vous ne m'aimez plus?

PERD. De prendre un amant.

CAM. Que ferai-je ensuite le jour où mon amant ne m'aimera plus?

PERD. Tu en prendras un autre.

CAM. Combien de temps cela durera-t-il?

PERD. Jusqu'à ce que tes cheveux soient gris, et alors les miens seront blancs.

CAM. Savez-vous ce que c'est que les cloîtres, Perdican? Vous êtes-vous jamais assis un jour entier sur le banc d'un monastère de femmes?

PERD. Oui, je m'y suis assis.

CAM. J'ai pour amie une sœur qui n'a que trente ans, et qui a eu cinq cent mille livres de revenu à l'âge de quinze ans. C'est la plus belle et la plus noble créature qui ait marché sur terre. Elle était pairesse[104] du parlement et avait pour mari un des hommes les plus distingués de France. Aucune des nobles facultés humaines n'était restée sans culture en elle, et, comme un arbrisseau[105] d'une sève choisie, tous ses bourgeons avaient donné des ramures.[106] Jamais l'amour et le bonheur ne poseront leur couronne fleurie sur un front plus beau. Son mari l'a trompée; elle a aimé un autre homme, et elle se meurt de désespoir.

PERD. Cela est possible.

CAM. Nous habitons la même cellule, et j'ai passé des nuits entières à parler de ses malheurs; ils sont presque devenus les miens; cela est singulier, n'est-ce pas? Je ne sais trop comment cela se fait. Quand elle me parlait de son mariage, quand elle me peignait d'abord l'ivresse des premiers jours, puis la tranquillité des autres, et comme enfin tout s'était envolé; comme elle était assise le soir au coin du feu, et lui auprès de la fenêtre, sans se dire un seul mot; comme leur amour avait langui, et comme tous les efforts pour se rapprocher n'aboutissaient qu'à des querelles; comme une figure étrangère est venue peu à peu se placer entre eux et se glisser dans leurs souffrances; c'était moi que je voyais agir tandis qu'elle parlait. Quand elle disait: «Là, j'ai été heureuse», mon cœur bondissait; et quand elle ajoutait: «Là, j'ai pleuré,» mes larmes coulaient. Mais figurez-vous quelque chose de plus singulier encore; j'avais fini par me créer une vie

---

103. *litanie:* long enumeration.
104. *pairesse:* peeress.
105. *arbrisseau:* shrub.
106. *ramures:* foliage.

imaginaire; cela a duré quatre ans; il
est inutile de vous dire par combien de
réflexions, de retours sur moi-même,
tout cela est venu. Ce que je voulais
vous raconter comme une curiosité,
c'est que tous les récits de Louise, toutes
les fictions de mes rêves portaient votre
ressemblance.

PERD. Ma ressemblance, à moi?

CAM. Oui, et cela est naturel: vous étiez
le seul homme que j'eusse connu. En
vérité, je vous ai aimé, Perdican.

PERD. Quel âge as-tu, Camille?

CAM. Dix-huit ans.

PERD. Continue, continue; j'écoute.

CAM. Il y a deux cents femmes dans notre
couvent; un petit nombre de ces femmes
ne connaîtra jamais la vie, et tout le
reste attend la mort. Plus d'une parmi
elles sont sorties du monastère comme
j'en sors aujourd'hui, vierges et pleines
d'espérances. Elles sont revenues peu
de temps après, vieilles et désolées.
Tous les jours il en meurt dans nos
dortoirs, et tous les jours il en vient de
nouvelles prendre la place des mortes
sur les matelas de crin.[107] Les étrangers
qui nous visitent admirent le calme
et l'ordre de la maison; ils regardent
attentivement la blancheur de nos voiles,
mais ils se demandent pourquoi nous les
rabaissons sur nos yeux. Que pensez-
vous de ces femmes, Perdican? Ont-
elles tort, ou ont-elles raison?

PERD. Je n'en sais rien.

CAM. Il s'en est trouvé quelques-unes qui
me conseillent de rester vierge. Je suis
bien aise de vous consulter. Croyez-vous
que ces femmes-là auraient mieux fait
de prendre un amant et de me conseiller
d'en faire autant?

PERD. Je n'en sais rien.

CAM. Vous aviez promis de me répondre.

PERD. J'en suis dispensé tout naturellement;
je ne crois pas que ce soit toi qui parles.

CAM. Cela se peut, il doit y avoir dans
toutes mes idées des choses très

ridicules. Il se peut bien qu'on m'ait
fait la leçon, et que je ne sois qu'un
perroquet mal appris. Il y a dans la
galerie un petit tableau qui représente un
moine courbé sur un missel;[108] à travers
les barreaux obscurs de sa cellule glisse
un faible rayon de soleil, et on aperçoit
une locanda[109] italienne, devant laquelle
danse un chevrier.[110] Lequel de ces deux
hommes estimez-vous davantage?

PERD. Ni l'un ni l'autre et tous les deux. Ce
sont deux hommes de chair et d'os; il y
en a un qui lit et un autre qui danse; je
n'y vois pas autre chose. Tu as raison de
te faire religieuse.

CAM. Vous me disiez non tout à l'heure.

PERD. Ai-je dit non? Cela est possible.

CAM. Ainsi vous me le conseillez?

PERD. Ainsi tu ne crois à rien?

CAM. Lève la tête, Perdican! quel est
l'homme qui ne croit à rien?

PERD. *(se levant).* En voilà un; je ne crois
pas à la vie immortelle.—Ma sœur
chérie, les religieuses t'ont donné leur
expérience; mais, crois-moi, ce n'est pas
la tienne; tu ne mourras pas sans aimer.

CAM. Je veux aimer, mais je ne veux pas
souffrir; je veux aimer d'un amour
éternel, et faire des serments qui ne
se violent pas. Voilà mon amant. *(Elle
montre son crucifix.)*

PERD. Cet amant-là n'exclut pas les autres.

CAM. Pour moi, du moins, il les exclura.
Ne souriez pas, Perdican! Il y a dix
ans que je ne vous ai vu, et je pars
demain. Dans dix autres années, si nous
nous revoyons, nous en reparlerons.
J'ai voulu ne pas rester dans votre
souvenir comme une froide statue, car
l'insensibilité mène au point où j'en
suis. Écoutez-moi, retournez à la vie,
et tant que vous serez heureux, tant que
vous aimerez comme on peut aimer sur
la terre, oubliez votre sœur Camille;
mais s'il vous arrive jamais d'être oublié
ou d'oublier vous-même, si l'ange de
l'espérance vous abandonne, lorsque

---

107. *crin:* horsehair.
108. *missel:* missal, book containing services of the
Mass for the year.
109. *locanda:* inn.
110. *chevrier:* goatherd.

vous serez seul avec le vide dans le cœur, pensez à moi qui prierai pour vous.

PERD. Tu es une orgueilleuse; prends garde à toi.

CAM. Pourquoi?

PERD. Tu as dix-huit ans, et tu ne crois pas à l'amour.

CAM. Y croyez-vous, vous qui parlez? vous voilà courbé près de moi avec des genoux qui se sont usés sur les tapis de vos maîtresses, et vous n'en savez plus le nom. Vous avez pleuré des larmes de désespoir; mais vous saviez que l'eau des sources est plus constante que vos larmes, et qu'elle serait toujours là pour laver vos paupières gonflées. Vous faites votre métier de jeune homme, et vous souriez quand on vous parle de femmes désolées; vous ne croyez pas qu'on puisse mourir d'amour, vous qui vivez et qui avez aimé. Qu'est-ce donc que le monde? Il me semble que vous devez cordialement mépriser les femmes qui vous prennent tel que vous êtes, et qui chassent leur dernier amant pour vous attirer dans leurs bras avec les baisers d'un autre sur les lèvres. Je vous demandais tout à l'heure si vous aviez aimé; vous m'avez répondu comme un voyageur à qui l'on demanderait s'il a été en Italie ou en Allemagne, et qui dirait: Oui, j'y ai été; puis qui penserait à aller en Suisse, ou dans le premier pays venu. Est-ce donc une monnaie que votre amour pour qu'il puisse passer ainsi de mains en mains jusqu'à la mort? Non, ce n'est pas même une monnaie, car la plus mince pièce d'or vaut mieux que vous, et, dans quelques mains qu'elle passe, elle garde son effigie.

PERD. Que tu es belle, Camille, lorsque tes yeux s'animent!

CAM. Oui, je suis belle, je le sais. Les complimenteurs ne m'apprendront rien; la froide nonne qui coupera mes cheveux pâlira peut-être de sa mutilation; mais ils ne se changeront pas en bagues et en chaînes pour courir les boudoirs; il n'en manquera pas un seul sur ma tête lorsque le fer y passera;[111] je ne veux qu'un coup de ciseau, et quand le prêtre qui me bénira me mettra au doigt l'anneau d'or de mon époux céleste, la mèche[112] de cheveux que je lui donnerai pourra lui[113] servir de manteau.

PERD. Tu es en colère, en vérité.

CAM. J'ai eu tort de parler; j'ai ma vie entière sur les lèvres. O Perdican! ne raillez pas, tout cela est triste à mourir.[114]

PERD. Pauvre enfant, je te laisse dire, et j'ai bien envie de te répondre un mot. Tu me parles d'une religieuse qui me paraît avoir eu sur toi une influence funeste; tu dis qu'elle a été trompée, qu'elle a trompé elle-même, et qu'elle est désespérée. Es-tu sûre que si son mari ou son amant revenait lui tendre la main à travers la grille du parloir, elle ne lui tendrait pas la sienne?

CAM. Qu'est-ce que vous dites? J'ai mal entendu.

PERD. Es-tu sûre que si son mari ou son amant revenait lui dire de souffrir encore, elle répondrait non?

CAM. Je le crois.

PERD. Il y a deux cents femmes dans ton monastère, et la plupart ont au fond du cœur des blessures profondes; elles te les ont fait toucher, et elles ont coloré ta pensée virginale des gouttes de leur sang. Elles ont vécu, n'est-ce pas? et elles t'ont montré avec horreur la route de leur vie; tu t'es signée devant leurs cicatrices, comme devant les plaies de Jésus; elles t'ont fait une place dans leurs processions lugubres, et tu te serres contre ces corps décharnés avec une crainte religieuse, lorsque tu vois passer un homme. Es-tu sûre que si l'homme qui passe était celui qui les a trompées,

---

111. *lorsque...passera: i.e.,* when my hair will be cut off in the ceremony of profession.

112. *mèche:* lock.

113. *lui = au prêtre.*

114. *triste à mourir:* deathly sad.

celui pour qui elles pleurent et elles souffrent, celui qu'elles maudissent en priant Dieu, es-tu sûre qu'en le voyant elles ne briseraient pas leurs chaînes pour courir à leurs malheurs passés, et pour presser leurs poitrines sanglantes sur le poignard qui les a meurtries? O mon enfant! sais-tu les rêves de ces femmes qui te disent de ne pas rêver? Sais-tu quel nom elles murmurent quand les sanglots qui sortent de leurs lèvres font trembler l'hostie[115] qu'on leur présente? Elles qui s'assoient près de toi avec leurs têtes branlantes pour verser dans ton oreille leur vieillesse flétrie, elles qui sonnent dans les ruines de ta jeunesse le tocsin de leur désespoir, et qui font sentir à ton sang vermeil la fraîcheur de leur tombe, sais-tu qui elles sont?

CAM. Vous me faites peur; la colère vous prend aussi.

PERD. Sais-tu ce que c'est que ces nonnes, malheureuse fille? Elles qui te représentent l'amour des hommes comme un mensonge, savent-elles qu'il y a pis encore, le mensonge de l'amour divin? Savent-elles que c'est un crime qu'elles font, de venir chuchoter[116] à une vierge des paroles de femme? Ah! comme elles t'ont fait la leçon! Comme j'avais prévu tout cela quand tu t'es arrêtée devant le portrait de notre vieille tante! Tu voulais partir sans me serrer la main; tu ne voulais revoir ni ce bois, ni cette pauvre petite fontaine qui nous regarde tout en larmes; tu reniais les jours de ton enfance, et le masque de plâtre que les nonnes t'ont placé sur les joues me refusait un baiser de frère; mais ton cœur a battu; il a oublié sa leçon, lui qui ne sait pas lire, et tu es revenue t'asseoir sur l'herbe où nous voilà. Eh bien! Camille, ces femmes ont bien parlé; elles t'ont mise dans le vrai chemin; il pourra m'en coûter le bonheur de ma vie; mais dis-leur cela de ma part: le ciel n'est pas pour elles.

CAM. Ni pour moi, n'est-ce pas?

PERD. Adieu, Camille, retourne à ton couvent, et lorsqu'on te fera de ces récits hideux qui t'ont empoisonnée, réponds ce que je vais te dire: Tous les hommes sont menteurs, inconstants, faux, bavards, hypocrites, orgueilleux ou lâches, méprisables et sensuels; toutes les femmes sont perfides, artificieuses, vaniteuses, curieuses et dépravées; le monde n'est qu'un égout[117] sans fond où les phoques[118] les plus informes rampent et se tordent sur des montagnes de fange;[119] mais il y a au monde une chose sainte et sublime, c'est l'union de deux de ces êtres si imparfaits et si affreux. On est souvent trompé en amour, souvent blessé et souvent malheureux; mais on aime, et quand on est sur le bord de sa tombe, on se retourne pour regarder en arrière, et on se dit: J'ai souffert souvent, je me suis trompé quelquefois, mais j'ai aimé. C'est moi qui ai vécu, et non pas un être factice créé par mon orgueil et mon ennui.[120] *(Il sort.)*

ACTE III

Scène première. *Entrent* le baron *et* maître blazius

(Devant le château)

BARON. Indépendamment de votre ivrognerie, vous êtes un bélître,[121] maître Blazius. Mes valets vous voient entrer furtivement dans l'office, et quand vous êtes convaincu[122] d'avoir volé mes bouteilles de la manière la plus pitoyable, vous croyez vous justifier en accusant ma nièce d'une correspondance secrète.

---

115. *hostie:* consecrated wafer of Mass.
116. *chuchoter:* whisper.
117. *égout:* gutter, sewer.
118. *phoques:* seals.
119. *fange:* filth.

120. The last climactic lines are taken textually from a letter from George Sand to Musset.
121. *bélître:* rogue.
122. *convaincu: (here)* convicted.

BLAZ. Mais, monseigneur, veuillez vous rappeler…

BARON. Sortez, monseigneur l'abbé, et ne reparaissez jamais devant moi; il est déraisonnable d'agir comme vous le faites, et ma gravité m'oblige à ne vous pardonner de ma vie. *(Il sort; maître Blazius le suit. Entre Perdican.)*

PERD. Je voudrais bien savoir si je suis amoureux. D'un côté, cette manière d'interroger tant soit peu cavalière,[123] pour une fille de dix-huit ans; d'un autre, les idées que ces nonnes lui ont fourrées dans la tête auront de la peine à se corriger. De plus, elle doit partir aujourd'hui. Diable! je l'aime, cela est sûr. Après tout, qui sait? peut-être elle répétait une leçon, et d'ailleurs il est clair qu'elle ne se soucie pas de moi. D'une autre part, elle a beau être jolie, cela n'empêche pas qu'elle n'ait des manières beaucoup trop décidées, et un ton trop brusque. Je n'ai qu'à n'y plus penser; il est clair que je ne l'aime pas. Cela est certain qu'elle est jolie; mais pourquoi cette conversation d'hier ne veut-elle pas me sortir de la tête? En vérité j'ai passé la nuit à radoter.[124]—Où vais-je donc?—Ah! je vais au village. *(Il sort.)*

SCÈNE II. *(UN CHEMIN)*

Entre BRID. Que font-ils maintenant? Hélas! voilà midi.—Ils sont à table. Que mangent-ils? Que ne mangent-ils pas? J'ai vu la cuisinière traverser le village avec un énorme dindon. L'aide portait les truffes,[125] avec un panier de raisins. *(Entre maître Blazius.[126])*

BLAZ. O disgrâce[127] imprévue! me voilà chassé du château, par conséquent de la salle à manger. Je ne boirai plus le vin de l'office.

BRID. Je ne verrai plus fumer les plats; je ne chaufferai plus au feu de la noble cheminée mon ventre copieux.

BLAZ. Pourquoi une fatale curiosité m'a-t-elle poussé à écouter le dialogue de dame Pluche et de la nièce? Pourquoi ai-je rapporté au baron tout ce que j'ai vu?

BRID. Pourquoi un vain orgueil m'a-t-il éloigné de ce dîner honorable, où j'étais si bien accueilli? Que m'importait d'être à droite ou à gauche?

BLAZ. Hélas! j'étais gris,[128] il faut en convenir, lorsque j'ai fait cette folie.

BRID. Hélas! le vin m'avait monté à la tête quand j'ai commis cette imprudence.

BLAZ. Il me semble que voilà le curé.

BRID. C'est le gouverneur en personne.

BLAZ. Oh! oh! monsieur le curé, que faites-vous là?

BRID. Moi! je vais dîner. N'y venez-vous pas?

BLAZ. Pas aujourd'hui. Hélas! maître Bridaine, intercédez pour moi; le baron m'a chassé. J'ai accusé faussement mademoiselle Camille d'avoir une correspondance secrète, et cependant Dieu m'est témoin que j'ai vu ou que j'ai cru voir dame Pluche dans la luzerne. Je suis perdu, monsieur le curé.

BRID. Que m'apprenez-vous là?

BLAZ. Hélas! hélas! la vérité. Je suis en disgrâce complète pour avoir volé une bouteille.

BRID. Que parlez-vous, messire, de bouteilles volées à propos d'une luzerne et d'une correspondance?

BLAZ. Je vous supplie de plaider ma cause. Je suis honnête, seigneur Bridaine. O digne seigneur Bridaine, je suis votre serviteur!

BRID. *(à part).* O fortune! est-ce un rêve? Je serai donc assis sur toi, ô chaise bienheureuse!

BLAZ. Je vous serai reconnaissant d'écouter mon histoire, et de vouloir bien m'excuser, brave seigneur, cher curé.

BRID. Cela m'est impossible, monsieur; il est midi sonné, et je m'en vais dîner. Si le baron se plaint de vous, c'est votre

---

123. *tant soit peu cavalière:* somewhat forward.
124. *radoter:* talk drivel.
125. *truffes:* truffles.
126. During the next six speeches the speakers are

at opposite sides of the stage, unaware of each other's presence.
127. *disgrâce:* misfortune.
128. *gris:* tipsy.

affaire. Je n'intercède point pour un ivrogne. *(A part.)* Vite, volons à la grille; et toi, mon ventre, arrondis-toi. *(Il sort en courant.)*

BLAZ. *(seul).* Misérable Pluche! c'est toi qui payeras pour tous; oui, c'est toi qui es la cause de ma ruine, femme déhontée,[129] vile entremetteuse,[130] c'est à toi que je dois cette disgrâce. O sainte Université de Paris! on me traite d'ivrogne! Je suis perdu si je ne saisis une lettre, et si je ne prouve au baron que sa nièce a une correspondance. Je l'ai vue ce matin écrire à son bureau. Patience! voici du nouveau. *(Passe dame Pluche portant une lettre.)* Pluche, donnez-moi cette lettre.

DAME P. Que signifie cela? C'est une lettre de ma maîtresse que je vais mettre à la poste au village.

BLAZ. Donnez-la-moi, ou vous êtes morte.

DAME P. Moi, morte! morte! Marie, Jésus, vierge et martyr!

BLAZ. Oui, morte, Pluche! Donnez-moi ce papier. *(Ils se battent. Entre Perdican.)*

PERD. Qu'y a-t-il? Que faites-vous, Blazius? Pourquoi violenter cette femme?

DAME P. Rendez-moi la lettre. Il me l'a prise, seigneur; justice!

BLAZ. C'est une entremetteuse, seigneur. Cette lettre est un billet doux.

DAME P. C'est une lettre de Camille, seigneur, de votre fiancée.

BLAZ. C'est un billet doux à un gardeur de dindons.

DAME P. Tu en as menti, abbé. Apprends cela de moi.

PERD. Donnez-moi cette lettre; je ne comprends rien à votre dispute; mais, en qualité de fiancé de Camille, je m'arroge le droit de la lire. *(Il lit.)* «A la sœur Louise, au couvent de ***.» *(A part.)* Quelle maudite curiosité me saisit malgré moi! Mon cœur bat avec force, et je ne sais ce que j'éprouve.—Retirez-

vous, dame Pluche; vous êtes une digne femme, et maître Blazius est un sot. Allez dîner; je me charge de remettre cette lettre à la poste. *(Sortent maître Blazius et dame Pluche.)*

PERD. *(seul).* Que ce soit un crime d'ouvrir une lettre, je le sais trop bien pour le faire. Que peut dire Camille à cette sœur? Suis-je donc amoureux? Quel empire a donc pris sur moi cette singulière fille, pour que les trois mots écrits sur cette adresse me fassent trembler la main? Cela est singulier; Blazius, en se débattant avec la dame Pluche, a fait sauter le cachet. Est-ce un crime de rompre le pli?[131] Bon, je n'y changerai rien. *(Il ouvre la lettre et lit.)*

> Je pars aujourd'hui, ma chère, et tout est arrivé comme je l'avais prévu. C'est une terrible chose; mais ce pauvre jeune homme a le poignard dans le cœur; il ne se consolera pas de m'avoir perdue. Cependant j'ai fait tout au monde pour le dégoûter de moi. Dieu me pardonnera de l'avoir réduit au désespoir par mon refus. Hélas! ma chère, que pouvais-je y faire? Priez pour moi; nous nous reverrons demain, et pour toujours. Toute à vous du meilleur de mon âme.
>
> CAMILLE.»

Est-il possible? Camille écrit cela! C'est de moi qu'elle parle ainsi! Moi au désespoir de son refus! Eh! bon Dieu! si cela était vrai, on le verrait bien; quelle honte peut-il y avoir à aimer? Elle a fait tout au monde pour me dégoûter, dit-elle, et j'ai le poignard dans le cœur? Quel intérêt peut-elle avoir à inventer un roman pareil? Cette pensée que j'avais cette nuit est-elle donc vraie? O femmes! Cette pauvre Camille a peut-être une grande piété! c'est de bon cœur qu'elle se donne à Dieu, mais elle a résolu et décrété qu'elle me laisserait

---

129. *déhontée:* shameless.
130. *entremetteuse:* go-between, procuress.
131. *rompre le pli:* unfold it. Self-sealing envelopes did not yet exist; letters were carefully folded and protected with sealing wax.

au désespoir. Cela était convenu entre les bonnes amies avant de partir du couvent. On a décidé que Camille allait revoir son cousin, qu'on voudrait le lui faire épouser, qu'elle refuserait, et que le cousin serait désolé. Cela est si intéressant, une jeune fille qui fait à Dieu le sacrifice du bonheur d'un cousin! Non, non, Camille, je ne t'aime pas, je ne suis pas au désespoir, je n'ai pas le poignard dans le cœur, et je te le prouverai. Oui, tu sauras que j'en aime une autre avant de partir d'ici. Holà! brave homme! *(Entre un paysan)*. Allez au château; dites à la cuisine qu'on envoie un valet porter à mademoiselle Camille le billet que voici. *(Il écrit.)*

PAYSAN. Oui, monseigneur. *(Il sort.)*

PERD. Maintenant, à l'autre. Ah! je suis au désespoir! Holà! Rosette, Rosette! *(Il frappe à une porte.)*

ROS. *(ouvrant)*. C'est vous, monseigneur! Entrez, ma mère y est.

PERD. Mets ton plus beau bonnet, Rosette, et viens avec moi.

ROS. Où donc?

PERD. Je te le dirai; demande la permission à ta mère, mais dépêche-toi.

ROS. Oui, monseigneur. *(Elle entre dans la maison.)*

PERD. J'ai demandé un nouveau rendez-vous à Camille, et je suis sûr qu'elle y viendra; mais, par le ciel, elle n'y trouvera pas ce qu'elle compte y trouver. Je veux faire la cour à Rosette devant Camille elle-même.

Scène III. *Entrent* Camille *et* le paysan

(Le petit bois)

PAYSAN. Mademoiselle, je vais au château porter une lettre pour vous; faut-il que je vous la donne ou que je la remette à la cuisine, comme me l'a dit le seigneur Perdican?

CAM. Donne-la-moi.

PAYSAN. Si vous aimez mieux que je la porte au château, ce n'est pas la peine de m'attarder?[132]

CAM. Je te dis de me la donner.

PAYSAN. Ce qui vous plaira. *(Il donne la lettre.)*

CAM. Tiens, voilà pour ta peine.

PAYSAN. Grand merci; je m'en vais, n'est-ce pas?

CAM. Si tu veux.

PAYSAN. Je m'en vais, je m'en vais. *(Il sort.)*

CAM. *(lisant)*. Perdican me demande de lui dire adieu, avant de partir, près de la petite fontaine où je l'ai fait venir hier. Que peut-il avoir à me dire? Voilà justement la fontaine, et je suis toute portée.[133] Dois-je accorder ce second rendez-vous? Ah! *(Elle se cache derrière un arbre.)* Voilà Perdican qui approche avec Rosette, ma sœur de lait. Je suppose qu'il va la quitter; je suis bien aise de ne pas avoir l'air d'arriver la première. *(Entrent Perdican et Rosette qui s'assoient.)*

CAM. *(cachée, à part)*. Que veut dire cela? Il la fait asseoir près de lui? Me demande-t-il un rendez-vous pour y venir causer avec une autre? Je suis curieuse de savoir ce qu'il lui dit.

PERD. *(à haute voix, de manière que Camille l'entende)*. Je t'aime, Rosette! toi seule au monde tu n'as rien oublié de nos beaux jours passés; toi seule tu te souviens de la vie qui n'est plus; prends ta part de ma vie nouvelle; donne-moi ton cœur, chère enfant; voilà le gage de notre amour. *(Il lui pose sa chaîne sur le cou.)*

ROS. Vous me donnez votre chaîne d'or?

PERD. Regarde à présent cette bague. Lève-toi et approchons-nous de cette fontaine. Nous vois-tu tous les deux, dans la source, appuyés l'un sur l'autre? Vois-tu tes beaux yeux près des miens, ta main dans la mienne? Regarde tout cela s'effacer. *(Il jette sa bague dans l'eau.)*

---

132. *ce n'est...m'attarder?* There's no reason why I should delay, is there?

133. *toute portée:* right there.

Regarde comme notre image a disparu; la voilà qui revient peu à peu; l'eau qui s'était troublée reprend son équilibre; elle tremble encore; de grands cercles noirs courent à sa surface; patience, nous reparaissons; déjà je distingue de nouveau tes bras enlacés dans les miens; encore une minute, et il n'y aura plus une ride sur ton joli visage; regarde! c'était une bague que m'avait donnée Camille.

CAM. *(à part)*. Il a jeté ma bague dans l'eau!

PERD. Sais-tu ce que c'est que l'amour, Rosette? Écoute! le vent se tait; la pluie du matin roule en perles sur les feuilles séchées que le soleil ranime. Par la lumière du ciel, par le soleil que voilà, je t'aime! Tu veux bien de moi,[134] n'est-ce pas? On n'a pas flétri ta jeunesse; on n'a pas infiltré dans ton sang vermeil les restes d'un sang affadi? Tu ne veux pas te faire religieuse; te voilà jeune et belle dans les bras d'un jeune homme. O Rosette, Rosette! sais-tu ce que c'est que l'amour?

ROS. Hélas! monsieur le docteur, je vous aimerai comme je pourrai.

PERD. Oui, comme tu pourras; et tu m'aimeras mieux, tout docteur que je suis et toute paysanne que tu es, que ces pâles statues fabriquées par les nonnes, qui ont la tête à la place du cœur, et qui sortent des cloîtres pour venir répandre dans la vie l'atmosphère humide de leurs cellules; tu ne sais rien; tu ne lirais pas dans un livre la prière que ta mère t'apprend, comme elle l'a apprise de sa mère; tu ne comprends même pas le sens des paroles que tu répètes, quand tu t'agenouilles au pied de ton lit; mais tu comprends bien que tu pries, et c'est tout ce qu'il faut à Dieu.

ROS. Comme vous me parlez, monseigneur!

PERD. Tu ne sais pas lire; mais tu sais ce que disent ces bois et ces prairies,

ces tièdes rivières, ces beaux champs couverts de moissons, toute cette nature splendide de jeunesse. Tu reconnais tous ces milliers de frères, et moi pour l'un d'entre eux; lève-toi, tu seras ma femme, et nous prendrons racine ensemble dans la sève du monde tout-puissant. *(Il sort avec Rosette.)*

SCÈNE IV

Entre LE CHŒUR. Il se passe assurément quelque chose d'étrange au château; Camille a refusé d'épouser Perdican; elle doit retourner aujourd'hui au couvent dont elle est venue. Mais je crois que le seigneur son cousin s'est consolé avec Rosette. Hélas! la pauvre fille ne sait pas quel danger elle court en écoutant les discours d'un jeune et galant seigneur.

DAME P. *(entrant)*. Vite, vite, qu'on selle mon âne!

CHŒUR. Passerez-vous comme un songe léger, ô vénérable dame? Allez-vous si promptement enfourcher[135] derechef[136] cette pauvre bête qui est si triste de vous porter?

DAME P. Dieu merci, chère canaille, je ne mourrai pas ici.

CHŒUR. Mourez au loin, Pluche, ma mie; mourez inconnue dans un caveau malsain. Nous ferons des vœux pour votre respectable résurrection.

DAME P. Voici ma maîtresse qui s'avance. *(A Camille qui entre.)* Chère Camille, tout est prêt pour notre départ; le baron a rendu ses comptes, et mon âne est bâté.[137]

CAM. Allez au diable, vous et votre âne, je ne partirai pas aujourd'hui. *(Elle sort.)*

CHŒUR. Que veut dire ceci? Dame Pluche est pâle de terreur; ses faux cheveux tentent de se hérisser,[138] sa poitrine siffle avec force et ses doigts s'allongent en se crispant.[139]

DAME P. Seigneur Jésus! Camille a juré! *(Elle sort.)*

---

134. *Tu veux bien de moi:* You are fond of me.
135. *enfourcher:* bestride.
136. *derechef:* again.

137. *bâté:* saddled.
138. *se hérisser:* stand on end.
139. *se crispant:* curling.

Scène V. *Entrent* le baron *et* maître bridaine

BRID. Seigneur, il faut que je vous parle en particulier. Votre fils fait la cour à une fille du village.

BARON. C'est absurde, mon ami.

BRID. Je l'ai vu distinctement passer dans la bruyère en lui donnant le bras; il se penchait à son oreille, et lui promettait de l'épouser.

BARON. Cela est monstrueux.

BRID. Soyez-en convaincu; il lui a fait un présent considerable, que la petite a montré à sa mère.

BARON. O ciel! considérable, Bridaine? En quoi considérable?

BRID. Pour le poids et pour la conséquence. C'est la chaîne d'or qu'il portait à son bonnet.

BARON. Passons dans mon cabinet; je ne sais à quoi m'en tenir. *(Ils sortent.)*

Scène VI. *Entrent* camille *et* dame pluche

(La chambre de Camille)

CAM. Il a pris ma lettre, dites-vous?

DAME P. Oui, mon enfant; il s'est chargé de la mettre à la poste.

CAM. Allez au salon, dame Pluche, et faites-moi le plaisir de dire à Perdican que je l'attends ici. *(Dame Pluche sort.)* Il a lu ma lettre, cela est certain; sa scène du bois est une vengeance, comme son amour pour Rosette. Il a voulu me prouver qu'il en aimait une autre que moi, et jouer l'indifférent malgré son dépit. Est-ce qu'il m'aimerait, par hasard? *(Elle lève la tapisserie.)* Es-tu là, Rosette?

ROS. *(entrant).* Oui; puis-je entrer?

CAM. Écoute-moi, mon enfant; le seigneur Perdican ne te fait-il pas la cour?

ROS. Hélas! oui.

CAM. Que penses-tu de ce qu'il t'a dit ce matin?

ROS. Ce matin? Où donc?

CAM. Ne fais pas l'hypocrite.—Ce matin à la fontaine, dans le petit bois.

ROS. Vous m'avez donc vue?

CAM. Pauvre innocente! Non, je ne t'ai pas vue. Il t'a fait de beaux discours, n'est-ce pas? Gageons qu'il t'a promis de t'épouser.

ROS. Comment le savez-vous?

CAM. Qu'importe comment je le sais? Crois-tu à ses promesses, Rosette?

ROS. Comment n'y croirais-je pas? il me tromperait donc? Pourquoi faire?

CAM. Perdican ne t'épousera pas, mon enfant.

ROS. Hélas! je n'en sais rien.

CAM. Tu l'aimes, pauvre fille; il ne t'épousera pas, et la preuve, je vais te la donner; rentre derrière ce rideau, tu n'auras qu'à prêter l'oreille et à venir quand je t'appellerai. *(Rosette sort.)*

CAM. *(seule).* Moi qui croyais faire un acte de vengeance, ferais-je un acte d'humanité? La pauvre fille a le cœur pris. *(Entre Perdican.)* Bonjour, cousin, asseyez-vous.

PERD. Quelle toilette, Camille! A qui en voulez-vous?

CAM. A vous, peut-être; je suis fâchée de n'avoir pu me rendre au rendez-vous que vous m'avez demandé; vous aviez quelque chose à me dire?

PERD. *(à part).* Voilà, sur ma vie, un petit mensonge assez gros pour un agneau sans tache; je l'ai vue derrière un arbre écouter la conversation. *(Haut.)* Je n'ai rien à vous dire qu'un adieu, Camille; je croyais que vous partiez; cependant votre cheval est à l'écurie, et vous n'avez pas l'air d'être en robe de voyage.

CAM. J'aime la discussion; je ne suis pas bien sûre de ne pas avoir eu envie de me quereller encore avec vous.

PERD. A quoi sert de se quereller, quand le raccommodement[140] est impossible? Le plaisir des disputes, c'est de faire la paix.

---

140. *raccommodement:* reconciliation.

CAM. Êtes-vous convaincu que je ne veuille pas la faire?

PERD. Ne raillez pas; je ne suis pas de force à vous répondre.

CAM. Je voudrais qu'on me fît la cour; je ne sais si c'est que j'ai une robe neuve, mais j'ai envie de m'amuser. Vous m'avez proposé d'aller au village, allons-y, je veux bien; mettons-nous en bateau; j'ai envie d'aller dîner sur l'herbe, ou de faire une promenade dans la forêt. Fera-t-il clair de lune, ce soir? Cela est singulier, vous n'avez pas au doigt la bague que je vous ai donnée?

PERD. Je l'ai perdue.

CAM. C'est pour cela que je l'ai trouvée; tenez, Perdican, la voilà.

PERD. Est-ce possible? Où l'avez-vous trouvée?

CAM. Vous regardez si mes mains sont mouillées, n'est ce pas? En vérité, j'ai gâté ma robe de couvent pour retirer ce petit hochet[141] d'enfant de la fontaine. Voilà pourquoi j'en ai mis une autre, et, je vous dis, cela m'a changée; mettez donc cela à votre doigt.

PERD. Tu[142] as retiré cette bague de l'eau, Camille, au risque de te précipiter? Est-ce un songe? La voilà; c'est toi que me la mets au doigt! Ah! Camille, pourquoi me le rends-tu, ce triste gage d'un bonheur qui n'est plus? Parle, coquette et imprudente fille, pourquoi pars-tu? pourquoi restes-tu? Pourquoi, d'une heure à l'autre, changes-tu d'apparence et de couleur, comme la pierre de cette bague à chaque rayon du soleil?

CAM. Connaissez-vous le cœur des femmes, Perdican? Êtes-vous sûr de leur inconstance, et savez-vous si elles changent réellement de pensée en changeant quelquefois de langage? Il y en a qui disent que non. Sans doute, il nous faut souvent jouer un rôle, souvent mentir; vous voyez que je suis franche; mais êtes-vous sûr que tout mente dans une femme, lorsque sa langue ment? Avez-vous bien réfléchi à la nature de cet être faible et violent, à la rigueur avec laquelle on le juge, aux principes qu'on lui impose? Et qui sait si, forcée à tromper par le monde, la tête de ce petit être sans cervelle ne peut pas y prendre plaisir, et mentir quelquefois par passe-temps, par folie, comme elle ment par nécessité?

PERD. Je n'entends rien à tout cela, et je ne mens jamais. Je t'aime, Camille, voilà tout ce que je sais.

CAM. Vous dites que vous m'aimez, et vous ne mentez jamais?

PERD. Jamais.

CAM. En voilà une qui dit pourtant que cela vous arrive quelquefois. (*Elle lève la tapisserie; Rosette paraît dans le fond, évanouie sur une chaise.*) Que répondrez-vous à cette enfant, Perdican, lorsqu'elle vous demandera compte de vos paroles? Si vous ne mentez jamais, d'où vient donc qu'elle s'est évanouie en vous entendant me dire que vous m'aimez? Je vous laisse avec elle; tâchez de la faire revenir.[143] (*Elle veut[144] sortir.*)

PERD. Un instant, Camille, écoutez-moi.

CAM. Que voulez-vous me dire? c'est à Rosette qu'il faut parler. Je ne vous aime pas, moi, je n'ai pas été[145] chercher par dépit cette malheureuse enfant au fond de sa chaumière,[146] pour en faire un appât,[147] un jouet; je n'ai pas répété imprudemment devant elle des paroles brûlantes adressées à une autre; je n'ai pas feint de jeter au vent pour elle le souvenir d'une amitié chérie; je ne lui ai pas mis ma chaîne au cou; je ne lui ai pas dit que je l'épouserais.

PERD. Écoutez-moi, écoutez-moi!

CAM. N'as-tu[148] pas souri tout à l'heure quand je t'ai dit que je n'avais pu aller

---

141. *hochet:* plaything.
142. Notice the shift from *vous* to *tu.*
143. *revenir:* return (to consciousness).
144. *veut:* starts.
145. *été:* gone.

146. *chaumière:* cottage.
147. *appât:* bait.
148. Camille uses *tu* to Perdican for the first time. What does this imply?

à la fontaine? Eh bien! oui, j'y étais, et
j'ai tout entendu; mais, Dieu m'en est
témoin, je ne voudrais pas y avoir parlé
comme toi. Que feras-tu de cette fille-là,
maintenant, quand elle viendra, avec tes
baisers ardents sur les lèvres, te montrer
en pleurant la blessure que tu lui as faite?
Tu as voulu te venger de moi, n'est-ce
pas, et me punir d'une lettre écrite à mon
couvent? Tu as voulu me lancer à tout
prix quelque trait qui pût m'atteindre,
et tu comptais pour rien que ta flèche
empoisonnée traversât cette enfant,
pourvu qu'elle me frappât derrière elle.
Je m'étais vantée de t'avoir inspiré
quelque amour, de te laisser quelque
regret. Cela t'a blessé dans ton noble
orgueil? Eh bien! apprends-le de moi, tu
m'aimes, entends-tu; mais tu épouseras
cette fille, ou tu n'es qu'un lâche!

PERD. Oui, je l'épouserai.

CAM. Et tu feras bien.

PERD. Très bien, et beaucoup mieux qu'en
t'épousant toi-même. Qu'y a-t-il,
Camille, qui t'échauffe si fort? Cette
enfant s'est évanouie; nous la ferons
bien revenir, il ne faut pour cela qu'un
flacon de vinaigre; tu as voulu me
prouver que j'avais menti une fois dans
ma vie; cela est possible, mais je te
trouve hardie de décider à quel instant.
Viens, aide-moi à secourir Rosette. *(Ils
sortent).*

SCÈNE VII. *ENTRENT* LE BARON *ET* CAMILLE

BARON. Si cela se fait, je deviendrai fou.

CAM. Employez votre autorité.

BARON. Je deviendrai fou, et je refuserai
mon consentement; voilà qui est certain.

CAM. Vous devriez lui parler et lui faire
entendre raison.

BARON. Cela me jettera dans le désespoir
pour tout le carnaval, et je ne paraîtrai
pas une fois à la cour. C'est un mariage
disproportionné. Jamais on n'a entendu
parler d'épouser la sœur de lait de sa
cousine; cela passe toute espèce de
bornes.

CAM. Faites-le appeler, et dites-lui
nettement que ce mariage vous déplaît.
Croyez-moi, c'est une folie, et il ne
résistera pas.

BARON. Je serai vêtu de noir cet hiver,
tenez-le pour assuré.

CAM. Mais parlez-lui, au nom du ciel!
C'est un coup de tête[149] qu'il a fait; peut-
être n'est-il déjà plus temps;[150] s'il en a
parlé, il le fera.

BARON. Je vais m'enfermer pour
m'abandonner à ma douleur. Dites-lui,
s'il me demande, que je suis enfermé, et
que je m'abandonne à ma douleur de le
voir épouser une fille sans nom. *(Il sort.)*

CAM. Ne trouverai-je pas ici un homme de
cœur? En vérité, quand on en cherche,
on est effrayé de sa solitude. *(Entre
Perdican.)* Eh bien, cousin, à quand le
mariage?

PERD. Le plus tôt possible; j'ai déjà parlé
au notaire, au curé, et à tous les paysans.

CAM. Vous comptez donc réellement que
vous épouserez Rosette?

PERD. Assurément.

CAM. Qu'en dira votre père?

PERD. Tout ce qu'il voudra; il me plaît
d'épouser cette fille; c'est une idée
que je vous dois, et je m'y tiens. Faut-
il vous répéter les lieux communs les
plus rebattus[151] sur sa naissance et sur
la mienne? Elle est jeune et jolie, et elle
m'aime; c'est plus qu'il n'en faut pour
être trois fois heureux. Qu'elle ait de
l'esprit ou qu'elle n'en ait pas, j'aurais
pu trouver pire. On criera et on raillera;
je m'en lave les mains.

CAM. Il n'y a rien là de risible; vous faites
très bien de l'épouser. Mais je suis
fâchée pour vous d'une chose: c'est
qu'on dira que vous l'avez fait par dépit.

PERD. Vous êtes fâchée de cela? Oh! que
non.

CAM. Si, j'en suis vraiment fâchée pour
vous. Cela fait du tort à un jeune

---

149. *coup de tête:* whim, folly.
150. *n'est-il déjà plus temps:* it is already too late.
151. *rebattus:* hackneyed, threadbare.

homme, de ne pouvoir résister à un moment de dépit.

PERD. Soyez-en donc fâchée; quant à moi, cela m'est bien égal.

CAM. Mais vous n'y pensez pas; c'est une fille de rien.

PERD. Elle sera donc de quelque chose, lorsqu'elle sera ma femme.

CAM. Elle vous ennuiera avant que le notaire ait mis son habit neuf et ses souliers pour venir ici; le cœur vous lèvera[152] au repas de noces, et le soir de la fête vous lui ferez couper les mains et les pieds, comme dans les contes arabes, parce qu'elle sentira le ragoût.[153]

PERD. Vous verrez que non. Vous ne me connaissez pas; quand une femme est douce et sensible, fraîche, bonne et belle, je suis capable de me contenter de cela, oui, en vérité, jusqu'à ne pas me soucier de savoir si elle parle latin.

CAM. Il est à regretter qu'on ait dépensé tant d'argent pour vous l'apprendre; c'est trois mille écus de perdus.

PERD. Oui; on aurait mieux fait de les donner aux pauvres.

CAM. Ce sera vous qui vous en chargerez, du moins pour les pauvres d'esprit.[154]

PERD. Et ils me donneront en échange le royaume des cieux, car il est à eux.

CAM. Combien de temps durera cette plaisanterie?

PERD. Quelle plaisanterie?

CAM. Votre mariage avec Rosette.

PERD. Bien peu de temps; Dieu n'a pas fait de l'homme une œuvre de durée: trente ou quarante ans, tout au plus.

CAM. Je suis curieuse de danser à vos noces!

PERD. Écoutez-moi, Camille, voilà un ton de persiflage qui est hors de propos.

CAM. Il me plaît trop pour que je le quitte.

PERD. Je vous quitte donc vous-même; car j'en ai tout à l'heure[155] assez.

CAM. Allez-vous chez votre épousée?

PERD. Oui, j'y vais de ce pas.

CAM. Donnez-moi donc le bras; j'y vais aussi. *(Entre Rosette.)*

PERD. Te voilà, mon enfant! Viens, je veux te présenter à mon père.

ROS. *(se mettant à genoux).* Monseigneur, je viens vous demander une grâce. Tous les gens du village à qui j'ai parlé ce matin m'ont dit que vous aimiez votre cousine, et que vous ne m'avez fait la cour que pour vous divertir tous deux; on se moque de moi quand je passe, et je ne pourrai plus trouver de mari dans le pays, après avoir servi de risée à tout le monde. Permettez-moi de vous rendre le collier que vous m'avez donné, et de vivre en paix chez ma mère.

CAM. Tu es une bonne fille, Rosette; garde ce collier, c'est moi qui te le donne, et mon cousin prendra le mien à la place. Quant à un mari, n'en sois pas embarrassée, je me charge de t'en trouver un.

PERD. Cela n'est pas difficile, en effet. Allons, Rosette, viens, que je te mène à mon père.

CAM. Pourquoi? Cela est inutile.

PERD. Oui, vous avez raison, mon père nous recevrait mal; il faut laisser passer le premier moment de surprise qu'il a éprouvée. Viens avec moi, nous retournerons sur la place. Je trouve plaisant qu'on dise que je ne t'aime pas quand je t'épouse. Pardieu! nous les ferons bien taire. *(Il sort avec Rosette.)*

CAM. Que se passe-t-il donc en moi? Il l'emmène d'un air bien tranquille. Cela est singulier: il me semble que la tête me tourne. Est-ce qu'il l'épouserait tout de bon? Holà! dame Pluche, dame Pluche! N'y a-t-il donc personne ici? *(Entre un valet.)* Courez après le seigneur Perdican; dites-lui vite qu'il remonte ici, j'ai à lui parler. *(Le valet sort.)* Mais qu'est-ce donc que tout cela? Je n'en puis plus, mes pieds refusent de me soutenir. *(Rentre Perdican.)*

PERD. Vous m'avez demandé, Camille?

CAM. Non,—non.

---

152. *le cœur vous lèvera:* you will feel sick.
153. *sentira le ragoût:* will smell of stew.
154. *pauvres d'esprit:* poor in intelligence. Perdican

replies with the Beatitude: "Blessed are the poor in spirit, for theirs is the kingdom of heaven."
155. *tout à l'heure:* now.

PERD. En vérité, vous voilà pâle! qu'avez-vous à me dire? Vous m'avez fait rappeler pour me parler?

CAM. Non, non!—O Seigneur Dieu! *(Elle sort.)*

Scène VIII. *(Un oratoire)*

Entre CAM. *(Elle se jette au pied de l'autel).* M'avez-vous abandonnée, ô mon Dieu? Vous le savez, lorsque je suis venue, j'avais juré de vous être fidèle; quand j'ai refusé de devenir l'épouse d'un autre que vous, j'ai cru parler sincèrement devant vous et ma conscience; vous le savez, mon Père; ne voulez-vous donc plus de moi? Oh! pourquoi faites-vous mentir la vérité elle-même? Pourquoi suis-je si faible? Ah! malheureuse, je ne puis plus prier. *(Entre Perdican.)*

PERD. Orgueil, le plus fatal des conseillers humains, qu'es-tu venu faire entre cette fille et moi? La voilà pâle et effrayée, qui presse sur les dalles insensibles son cœur et son visage. Elle aurait pu m'aimer, et nous étions nés l'un pour l'autre; qu'es-tu venu faire sur nos lèvres, orgueil, lorsque nos mains allaient se joindre?

CAM. Qui m'a suivie? Qui parle sous cette voûte? Est-ce toi, Perdican?

PERD. Insensés que nous sommes! nous nous aimons. Quel songe avons-nous fait, Camille? Quelles vaines paroles, quelles misérables folies ont passé comme un vent funeste entre nous deux? Lequel de nous a voulu tromper l'autre? Hélas! cette vie est elle-même un si pénible rêve! pourquoi encore y mêler les nôtres? O mon Dieu! le bonheur est une perle si rare dans cet océan d'icibas! Tu nous l'avais donné, pêcheur céleste, tu l'avais tiré pour nous des profondeurs de l'abîme, cet inestimable joyau; et nous, comme des enfants gâtés que nous sommes, nous en avons fait un jouet. Le vert sentier qui nous amenait l'un vers l'autre avait une pente si douce, il était entouré de buissons si fleuris, il se perdait dans un si tranquille horizon! Il a bien fallu que la vanité, le bavardage et la colère vinssent jeter leurs rochers informes sur cette route céleste, qui nous aurait conduits à toi dans un baiser! Il a bien fallu que nous nous fissions du mal, car nous sommes des hommes! O insensés! nous nous aimons. *(Il la prend dans ses bras.)*

CAM. Oui, nous nous aimons, Perdican; laisse-moi le sentir sur ton cœur. Ce Dieu qui nous regarde ne s'en offensera pas; il veut bien que je t'aime; il y a quinze ans qu'il le sait.

PERD. Chère créature, tu es à moi! *(Il l'embrasse; on entend un grand cri derrière l'autel.)*

CAM. C'est la voix de ma sœur de lait.

PERD. Comment est-elle ici? Je l'avais laissée dans l'escalier, lorsque tu m'as fait rappeler. Il faut donc qu'elle m'ait suivi sans que je m'en sois aperçu.

CAM. Entrons dans cette galerie, c'est là qu'on a crié.

PERD. Je ne sais ce que j'éprouve; il me semble que mes mains sont couvertes de sang.

CAM. La pauvre enfant nous a sans doute épiés; elle s'est encore évanouie; viens, portons-lui secours; hélas! tout cela est cruel.

PERD. Non, en vérité, je n'entrerai pas; je sens un froid mortel qui me paralyse. Vas-y, Camille, et tâche de la ramener. *(Camille sort.)* Je vous en supplie, mon Dieu! ne faites pas de moi un meurtrier! Vous voyez ce qui se passe; nous sommes deux enfants insensés, et nous avons joué avec la vie et la mort; mais notre cœur est pur; ne tuez pas Rosette, Dieu juste! Je lui trouverai un mari, je réparerai ma faute; elle est jeune, elle sera riche, elle sera heureuse; ne faites pas cela, ô Dieu! vous pouvez bénir encore quatre de vos enfants. Eh bien! Camille, qu'y a-t-il? *(Camille rentre.)*

CAM. Elle est morte! Adieu, Perdican!

❖ ❖ ❖

7. Le Réalisme romantique

In the 1830s and 1840s, a transition from Romanticism to Realism occurred. Stendhal exemplified this transition. He was *Romantic* in his cult of passion and sensibility, in his admiration for the genius, the superior man, in his scorn of bourgeois ideology. But notice that he was older than the Romantics and was never an enrolled member of their school. He was *Realist* in his skeptical eighteenth-century materialism, in his insistence on the exact rendering of contemporary reality, in his contempt for all pretense and hypocrisy. Eventually, this Romantic Realism would lay waste to the tear-stained Romanticism of the previous generation.

Stendhal

[1783–1842]

The Luck of the Draw

"I have taken a ticket in the lottery, the drawing to be held in 1935," said Stendhal. His ticket has taken one of the big prizes. He is one of those few writers, like Donne, Blake, Melville, Dickinson, who have turned out to be more in tune with the spirit of later times than with that of their own.

Little Monster

His real name was Henri Beyle. (His pen name, *Stendhal,* was taken apparently at random, and slightly misspelled, from a German town near Berlin.) He was born in the then-small Alpine city of Grenoble, in a respectable middle-class family in 1873. He was regarded as a "petit monstre"; indeed, his first recollection is of biting a lady who tried to kiss him. His mother died when he was seven; he frankly hated his father. He cultivated an air of ferocity to hide his extreme emotional sensitivity. One recognizes that his case is the psychologist's delight.

At seventeen he entered Napoleon's army and served in Italy, a country which he immediately loved better than his own. The army sevice lacked the glory that he had anticipated, however. Complaining of boredom and the lingering effects of a sexually transmitted disease (which gives us a good idea of how he dealt with his boredom), he resigned from the military in 1802. He took acting lessons in Paris in 1804, chased after women and a career as a playwright (both rather unsuccessfully), and obtained a new military commission in 1806. He had an honorable military career, mostly in the service of supply and in civil affairs, in France, Germany, and Austria. He survived the dreadful retreat from Russia in 1812. From 1814 to 1821 he lived chiefly in Milan, then spent nine years as a journalist in Paris. From 1831 until his death in 1842 he was French consul in Civitavecchia, a dull little seaport near Rome. He made, however, long stays in Rome and in Paris. He never married.

In person, he was overweight and unimpressive, hardly the image he wanted to project. He fancied himself the Great Lover, and wrote discourses on amorous strategies. His character was a conflicting medley of skeptical practicality and emotionalism, or sensibility. F. C. Green thus summarized his dominant traits: "The cult of passion as the only way to happiness; an admiration of energy in any form, which leads him to despise conventional morality as a sign of feebleness; an intense and devouring intellectual curiosity about every aspect of human nature and of human activity; the resolve to penetrate the truth about man and his institutions and thus to achieve a reputation for original genius; the determination to acquire a cosmopolitan outlook; the consciousness that he is an artist but that he must write not for his own contemptible century but for the twentieth."[1] Such a character is both *romantic* and *realist*, hence his designation as *Romantic Realist*.

His favorite *subject matter* is the psychological study of the emotional life of the exceptional man. The pursuit of happiness, he said, directs our lives and molds our characters. Stendhal's concern is with our everyday behavior, as it is determined by the search for happiness.

Stendhal. A late 19th century print based on a contemporary portrait.

His *style* is the direct opposite of the lyrical, colorful Romantic manner. He hated the flowery *phrase à la Chateaubriand.* He chose a bare, compact, matter-of-fact style, often a succession of brief declarative sentences.[2] While writing *La Chartreuse de Parme*, he began every day by reading some sections of Napoleon's law code. He said of style: "Le meilleur est celui qui se fait oublier et laisse voir le plus clairement les pensées qu'il énonce."

Beylism

Stendhal's *influence* has been enormous. Especially around 1900, many young men made of *le beylisme* (named after Stendhal's real name) a system of life. Seeking a practical route to happiness, the *beyliste*, like Stendhal, accepts the scientific theories of the eighteenth century, which presume that our knowledge and character derive solely from our sensory experiences. Rejecting religion and morality, which Stendhal believes are made for dupes, we gain power over nature and men, we can advisedly make our search for happiness. The same kind of nerve and daring exhibited by bank robbers is precisely what *beylistes* think we ought to be seeking in ourselves and admiring in others. We need have no concern for the mass of humanity, bound by their silly conventions. To succeed, we must be Masters, with inflexible will, with perfect independence of mind. Thus we attain our end, which is power, hence happiness. If you protest that this doctrine is hotheaded, dangerous, self-destructive, and ethically wrong, *beylistes* reply that you are merely proving that you are not a *beyliste,* you are one of the rabble. And if you remark that the doctrine never worked for Stendhal, you are just being troublesome.

---

1. F. C. Green: *Stendhal.* New York, Cambridge University Press, 1939, p. 50.

2. A more modern parallel would be Hemingway, another sort of Romantic realist.

Choosing Red or Black

Stendhal's two foremost books are *La Chartreuse de Parme* and *Le Rouge et le Noir* (1830). *La Chartreuse* is about a vague young man who does not know what he wants in life (a very modern condition), whereas *Le Rouge et le Noir* is about a focused young man who knows precisely what he wants.

The opening chapters of *Le Rouge et le Noir* are given here. The colors in the title can have many possible interpretations. They are, for example, the colors of the roulette wheel, as well as suits of playing cards, emphasizing the nature of the ambitious young person who gambles on means to success. And red is, of course, also the traditional color of passion and love, while black has normally represented tragedy and death. But according to most commentators, the *Rouge* in this novel is the Army, in which, under Napoleon, the opportunist had a chance to rise to success. The *Noir* is generally assumed to be the Church, because its priests usually dressed in black. After the restoration to power of the Bourbon-family monarchy following the fall of Napoleon in 1814, the reactionary government of Louis XVIII and Charles X was defended by the priesthood and a powerful, semi-secret body of pious laymen, the *Congrégation*. Neither a political liberal nor an atheist would have had any chance in life. To succeed, the ambitious youth had to become a hypocrite, accepting outwardly the dominant political and religious faith. This is the choice made by the novel's protagonist, Julien Sorel.

Julien is, for the most part, an idealized representation of Stendhal himself. He starts out fundamentally goodhearted, sincere, passionate for his ideals. But he is above all ambitious. He wants status, money, power, women. He accepts the world as he finds it, plays the hypocrite, lies and cheats, bows to the corrupt society he despises. At issue is not only whether Julien, irresistibly handsome and blessed (by some fluke of nature) with a very useful photographic memory, can succeed as a social climber, but whether true happiness really has anything to do with worldly material gain. Hence Julien is subject to an intolerable spiritual tension and ethical crisis, which Stendhal probes with the utmost delicacy.

Stendhal has an acute sense of irony that is present at almost all times. He looks askance at the world and his characters, poking fun even at the characters that he wants the reader to like. Although strongly identifying with Julien, Stendhal undercuts his protagonist. Somehow Julien is not half as shrewd and worldly as the lad imagines himself to be. Stendhal seldom allows himself to be comical in a laugh-out-loud sense, but he is always at least mildly satirical and teasing.

It is interesting to note that Stendhal wrote this novel throughout 1830. Right in the middle of that year, the repressive, Church-supported government was overthrown and replaced with a new monarchy solidly linked to big business interests. Stendhal never saw the revolution coming, and essentially ignored the social changes that it brought. He went right on writing his novel about how the ambitious young man must feign piety to get ahead. Actually, the new young man of the 1830s needed to feign an interest in commerce and industry. Thus, Stendhal's novel was, in a sense, outdated before it ever saw the light of day. It would have to wait many years to gain status as a classic. But for us, *Le Rouge et le Noir* serves quite well its original purpose of depicting life as it was under the pre-1830 monarchy, when atheists in clergymen's clothing clawed their way toward the top.

Julien Sorel is, if nothing else, the perfect image of the eagerly ambitious young dynamo who is more than willing to do whatever it takes to get ahead, no matter what the consequences for himself or anyone around him. Many readers (whether they admit it or not) have surely recognized in Julien Sorel their own secret selves. One may, accurately enough, call him pitiable or despicable. But does that really matter, if Julien is true, as only the great creations of literature are true?

Stendhal's home town, Grenoble. Courtesy of Bibliothèque nationale de France.

Stendhal dedicted *Le Rouge et le Noir* to what he called The Happy Few, presumably meaning the minority of readers with good taste, those who would appreciate his novel as the masterpiece he believed it to be. Today, Stendhal would be pleased to know, his Happy Few have turned into a large majority.

LE ROUGE ET LE NOIR
CHRONIQUE DE 1830

[*Excerpt*]

La vérité, l'âpre vérité
Danton[3]

I. UNE PETITE VILLE

La petite ville de Verrières[4] peut passer pour l'une des plus jolies de la Franche-Comté.[5] Ses maisons blanches avec leurs toits pointus de tuiles rouges s'étendent sur la pente d'une colline, dont des touffes de vigoureux châtaigniers marquent les moindres sinuosités.[6] Le Doubs[7] coule à quelques centaines de pieds audessous de ses fortifications, bâties jadis par les Espagnols, et maintenant ruinées.

Verrières est abritée du côté du nord par une haute montagne, c'est une des branches du Jura. Les cimes brisées du Verra[8] se couvrent de neige dès les premiers froids

---

3. Danton, extremist revolutionary leader (1759–94).
4. *Verrières:* an imaginary city, bearing much resemblance to Stendhal's native Grenoble, in Dauphiné.
5. Franche-Comté, old province of eastern France, south of Lorraine, west of Switzerland. (It was under Spanish rule until the seventeenth century.)
6. *sinuosités:* windings.
7. Doubs, river rising in Switzerland, flowing mostly southwest, past Besançon, to join the Saône.
8. *Verra:* imaginary mountain.

d'octobre. Un torrent, qui se précipite de la montagne, traverse Verrières avant de se jeter dans le Doubs, et donne le mouvement à un grand nombre de scies à bois;[9] c'est une industrie fort simple et qui procure un certain bien-être à la majeure partie des habitants plus paysans que bourgeois. Ce ne sont pas cependant les scies à bois qui ont enrichi cette petite ville. C'est à la fabrique des toiles peintes,[10] dites de Mulhouse,[11] que l'on doit l'aisance générale qui, depuis la chute de Napoléon, a fait rebâtir les façades de presque toutes les maisons de Verrières.

A peine entre-t-on[12] dans la ville que l'on est étourdi par le fracas d'une machine bruyante et terrible en apparence. Vingt marteaux pesants, et retombant avec un bruit qui fait trembler le pavé, sont élevés par une roue que l'eau du torrent fait mouvoir. Chacun de ces marteaux fabrique, chaque jour, je ne sais combien de milliers de clous. Ce sont de jeunes filles fraîches et jolies qui présentent aux coups de ces marteaux énormes les petits morceaux de fer qui sont rapidement transformés en clous. Ce travail, si rude en apparence, est un de ceux qui étonnent le plus le voyageur qui pénètre pour la première fois dans les montagnes qui séparent la France de l'Helvétie.[13] Si, en entrant à Verrières, le voyageur demande à qui appartient cette belle fabrique de clous qui assourdit les gens qui montent la grande rue, on lui répond avec un accent traînard:[14] *Eh! elle est à M. le maire.*

Pour peu que le voyageur s'arrête quelques instants dans cette grande rue de Verrières, qui va en montant depuis la rive du Doubs jusque vers le sommet de la colline, il y a cent à parier contre un qu'il verra paraître un grand homme à l'air affairé et important.

A son aspect tous les chapeaux se lèvent rapidement. Ses cheveux sont grisonnants, et il est vêtu de gris. Il est chevalier de plusieurs ordres, il a un grand front, un nez aquilin, et au total sa figure ne manque pas d'une certaine régularité: on trouve même, au premier aspect, qu'elle réunit à la dignité du maire de village cette sorte d'agrément qui peut encore se rencontrer avec quarante-huit ou cinquante ans. Mais bientôt le voyageur parisien est choqué d'un certain air de contentement de soi et de suffisance[15] mêlé à je ne sais quoi de borné et de peu inventif. On sent enfin que le talent de cet homme-là se borne à se faire payer bien exactement ce qu'on lui doit, et à payer luimême le plus tard possible quand il doit.

Tel est le maire de Verrières, M. de Rênal. Après avoir traversé la rue d'un pas grave, il entre à la mairie et disparaît aux yeux du voyageur. Mais, cent pas plus haut, si celui-ci continue sa promenade, il aperçoit une maison d'assez belle apparence, et, à travers une grille de fer attenante à la maison, des jardins magnifiques. Au delà, c'est une ligne d'horizon formée par les collines de la Bourgogne,[16] et qui semble faite à souhait[17] pour le plaisir des yeux. Cette vue fait oublier au voyageur l'atmosphère empestée des petits intérêts d'argent dont il commence à être asphyxié.

On lui apprend que cette maison appartient à M. de Rênal. C'est aux bénéfices[18] qu'il a faits sur sa grande fabrique de clous que le maire de Verrières doit cette belle habitation en pierres de taille[19] qu'il achève en ce moment. Sa famille, dit-on, est espagnole, antique, et, à ce qu'on prétend, établie dans le pays bien avant la conquête de Louis XIV.[20]

---

9. *scies à bois:* sawmills.
10. *toiles peintes:* cotton prints.
11. Mulhouse, industrial city in southern Alsace.
12. Notice the old device of the inquiring visitor, to give order to background description.
13. *Helvétie:* Switzerland.
14. *traînard:* drawling.
15. *suffisance:* complacency, self-importance.

16. *Bourgogne:* Burgundy, to the west of Franche-Comté.
17. *faite à souhait:* ideally designed.
18. *bénéfices:* profits.
19. *pierres de taille:* freestone, fine-grained building stone.
20. Franche-Comté was annexed to France in 1678.

Depuis 1815 il rougit d'être industriel:[21] 1815 l'a fait maire de Verrières. Les murs en terrasse qui soutiennent les diverses parties de ce magnifique jardin qui, d'étage en étage, descend jusqu'au Doubs, sont aussi la récompense de la science de M. de Rênal dans le commerce du fer.

Ne vous attendez point à trouver en France ces jardins pittoresques qui entourent les villes manufacturières de l'Allemagne, Leipsick, Francfort, Nuremberg, etc. En Franche-Comté, plus on bâtit de murs, plus on hérisse[22] sa propriété de pierres rangées les unes au-dessus des autres, plus on acquiert de droits aux respects de ses voisins. Les jardins de M. de Rênal, remplis de murs, sont encore admirés parce qu'il a acheté, au poids de l'or, certains petits morceaux du terrain qu'ils occupent. Par exemple, cette scie à bois, dont la position singulière sur la rive du Doubs vous a frappé en entrant à Verrières, et où vous avez remarqué le nom de SOREL, écrit en caractères gigantesques sur une planche qui domine le toit, elle occupait, il y a six ans, l'espace sur lequel on élève en ce moment le mur de la quatrième terrasse des jardins de M. de Rênal.

Malgré sa fierté, M. le maire a dû faire bien des démarches auprès du vieux Sorel, paysan dur et entêté; il a dû lui compter de beaux louis d'or pour obtenir qu'il transportât son usine[23] ailleurs. Quant au ruisseau *public* qui faisait aller la scie, M. de Rênal, au moyen du crédit dont il jouit à Paris, a obtenu qu'il fût détourné. Cette grâce lui vint après les élections de 182–.[24]

Il a donné à Sorel quatre arpents[25] pour un, à cinq cents pas plus bas sur les bords du Doubs. Et, quoique cette position fût beaucoup plus avantageuse pour son commerce de planches de sapin,[26] le père Sorel, comme on l'appelle depuis qu'il est riche, a eu le secret d'obtenir de l'impatience et de la *manie de propriétaire,* qui animait son voisin, une somme de 6.000 francs.

Il est vrai que cet arrangement a été critiqué par les bonnes têtes de l'endroit. Une fois, c'était un jour de dimanche, il y a quatre ans de cela, M. de Rênal, revenant de l'église en costume de maire, vit de loin le vieux Sorel, entouré de ses trois fils, sourire en le regardant. Ce sourire a porté un jour[27] fatal dans l'âme de M. le maire, il pense depuis lors qu'il eût pu obtenir l'échange à meilleur marché.

Pour arriver à la considération publique à Verrières, l'essentiel est de ne pas adopter, tout en bâtissant beaucoup de murs, quelque plan apporté d'Italie par ces maçons, qui au printemps traversent les gorges du Jura pour gagner Paris. Une telle innovation[28] vaudrait à l'imprudent bâtisseur une éternelle réputation de *mauvaise tête,* et il serait à jamais perdu auprès des gens sages et modérés qui distribuent la considération[29] en Franche-Comté.

Dans le fait, ces gens sages y exercent le plus ennuyeux *despotisme*; c'est à cause de ce vilain mot que le séjour des petites villes est insupportable pour qui a vécu dans cette grande république qu'on appelle Paris. La tyrannie de l'opinion, et quelle opinion! est aussi *bête* dans les petites villes de France qu'aux États-Unis d'Amérique.[30]

II. UN MAIRE

Heureusement pour la réputation de M. de Rênal comme administrateur, un immense *mur de soutènement*[31] était nécessaire à la promenade publique qui longe la colline à

---

21. After the fall of Napoleon's Empire, under which industrial achievement was honored, came the Bourbon Restoration, reestablishing the aristocratic values of the Old Régime, including the gentleman's scorn of trade and of the tradesman.
22. *hérisse:* makes bristle.
23. *usine:* factory.
24. *Cette grâce…182–:* i.e., M. de Rênal had notably aided the victorious conservative party.
25. *arpents:* acres.

26. *sapin:* fir.
27. *jour: here,* enlightenment.
28. Stendhal, who esteemed Italian taste more than French taste, would have approved such an innovation.
29. *considération:* public esteem.
30. French travelers reported that American democracy had resulted in an appalling dominance of mediocrity. Is American society mediocre and proud of it?
31. *mur de soutènement:* supporting wall.

une centaine de pieds au-dessus du cours du Doubs. Elle doit à cette admirable position une des vues les plus pittoresques de France. Mais, à chaque printemps, les eaux de pluie sillonnaient la promenade, y creusaient des ravins et la rendaient impraticable. Cet inconvénient, senti par tous, mit M. de Rênal dans l'heureuse nécessité d'immortaliser son administration par un mur de vingt pieds de hauteur et de trente ou quarante toises de long.

Le parapet de ce mur pour lequel M. de Rênal a dû faire trois voyages à Paris, car l'avant-dernier ministre de l'Intérieur s'était déclaré l'ennemi mortel de la promenade de Verrières, le parapet de ce mur s'élève maintenant de quatre pieds au-dessus du sol. Et, comme pour braver tous les ministres présents et passés, on le garnit en ce moment avec des dalles[32] de pierre de taille.

Combien de fois, songeant aux bals de Paris abandonnés la veille, et la poitrine appuyée contre ces grands blocs de pierre d'un beau gris tirant sur le bleu, mes regards ont plongé dans la vallée du Doubs! Au delà, sur la rive gauche, serpentent cinq ou six vallées au fond desquelles l'œil distingue fort bien de petits ruisseaux. Après avoir couru de cascade en cascade on les voit tomber dans le Doubs. Le soleil est fort chaud dans ces montagnes; lorsqu'il brille d'aplomb,[33] la rêverie du voyageur est abritée sur cette terrasse par de magnifiques. platanes.[34] Leur croissance rapide et leur belle verdure tirant sur le bleu, ils la doivent à la terre rapportée,[35] que M. le maire a fait placer derrière son immense mur de soutènement, car, malgré l'opposition du conseil municipal, il a élargi la promenade de plus de six pieds (quoiqu'il soit ultra[36] et moi libéral, je l'en loue), c'est

pourquoi dans son opinion et dans celle de M. Valenod, l'heureux directeur du dépôt de mendicité[37] de Verrières, cette terrasse peut soutenir la comparaison avec celle de Saint-Germain-en-Laye.[38]

Je ne trouve, quant à moi, qu'une chose à reprendre au Cours de la Fidélité;[39] on lit ce nom officiel en quinze ou vingt endroits, sur des plaques de marbre qui ont valu une croix[40] de plus à M. de Rênal; ce que je reprocherais au Cours de la Fidélité, c'est la maniére barbare dont l'autorité fait tailler et tondre jusqu'au vif ces vigoureux platanes. Au lieu de ressembler par leurs têtes basses, rondes et aplaties, à la plus vulgaire des plantes potagères,[41] ils ne demanderaient pas mieux que d'avoir ces formes magnifiques qu'on leur voit en Angleterre. Mais la volonté de M. le maire est despotique, et deux fois par an tous les arbres appartenant à la commune sont impitoyablement amputés. Les libéraux de l'endroit prétendent, mais ils exagèrent, que la main du jardinier officiel est devenue bien plus sévère depuis que M. le vicaire Maslon a pris l'habitude de s'emparer des produits de la tonte.[42]

Ce jeune ecclésiastique fut envoyé de Besançon, il y a quelques années, pour surveiller l'abbé Chélan et quelques curés des environs. Un vieux chirurgien-major de l'armée d'Italie[43] retiré à Verrières, et qui de son vivant était à la fois, suivant M. le maire, jacobin[44] et bonapartiste, osa bien un jour se plaindre à lui de la mutilation périodique de ces beaux arbres.

—J'aime l'ombre, répondit M. de Rênal avec la nuance de hauteur convenable quand on parle à un chirurgien, membre de la légion d'honneur;[45] j'aime l'ombre,

---

32. *dalles:* paving stones.
33. *d'aplomb:* directly down.
34. *platanes:* plane trees.
35. *terre rapportée:* filled-in earth.
36. *ultra:* i.e., *ultra-royaliste,* extreme conservative.
37. *dépôt de mendicité:* government poorhouse.
38. *Saint-Germain-en-Laye:* château near Paris, with a fine view of the city.
39. *Cours de la Fidélité:* type of name given to public places under the Restoration.
40. *croix:* honorary order.
41. *plantes potagères:* vegetables.

42. *tonte:* trimming.
43. *armée d'Italie:* Napoleon's army, which conquered Italy in 1796.
44. *jacobin:* member of extreme radical party during Revolution, hence any republican.
45. *légion d'honneur:* military and civilian order founded by Napoleon to honor persons of merit who had earned recognition. Its medals and titles were created to replace hereditary titles of nobility, hence the *légion d'honneur* was offensive to monarchists.

je fais tailler *mes* arbres pour donner de l'ombre, et je ne conçois pas qu'un arbre soit fait pour autre chose, quand toutefois, comme l'utile noyer, il *ne rapporte pas de revenu.*

Voilà le grand mot qui décide de tout à Verrières: *rapporter du revenu.* A lui seul il représente la pensée habituelle de plus des trois quarts des habitants.

Rapporter du revenu est la raison qui décide de tout dans cette petite ville qui vous semblait si jolie. L'étranger qui arrive, séduit par la beauté des fraîches et profondes vallées qui l'entourent, s'imagine d'abord que ses habitants sont sensibles au *beau*; ils ne parlent que trop souvent de la beauté de leur pays: on ne peut pas nier qu'ils n'en fassent grand cas; mais c'est parce qu'elle attire quelques étrangers dont l'argent enrichit les aubergistes, ce qui, par le mécanisme de l'octroi,[46] *rapporte du revenu à la ville.*

C'était par un beau jour d'automne que M. de Rênal se promenait sur le Cours de la Fidélité, donnant le bras à sa femme. Tout en écoutant son mari qui parlait d'un air grave, l'œil de madame de Rênal suivait avec inquiétude les mouvements de trois petits garçons. L'aîné, qui pouvait avoir onze ans, s'approchait trop souvent du parapet et faisait mine d'y monter. Une voix douce prononçait alors le nom d'Adolphe, et l'enfant renonçait à son projet ambitieux. Madame de Rênal paraissait une femme de trente ans, mais encore assez jolie.

—Il pourrait bien s'en repentir, ce beau monsieur de Paris, disait M. de Rênal d'un air offensé, et la joue plus pâle encore qu'à l'ordinaire. Je ne suis pas sans avoir quelques amis au Château[47]…Mais quoique je veuille vous parler de la province pendant deux cents pages, je n'aurai pas la barbarie de vous faire subir la longueur et les *ménagements savants* d'un dialogue de province.

Ce beau monsieur de Paris, si odieux au maire de Verrières, n'était autre que M. Appert,[48] qui, deux jours auparavant, avait trouvé le moyen de s'introduire non seulement dans la prison et le dépôt de mendicité de Verrières, mais aussi dans l'hôpital administré gratuitement par le maire et les principaux propriétaires de l'endroit.

—Mais, disait timidement madame de Rênal, quel tort peut vous faire ce monsieur de Paris, puisque vous administrez le bien des pauvres avec la plus scrupuleuse probité?

—Il ne vient que pour *déverser* le blâme, et ensuite il fera insérer des articles dans les journaux du libéralisme.

—Vous ne les lisez jamais, mon ami.

—Mais on nous parle de ces articles jacobins; tout cela nous distrait *et nous empêche de faire le bien.*[49] Quant à moi je ne pardonnerai jamais au curé.

III. LE BIEN DES PAUVRES

Il faut savoir que le curé de Verrières, vieillard de quatre-vingts ans, mais qui devait à l'air vif de ces montagnes une santé et un caractère de fer, avait le droit de visiter à toute heure la prison, l'hôpital et même le dépôt de mendicité. C'était précisément à six heures du matin que M. Appert, qui de Paris était recommandé au curé, avait eu la sagesse d'arriver dans une petite ville curieuse. Aussitôt il était allé au presbytère.[50]

En lisant la lettre que lui écrivait M. le marquis de La Mole, pair de France, et le plus riche propriétaire de la province, le curé Chélan resta pensif.

—Je suis vieux et aimé ici, se dit-il enfin à mi-voix, ils n'oseraient! Se tournant tout de suite vers le monsieur de Paris, avec des yeux où, malgré le grand âge, brillait ce feu sacré qui annonce le plaisir de faire une belle action un peu dangereuse:

---

46. *octroi:* customs duties levied on goods entering the city.
47. *Château:* i.e., royal château of King Charles X at St-Cloud.
48. *Appert:* philanthropist, penologist, editor of the reforming *Journal des Prisons.*
49. Historique. (*Note de Stendhal.*)
50. *presbytère:* rectory.

—Venez avec moi, monsieur, et en présence du geôlier et surtout des surveillants du dépôt de mendicité, veuillez n'émettre aucune opinion sur les choses que nous verrons. M. Appert comprit qu'il avait affaire à un homme de cœur: il suivit le vénérable curé, visita la prison, l'hospice, le dépôt, fit beaucoup de questions, et, malgré d'étranges réponses, ne se permit pas la moindre marque de blâme.

Cette visite dura plusieurs heures. Le curé invita à dîner M. Appert, qui prétendit avoir des lettres à écrire: il ne voulait pas compromettre davantage son généreux compagnon. Vers les trois heures, ces messieurs allèrent achever l'inspection du dépôt de mendicité, et revinrent ensuite à la prison. Là, ils trouvèrent sur la porte le geôlier, espèce de géant de six pieds[51] de haut et à jambes arquées; sa figure ignoble était devenue hideuse par l'effet de la terreur.

—Ah! monsieur, dit-il au curé, dès qu'il l'aperçut, ce monsieur, que je vois là avec vous, n'est-il pas M. Appert?

—Qu'importe? dit le curé.

—C'est que depuis hier j'ai l'ordre le plus précis, et que M. le préfet a envoyé par un gendarme, qui a dû galoper toute la nuit, de ne pas admettre M. Appert dans la prison.

—Je vous déclare, M. Noiroud, dit le curé, que ce voyageur, qui est avec moi, est M. Appert. Reconnaissez-vous que j'ai le droit d'entrer dans la prison à toute heure du jour et de la nuit, et en me faisant accompagner par qui je veux?

—Oui, monsieur le curé, dit le geôlier à voix basse, et baissant la tête comme un bouledogue que fait obéir à regret la crainte du bâton. Seulement, monsieur le curé, j'ai femme et enfants, si je suis dénoncé on me destituera;[52] je n'ai pour vivre que ma place.

—Je serais aussi bien fâché de perdre la mienne, reprit le bon curé, d'une voix de plus en plus émue.

—Quelle différence! reprit vivement le geôlier; vous, monsieur le curé, on sait que vous avez 800 livres de rente, du bon bien au soleil[53]…

Tels sont les faits qui, commentés, exagérés de vingt façons différentes, agitaient depuis deux jours toutes les passions haineuses de la petite ville de Verrières. Dans ce moment, ils servaient de texte à la petite discussion que M. de Rênal avait avec sa femme. Le matin, suivi de M. Valenod, directeur du dépôt de mendicité, il était allé chez le curé pour lui témoigner le plus vif mécontentement. M. Chélan n'était protégé par personne; il sentit toute la portée de leurs paroles.

—Eh bien, messieurs! je serai le troisième curé, de quatre-vingts ans d'âge, que l'on destituera dans ce voisinage. Il y a cinquante-six ans que je suis ici; j'ai baptisé presque tous les habitants de la ville, qui n'était qu'un bourg quand j'y arrivai. Je marie tous les jours des jeunes gens, dont jadis j'ai marié les grandspères. Verrières est ma famille; mais je me suis dit, en voyant l'étranger: « Cet homme venu de Paris, peut être à la vérité un libéral, il n'y en a que trop; mais quel mal peut-il faire à nos pauvres et à nos prisonniers? »

Les reproches de M. de Rênal, et surtout ceux de M. Valenod, le directeur du dépôt de mendicité, devenant de plus en plus vifs:

—Eh bien, messieurs! faites-moi destituer, s'était écrié le vieux curé, d'une voix tremblante. Je n'en habiterai pas moins le pays. On sait qu'il y a quarante-huit ans, j'ai hérité d'un champ qui rapporte 800 livres. Je vivrai avec ce revenu. Je ne fais point d'économies dans ma place, moi, messieurs, et c'est peut-être pourquoi je ne suis pas si effrayé quand on parle de me la faire perdre.

M. de Rênal vivait fort bien avec sa femme; mais ne sachant que répondre à cette idée, qu'elle lui répétait timidement: « Quel mal ce monsieur de Paris peut-il

---

51. *pieds:* The French *pied du roi* was 1.05 English feet; hence a *géant de six pieds* stood 6 ft. 3½ in.

52. *destituera:* will discharge.

53. *bien au soleil:* landed property.

faire aux prisonniers? » il était sur le point de se fâcher tout à fait quand elle jeta un cri. Le second de ses fils venait de monter sur le parapet du mur de la terrasse, et y courait, quoique ce mur fût élevé de plus de vingt pieds sur la vigne qui est de l'autre côté. La crainte d'effrayer son fils et de le faire tomber empêchait madame de Rênal de lui adresser la parole. Enfin l'enfant, qui riait de sa prouesse, ayant regardé sa mère, vit sa pâleur, sauta sur la promenade et accourut à elle. Il fut bien grondé.

Ce petit événement changea le cours de la conversation.

—Je veux absolument prendre chez moi Sorel, le fils du scieur de planches, dit M. de Rênal; il surveillera les enfants qui commencent à devenir trop diables pour nous. C'est un jeune prêtre, ou autant vaut,[54] bon latiniste, et qui fera faire des progrès aux enfants; car il a un caractère ferme, dit le curé. Je lui donnerai 300 francs et la nourriture. J'avais quelques doutes sur sa moralité; car il était le benjamin[55] de ce vieux chirurgien, membre de la légion d'honneur, qui, sous prétexte qu'il était leur cousin, était venu se mettre en pension chez les Sorel. Cet homme pouvait fort bien n'être au fond qu'un agent secret des libéraux; il disait que l'air de nos montagnes faisait du bien à son asthme; mais c'est ce qui n'est pas prouvé. Il avait fait toutes les campagnes de *Buonaparté*[56] en Italie, et même avait, dit-on, signé *non* pour l'empire[57] dans le temps. Ce libéral montrait[58] le latin au fils Sorel, et lui a laissé cette quantité de livres qu'il avait apportés avec lui. Aussi n'aurais-je jamais songé à mettre le fils du charpentier auprès de nos enfants; mais le curé, justement la veille de la scène qui vient de nous brouiller à jamais, m'a dit que ce Sorel étudie la théologie depuis trois ans, avec le projet d'entrer au

Stendhal's Julien Sorel meets Mme de Rênal. Illustration in the 1854 edition of Le Rouge et le noir.

séminaire; il n'est donc pas libéral, et il est latiniste.

Cet arrangement convient de plus d'une façon, continua M. de Rênal, en regardant sa femme d'un air diplomatique; le Valenod est tout fier des deux beaux normands[59] qu'il vient d'acheter pour sa calèche.[60] Mais il n'a pas de précepteur pour ses enfants.

—Il pourrait bien nous enlever celui-ci.

—Tu approuves donc mon projet? dit M. de Rênal, remerciant sa femme, par un sourire, de l'excellente idée qu'elle venait d'avoir. Allons, voilà qui est décidé.

—Ah, bon Dieu! mon cher ami, comme tu prends vite un parti!

—C'est que j'ai du caractère, moi, et le curé l'a bien vu. Ne dissimulons rien, nous sommes environnés de libéraux ici. Tous ces marchands de toile me portent envie, j'en ai

---

54. *autant vaut:* practically the same thing.
55. *benjamin:* favorite. Rênal thinks Julien must have gotten politically corrupted by a liberal bonapartist who had taken a liking to Julien.
56. *Buonaparté:* The original spelling of *Bonaparte*, from the days when the family's native island of Corsica belonged to Italy. Adversaries of Napoleon pronounced his name contemptuously

in the Italian form.
57. In a plebiscite in 1804, on the question whether Napoleon, First Consul, should become Emperor, the staunch republicans voted "No."
58. *montrait:* used to teach.
59. *normands:* Norman horses.
60. *calèche:* light open carriage.

la certitude; deux ou trois deviennent des richards; eh bien! j'aime assez qu'ils voient passer les enfants de M. de Rênal, allant à la promenade sous la conduite de *lœur précepteur.* Cela imposera. Mon grand-père nous racontait souvent que, dans sa jeunesse, il avait eu un précepteur. C'est cent écus[61] qu'il m'en pourra coûter, mais ceci doit être classé comme une dépense nécessaire pour soutenir notre rang.

Cette résolution subite laissa madame de Rênal toute pensive. C'était une femme grande, bien faite, qui avait été la beauté du pays, comme on dit dans ces montagnes. Elle avait un certain air de simplicité, et de la jeunesse dans la démarche; aux yeux d'un Parisien, cette grâce naïve, pleine d'innocence et de vivacité, serait même allée jusqu'à rappeler des idées de douce volupté. Si elle eût appris ce genre de succès, madame de Rênal en eût été bien honteuse. Ni la coquetterie, ni l'affectation n'avaient jamais approché de ce cœur. M. Valenod, le riche directeur du dépôt, passait pour lui avoir fait la cour, mais sans succès, ce qui avait jeté un éclat singulier sur sa vertu; car ce M. Valenod, grand jeune homme, taillé en force, avec un visage coloré et de gros favoris[62] noirs, était un de ces êtres grossiers, effrontés et bruyants, qu'en province on appelle de beaux hommes.

Madame de Rênal, fort timide et d'un caractère en apparence fort inégal,[63] était surtout choquée du mouvement continuel et des éclats de voix de M. Valenod. L'éloignement qu'elle avait pour ce qu'à Verrières on appelle de la joie, lui avait valu la réputation d'être très fière de sa naissance. Elle n'y songeait pas, mais avait été fort contente de voir les habitants de la ville venir moins chez elle. Nous ne dissimulerons pas qu'elle passait pour sotte aux yeux de *leurs* dames, parce que, sans nulle politique[64] à l'égard de son mari, elle laissait échapper les plus belles occasions de se faire acheter de beaux chapeaux de Paris ou de Besançon. Pourvu qu'on la laissât seule errer dans son beau jardin, elle ne se plaignait jamais.

C'était une âme naïve qui jamais ne s'était élevée même jusqu'à juger son mari, et à s'avouer qu'il l'ennuyait. Elle supposait, sans se le dire, qu'entre mari et femme il n'y avait pas de plus douces relations. Elle aimait surtout M. de Rênal quand il lui parlait de ses projets sur leurs enfants, dont il destinait l'un à l'épée, le second à la magistrature, et le troisième à l'Église. En somme, elle trouvait M. de Rênal beaucoup moins ennuyeux que tous les hommes de sa connaissance.

Ce jugement conjugal était raisonnable. Le maire de Verrières devait une réputation d'esprit et surtout de bon ton à une demidouzaine de plaisanteries dont il avait hérité d'un oncle. Le vieux capitaine de Rênal servait avant la Révolution dans le régiment d'infanterie de M. le duc d'Orléans,[65] et, quand il allait à Paris, était admis dans les salons du prince. Il y avait vu madame de Montesson,[66] la fameuse madame de Genlis,[67] M. Ducrest,[68] l'inventeur du Palais-Royal. Ces personnages ne reparaissaient que trop souvent dans les anecdotes de M. de Rênal. Mais peu à peu ce souvenir de choses aussi délicates à raconter était devenu un travail pour lui, et, depuis quelque temps, il ne répétait que dans les grandes occasions ses anecdotes relatives à la maison d'Orléans. Comme il était d'ailleurs fort poli, excepté lorsqu'on parlait d'argent, il passait, avec raison, pour le personnage le plus aristocratique de Verrières.

---

61. *cent écus:* 300 francs.
62. *favoris:* sideburns.
63. *inégal:* changeable.
64. *politique:* i.e., cunning.
65. *duc d'Orléans:* cousin of Louis XVI.
66. *madame de Montesson:* literary lady, morganatic wife of the Duc d'Orléans.
67. *madame de Genlis:* writer, governess of the Duc d'Orléans' children.
68. *M. Ducrest:* brother of Mme de Genlis; he transformed the Paris palace of the Duc d'Orléans into a public promenade, with shops, cafés, etc. (See Diderot's *Neveu de Rameau.*)

IV. UN PÈRE ET UN FILS

—Ma femme a réellement beaucoup de tête! se disait, le lendemain à six heures du matin, le maire de Verrières, en descendant à la scie du père Sorel. Quoique je le lui aie dit, pour conserver la supériorité qui m'appartient, je n'avais pas songé que si je ne prends pas ce petit abbé Sorel, qui, dit-on, sait le latin comme un ange, le directeur du dépôt, cette âme sans repos, pourrait bien avoir la même idée que moi et me l'enlever. Avec quel ton de suffisance il parlerait du précepteur de ses enfants!…Ce précepteur, une fois à moi, portera-t-il la soutane?[69]

M. de Rênal était absorbé dans ce doute, lorsqu'il vit de loin un paysan, homme de près de six pieds, qui, dès le petit jour, semblait fort occupé à mesurer des pièces de bois déposées le long du Doubs, sur le chemin de halage.[70] Le paysan n'eut pas l'air fort satisfait de voir approcher M. le maire; car ses pièces de bois obstruaient le chemin, et étaient déposées là en contravention.[71]

Le père Sorel, car c'était lui, fut très surpris et encore plus content de la singulière proposition que M. de Rênal lui faisait pour son fils Julien. Il ne l'en écouta pas moins avec cet air de tristesse mécontente et de désintérêt dont sait si bien se revêtir la finesse des habitants de ces montagnes. Esclaves du temps de la domination espagnole, ils conservent encore ce trait de la physionomie du fellah[72] de l'Égypte.

La réponse de Sorel ne fut d'abord que la longue récitation de toutes les formules de respect qu'il savait par cœur. Pendant qu'il répétait ces vaines paroles, avec un sourire gauche qui augmentait l'air de fausseté et presque de friponnerie naturel à sa physionomie, l'esprit actif du vieux paysan cherchait à découvrir quelle raison pouvait porter un homme aussi considérable à prendre chez lui son vaurien de fils. Il était fort mécontent de Julien, et c'était pour lui

que M. de Rênal lui offrait le gage inespéré de 300 francs par an, avec la nourriture et même l'habillement. Cette dernière prétention,[73] que le père Sorel avait eu le génie de mettre en avant subitement, avait été accordée de même par M. de Rênal.

Cette demande frappa le maire. Puisque Sorel n'est pas ravi et comblé de ma proposition, comme naturellement il devrait l'être, il est clair, se dit-il, qu'on lui a fait des offres d'un autre côté; et de qui peuvent-elles venir, si ce n'est du Valenod? Ce fut en vain que M. de Rênal pressa Sorel de conclure sur-le-champ: l'astuce[74] du vieux paysan s'y refusa opiniâtrement; il voulait, disait-il, consulter son fils, comme si, en province, un père riche consultait un fils qui n'a rien, autrement que pour la forme.

Une scie à eau se compose d'un hangar au bord d'un ruisseau. Le toit est soutenu par une charpente[75] qui porte sur quatre gros piliers en bois. A huit ou dix pieds d'élévation, au milieu du hangar, on voit une scie qui monte et descend, tandis qu'un mécanisme fort simple pousse contre cette scie une pièce de bois. C'est une roue mise en mouvement par le ruisseau qui fait aller ce double mécanisme, celui de la scie qui monte et descend, et celui qui pousse doucement la pièce de bois vers la scie, qui la débite[76] en planches.

En approchant de son usine, le père Sorel appela Julien de sa voix de stentor; personne ne répondit. Il ne vit que ses fils aînés, espèce de géants qui, armés de lourdes haches, équarrissaient[77] les troncs de sapin, qu'ils allaient porter à la scie. Tout occupés à suivre exactement la marque noire tracée sur la pièce de bois, chaque coup de leur hache en séparait des copeaux[78] énormes. Ils n'entendirent pas la voix de leur père. Celui-ci se dirigea vers le hangar; en y entrant, il chercha vainement Julien à la place qu'il aurait

---

69. *soutane:* cassock, long clerical gown.
70. *chemin de halage:* towpath.
71. *en contravention:* contrary to regulations.
72. *fellah:* peasant.
73. *prétention:* claim.

74. *astuce:* astuteness, craftiness.
75. *charpente:* frame.
76. *débite:* cuts up.
77. *équarrissaient:* were squaring, trimming.
78. *copeaux:* chips.

dû occuper, à côté de la scie. Il l'aperçut à cinq ou six pieds plus haut, à cheval sur l'une des pièces de la toiture.[79] Au lieu de surveiller attentivement l'action de tout le mécanisme, Julien lisait. Rien n'était plus antipathique au vieux Sorel; il eût peut-être pardonné à Julien sa taille mince, peu propre aux travaux de force, et si différente de celle de ses aînés; mais cette manie de lecture lui était odieuse: il ne savait pas lire lui-même.

Ce fut en vain qu'il appela Julien deux ou trois fois. L'attention que le jeune homme donnait à son livre, bien plus que le bruit de la scie, l'empêcha d'entendre la terrible voix de son père. Enfin, malgré son âge, celui-ci sauta lestement sur l'arbre soumis à l'action de la scie, et de là sur la poutre[80] transversale qui soutenait le toit. Un coup violent fit voler dans le ruisseau le livre que tenait Julien; un second coup aussi violent, donné sur la tête, en forme de calotte,[81] lui fit perdre l'équilibre. Il allait tomber à douze ou quinze pieds plus bas, au milieu des leviers de la machine en action, qui l'eussent brisé, mais son père le retint de la main gauche, comme il tombait:

—Eh bien, paresseux! tu liras donc toujours tes maudits livres, pendant que tu es de garde à la scie? Lis-les le soir, quand tu vas perdre ton temps chez le curé, à la bonne heure.

Julien, quoique étourdi par la force du coup et tout sanglant, se rapprocha de son poste officiel, à côté de la scie. Il avait les larmes aux yeux, moins à cause de la douleur physique que pour la perte de son livre qu'il adorait.

—Descends, animal, que je te parle.

Le bruit de la machine empêcha encore Julien d'entendre cet ordre. Son père, qui était descendu, ne voulant pas se donner la peine de remonter sur le mécanisme, alla chercher une longue perche[82] pour abattre des noix, et l'en frappa sur l'épaule.

A peine Julien fut-il à terre, que le vieux Sorel, le chassant rudement devant lui, le poussa vers la maison. Dieu sait ce qu'il va me faire! se disait le jeune homme. En passant, il regarda tristement le ruisseau où était tombé son livre; c'était celui de tous qu'il affectionnait le plus, le *Mémorial de Sainte-Hélène*.[83]

Il avait les joues pourpres et les yeux baissés. C'était un petit jeune homme de dix-huit à dix-neuf ans, faible en apparence, avec des traits irréguliers, mais délicats, et un nez aquilin. De grands yeux noirs, qui, dans les moments tranquilles, annonçaient de la réflexion et du feu, étaient animés en cet instant de l'expression de la haine la plus féroce. Des cheveux châtain foncé, plantés fort bas, lui donnaient un petit front, et, dans les moments de colère, un air méchant. Parmi les innombrables variétés de la physionomie humaine, il n'en est peut-être point qui se soit distinguée par une spécialité plus saisissante. Une taille svelte et bien prise annonçait plus de légèreté que de vigueur. Dès sa première jeunesse, son air extrêmement pensif et sa grande pâleur avaient donné l'idée à son père qu'il ne vivrait pas, ou qu'il vivrait pour être une charge à sa famille. Objet des mépris de tous à la maison, il haïssait ses frères et son père; dans les jeux du dimanche, sur la place publique, il était toujours battu.

Il n'y avait pas un an que sa jolie figure commençait à lui donner quelques voix amies parmi les jeunes filles. Méprisé de tout le monde, comme un être faible, Julien avait adoré ce vieux chirurgien-major qui un jour osa parler au maire au sujet des platanes.

Ce chirurgien payait quelquefois au père Sorel la journée de son fils, et lui enseignait le latin et l'histoire, c'est-à-dire ce qu'il savait d'histoire, la campagne de 1796 en Italie. En mourant, il lui avait légué sa croix de la légion d'honneur, les arrérages[84] de sa

---

79. *à cheval...toiture:* astride one of the roof beams.
80. *poutre:* beam.
81. *calotte:* blow on the head. (Throughout this passage we may see Stendhal taking vengeance on his hated father.)
82. *perche:* pole.
83. *Mémorial de Sainte-Hélène:* journal of conversations with Napoleon by his secretary on St. Helena.
84. *arrérages:* arrears.

demi-solde[85] et trente ou quarante volumes, dont le plus précieux venait de faire le saut dans *le ruisseau public,* détourné par le crédit de M. le maire.

A peine entré dans la maison, Julien se sentit l'épaule arrêtée par la puissante main de son père; il tremblait, s'attendant à quelques coups.

—Réponds-moi sans mentir, lui cria aux oreilles la voix dure du vieux paysan, tandis que sa main le retournait comme la main d'un enfant retourne un soldat de plomb. Les grands yeux noirs et remplis de larmes de Julien se trouvèrent en face des petits yeux gris et méchants du vieux charpentier, qui avait l'air de vouloir lire jusqu'au fond de son âme.

V. une négociation

—Réponds-moi sans mentir, si tu le peux, chien de *lisard*;[86] d'où connais-tu madame de Rênal, quand lui as-tu parlé?

—Je ne lui ai jamais parlé, répondit Julien, je n'ai jamais vu cette dame qu'à l'église.

—Mais tu l'auras regardée, vilain effronté?

—Jamais! Vous savez qu'à l'église je ne vois que Dieu, ajouta Julien, avec un petit air hypocrite, tout propre, selon lui, à éloigner le retour des taloches.[87]

—Il y a pourtant quelque chose là-dessous, répliqua le paysan malin, et il se tut un instant; mais je ne saurai rien de toi, maudit hypocrite. Au fait, je vais être délivré de toi, et ma scie n'en ira que mieux. Tu as gagné M. le curé ou tout autre, qui t'a procuré une belle place. Va faire ton paquet, et je te mènerai chez M. de Rênal, où tu seras précepteur des enfants.

—Qu'aurai-je pour cela?

—La nourriture, l'habillement et trois cents francs de gages.

—Je ne veux pas être domestique.

—Animal, qui te parle d'être domestique, est-ce que je voudrais que mon fils fût domestique?

—Mais, avec qui mangerai-je?

Cette demande déconcerta le vieux Sorel, il sentit qu'en parlant il pourrait commettre quelque imprudence; il s'emporta contre Julien, qu'il accabla d'injures, en l'accusant de gourmandise, et le quitta pour aller consulter ses autres fils.

Julien les vit bientôt après, chacun appuyé sur sa hache et tenant conseil. Après les avoir longtemps regardés, Julien, voyant qu'il ne pouvait rien deviner, alla se placer de l'autre côte de la scie, pour éviter d'être surpris. Il voulait penser à cette annonce imprévue qui changeait son sort, mais il se sentit incapable de prudence; son imagination était tout entière à se figurer ce qu'il verrait dans la belle maison de M. de Rênal.

—Il faut renoncer à tout cela, se dit-il, plutôt que de se laisser réduire à manger avec les domestiques. Mon père voudra m'y forcer; plutôt mourir. J'ai quinze francs huit sous d'économies, je me sauve cette nuit; en deux jours, par des chemins de traverse[88] où je ne crains nul gendarme, je suis à Besançon; là, je m'engage comme soldat, et, s'il le faut, je passe en Suisse. Mais alors plus d'avancement, plus d'ambition pour moi, plus de ce bel état de prêtre qui mène à tout.[89]

Cette horreur pour manger avec les domestiques n'était pas naturelle à Julien, il eût fait pour arriver à la fortune des choses bien autrement[90] pénibles. Il puisait cette répugnance dans les *Confessions* de Rousseau. C'était le seul livre à l'aide duquel son imagination se figurât le monde. Le recueil des bulletins de la grandearmée et le *Mémorial de Sainte-Hélène* complétaient son coran.[91] Il se serait fait tuer pour ces trois ouvrages. Jamais il ne crut en aucun

---

85. *demi-solde:* half-pay (pension).
86. *lisard:* bookworm. (Notice the contemptuous termination *-ard.*)
87. *taloches:* blows.
88. *chemins de traverse:* side roads.
89. Here enters the theme of the priesthood, by

which way only, says Stendhal, could the ambitious, low-born youth rise to power under the Restoration.
90. *bien autrement:* much more.
91. *coran:* Koran.

autre. D'après un mot du vieux chirurgien-major, il regardait tous les autres livres du monde comme menteurs, et écrits par des fourbes[92] pour avoir de l'avancement.

Avec une âme de feu, Julien avait une de ces mémoires étonnantes si souvent unies à la sottise. Pour gagner le vieux curé Chélan, duquel il voyait bien que dépendait son sort à venir, il avait appris par cœur tout le Nouveau Testament en latin; il savait aussi le livre *du Pape* de M. de Maistre,[93] et croyait à l'un aussi peu qu'à l'autre.

Comme par un accord mutuel. Sorel et son fils évitèrent de se parler ce jour-là. Sur la brune,[94] Julien alla prendre sa leçon de théologie chez le curé, mais il ne jugea pas prudent de lui rien dire de l'étrange proposition qu'on avait faite à son père. Peut-être est-ce un piège, se disait-il, il faut faire semblant de l'avoir oublié.

Le lendemain de bonne heure, M. de Rênal fit appeler le vieux Sorel, qui, après s'être fait attendre une heure ou deux, finit par arriver, en faisant dès la porte cent excuses, entremêlées d'autant de révérences. A force de parcourir toutes sortes d'objections, Sorel comprit que son fils mangerait avec le maître et la maîtresse de la maison, et les jours où il y aurait du monde, seul dans une chambre à part avec les enfants. Toujours plus disposé à incidenter[95] à mesure qu'il distinguait un véritable empressement chez M. le maire, et d'ailleurs rempli de défiance et d'étonnement, Sorel demanda à voir la chambre où coucherait son fils. C'était une grande pièce meublée fort proprement, mais dans laquelle on était déjà occupé à transporter les lits des trois enfants.

Cette circonstance fut un trait de lumière pour le vieux paysan; il demanda aussitôt avec assurance à voir l'habit que l'on donnerait à son fils. M. de Rênal ouvrit son bureau et prit cent francs.

—Avec cet argent, votre fils ira chez M. Durand, le drapier, et lèvera[96] un habit noir complet.

—Et quand même je le retirerais de chez vous, dit le paysan, qui avait tout à coup oublié ses formes révérencieuses, cet habit noir lui restera?

—Sans doute.

—Oh bien! dit Sorel d'un ton de voix traînard, il ne reste donc plus qu'à nous mettre d'accord sur une seule chose, l'argent que vous lui donnerez.

—Comment! s'écria M. de Rênal indigné, nous sommes d'accord depuis hier: je donne trois cents francs; je crois que c'est beaucoup, et peut-être trop.

—C'était votre offre, je ne le nie point, dit le vieux Sorel, parlant encore plus lentement; et, par un effort de génie qui n'étonnera que ceux qui ne connaissent pas les paysans francs-comtois, il ajouta, en regardant fixement M. de Rênal: *Nous trouvons mieux ailleurs.*

A ces mots la figure du maire fut bouleversée. Il revint cependant à lui, et, après une conversation savante de deux grandes heures, où pas un mot ne fut dit au hasard, la finesse du paysan l'emporta sur la finesse de l'homme riche, qui n'en a pas besoin pour vivre. Tous les nombreux articles qui devaient régler la nouvelle existence de Julien se trouvèrent arrêtés; non seulement ses appointements[97] furent réglés à quatre cents francs, mais on dut les payer d'avance, le premier de chaque mois.

—Eh bien! je lui remettrai trente-cinq francs, dit M. de Rênal.

—Pour faire la somme ronde, un homme riche et généreux comme monsieur notre maire, dit le paysan d'une voix *câline,*[98] ira bien jusqu'à trente-six francs.

—Soit, dit M. de Rênal, mais finissons-en.

Pour le coup, la colère lui donnait le ton de la fermeté. Le paysan vit qu'il fallait

---

92. *fourbes:* rascals, swindlers.
93. *livre...Maistre:* vigorous defense of the Pope's spiritual and temporal power by Joseph de Maistre (1819), who lobbied in the cause of papal infallibility.
94. *sur la brune:* at dusk.
95. *incidenter:* make difficulties.
96. *lèvera:* will have cut.
97. *appointements:* salary.
98. *câline:* cajoling.

cesser de marcher en avant. Alors, à son tour, M. de Rênal fit des progrès. Jamais il ne voulut remettre le premier mois de trente-six francs au vieux Sorel, fort empressé de le recevoir pour son fils. M. de Rênal vint à penser qu'il serait obligé de raconter à sa femme le rôle qu'il avait joué dans toute cette négociation.

—Rendez-moi les cent francs que je vous ai remis, dit-il avec humeur. M. Durand me doit quelque chose. J'irai avec votre fils faire la levée du drap noir.

Après cet acte de vigueur, Sorel rentra prudemment dans ses formules respectueuses; elles prirent un bon quart d'heure. A la fin, voyant qu'il n'y avait décidément plus rien à gagner, il se retira. Sa dernière révérence finit par ces nots:

—Je vais envoyer mon fils au château.

C'était ainsi que les administrés de M. le maire appelaient sa maison quand ils voulaient lui plaire.

De retour à son usine, ce fut en vain que Sorel chercha son fils. Se méfiant de ce qui pouvait arriver, Julien était sorti au milieu de la nuit. Il avait voulu mettre en sûreté ses livres et sa croix de la légion d'honneur. Il avait transporté le tout chez un jeune marchand de bois, son ami, nommé Fouqué, qui habitait dans la haute montagne qui domine Verrières.

Quand il reparut: —Dieu sait, maudit paresseux, lui dit son père, si tu auras jamais assez d'honneur pour me payer le prix de ta nourriture, que j'avance depuis tant d'années! Prends tes guenilles,[99] et va-t'en chez M. le maire.

Julien, étonné de n'être pas battu, se hâta de partir. Mais à peine hors de la vue de son terrible père, il ralentit le pas. Il jugea qu'il serait utile à son hypocrisie d'aller faire une station à l'église.

Ce mot vous surprend? [100] Avant d'arriver à cet horrible mot, l'âme du jeune paysan avait eu bien du chemin à parcourir.

Dès sa première enfance, la vue de certains dragons du 6me,[101] aux longs manteaux blancs, et la tête couverte de casques aux longs crins noirs,[102] qui revenaient d'Italie, et que Julien vit attacher leurs chevaux à la fenêtre grillée de la maison de son père, le rendit fou de l'état militaire. Plus tard il écoutait avec transport les récits des batailles du pont de Lodi, d'Arcole, de Rivoli, que lui faisait le vieux chirurgienmajor. Il remarqua les regards enflammés que le vieillard jetait sur sa croix.

Mais lorsque Julien avait quatorze ans, on commença à bâtir à Verrières une église, que l'on peut appeler magnifique pour une aussi petite ville. Il y avait surtout quatre colonnes de marbre dont la vue frappa Julien; elles devinrent célèbres dans le pays, par la haine mortelle qu'elles suscitèrent entre le juge de paix et le jeune vicaire, envoyé de Besançon, qui passait pour être l'espion de la congrégation.[103] Le juge de paix fut sur le point de perdre sa place, du moins telle était l'opinion commune. N'avait-il pas osé avoir un différend avec un prêtre qui, presque tous les quinze jours, allait à Besançon où il voyait, disait-on, monseigneur l'évêque?

Sur ces entrefaites, le juge de paix, père d'une nombreuse famille, rendit plusieurs sentences qui semblèrent injustes; toutes furent portées contre ceux des habitants qui lisaient le *Constitutionnel.*[104] Le bon parti[105] triompha. Il ne s'agissait, il est vrai, que de sommes de trois ou de cinq francs; mais une de ces petites amendes dut être payée par un cloutier,[106] parrain de Julien.

---

99. *guenilles:* rags.
100. The word (*mot*) in question is *hyprocrisie.* Note also how the narrator addresses the reader directly, questioning *vous* about whether the notion of hypocrisy is alien enough to your own life to shock you.
101. *dragons du 6me:* dragoons of 6th Regiment, in which Stendhal had served. Julien clearly admires soldiers just as much as Stendhal had in his own youth.
102. *casques...noirs:* helmets with long, black horse-hair plumes.
103. *Congrégation de la Sainte-Vierge,* powerful society of laymen, supporting Church and monarchy.
104. *Constitutionnel:* liberal newspaper.
105. *Le bon parti:* i.e., the conservatives.
106. *cloutier:* nail maker.

Dans sa colère, cet homme s'écriait: « Quel changement! et dire que, depuis plus de vingt ans, le juge de paix passait pour un si honnête homme! » Le chirurgien-major, ami de Julien, était mort.

Tout à coup Julien cessa de parler de Napoléon; il annonça le projet de se faire prêtre, et on le vit constamment, dans la scie de son père, occupé à apprendre par cœur une bible latine que le curé lui avait prêtée. Ce bon vieillard, émerveillé de ses progrès, passait des soirées entières à lui enseigner la théologie. Julien ne faisait paraître devant lui que des sentiments pieux. Qui eût pu deviner que cette figure de jeune fille, si pâle et si douce, cachait la résolution inébranlable de s'exposer à mille morts plutôt que de ne pas faire fortune!

Pour Julien, faire fortune, c'était d'abord sortir de Verrières; il abhorrait sa patrie. Tout ce qu'il y voyait glaçait son imagination.

Dès sa première enfance, il avait eu des moments d'exaltation. Alors il songeait avec délices qu'un jour il serait présenté aux jolies femmes de Paris, il saurait attirer leur attention par quelque action d'éclat. Pourquoi ne serait-il pas aimé de l'une d'elles, comme Bonaparte, pauvre encore, avait été aimé de la brillante madame de Beauharnais?[107] Depuis bien des années, Julien ne passait peut-être pas une heure de sa vie sans se dire que Bonaparte, lieutenant obscur et sans fortune, s'était fait le maître du monde avec son épée. Cette idée le consolait de ses malheurs qu'il croyait grands, et redoublait sa joie quand il en avait.

La construction de l'église et les sentences du juge de paix l'éclairèrent tout à coup; une idée qui lui vint le rendit comme fou pendant quelques semaines, et enfin s'empara de lui avec la toute-puissance de la première idée qu'une âme passionnée croit avoir inventée.

« Quand Bonaparte fit parler de lui, la France avait peur d'être envahie; le mérite militaire était nécessaire et à la mode. Aujourd'hui, on voit des prêtres de quarante ans avoir cent mille francs d'appointements, c'est-à-dire trois fois autant que les fameux généraux de division de Napoléon. Il leur faut des gens qui les secondent. Voilà ce juge de paix, si bonne tête, si honnête homme, jusqu'ici, si vieux, qui se déshonore par crainte de déplaire à un jeune vicaire de trente ans. Il faut être prêtre. »

Une fois, au milieu de sa nouvelle piété —il y avait déjà deux ans que Julien étudiait la théologie— il fut trahi par une irruption soudaine du feu qui dévorait son âme. Ce fut chez M. Chélan, à un dîner de prêtres auquel le bon curé l'avait présenté comme un prodige d'instruction; il lui arriva de louer Napoléon avec fureur. Il se lia le bras droit contre la poitrine, prétendit s'être disloqué le bras en remuant un tronc de sapin, et le porta pendant deux mois dans cette position gênante. Après cette peine afflictive,[108] il se pardonna. Voilà le jeune homme de dix-neuf ans, mais faible en apparence, et à qui l'on en eût tout au plus donné dix-sept, qui, portant un petit paquet sous le bras, entrait dans la magnifique église de Verrières.

Il la trouva sombre et solitaire. A l'occasion d'une fête, toutes les croisées[109] de l'édifice avaient été couvertes d'étoffe cramoisie.[110] Il en résultait, aux rayons du soleil, un effet de lumière éblouissant, du caractère le plus imposant et le plus religieux. Julien tressaillit. Seul, dans l'église, il s'établit dans le banc qui avait la

107. Joséphine de Beauharnais (1762–1814), a socially prominent woman known for her sex appeal, bewitched Napoleon from their first encounter. After the guillotine made her a widow, she wed Napoleon in 1796. She became Empress in 1804, and was repudiated by Napoleon in 1809, for childlessness. Julien's dreams of meeting sexy women in Paris match Stendhal's own fantasies as a teenager withering away in

Grenoble. Prospective priest Julien does not have high regard for celibacy, it would appear.
108. *peine afflictive:* severe legal punishment.
109. *croisées:* large church windows.
110. *cramoisie:* crimson (deep red). Notice how the color red here represents religion, a clear contradiction to how most commentators interpret the colors in the novel's title.

plus belle apparence. Il portait les armes de
M. de Rênal.

Sur le prie-Dieu, Julien remarqua un
morceau de papier imprimé, étalé là comme
pour être lu. Il y porta les yeux et vit:

*Détails de l'exécution et des derniers
moments de Louis Jenrel, exécuté à
Besançon, le…*

Le papier était déchiré. Au revers, on
lisait les deux premiers mots d'une ligne,
c'étaient: *Le premier pas.*

—Qui a pu mettre ce papier là, dit
Julien? Pauvre malheureux, ajouta-t-il avec
un soupir, son nom finit comme le mien…et
il froissa le papier.

En sortant, Julien crut voir du sang
près du bénitier, c'était de l'eau bénite
qu'on avait répandue: le reflet des rideaux
rouges qui couvraient les fenêtres la faisait
paraître du sang.[111]

Enfin, Julien eut honte de sa terreur
secrète.

—Serais-je un lâche! se dit-il, *aux
armes*!

Ce mot si souvent répété dans les
récits de batailles du vieux chirurgien était
héroïque pour Julien. Il se leva et marcha
rapidement vers la maison de M. de Rênal.

Malgré ces belles résolutions, dès
qu'il l'aperçut à vingt pas de lui, il fut saisi
d'une invincible timidité. La grille de fer
était ouverte, elle lui semblait magnifique,
il fallait entrer là-dedans.

Julien n'était pas la seule personne dont
le cœur fût troublé par son arrivée dans cette
maison. L'extrême timidité de madame de
Rênal était déconcertée par l'idée de cet
étranger, qui, d'après ses fonctions, allait
se trouver constamment entre elle et ses
enfants. Elle était accoutumée à avoir ses
fils couchés dans sa chambre. Le matin,
bien des larmes avaient coulé quand elle
avait vu transporter leurs petits lits dans
l'appartement destiné au précepteur. Ce fut
en vain qu'elle demanda à son mari que le
lit de Stanislas-Xavier, le plus jeune, fût
reporté dans sa chambre.

La délicatesse de femme était poussée
à un point excessif chez madame de Rênal.
Elle se faisait l'image la plus désagréable
d'un être grossier et mal peigné, chargé de
gronder ses enfants, uniquement parce qu'il
savait le latin, un language barbare pour
lequel on fouetterait ses fils.

VI. L'ENNUI

Avec la vivacité et la grâce qui lui
étaient naturelles quand elle était loin des
regards des hommes, madame de Rênal
sortait par la portefenêtre du salon qui
donnait sur le jardin, quand elle aperçut
près de la porte d'entrée la figure d'un jeune
paysan presque encore enfant, extrêmement
pâle et qui venait de pleurer. Il était en
chemise bien blanche, et avait sous le bras
une veste[112] fort propre de ratine[113] violette.

Le teint de ce petit paysan était si
blanc, ses yeux si doux, que l'esprit un
peu romanesque de madame de Rênal eut
d'abord l'idée que ce pouvait être une
jeune fille déguisée, qui venait demander
quelque grâce à M. le maire. Elle eut pitié
de cette pauvre créature, arrêtée à la porte
d'entrée, et qui évidemment n'osait pas
lever la main jusqu'à la sonnette. Madame
de Rênal s'approcha, distraite un instant de
l'amer chagrin que lui donnait l'arrivée du
précepteur. Julien, tourné vers la porte, ne
la voyait pas s'avancer. Il tressaillit quand
une voix douce dit tout près de son oreille:

—Que voulez-vous ici, mon enfant?

Julien se tourna vivement, et, frappé
du regard si rempli de grâce de madame de
Rênal, il oublia une partie de sa timidité.
Bientôt, étonné de sa beauté, il oublia tout,
même ce qu'il venait faire. Madame de
Rênal avait répété sa question.

—Je viens pour être précepteur,
madame, lui dit-il enfin, tout honteux de ses
larmes qu'il essuyait de son mieux.

Madame de Rênal resta interdite, ils
étaient fort près l'un de l'autre à se regarder.
Julien n'avait jamais vu un être aussi bien
vêtu et surtout une femme avec un teint

---

111. This symbolic foreshadowing of Julien's fate is a
      Romantic device.

112. *veste*: short coat.

113. *ratine*: frieze, coarse wool.

si éblouissant, lui parler d'un air doux. Madame de Rênal regardait les grosses larmes qui s'étaient arrêtées sur les joues si pâles d'abord et maintenant si roses de ce jeune paysan. Bientôt elle se mit à rire, avec toute la gaieté folle d'une jeune fille, elle se moquait d'elle-même et ne pouvait se figurer tout son bonheur. Quoi, c'était là ce précepteur qu'elle s'était figuré comme un prêtre sale et mal vêtu, qui viendrait gronder et fouetter ses enfants!

—Quoi, monsieur, lui dit-elle enfin, vous savez le latin?

Ce mot de monsieur étonna si fort Julien qu'il réfléchit un instant.

—Oui, madame, dit-il timidement.

Madame de Rênal était si heureuse, qu'elle osa dire à Julien:

—Vous ne gronderez pas trop ces pauvres enfants?

—Moi, les gronder, dit Julien étonné, et pourquoi?

—N'est-ce pas, monsieur, ajouta-t-elle après un petit silence et d'une voix dont chaque instant augmentait l'émotion, vous serez bon pour eux, vous me le promettez?

S'entendre appeler de nouveau monsieur, bien sérieusement, et par une dame si bien vêtue, était au-dessus de toutes les prévisions de Julien: dans tous les châteaux en Espagne de sa jeunesse, il s'était dit qu'aucune dame comme il faut ne daignerait lui parler que quand il aurait un bel uniforme. Madame de Rênal, de son côté, était complètement trompée par la beauté du teint, les grands yeux noirs de Julien et ses jolis cheveux qui frisaient plus qu'à l'ordinaire, parce que pour se rafraîchir il venait de plonger la tête dans le bassin de la fontaine publique. A sa grande joie, elle trouvait l'air timide d'une jeune fille à ce fatal précepteur, dont elle avait tant redouté pour ses enfants la dureté et l'air rébarbatif.[114] Pour l'âme si paisible de madame de Rênal, le contraste de ses craintes et de ce qu'elle voyait fut un grand événement. Enfin elle revint de sa surprise. Elle fut étonnée de se trouver ainsi à la porte de sa maison avec ce jeune homme presque en chemise et si près de lui.

—Entrons, monsieur, lui dit-elle d'un air assez embarrassé.

De sa vie une sensation purement agréable n'avait aussi profondément ému madame de Rênal, jamais une apparition aussi gracieuse n'avait succédé à des craintes plus inquiétantes. Ainsi ces jolis enfants, si soignés par elle, ne tomberaient pas dans les mains d'un prêtre sale et grognon.[115] A peine entrée sous le vestibule, elle se retourna vers Julien, qui la suivait timidement. Son air étonné, à l'aspect d'une maison si belle, était une grâce de plus aux yeux de madame de Rênal. Elle ne pouvait en croire ses yeux, il lui semblait surtout que le précepteur devait avoir un habit noir.

—Mais, est-il vrai, monsieur, lui dit-elle en s'arrêtant encore, et craignant mortellement de se tromper, tant sa croyance la rendait heureuse, vous savez le latin?

Ces mots choquèrent l'orgueil de Julien et dissipèrent le charme dans lequel il vivait depuis un quart d'heure.

—Oui, madame, lui dit-il en cherchant à prendre un air froid; je sais le latin aussi bien que M. le curé, et même quelquefois il a la bonté de dire mieux que lui.

Madame de Rênal trouva que Julien avait l'air fort méchant; il s'était arrêté à deux pas d'elle. Elle s'approcha et lui dit à mi-voix:

—N'est-ce pas, les premiers jours, vous ne donnerez pas le fouet à mes enfants, même quand ils ne sauraient pas leurs leçons?

Ce ton si doux et presque suppliant d'une si belle dame fit tout à coup oublier à Julien ce qu'il devait à sa réputation de latiniste. La figure de madame de Rênal était près de la sienne, il sentit le parfum des vêtements d'été d'une femme, chose si étonnante pour un pauvre paysan. Julien rougit extrêmement et dit avec un soupir et d'une voix défaillante:

—Ne craignez rien, madame, je vous obéirai en tout.

---

114. *rébarbatif*: forbidding. 115. *grognon*: grumbling.

Ce fut en ce moment seulement, quand son inquiétude pour ses enfants fut tout à fait dissipée, que madame de Rênal fut frappée de l'extrême beauté de Julien. La forme presque féminine de ses traits et son air d'embarras ne semblèrent point ridicules à une femme extrêmement timide elle-même. L'air mâle que l'on trouve communément nécessaire à la beauté d'un homme lui eût fait peur.

—Quel âge avez-vous, monsieur? dit-elle à Julien.

—Bientôt dix-neuf ans.

—Mon fils aîné a onze ans, reprit madame de Rênal tout à fait rassurée, ce sera presque un camarade pour vous, vous lui parlerez raison. Une fois son père a voulu le battre, l'enfant a été malade pendant toute une semaine, et cependant c'etait un bien petit coup.

—Quelle différence avec moi, pensa Julien. Hier encore, mon père m'a battu. Que ces gens riches sont heureux!

Madame de Rênal en était déjà à saisir les moindres nuances de ce qui se passait dans l'âme du précepteur; elle prit ce mouvement de tristesse pour de la timidité et voulut l'encourager.

—Quel est votre nom, monsieur? lui dit-elle avec un accent et une grâce dont Julien sentit tout le charme, sans pouvoir s'en rendre compte.

—On m'appelle Julien Sorel, madame; je tremble en entrant pour la première fois de ma vie dans une maison étrangère, j'ai besoin de votre protection et que vous me pardonniez bien des choses les premiers jours. Je n'ai jamais été au collège, j'étais trop pauvre; je n'ai jamais parlé à d'autres hommes que mon cousin le chirurgien-major, membre de la légion d'honneur, et M. le curé Chélan. Il vous rendra bon témoignage de moi. Mes frères m'ont toujours battu, ne les croyez pas s'ils vous disent du mal de moi; pardonnez mes fautes, madame, je n'aurai jamais mauvaise intention.

Julien se rassurait pendant ce long discours; il examinait madame de Rênal.

Tel est l'effet de la grâce parfaite, quand elle est naturelle au caractère, et que surtout la personne qu'elle décore ne songe pas à avoir de la grâce; Julien, qui se connaissait fort bien en beauté féminine, eût juré dans cet instant qu'elle n'avait que vingt ans. Il eut sur-le-champ l'idée hardie de lui baiser la main. Bientôt il eut peur de son idée; un instant après il se dit: « Il y aurait de la lâcheté à moi de ne pas exécuter une action qui peut m'être utile, et diminuer le mépris que cette belle dame a probablement pour un pauvre ouvrier à peine arraché à la scie. » Peut-être Julien fut-il un peu encouragé par ce mot de joli garçon, que depuis six mois il entendait répéter le dimanche par quelques jeunes filles. Pendant ces débats intérieurs, madame de Rênal lui adressait deux ou trois mots d'instruction sur la façon de débuter avec les enfants. La violence que se faisait Julien le rendit de nouveau fort pàle; il dit, d'un air contraint:

—Jamais, madame, je ne battrai vos enfants; je le jure devant Dieu.

Et en disant ces mots, il osa prendre la main de madame de Rênal et la porter à ses lèvres. Elle fut étonnée de ce geste, et par réflexion choquée. Comme il faisait très chaud, son bras était tout à fait nu sous son châle, et le mouvement de Julien, en portant la main à ses lèvres, l'avait entièrement découvert. Au bout de quelques instants, elle se gronda elle-même; il lui sembla qu'elle n'avait pas été assez rapidement indignée.

M. de Rênal, qui avait entendu parler, sortit de son cabinet; du même air majestueux et paterne qu'il prenait lorsqu'il faisait des mariages à la mairie, il dit à Julien:

—Il est essentiel que je vous parle avant que les enfants ne vous voient.

Il fit entrer Julien dans une chambre et retint sa femme qui voulait les laisser seuls. La porte fermée, M. de Rênal s'assit avec gravité.

—M. le curé m'a dit que vous étiez un bon sujet, tout le monde vous traitera ici avec honneur, et si je suis content, j'aiderai à vous faire par la suite un petit établissement. Je veux que vous ne voyiez plus ni parent ni amis, leur ton ne peut convenir à mes enfants. Voici trente-six francs pour le premier mois; mais j'exige votre parole de ne pas donner un sou de cet argent à votre père.

M. de Rênal était piqué contre le vieillard, qui, dans cette affaire, avait été plus fin que lui.

—Maintenant, *monsieur,* car d'après mes ordres tout le monde ici va vous appeler monsieur, et vous sentirez l'avantage d'entrer dans une maison de gens comme il faut; maintenant, monsieur, il n'est pas convenable que les enfants vous voient en veste. Les domestiques l'ont-ils vu? dit M. de Rênal à sa femme.

—Non, mon ami, répondit-elle d'un air profondément pensif.

—Tant mieux. Mettez ceci, dit-il au jeune homme surpris, en lui donnant une redingote[116] à lui. Allons maintenant chez M. Durand, le marchand de drap.

Plus d'une heure après, quand M. de Rênal rentra avec le nouveau précepteur tout habillé de noir, il retrouva sa femme assise à la même place. [Elle se sentit tranquillisée par la présence de Julien;] en l'examinant elle oubliait d'en avoir peur. Julien ne songeait point à elle; malgré toute sa méfiance du destin et des hommes, son âme dans ce moment n'était que celle d'un enfant, il lui semblait avoir vécu des années depuis l'instant où, trois heures auparavant, il etait tremblant dans l'église. Il remarqua l'air glacé de madame de Rênal; il comprit qu'elle était en colère de ce qu'il avait osé lui baiser la main. Mais le sentiment d'orgueil que lui donnait le contact d'habits si différents de ceux qu'il avait coutume de porter le mettait tellement hors de lui-même, et il avait tant d'envie de cacher sa joie, que tous ses mouvements avaient quelque chose de brusque et de fou. Madame de Rênal le contemplait avec des yeux étonnés.

—De la gravité, monsieur, lui dit M. de Rênal, si vous voulez être respecté de mes enfants et de mes gens.

—Monsieur, répondit Julien, je suis gêné dans ces nouveaux habits; moi, pauvre paysan, je n'ai jamais porté que des vestes; j'irai, si vous le permettez, me renfermer dans ma chambre.

—Que te semble de cette nouvelle acquisition? dit M. de Rênal à sa femme.

Par un mouvement presque instinctif, et dont certainement elle ne se rendit pas compte, madame de Rênal déguisa la vérité à son mari.

—Je ne suis point aussi enchantée que vous de ce petit paysan, vos prévenances[117] en feront un impertinent que vous serez obligé de renvoyer avant un mois.

—Eh bien! nous le renverrons, ce sera une centaine de francs qu'il m'en pourra coûter, et Verrières sera accoutumée à voir un précepteur aux enfants de M. de Rênal. Ce but n'eût point été rempli si j'eusse laissé à Julien l'accoutrement d'un ouvrier. En le renvoyant, je retiendrai, bien entendu, l'habit noir complet que je viens de lever chez le drapier. Il ne lui restera que ce que je viens de trouver tout fait chez le tailleur, et dont je l'ai couvert.

L'heure que Julien passa dans sa chambre parut un instant à madame de Rênal. Les enfants, auxquels l'on avait annoncé le nouveau précepteur, accablaient leur mère de questions. Enfin Julien parut. C'était un autre homme. C'eût été mal parler que de dire qu'il était grave; c'était la gravité incarnée. Il fut présenté aux enfants, et leur parla d'un air qui étonna M. de Rênal lui-même.

—Je suis ici, messieurs, leur dit-il en finissant son allocution, pour vous apprendre le latin. Vous savez ce que c'est que de réciter une leçon. Voici la sainte Bible, dit-il en leur montrant un petit volume in-32,[118] relié en noir. C'est particulièrement l'histoire de Notre-Seigneur Jésus-Christ,

---

116. *redingote:* frock coat, formal day dress of bourgeoisie.
117. *prévenances:* kindnesses.
118. *in-32:* composed of sheets folded with 32 leaves to the sheet, with pages about 3 by 4½ inches.

c'est la partie qu'on appelle le Nouveau Testament. Je vous ferai souvent réciter des leçons, faites-moi réciter la mienne.

Adolphe, l'aîné des enfants, avait pris le livre.

—Ouvrez-le au hasard, continua Julien, et dites-moi le premier mot d'un alinéa.[119] Je réciterai par cœur le livre sacré, règle de notre conduite à tous, jusqu'à ce que vous m'arrêtiez.

Adolphe ouvrit le livre, lut un mot, et Julien récita toute la page avec la même facilité que s'il eût parlé français. M. de Rênal regardait sa femme d'un air de triomphe. Les enfants, voyant l'étonnement de leurs parents, ouvraient de grands yeux. Un domestique vint à la porte du salon, Julien continua de parler latin. Le domestique resta d'abord immobile, et ensuite disparut. Bientôt la femme de chambre de madame et la cuisinière arrivèrent près de la porte; alors Adolphe avait déjà ouvert le livre en huit endroits, et Julien récitait toujours avec la même facilité.

—Ah, mon Dieu! le joli petit prêtre, dit tout haut la cuisinière, bonne fille fort dévote.

L'amour-propre de M. de Rênal était inquiet; loin de songer à examiner le précepteur, il était tout occupé à chercher dans sa mémoire quelques mots latins; enfin, il put dire un vers d'Horace. Julien ne savait de latin que sa bible.[120] Il répondit en fronçant le sourcil:

—Le saint ministère auquel je me destine m'a défendu de lire un poète aussi profane.

M. de Rênal cita un assez grand nombre de prétendus vers d'Horace. Il expliqua à ses enfants ce que c'était qu'Horace; mais les enfants, frappés d'admiration, ne faisaient guère attention à ce qu'il disait. Ils regardaient Julien.

Les domestiques étant toujours à la porte, Julien crut devoir prolonger l'épreuve:

—Il faut, dit-il au plus jeune des enfants, que M. Stanislas-Xavier m'indique aussi un passage du livre saint.

Le petit Stanislas, tout fier, lut tant bien que mal le premier mot d'un alinéa, et Julien dit toute la page. Pour que rien ne manquât au triomphe de M. de Rênal, comme Julien récitait, entrèrent M. Valenod, le possesseur des beaux chevaux normands, et M. Charcot de Maugiron, sous-préfet de l'arrondissement.[121] Cette scène valut à Julien le titre de monsieur; les domestiques eux-mêmes n'osèrent pas le lui refuser.

Le soir, tout Verrières afflua chez M. de Rênal pour voir la merveille. Julien répondait à tous d'un air sombre qui tenait à distance. Sa gloire s'étendit si rapidement dans la ville, que peu de jours après M. de Rênal, craignant qu'on ne le lui enlevât, lui proposa de signer un engagement de deux ans.

—Non, monsieur, répondit froidement Julien, si vous vouliez me renvoyer je serais obligé de sortir. Un engagement qui me lie sans vous obliger à rien n'est point égal, je le refuse.

Julien sut si bien faire que, moins d'un mois après son arrivée dans la maison, M. de Rênal lui-même le respectait. Le curé étant brouillé avec MM. de Rênal et Valenod, personne ne put trahir l'ancienne passion de Julien pour Napoléon; il n'en parlait qu'avec horreur.

VII. LES AFFINITÉS ÉLECTIVES

[*The title of this chapter is Stendhal's translation of the title of Goethe's 1809 German novel* Die Wahlverwandtschaften.]

Les enfants l'adoraient, lui ne les aimait point; sa pensée était ailleurs. Tout

---

119. *alinéa:* paragraph.
120. This is an important piece of information. Julien, thanks to his trick memory, has been able to memorize the Bible, but that does not mean that he is any kind of expert on the Bible or on any other works in Latin. Stendhal, when he was studying acting, must have surely encountered actors who could recite long speeches from Corneille and Racine without having the scantest understanding of them. Julien is a comparable case as regards the Bible.
121. *arrondissement:* administrative district, supervised by a *sous-préfet;* subdivision of *département,* governed by a *préfet.*

ce que ces marmots[122] pouvaient faire ne l'impatientait jamais. Froid, juste, impassible, et cependant aimé, parce que son arrivée avait en quelque sorte chassé l'ennui de la maison, il fut un bon précepteur. Pour lui, il n'éprouvait que haine et horreur pour la haute société où il était admis, à la vérité au bas bout de la table, ce qui explique peut-être la haine et l'horreur. Il y eut certains dîners d'apparat,[123] où il put à grand'peine contenir sa haine pour tout ce qui l'environnait. Un jour de la Saint-Louis[124] entre autres, M. Valenod tenait le dé[125] chez M. de Rênal, Julien fut sur le point de se trahir; il se sauva dans le jardin, sous prétexte de voir les enfants. « Quels éloges de la probité! s'écria-t-il; on dirait que c'est la seule vertu; et cependant quelle considération, quel respect bas pour un homme qui évidemment a doublé et triplé sa fortune, depuis qu'il administre le bien des pauvres! Je parierais qu'il gagne même sur les fonds destinés aux enfants trouvés,[126] à ces pauvres dont la misère est encore plus sacrée que celle des autres! Ah! monstres! monstres! Et moi aussi, je suis une sorte d'enfant trouvé, haï de mon père, de mes frères, de toute ma famille. »

Quelques jours avant la Saint-Louis, Julien, se promenant seul et disant son bréviaire dans un petit bois, qu'on appelle le Belvédère, et qui domine le cours de la Fidélité avait cherché en vain à éviter ses deux frères, qu'il voyait venir de loin par un sentier solitaire. La jalousie de ces ouvriers grossiers avait été tellement provoquée par le bel habit noir, par l'air extrêmement propre de leur frère, par le mépris sincère qu'il avait pour eux, qu'ils l'avaient battu au point de le laisser évanoui et tout sanglant. Madame de Rênal, se promenant avec M. Valenod et le sous-préfet, arriva par hasard dans le petit bois; elle vit Julien étendu sur la terre et le crut mort. Son saisissement fut tel, qu'il donna de la jalousie à M. Valenod.

Il prenait l'alarme trop tôt. Julien trouvait madame de Rênal fort belle, mais il la haïssait à cause de sa beauté; c'était le premier écueil qui avait failli arrêter sa fortune. Il lui parlait le moins possible, afin de faire oublier le transport qui, le premier jour, l'avait porté à lui baiser la main.

Elisa, la femme de chambre de madame de Rênal, n'avait pas manqué de devenir amoureuse du jeune précepteur; elle en parlait souvent à sa maîtresse. L'amour de mademoiselle Élisa avait valu à Julien la haine d'un des valets. Un jour, il entendit cet homme qui disait à Élisa: « Vous ne voulez plus me parler depuis que ce précepteur crasseux[127] est entré dans la maison. » Julien ne méritait pas cette injure; mais, par instinct de joli garçon, il redoubla de soins pour sa personne. La haine de M. Valenod redoubla aussi. Il dit publiquement que tant de coquetterie ne convenait pas à un jeune abbé. A la soutane près,[128] c'était le costume que portait Julien.

Madame de Rênal remarqua qu'il parlait plus souvent que de coutume à mademoiselle Élisa; elle apprit que ces entretiens étaient causés par la pénurie de la très petite garde-robe de Julien. Il avait si peu de linge, qu'il était obligé de le faire laver fort souvent hors de la maison, et c'est pour ces petits soins qu'Élisa lui était utile. Cette extrême pauvreté, qu'elle ne soupçonnait pas, toucha madame de Rênal; elle eut envie de lui faire des cadeaux, mais elle n'osa pas; cette résistance intérieure fut le premier sentiment pénible que lui causa Julien. Jusque-là le nom de Julien et le sentiment d'une joie pure et tout intellectuelle était synonymes pour elle. Tourmentée par l'idée de la pauvreté de Julien, madame de Rênal parla à son mari de lui faire un cadeau de linge:

—Quelle duperie! répondit-il. Quoi! faire des cadeaux à un homme dont nous sommes parfaitement contents, et qui nous sert bien? Ce serait dans le cas où il se négligerait qu'il faudrait stimuler son zèle.

---

122. *marmots:* urchins.
123. *d'apparat:* formal, pretentious.
124. *la Saint-Louis:* August 25.
125. *tenait le dé:* was holding the floor.

126. *enfants trouvés:* foundlings.
127. *crasseux:* filthy.
128. *A la soutane près:* Except for the cassock.

Madame de Rênal fut humiliée de cette manière de voir; elle ne l'eût pas remarquée avant l'arrivée de Julien. Elle ne voyait jamais l'extrême propreté de la mise,[129] d'ailleurs fort simple, du jeune abbé, sans se dire: « Ce pauvre garçon, comment peut-il faire? »

Peu à peu, elle eut pitié de tout ce qui manquait à Julien, au lieu d'en être choquée.

Madame de Rênal était une de ces femmes de province que l'on peut très bien prendre pour des sottes pendant les quinze premiers jours qu'on les voit. Elle n'avait aucune expérience de la vie, et ne se souciait pas de parler. Douée d'une âme délicate et dédaigneuse, cet instinct de bonheur naturel à tous les êtres faisait que, la plupart du temps, elle ne donnait aucune attention aux actions des personnages grossiers au milieu desquels le hasard l'avait jetée.

On l'eût remarquée pour le naturel et la vivacité d'esprit, si elle eût reçu la moindre éducation. Mais en sa qualité d'héritière, elle avait été élevée chez des religieuses adoratrices passionnées du *Sacré-Cœur de Jésus,* eta nimées d'une haine violente pour les Français ennemis des Jésuites. Madame de Rênal s'était trouvée assez de sens pour oublier bientôt, comme absurde, tout ce qu'elle avait appris au couvent; mais elle ne mit rien à la place, et finit par ne rien savoir. Les flatteries précoces dont elle avait été l'objet, en sa qualité d'héritière d'une grande fortune, et un penchant décidé à la dévotion passionnée, lui avaient donné une manière de vivre tout intérieure. Avec l'apparence de la condescendance[130] la plus parfaite, et d'une abnégation de volonté, que les maris de Verrières citaient en exemple à leurs femmes, et qui faisait l'orgueil de M. de Rênal, la conduite habituelle de son âme était en effet le résultat de l'humeur la plus altière.[131] Telle princesse, citée à cause de son orgueil, prête infiniment plus d'attention à ce que ses gentilshommes font

autour d'elle, que cette femme si douce, si modeste en apparence, n'en donnait à tout ce que disait ou faisait son mari. Jusqu'à l'arrivée de Julien, elle n'avait réellement eu d'attention que pour ses enfants. Leurs petites maladies, leurs douleurs, leurs petites joies, occupaient toute la sensibilité de cette âme qui, de la vie, n'avait adoré que Dieu, quand elle était au *Sacré-Cœur* de Besançon.

Sans qu'elle daignât le dire à personne, un accès de fièvre d'un de ses fils la mettait presque dans le même état que si l'enfant eût été mort. Un éclat de rire grossier, un haussement d'épaules, accompagné de quelque maxime triviale sur la folie des femmes, avaient constamment accueilli les confidences de ce genre de chagrins, que le besoin d'épanchement l'avait portée à faire à son mari, dans les premières années de leur mariage. Ces sortes de plaisanteries, quand surtout elles portaient sur les maladies de ses enfants, retournaient le poignard dans le cœur de madame de Rênal. Voilà ce qu'elle trouva au lieu des flatteries empressées et mielleuses du couvent jésuitique où elle avait passé sa jeunesse. Son éducation fut faite par la douleur. Trop fière pour parler de ce genre de chagrins, même à son amie madame Derville, elle se figura que tous les hommes étaient comme son mari, M. Valenod et le sous-préfet Charcot de Maugiron. La grossièreté, et la plus brutale insensibilité à tout ce qui n'était pas intérêt d'argent, de préséance[132] ou de croix,[133] la haine aveugle pour tout raisonnement qui les contrariait, lui parurent des choses naturelles à ce sexe, comme porter des bottes et un chapeau de feutre.[134]

Après de longues années, madame de Rênal n'était pas encore accoutumée à ces gens à argent au milieu desquels il fallait vivre.

De là le succès du petit paysan Julien. Elle trouva des jouissances douces, et toutes brillantes du charme de la nouveauté

---

129. *mise:* dress.
130. *condescendance:* graciousness.
131. *altière:* haughty.

132. *préséance:* precedence.
133. *croix:* honorific awards.
134. *feutre:* felt.

dans la sympathie de cette âme noble et fière. Madame de Rênal lui eut bientôt[135] pardonné son ignorance extrême qui était une grâce de plus, et la rudesse de ses façons qu'elle parvint à corriger. Elle trouva qu'il valait la peine de l'écouter, même quand on parlait des choses les plus communes, même quand il s'agissait d'un pauvre chien écrasé, comme il traversait la rue, par la charrette d'un paysan allant au trot. Le spectacle de cette douleur donnait son gros rire à son mari, tandis qu'elle voyait se contracter les beaux sourcils noirs et si bien arqués de Julien. La générosité, la noblesse d'âme, l'humanité lui semblèrent peu à peu n'exister que chez ce jeune abbé. Elle eut pour lui seul toute la sympathie et même l'admiration que ces vertus excitent chez les âmes bien nées.

A Paris, la position de Julien envers madame de Rênal eût été bien vite simplifiée; mais à Paris, l'amour est fils des romans. Le jeune précepteur et sa timide maîtresse auraient retrouvé dans trois ou quatre romans, et jusque dans les couplets du Gymnase,[136] l'éclaircissement de leur position. Les romans leur auraient tracé le rôle à jouer, montré le modèle à imiter; et ce modèle, tôt ou tard, et quoique sans nul plaisir, et peut-être en rechignant,[137] la vanité eût forcé Julien à le suivre.

Dans une petite ville de l'Aveyron[138] ou des Pyrénées, le moindre incident eût été rendu décisif par le feu du climat. Sous nos cieux plus sombres, un jeune homme pauvre, et qui n'est qu'ambitieux parce que la délicatesse de son cœur lui fait un besoin de quelques-unes des jouissances que donne l'argent, voit tous les jours une femme de trente ans sincèrement sage, occupée de ses enfants, et qui ne prend nullement dans les romans des exemples de conduite. Tout va lentement, tout se fait peu à peu dans les provinces, il y a plus de naturel.

Souvent, en songeant à la pauvreté du jeune précepteur, madame de Rênal était attendrie jusqu'aux larmes. Julien la surprit, un jour, pleurant tout à fait.

—Eh! madame, vous serait-il arrivé quelque malheur!

—Non, mon ami, lui répondit-elle; appelez les enfants, allons nous promener.

Elle prit son bras et s'appuya d'une façon qui parut singulière à Julien. C'était pour la première fois qu'elle l'avait appelé mon ami.

Vers la fin de la promenade, Julien remarqua qu'elle rougissait beaucoup. Elle ralentit le pas.

—On vous aura raconté, dit-elle sans le regarder, que je suis l'unique héritière d'une tante fort riche qui habite Besançon. Elle me comble de présents…Mes fils font des progrès…si étonnants…que je voudrais vous prier d'accepter un petit présent comme marque de ma reconnaissance. Il ne s'agit que de quelques louis pour vous faire du linge. Mais…ajouta-t-elle en rougissant encore plus, et elle cessa de parler.

—Quoi, madame? dit Julien.

—Il serait inutile, continua-t-elle en baissant la tête, de parler de ceci à mon mari.

—Je suis petit, madame, mais je ne suis pas bas, reprit Julien en s'arrêtant, les yeux brillants de colère, et se relevant de toute sa hauteur, c'est à quoi vous n'avez pas assez réfléchi. Je serais moins qu'un valet si je me mettais dans le cas de cacher à M. de Rênal quoi que ce soit de relatif *à mon argent*.

Madame de Rênal était atterrée.

—M. le maire, continua Julien, m'a remis cinq fois trente-six francs depuis que j'habite sa maison; je suis prêt à montrer mon livre de dépenses à M. de Rênal et à qui que ce soit, même à M. Valenod qui me hait.

A la suite de cette sortie, madame de Rênal était restée pâle et tremblante, et la promenade se termina sans que ni l'un ni l'autre pût trouver un prétexte pour renouer

---

135. *bientôt:* quickly.
136. *Gymnase:* theater specializing in light musical plays.
137. *en rechignant:* protesting, reluctantly.
138. Aveyron, department of southern France.

le dialogue. L'amour pour madame de Rênal devint de plus en plus impossible dans le cœur orgueilleux de Julien; quant à elle, elle le respecta, elle l'admira; elle en avait été grondée. Sous prétexte de réparer l'humiliation involontaire qu'elle lui avait causée, elle se permit les soins les plus tendres. La nouveauté de ces manières fit pendant huit jours le bonheur de madame de Rênal. Leur effet fut d'apaiser en partie la colère de Julien; il était loin d'y voir rien qui pût ressembler à un goût personnel.

—Voilà, se disait-il, comme sont ces gens riches, ils humilient, et croient ensuite pouvoir tout réparer par quelques singeries![139]

Le cœur de madame de Rênal était trop plein, et encore trop innocent, pour que, malgré ses résolutions à cet égard, elle ne racontât pas à son mari, l'offre qu'elle avait faire à Julien, et la façon dont elle avait été repoussée.

—Comment, reprit M. de Rênal vivement piqué, avez-vous pu tolérer un refus de la part d'un *domestique*?

Et comme madame de Rênal se récriait[140] sur ce mot:

—Je parle, madame, comme feu M. le prince de Condé. présentant ses chambellans à sa nouvelle épouse: « *Tous ces gens-là, lui dit-il, sont nos domestiques.* » Je vous ai lu ce passage des Mémoires de Besenval,[141] essentiel pour les préséances. Tout ce qui n'est pas gentilhomme qui vit chez vous et reçoit un salaire, est votre domestique. Je vais dire deux mots à ce monsieur Julien, et lui donner cent francs.

—Ah! mon ami, dit madame de Rênal tremblante, que ce ne soit pas du moins devant les domestiques!

—Oui, ils pourraient être jaloux, et avec raison, dit son mari en s'éloignant et pensant à la quotité[142] de la somme.

Madame de Rênal tomba sur une chaise, presque évanouie de douleur: « Il va humilier Julien, et par ma faute! » Elle eut horreur de son mari, et se cacha la figure avec les mains. Elle se promit bien de ne jamais faire de confidences.

Lorsqu'elle revit Julien, elle était toute tremblante, sa poitrine était tellement contractée qu'elle ne put parvenir à prononcer la moindre parole. Dans son embarras elle lui prit les mains qu'elle serra.

—Eh bien! mon ami, lui dit-elle enfin, êtes-vous content de mon mari?

—Comment ne le serais-je pas? répondit Julien avec un sourire amer; il m'a donné cent francs.

Madame de Rênal le regarda comme incertaine.

—Donnez-moi le bras, dit-elle enfin avec un accent de courage que Julien ne lui avait jamais vu.

Elle osa aller jusque chez le libraire de Verrières, malgré son affreuse réputation de libéralisme. Là, elle choisit pour dix louis de livres qu'elle donna à ses fils. Mais ces livres étaient ceux qu'elle savait que Julien désirait. Elle exigea que là, dans la boutique du libraire, chacun des enfants écrivît son nom sur les livres qui lui étaient échus en partage.[143] Pendant que madame de Rênal était heureuse de la sorte de réparation qu'elle avait l'audace de faire à Julien, celui-ci était étonné de la quantité de livres qu'il apercevait chez le libraire. Jamais il n'avait osé entrer en un lieu aussi profane; son cœur palpitait. Loin de songer à deviner ce qui se passait dans le cœur de madame de Rênal, il rêvait profondément au moyen qu'il y aurait, pour un jeune étudiant en théologie, de se procurer quelques-uns de ces livres. Enfin il eut l'idée qu'il serait possible avec de l'adresse de persuader à M. de Rênal qu'il fallait donner pour sujet de thème à ses fils l'histoire des gentilshommes célèbres nés dans la province. Après un mois de soins, Julien vit réussir cette idée, et à un tel point que, quelque temps après, il osa hasarder,

---

139. *singeries:* monkey tricks.
140. *se récriait:* was making objections.
141. *Besenval:* eighteenth-century courtier and me-
moir writer.
142. *quotité:* amount.
143. *lui étaient échus en partage:* had fallen to his lot.

en parlant à M. de Rênal, la mention d'une action bien autrement pénible pour le noble maire; il s'agissait de contribuer à la fortune d'un libéral, en prenant un abonnement[144] chez le libraire. M. de Rênal convenait bien qu'il était sage de donner à son fils aîné l'idée *de visu*[145] de plusieurs ouvrages qu'il entendrait mentionner dans la conversation, lorsqu'il serait à l'École militaire; mais Julien voyait M. le maire s'obstiner à ne pas aller plus loin. Il soupçonnait une raison secrète, mais ne pouvait la deviner.

—Je pensais, monsieur, lui dit-il un jour, qu'il y aurait une haute inconvenance à ce que le nom d'un bon gentilhomme tel qu'un Rênal parût sur le sale registre du libraire.

Le front de M. de Rênal s'éclaircit.

—Ce serait aussi une bien mauvaise note, continua Julien, d'un ton plus humble, pour un pauvre étudiant en théologie, si l'on pouvait un jour découvrir que son nom a été sur le registre d'un libraire loueur de livres. Les libéraux pourraient m'accuser d'avoir demandé les livres les plus infâmes; qui sait même s'ils n'iraient pas jusqu'à écrire après mon nom les titres de ces livres pervers.

Mais Julien s'éloignait de la trace. Il voyait la physionomie du maire reprendre l'expression de l'embarras et de l'humeur. Julien se tut. « Je tiens mon homme, » se dit-il.

Quelques jours après, l'aîné des enfants interrogeant Julien sur un livre annoncé dans *la Quotidienne*,[146] en présence de M. de Rênal:

—Pour éviter tout sujet de triomphe au parti jacobin, dit le jeune précepteur, et cependant me donner les moyens de répondre à M. Adolphe, on pourrait faire prendre un abonnement chez le libraire par le dernier de vos gens.[147]

—Voilà une idée qui n'est pas mal, dit M. de Rênal, évidemment fort joyeux.

—Toutefois il faudrait spécifier, dit Julien de cet air grave et presque malheureux qui va si bien à de certaines gens, quand ils voient le succès des affaires qu'ils ont le plus longtemps désirées, il faudrait spécifier que le domestique ne pourra prendre aucun roman. Une fois dans la maison, ces livres dangereux pourraient corrompre les filles de madame, et le domestique[148] lui-même.

—Vous oubliez les pamphlets politiques, ajouta M. de Rênal, d'un air hautain. Il voulait cacher l'admiration que lui donnait le savant mezzo-termine[149] inventé par le précepteur de ses enfants.

La vie de Julien se composait ainsi d'une suite de petites négociations; et leur succès l'occupait beaucoup plus que le sentiment de préférence marquée qu'il n'eût tenu qu'à lui de lire dans le cœur de madame de Rênal.

La position morale où il avait été toute sa vie se renouvelait chez M. le maire de Verrières. Là, comme à la scierie de son père, il méprisait profondément les gens avec qui il vivait, et en était haï. Il voyait chaque jour dans les récits faits par le sous-préfet, par M. Valenod, par les autres amis de la maison, à l'occasion de choses qui venaient de se passer sous leurs yeux, combien leurs idées ressemblaient peu à la réalité. Une action lui semblait-elle admirable, c'était celle-là précisément qui attirait le blâme des gens qui l'environnaient. Sa réplique intérieure était toujours: « Quels monstres ou quels sots! » Le plaisant,[150] avec tant d'orgueil, c'est que souvent il ne comprenait absolument rien à ce dont on parlait.

De la vie, il n'avait parlé avec sincérité qu'au vieux chirurgien-major; le peu d'idées qu'il avait étaient relatives aux campagnes de Bonaparte en Italie, ou à la chirurgie. Son jeune courage se plaisait au récit circonstancié des opérations les plus douloureuses; il se disait: « Je n'aurais pas sourcillé. »[151]

---

144. *abonnement:* subscription.
145. *de visu:* by sight.
146. *la Quotidienne:* conservative newspaper.
147. *gens:* servants.
148. *domestique:* domestic staff.

149. *mezzo-termine:* mid-term (which conciliates opposites).
150. *Le plaisant:* The funny thing.
151. *sourcillé:* winced.

La première fois que madame de Rênal essaya avec lui une conversation étrangère à l'éducation des enfants, il se mit à parler d'opérations chirurgicales; elle pâlit et le pria de cesser.

Julien ne savait rien au delà. Ainsi, passant sa vie avec madame de Rênal, le silence le plus singulier s'établissait entre eux dès qu'ils étaient seuls. Dans le salon, quelle que fût l'humilité de son maintien, elle trouvait dans ses yeux un air de supériorité intellectuelle envers tout ce qui venait chez elle. Se trouvaitelle seule un instant avec lui, elle le voyait visiblement embarrassé. Elle en était inquiète, car son instinct de femme lui faisait comprendre que cet embarras n'était nullement tendre.

D'après je ne sais quelle idée prise dans quelque récit de la bonne société, telle que l'avait vue le vieux chirurgien-major, dès qu'on se taisait dans un lieu où il se trouvait avec une femme, Julien se sentait humilié, comme si ce silence eût été son tort particulier. Cette sensation était cent fois plus pénible dans le tête-à-tête. Son imagination remplie des notions les plus exagérées, les plus espagnoles,[152] sur ce qu'un homme doit dire, quand il est seul avec une femme, ne lui offrait dans son trouble que des idées inadmissibles. Son âme était dans les nues, et cependant il ne pouvait sortir du silence le plus humiliant. Ainsi son air sévère, pendant ses longues promenades avec madame de Rênal et les enfants, était augmenté par les souffrances les plus cruelles. Il se méprisait horriblement. Si par malheur il se forçait à parler, il lui arrivait de dire les choses les plus ridicules. Pour comble de misère, il voyait et s'exagérait son absurdité; mais ce qu'il ne voyait pas, c'était l'expression de ses yeux; ils étaient si beaux et annonçaient une âme si ardente, que, semblables aux bons acteurs, ils donnaient quelquefois un sens charmant à ce qui n'en avait pas. Madame de Rênal remarqua que, seul avec elle, il n'arrivait jamais à dire quelque chose de bien que lorsque, distrait par quelque événement imprévu, il ne songeait pas à bien tourner un compliment. Comme les amis de la maison ne la gâtaient pas en lui présentant des idées nouvelles et brillantes, elle jouissait avec délices des éclairs d'esprit de Julien.

Depuis la chute de Napoléon, toute apparence de galanterie est sévèrement bannie des mœurs de la province. On a peur d'être destitué. Les fripons cherchent un appui dans la congrégation; et l'hypocrisie a fait les plus beaux progrès même dans les classes libérales. L'ennui redouble. Il ne reste d'autre plaisir que la lecture et l'agriculture.

Madame de Rênal, riche héritière d'une tante dévote, mariée à seize ans à un bon gentilhomme, n'avait de sa vie éprouvé ni vu rien qui ressemblât le moins du monde à l'amour. Ce n'était guère que son confesseur, le bon curé Chélan, qui lui avait parlé de l'amour, à propos des poursuites de M. Valenod, et il lui en avait fait une image si dégoûtante, que ce mot ne lui représentait que l'idée du libertinage le plus abject. Elle regardait comme une exception, ou même comme tout à fait hors de nature, l'amour tel qu'elle l'avait trouvé dans le très petit nombre de romans que le hasard avait mis sous ses yeux. Grâce à cette ignorance, madame de Rênal, parfaitement heureuse, occupée sans cesse de Julien, était loin de se faire le plus petit reproche.

VIII. PETITS ÉVÉNEMENTS

L'angélique douceur que madame de Rênal devait à son caractère et à son bonheur actuel n'était un peu altérée que quand elle venait à songer à sa femme de chambre Élisa. Cette fille fit un héritage, alla se confesser au curé Chélan et lui avoua le projet d'épouser Julien. Le curé eut une véritable joie du bonheur de son ami; mais sa surprise fut extrême quand Julien lui dit d'un air résolu que l'offre de mademoiselle Élisa ne pouvait lui convenir.

---

152. *espagnoles:* i.e., extravagant. (Stendhal admired and cultivated a "Castilian" sense of honor.)

—Prenez garde, mon enfant, à ce qui se passe dans votre cœur, dit le curé, fronçant le sourcil; je vous félicite de votre vocation, si c'est à elle seule que vous devez le mépris d'une fortune plus que suffisante. Il y a cinquante-six ans sonnés[153] que je suis curé de Verrières, et cependant, suivant toute apparence, je vais être destitué. Ceci m'afflige, et toutefois j'ai huit cents livres de rente. Je vous fais part de ce détail afin que vous ne vous fassiez pas d'illusions sur ce qui vous attend dans l'état de prêtre. Si vous songez à faire la cour aux hommes qui ont la puissance, votre perte éternelle est assurée. Vous pourrez faire fortune, mais il faudra nuire aux misérables, flatter le sous-préfet, le maire, l'homme considéré, et servir ses passions: cette conduite, qui dans le monde s'appelle savoirvivre, peut, pour un laïque, n'être pas absolument incompatible avec le salut; mais, dans notre état, il faut opter;[154] il s'agit de faire fortune dans ce monde ou dans l'autre, il n'y a pas de milieu.[155] Allez, mon cher ami, réfléchissez, et revenez dans trois jours me rendre une réponse définitive. J'entrevois avec peine, au fond de votre caractère, une ardeur sombre qui ne m'annonce pas la modération et la parfaite abnégation des avantages terrestres nécessaires à un prêtre; j'augure bien de votre esprit; mais, permettez-moi de vous le dire, ajouta le bon curé, les larmes aux yeux, dans l'état de prêtre, je tremblerai pour votre salut.

Julien avait honte de son émotion; pour la première fois de sa vie, il se voyait aimé; il pleurait avec délices, et alla cacher ses larmes dans les grands bois au-dessus de Verrières.

—Pourquoi l'état où je me trouve? se dit-il enfin; je sens que je donnerais cent fois ma vie pour ce bon curé Chélan, et cependant il vient de me prouver que je ne suis qu'un sot. C'est lui surtout qu'il m'importe de tromper, et il me devine. Cette ardeur secrète dont il me parle, c'est mon projet de faire fortune. Il me croit indigne d'être prêtre, et cela précisément quand je me figurais que le sacrifice de cinquante louis de rente allait lui donner la plus haute idée de ma piété et de ma vocation. A l'avenir, continua Julien, je ne compterai que sur les parties de mon caractère que j'aurai éprouvées. Qui m'eût dit que je trouverais du plaisir à répandre des larmes! que j'aimerais celui qui me prouve que je ne suis qu'un sot!

Trois jours après, Julien avait trouvé le prétexte dont il eût dû se munir dès le premier jour; ce prétexte était une calomnie, mais qu'importe? Il avoua au curé, avec beaucoup d'hésitation, qu'une raison qu'il ne pouvait lui expliquer, parce qu'elle nuirait à un tiers, l'avait détourné tout d'abord de l'union projetée. C'était accuser la conduite d'Élisa. M. Chélan trouva dans ses manières un certain feu tout mondain, bien différent de celui qui eût dû animer un jeune lévite.[156]

—Mon ami, lui dit-il encore, soyez un bon bourgeois de campagne, estimable et instruit, plutôt qu'un prêtre sans vocation.

Julien répondit à ces nouvelles remontrances, fort bien, quant aux paroles: il trouvait les mots qu'eût employés un jeune séminariste fervent; mais le ton dont il les prononçait, mais le feu mal caché qui éclatait dans ses yeux alarmaient M. Chélan.

Il ne faut pas trop mal augurer de Julien; il inventait correctement les paroles d'une hypocrisie cauteleuse[157] et prudente. Ce n'est pas mal à son âge. Quant au ton et aux gestes, il vivait avec les campagnards; il avait été privé de la vue des grands modèles. Par la suite, à peine lui eut-il été donné d'approcher de ces messieurs, qu'il fut admirable pour les gestes comme pour les paroles.

Madame de Rênal fut étonnée que la nouvelle fortune de sa femme de chambre ne rendît pas cette fille plus heureuse; elle

---

153. *sonnés:* and more (*lit.,* rung out).
154. *opter:* choose.
155. *milieu: here,* middle ground.
156. *lévite:* priest.
157. *cauteleuse:* cunning.

la voyait aller sans cesse chez le curé, et en revenir les larmes aux yeux; enfin Élisa lui parla de son mariage.

Madame de Rênal se crut malade; une sorte de fièvre l'empêchait de trouver le sommeil; elle ne vivait que lorsqu'elle avait sous les yeux sa femme de chambre ou Julien. Elle ne pouvait penser qu'à eux et au bonheur qu'ils trouveraient dans leur ménage. La pauvreté de cette petite maison, où l'on devrait vivre avec cinquante louis de rente, se peignait à elle sous des couleurs ravissantes. Julien pourrait très bien se faire avocat à Bray, la sous-préfecture à deux lieues de Verrières; dans ce cas elle le verrait quelquefois.

Madame de Rênal[158] crut sincèrement qu'elle allait devenir folle; elle le dit à son mari, et enfin tomba malade. Le soir même, comme sa femme de chambre la servait, elle remarqua que cette fille pleurait. Elle abhorrait Élisa dans ce moment, et venait de la brusquer; elle lui en demanda pardon. Les larmes d'Élisa redoublèrent; elle dit que si sa maîtresse le lui permettait, elle lui conterait tout son malheur.

—Dites, répondit madame de Rênal.

—Eh bien, madame, il me refuse; des méchants lui auront dit du mal de moi, il les croit.

—Qui vous refuse? dit madame de Rênal respirant à peine.

—Eh qui, madame, si ce n'est M. Julien? répliqua la femme de chambre en sanglotant. M. le curé n'a pu vaincre sa résistance; car M. le curé trouve qu'il ne doit pas refuser une honnête fille, sous prétexte qu'elle a été femme de chambre. Après tout, le père de M. Julien n'est autre chose qu'un charpentier; lui-même comment gagnait-il sa vie avant d'être chez madame?

Madame de Rênal n'écoutait plus; l'excès du bonheur lui avait presque ôté l'usage de la raison. Elle se fit répéter plusieurs fois l'assurance que Julien avait refusé d'une façon positive, et qui ne permettait plus de revenir à une résolution plus sage.

—Je veux tenter un dernier effort, dit-elle à sa femme de chambre, je parlerai à M. Julien.

Le lendemain après le déjeuner, madame de Rênal se donna la délicieuse volupté de plaider la cause de sa rivale, et de voir la main et la fortune d'Élisa refusées constamment pendant une heure.

Peu à peu Julien sortit de ses réponses compassées,[159] et finit par répondre avec esprit aux sages représentations de madame de Rênal. Elle ne put résister au torrent de bonheur qui inondait son âme après tant de jours de désespoir. Elle se trouva mal tout à fait. Quand elle fut remise et bien établie dans sa chambre, elle renvoya tout le monde. Elle était profondément étonnée.

—Aurais-je de l'amour pour Julien? se dit-elle enfin.

Cette découverte, qui dans tout autre moment l'aurait plongée dans les remords et dans une agitation profonde, ne fut pour elle qu'un spectacle singulier, mais comme indifférent. Son âme, épuisée par tout ce qu'elle venait d'éprouver, n'avait plus de sensibilité au service des passions.

Madame de Rênal voulut travailler, et tomba dans un profond sommeil; quand elle se réveilla, elle ne s'effraya pas autant qu'elle l'aurait dû. Elle était trop heureuse pour pouvoir prendre en mal quelque chose. Naïve et innocente, jamais cette bonne provinciale n'avait torturé son âme pour tâcher d'en arracher un peu de sensibilité à quelque nouvelle nuance de sentiment ou de malheur. Entièrement absorbée avant l'arrivée de Julien par cette masse de travail qui, loin de Paris, est le lot d'une bonne mère de famille, madame de Rênal pensait aux passions, comme nous pensons à la loterie: duperie certaine et bonheur cherché par des fous.

La cloche du dîner sonna; madame de Rênal rougit beaucoup quand elle entendit

---

158. From a stylistic standpoint, what do you think of Stendhal's starting three paragraphs in a row with the words *Mme de Rênal*?

159. *compassées:* stiff, formal.

la voix de Julien, qui amenait les enfants. Un peu adroite depuis qu'elle aimait, pour expliquer sa rougeur, elle se plaignit d'un affreux mal de tête.

—Voilà comme sont toutes les femmes, lui répondit M. de Rênal, avec un gros rire. Il y a toujours quelque chose à raccommoder à ces machines-là!

Quoique accoutumée à ce genre d'esprit, ce ton de voix choqua madame de Rênal. Pour se distraire, elle regarda la physionomie de Julien; il eût été l'homme le plus laid, que cet instant il lui eût plu.

Attentif à copier les habitudes des gens de cour, dès les premiers beaux jours du printemps, M. de Rênal s'établit à Vergy; c'est le village rendu célèbre par l'aventure tragique de Gabrielle.[160] A quelques centaines de pas des ruines si pittoresques de l'ancienne église gothique, M. de Rênal possède un vieux château avec ses quatre tours, et un jardin dessiné comme celui des Tuileries,[161] avec force bordures de buis[162] et allées de marronniers taillés deux fois par an. Un champ voisin, planté de pommiers, servait de promenade. Huit ou dix noyers magnifiques étaient au bout du verger; leur feuillage immense s'élevait peut-être à quatre-vingts pieds de hauteur.

—Chacun de ces maudits noyers, disait M. de Rênal quand sa femme les admirait, me coûte la récolte[163] d'un demi-arpent, le blé ne peut venir sous leur ombre.

La vue de la campagne sembla nouvelle à madame de Rênal; son admiration allait jusqu'aux transports. Le sentiment dont elle était animée lui donnait de l'esprit et de la résolution. Dès le surlendemain de l'arrivée à Vergy, M. de Rênal étant retourné à la ville pour les affaires de la mairie, madame de Rênal prit des ouvriers à ses frais. Julien lui avait donné l'idée d'un petit chemin sablé,

qui circulerait dans le verger et sous les grands noyers, et permettrait aux enfants de se promener dès le matin, sans que leurs souliers fussent mouillés par la rosée.[164] Cette idée fut mise à exécution moins de vingt-quatre heures après avoir été conçue. Madame de Rênal passa toute la journée gaiement avec Julien à diriger les ouvriers.

Lorsque le maire de Verrières revint de la ville, il fut bien surpris de trouver l'allée faite. Son arrivée surprit aussi madame de Rênal; elle avait oublié son existence. Pendant deux mois, il parla avec humeur de la hardiesse qu'on avait eue de faire, sans le consulter, une *réparation* aussi importante, mais madame de Rênal l'avait exécutée à ses frais, ce qui le consolait un peu.

Elle passait ses journées à courir avec ses enfants dans le verger, et à faire la chasse aux papillons. On avait construit de grands capuchons de gaze claire,[165] avec lesquels on prenait les pauvres *lépidoptères.* C'est le nom barbare que Julien apprenait à madame de Rênal. Car elle avait fait venir de Besançon le bel ouvrage de M. Godart;[166] et Julien lui racontait les mœurs singulières de ces pauvres bêtes.

On les piquait sans pitié avec des épingles dans un grand cadre de carton arrangé aussi par Julien.

Il y eut enfin entre madame de Rênal et Julien un sujet de conversation, il ne fut plus exposé à l'affreux supplice que lui donnaient les moments de silence.

Ils se parlaient sans cesse, et avec un intérêt extrême, quoique toujours de choses fort innocentes. Cette vie active, occupée et gaie, était du goût de tout le monde, excepté de mademoiselle Élisa, qui se trouvait excédée[167] de travail. « Jamais dans le carnaval, disait-elle, quand il y a bal à Verrières, madame ne s'est donné tant de

---

160. According to medieval legend, Gabrielle de Vergy's lover, on his deathbed, consigned to her his heart. Her husband, forewarned, arranged that she should eat it. When enlightened, she starved herself to death.

161. *Tuileries:* royal palace (a companion to the Louvre) in Paris that burned to the ground in 1871. The gardens, in typical French formal style, remain.

162. *bordures de buis:* box hedges.

163. *récolte:* crops, yield.

164. *rosée:* dew.

165. *capuchons de gaze claire:* light-colored gauze nets.

166. *Godart:* naturalist, author of *Mémoire sur plusieurs espèces de lépidoptères.*

167. *excédée:* worn out.

soins pour sa toilette; elle change de robes deux ou trois fois par jour. »

Comme notre intention est de ne flatter personne, nous ne nierons point que madame de Rênal, qui avait une peau superbe, ne se fît arranger des robes qui laissaient les bras et la poitrine fort découverts. Elle était très bien faite, et cette manière de se mettre lui allait à ravir.

—Jamais vous *n'avez été si jeune,* madame, lui disaient ses amis de Verrières qui venaient dîner à Vergy. (C'est une façon de parler du pays.)

Une chose singulière, qui trouvera peu de croyance parmi nous, c'était sans intention directe que madame de Rênal se livrait à tant de soins. Elle y trouvait du plaisir; et, sans y songer autrement, tout le temps qu'elle ne passait pas à la chasse aux papillons avec les enfants et Julien, elle travaillait avec Élisa à bâtir des robes. Sa seule course à Verrières fut causée par l'envie d'acheter de nouvelles robes d'été qu'on venait d'apporter de Mulhouse.

Elle ramena à Vergy une jeune femme de ses parentes. Depuis son mariage, madame de Rênal s'était liée insensiblement avec madame Derville qui autrefois avait été sa compagne au *Sacré-Cœur.*

Madame Derville riait beaucoup de ce qu'elle appelait les idées folles de sa cousine: « Seule, jamais je n'y penserais, » disait-elle. Ces idées imprévues qu'on eût appelées saillies[168] à Paris, madame de Rênal en avait honte comme d'une sottise, quand elle était avec mari; mais la présence de madame Derville lui donnait du courage. Elle lui disait d'abord ses pensées d'une voix timide; quand ces dames étaient longtemps seules, l'esprit de madame de Rênal s'animait, et une longue matinée solitaire passait comme un instant et laissait les deux amies fort gaies. A ce voyage la raisonnable madame Derville trouva sa cousine beaucoup moins gaie et beaucoup plus heureuse.

Julien, de son côté, avait vécu en véritable enfant depuis son séjour à la campagne, aussi heureux de courir à la suite des papillons que ses élèves. Après tant de contrainte et de politique habile, seul, loin des regards des hommes, et, par instinct, ne craignant point madame de Rênal, il se livrait au plaisir d'exister, si vif à cet âge, et au milieu des plus belles montagnes du monde.

Des l'arrivée de madame Derville, il sembla à Julien qu'elle était son amie; il se hâta de lui montrer le point de vue que l'on a de l'extrémité de la nouvelle allée sous les grands noyers; dans le fait, il est égal, si ce n'est supérieur à ce que la Suisse et les lacs d'Italie peuvent offrir de plus admirable. Si l'on monte la côte rapide qui commence à quelques pas de là, on arrive bientôt à de grands précipices bordés par de bois de chênes, qui s'avancent presque jusque sur la rivière. C'est sur les sommets de ces rochers coupés à pic,[169] que Julien, heureux, libre, et même quelque chose de plus, roi de la maison, conduisait les deux amies et jouissait de leur admiration pour ces aspects sublimes.

—C'est pour moi comme de la musique de Mozart, disait madame Derville.

La jalousie de ses frères, la présence d'un père despote et rempli d'humeur avaient gâté aux yeux de Julien les campagnes des environs de Verrières. A Vergy, il ne trouvait point de ces souvenirs amers; pour la première fois de sa vie, il ne voyait point d'ennemi. Quand M. de Rênal était à la ville, ce qui arrivait souvent, il osait lire; bientôt, au lieu de lire la nuit, et encore en ayant soin de cacher sa lampe au fond d'un vase à fleurs renversé, il put se livrer au sommeil; le jour, dans l'intervalle des leçons des enfants, il venait dans ces rochers avec le livre, unique règle de sa conduite et objet de ses transports. Il y trouvait à la fois bonheur, extase et consolation dans les moments de découragement.

Certaines choses que Napoléon dit des femmes, plusieurs discussions sur le mérite des romans à la mode sous son règne lui donnèrent alors, pour la première fois,

---

168. *saillies:* sallies, witty outbursts.

169. *à pic:* precipitously.

quelques idées que tout autre jeune homme de son âge aurait eues depuis longtemps.

Les grandes chaleurs arrivèrent. On prit l'habitude de passer les soirées sous un immense tilleul[170] à quelques pas de la maison. L'obscurité y était profonde. Un soir, Julien parlait avec action, il jouissait avec délices du plaisir de bien parler et à des femmes jeunes; en gesticulant, il toucha la main de madame de Rênal qui était appuyée sur le dos d'une de ces chaises de bois peint que l'on place dans les jardins.

Cette main se retira bien vite; mais Julien pensa qu'il était de son *devoir* d'obtenir que l'on ne retirât pas cette main quand il la touchait. L'idée d'un devoir à accomplir, et d'un ridicule ou plutôt d'un sentiment d'infériorité à encourir si l'on n'y parvenait pas, éloigna sur-le-champ tout plaisir de son cœur.

IX. UNE SOIRÉE A LA CAMPAGNE

Ses regards, le lendemain, quand il revit madame de Rênal, étaient singuliers; il l'observait comme un ennemi avec lequel il va falloir se battre. Ces regards, si différents de ceux de la veille, firent perdre la tête à madame de Rênal: elle avait été bonne pour lui et il paraissait fâché. Elle ne pouvait détacher ses regards des siens.

La présence de madame Derville permettait à Julien de moins parler et de s'occuper davantage de ce qu'il avait dans la tête. Son unique affaire, toute cette journée, fut de se fortifier par la lecture du livre inspiré qui retrempait son âme.

Il abrégea beaucoup les leçons des enfants, et ensuite, quand la présence de madame de Rênal vint le rappeler tout à fait aux soins de sa gloire, il décida qu'il fallait absolument qu'elle permît ce soir-là que sa main restât dans la sienne.

Le soleil en baissant, et rapprochant le moment décisif, fit battre le cœur de Julien d'une façon singulière. La nuit vint. Il observa, avec une joie qui lui ôta un poids immense de dessus la poitrine, qu'elle serait fort obscure. Le ciel chargé de gros nuages, promenés par un vent très chaud, semblait annoncer une tempête. Les deux amies se promenèrent fort tard. Tout ce qu'elles faisaient ce soir-là semblait singulier à Julien. Elles jouissaient de ce temps, qui pour certaines âmes délicates, semble augmenter le plaisir d'aimer.

On s'assit enfin, madame de Rênal à côté de Julien, et madame Derville près de son amie. Préoccupé de ce qu'il allait tenter, Julien ne trouvait rien à dire. La conversation languissait.

—Serais-je aussi tremblant et malheureux au premier duel qui me viendra? se dit Julien, car il avait trop de méfiance et de lui et des autres, pour ne pas voir l'état de son âme.

Dans sa mortelle angoisse, tous les dangers lui eussent semblé préférables. Que de fois ne désira-t-il pas voir survenir à madame de Rênal quelque affaire qui l'obligeât de rentrer à la maison et de quitter le jardin! La violence que Julien était obligé de se faire était trop forte pour que sa voix ne fût pas profondément altérée; bientôt la voix de madame de Rênal devint tremblante aussi, mais Julien ne s'en aperçut point. L'affreux combat[171] que le devoir livrait à la timidité était trop pénible pour qu'il fût en état de rien observer hors lui-même. Neuf heures trois quarts venaient de sonner à l'horloge du château, sans qu'il eût encore rien osé. Julien, indigné de sa lâcheté, se dit: « Au moment précis où dix heures sonneront, j'exécuterai ce que, pendant toute la journée, je me suis promis de faire ce soir, ou je monterai chez moi me brûler la cervelle. »[172]

Après un dernier moment d'attente et d'anxiété, pendant lequel l'excès de l'émotion mettait Julien comme hors de lui, dix heures sonnèrent à l'horloge qui était au-dessus de sa tête. Chaque coup de cette cloche fatale retentissait dans sa poitrine, et y causait comme un mouvement physique.

---

170. *tilleul:* linden tree.
171. This use of the word *combat* reveals much about Julien's mentality. No military campaign was ever strategized to a greater extent than Julien's plan to touch the hand of Mme de Rênal!
172. *me brûler la cervelle:* blow my brains out.

Enfin, comme le dernier coup de dix heures retentissait encore, il étendit la main et prit celle de madame de Rênal, qui la retira aussitôt. Julien, sans trop savoir ce qu'il faisait, la saisit de nouveau. Quoique bien ému lui-même, il fut frappé de la froideur glaciale de la main qu'il prenait; il la serrait avec une force convulsive; on fit un dernier effort pour la lui ôter, mais enfin cette main lui resta.

Son âme fut inondée de bonheur, non qu'il aimât madame de Rênal, mais un affreux supplice venait de cesser. Pour que madame Derville ne s'aperçût de rien, il se crut obligé de parler; sa voix alors était éclatante et forte. Celle de madame de Rênal, au contraire, trahissait tant d'émotion, que son amie la crut malade et lui proposa de rentrer. Julien sentit le danger: « Si madame de Rênal rentre au salon, je vais retomber dans la position affreuse où j'ai passé la journée. J'ai tenu cette main trop peu de temps pour que cela compte comme un avantage qui m'est acquis. »

Au moment où madame Derville renouvelait la proposition de rentrer au salon, Julien serra fortement la main qu'on lui abandonnait.

Madame de Rênal, qui se levait déjà, se rassit, en disant, d'une voix mourante:

—Je me sens, à la vérité, un peu malade, mais le grand air me fait du bien.

Ces mots confirmèrent le bonheur de Julien, qui, dans ce moment, était extrême: il parla, il oublia de feindre, il parut l'homme le plus aimable aux deux amies qui l'écoutaient. Cependant il y avait encore un peu de manque de courage dans cette éloquence qui lui arrivait tout à coup. Il craignait mortellement que madame Derville, fatiguée du vent qui commençait à s'élever et qui précédait la tempête, ne voulût rentrer seule au salon. Alors il serait resté en tête à tête avec madame de Rênal. Il avait eu presque par hasard le courage aveugle qui suffit pour agir; mais il sentait qu'il était hors de sa puissance de dire le mot le plus simple à madame de Rênal. Quelque légers que fussent ses reproches, il allait être battu, et l'avantage qu'il venait d'obtenir anéanti.

Heureusement pour lui, ce soir-là, ses discours touchants et emphatiques[173] trouvèrent grâce devant madame Derville, qui très souvent le trouvait gauche comme un enfant, et peu amusant. Pour madame de Rênal, la main dans celle de Julien, elle ne pensait à rien; elle se laissait vivre. Les heures qu'on passa sous ce grand tilleul, que la tradition du pays dit planté par Charles le Téméraire,[174] furent pour elle une époque de bonheur. Elle écoutait avec délices les gémissements du vent dans l'épais feuillage du tilleul, et le bruit de quelques gouttes rares qui commençaient à tomber sur les feuilles les plus basses. Julien ne remarqua pas une circonstance qui l'eût bien rassuré; madame de Rênal, qui avait été obligée de lui ôter sa main, parce qu'elle se leva pour aider sa cousine à relever un vase de fleurs que le vent venait de renverser à leurs pieds, fut à peine assise de nouveau, qu'elle lui rendit sa main presque sans difficulté, et comme si déjà c'eût été entre eux une chose convenue.

Minuit était sonné depuis longtemps; il fallut enfin quitter le jardin: on se sépara. Madame de Rênal, transportée du bonheur d'aimer, était tellement ignorante, qu'elle ne se faisait presque aucun reproche. Le bonheur lui ôtait le sommeil. Un sommeil de plomb s'empara de Julien, mortellement fatigué des combats que toute la journée la timidité et l'orgueil s'étaient livrés dans son cœur.

Le lendemain on le réveilla à cinq heures; et, ce qui eût été cruel pour madame de Rênal si elle l'eût su, à peine lui donna-t-il une pensée. Il avait fait *son devoir, et un devoir héroïque.* Rempli de bonheur par ce sentiment, il s'enferma à clef dans sa chambre, et se livra avec un plaisir tout nouveau à la lecture des exploits de son héros.

---

173. *emphatiques:* excessive, bombastic.

174. *Charles le Téméraire:* Duke of Burgundy, fifteenth century.

Quand la cloche du déjeuner se fit entendre, il avait oublié, en lisant les bulletins de la Grande Armée, tous ses avantages de la veille. Il se dit, d'un ton léger, en descendant au salon: « Il faut dire à cette femme que je l'aime. »

[Julien's adventures continue along this line in an extraordinary plot based loosely on a true occurrence in the news of the day that Stendhal transforms into a masterpiece of fiction.]

8. Honoré de Balzac

[1799–1850]

A Talent with Few Equals

In the nineteenth century, what Dickens was to British literature, what Tolstoy was to Russian literature, what Goethe was to German literature, so Balzac was to French literature. And today Balzac remains the most studied of all French prose authors, if the number of scholarly articles published about him per year is an accurate indication.

An Appetite for Life

Honoré de Balzac was one of the great creative minds of literary history. The mark of his mind, like that of Hugo, was vigor and abundance. And, like Hugo, he was of peasant stock, with the earth-born strength converted to intellectual service. He invented for his novels and short stories a world peopled by more than 2,000 named characters, each as real to him as the figures of the actual world. (On his deathbed he is said to have called for Dr. Bianchon, who lived only in his novels.) He wrote an average of 2,000 pages a year for nineteen years. (When composing, he would rise between midnight and 2 A.M. and work till evening, sustaining himself on a concentrated coffee of his own brewing.) Physically, he was overpowering, despite standing only five-feet-two. Even his appetite was colossal. "Il mangeait d'une façon terrible, comme un porc," said his caricaturist pal Gavarni. We may well believe it. The menu exists of a dinner in which Balzac consumed, with the feeble assistance of his publisher, 100 oysters, twelve chops, a duck, two partridges, a sole, and twelve pears. No doubt the publisher paid.

His father had risen, during the social upheaval of the Revolution, to be business manager of the Tours hospital. There Honoré Balzac was born in 1799. (He added the snobbish "de" as a fake-aristocratic touch in later years and discovered, or invented, a family coat of arms.) He had a good education, though he was apparently too much of a dreamer to do well in classes. The family moved to Paris, and Honoré was apprenticed in the offices of an *avoué* and a *notaire,* professionals who handled legal and financial affairs. Though he was bored by the routine (his fellow clerks nicknamed him *l'Éléphant,* for his size and sloth), he learned a great deal about law and business and the secret money dramas of great families. He broke away, lived in abject poverty among the poorest of the poor, and wrote a poetic tragedy about Cromwell, said to be very bad. But he learned about the life of the Paris working class. Then he wrote at least ten cheap adventure novels, under assumed names. Such practice gives a writer ease, fluency, and the habit of invention, though it may also encourage sloppiness, Balzac's one obvious stylistic fault.

Balzac's taste for luxury items, such as his famous ivory-handled cane, led him into debt. His home in Passy (now part of Paris) had a secret back exit leading down a hill to enable him to escape angry creditors. Writing did not pay quite well enough, so to make money he started a publishing enterprise. Since he could not pay the printer, he bought the print shop, on credit. The print shop was not a success. Balzac could not pay the type founder; so he bought the type foundry. And when the type foundry failed, he found himself, at 29, without a penny and with 100,000 francs of debt. Thus he learned about business the hard way.

He was always in love with a succession of remarkable women, topped by the Duchesse d'Abrantès, whose title was merely Napoleonic, and the Duchesse de Castries, one of the old nobility. From them he learned about two levels of noble

Honoré de Balzac. Illustration in L. Petit de Julleville's Histoire de la Langue et de la Littérature française, *volume VII, 1922.*

life. For many years he carried on a courtship with the Polish Comtesse Hanska, a married woman who adored him mostly from afar and mostly for his literature; when she became a widow, Balzac finally married her, only a few months before his death in 1850. During his life he had known all the triumphs and failures possible in the sphere of romance. Thus he learned all about love.

A World of His Own

La Comédie humaine, the Human Drama, is the overall title under which he grouped the most important of his approximately ninety novels and stories. These deal with Parisian and provincial life, under every aspect: social, political, ecclesiastical, and military. Innumerable characters, representative or exceptional, are presented. Their behavior is examined with penetrating psychology and a somewhat odd philosophy balancing the occult with practical social consciousness. Some of these characters, such as le Père Goriot (the faltering patriarch), Eugénie Grandet (the strong-willed daughter), Eugène de Rastignac (the ultimate social climber), and Vautrin (the master criminal), continue to live in readers' minds in the niche that life reserves for the great creations of great imaginations.

One of the most interesting facets of Balzac's literary universe is that it is peopled by many recurring characters. For example, the financier character Nucingen reappears in any story in which a financier is needed, and the doctor character Bianchon wherever medical matters come into play. This made things easier for Balzac, because he did not have to create whole new supporting characters all the time. And it also helped create a sense of realism for the reader (at least the reader who had read other Balzac stories) who would recognize the characters as people already met. From time to time real personages of history would appear in the stories as well, mixing convincingly with the fictitious ones.

Balzac insisted that his purpose was *scientific,* that he was classifying human beings into species, according to profession and habitat. Zoology was the progressive science of his time, and he used it as a metaphor for human existance. Balzac's project was not totally scientific, though — it was also *journalistic*. Throughout all the years that he was writing his novels, Balzac wrote articles for newspapers. These articles were mostly satirical social and political commentary. His articles were often illustrated by the greatest caricaturists of all time, including his friends Daumier, Monnier, Traviès, Gavarni, and Grandville. Together, they and other satirists collaborted with Balzac to create an entertaining human zoology covering every occupation, class, and social type.

Balzac was the first eminent French writer to give a just place in his work to the *power of money*. He describes financial affairs in extreme detail, with evident delight. The motive of gain vies forever with the motive of love. Balzac knew intimately the flow of money and its effects upon the individual and society. In fact, he knew them too well; his expertise led him to indulge in get-rich-quick schemes that somehow failed to pay off. He went broke on several unwise investments including a pineapple farm in France and some ancient Roman silver mines in Sardinia. But Balzac was hardly untypical of his era. The materialistic values of the social structure set up by Louis-Philippe (France's last king) to benefit his industrialist and financier backers after the Revolution of 1830 imbued Balzac along with everyone else. Before Balzac, such material concerns were considered largely unworthy of treatment in the arts. After Balzac, they became almost mandatory.

The physical body is another aspect of life that Balzac brought to the forefront in literature. Prior to Balzac, the novel was largely psychological, dealing with the thoughts in the minds of the characters. He adding a focus on the physical, but did not neglect the psychology. In fact, the analysis of psychosomatic illness appears first in Balzac (although the stereotypical lovesick character who dies of a broken heart has always been with us.) And Balzac's explanations of the phenomenon strongly anticipate Freud by over half a century. The power of the will, its ability or inability to effect material change in the world, and its often corruptive effect upon the body are central topics in Balzac's novels and short stories.

Before Balzac, the short story as a genre did not even exist (although some tales had always happened to be short), and the novel was not even considered a serious artistic format. Instead, it was considered a lowly vehicle for cheap adventure stories and soap operas, and of course it still is. But Balzac also made it a proper venue for the true artist. In that respect, he paved the way for Flaubert and others to come.

A Dual Style

The *art* of Balzac is admired by almost all writers, even those who choose not to emulate him. "He is the master of us all," said the great British novelist Henry James. No novelist has better given an impression of reality by means of detailed, exact, factual descriptions than Balzac. He is often called the greatest portraitist in French literature. Journalist Alistair Cooke once said that whereas a novelist like John O'Hara would know what sort of hat a certain class of girl in New York would wear, Balzac would know exactly what kind of clothing everyone in every class in every situation in every part of France would wear.

Balzacian *style,* to be sure, is frequently careless due to the incredible speed with which Balzac often had to write to meet publishing deadlines and pay off his creditors. He wrote his utopian novel *Le Médecin de campagne* in about three days. But however hasty his work sometimes seems, its very richness and flow give it a character of its own, individual and inimitable.

It would be correct to state that Balzac actually has at least two distinct styles, one largely humorous, the other dramatic.

The first one is a *caricatural* style, zestfully satirical, full of surprising exaggeration and hyperbole. This style he developed for his boisterous newspaper articles, and transfered to his novels as needed for passages of comic relief and barbed attacks upon the pompous and the arrogant in society and politics. Many times Balzac will employ outlandishly colorful metaphors and similes to show what a character is like. A money-lender might be described as resembling a gigantic I.O.U.; a reporter might be depicted as one huge eyeball, and so forth. In his short story *Pierre Grassou*, for example, Balzac describes in some detail an entire bourgeois family as various fruits and vegetables that they resemble. (In French, one can call someone a melon-head, for example, to cast doubt upon his intelligence; Balzac carries such metaphors to great lengths with remarkable effectiveness.) Here is a passage excerpted from that scene (with key caricatural imagery indicated) to give you an idea of the entertaining stylistics:

> En entendant le bruit de plusieurs pas dans l'escalier, Fougères [an artist awaiting his clients to do their portraits] se rehaussa le toupet, boutonna sa veste de velours vert-bouteille, et ne fut pas médiocrement surpris de voir entrer une figure vulgairement appelée *un melon* dans les ateliers. Ce fruit surmontait une citrouille [pumpkin], vêtue de drap bleu, ornée d'un paquet de breloques tintinnabulant. Le melon soufflait comme un marsouin, la citrouille marchait sur des navets [turnips], improprement appelés des jambes. [...] Ce bourgeois attirait à lui une autre complication de légumes dans la personne de sa femme et de sa fille. La femme avait sur la figure *un acajou répandu* [mahogany tinting; i.e., a tan], elle ressemblait à une noix de coco [coconut] surmontée d'une tête et serrée d'une ceinture. [...] Suivait une jeune asperge [asparagus; actually the daughter], verte et jaune par sa robe, et qui montrait une petite tête couronnée d'une chevelure en bandeau, d'un jaune-carotte [...].

Balzac adds that any self-respecting artist would have shown them the door, explaining to them that he has a policy of not painting vegetables.

The other main style used by Balzac is *authoritative*, giving the impression that his God-like, omniscient narrator is the sonorous voice of history itself, chronicling with absolute knowledge the current or recent times. Even in certain stories where the narrator is an actual character in the book relating his tale, much the same tone of authoritative discourse is employed. This sober style is used primarily to convey the sense of drama, and even tragedy, that results from his characters' daring enterprises conducted in often desperate circumstances. Balzac uses a tremendously rich vocabulary appropriate to whatever social strata or professional milieu he is treating. He sometimes begins his stories in a conversational mode utilized to draw in the reader, then goes into a long exposition in which the description of the characters' environment — region, town, neighborhood, home, bedroom — reveals their psychology before they ever arrive and begin their drama. And gearing his stylistic devices to the tone he chooses to convey, Balzac often expertly alternates the comic and the dramatic with a dexterity seldom seen anywhere but in Shakespeare.

Many of Balzac's most memorable characters are *monomaniacs*, that is, people obsessed by some one thing that rules and often ruins their lives. Balzac treats their accomplishments and delusions with respect in most cases, allowing them to express themselves in language that seems realistic rather than the stilted artifice so often found in other author's classically influenced literature. Overall, we can classify Balzac as a realist, but, like Stendhal, he is truly of the variety called a *Romantic realist*, a transition between pure Romanticism and pure realism. He was *Romantic* in his preching of individualism, in his taste for excessive characters, driven by passion, whether for wordly success, money, or love's reward. He was Romantic in his imaginative exuberance, in his liking for caricature, melodrama and emotional violence. He was *realist* in his concrete, detailed rendering of backgrounds; in his emphasis on food, money, business; in the motivation of his characters by self-interest; in his insistence on the importance of trades, professions, and of all daily life in the shaping of character.

Fatal Love

La Femme abandonnée (1832), a long short story, or *novella,* has been chosen as an example of Balzac's work. (The choice was hardly a simple one, given the immensity of his oeuvre and the variety of his output.) This story suits our purposes because it is engaging, controversial, and very well exemplifies his method. It is *Romantic* in its theme, in the motivation of its chief characters, in its praise of *l'amour fatal,* in its melodramatic dénouement. It is *realist* in its descriptions of provincial life, in its recognition of the money motive, in its detached, impersonal attitude.

Balzac thought he knew women better than anyone. After reading this story, you can decide if you agree. The story expresses very clearly the Romantic view of love and marriage. Marriage is a complex union of family, financial, civil, and social interests; for the well-to-do, it is a sort of business merger with the primary purpose of producing children who will carry on the family name and prestige. But love is something else. Love is a union of two hearts, unique, predestined, superior to all society's regulations. Since a great love dispenses with marriage's sanctions and guarantees, the obligations of a free union are much more severe than those of marriage. Infidelity in marriage is a social lapse; infidelity in a free union is a spiritual crime. This is the story of a spiritual crime.

LA FEMME ABANDONNÉE

En 1822, au commencement du printemps, les médecins de Paris envoyèrent en basse Normandie[1] un jeune homme qui relevait alors d'une maladie inflammatoire causée par quelque excès d'étude, ou de vie petu-être. Sa convalsecence exigeait un repos complet, une nourriture douce, un air froid et l'absence total de sensations extrêmes. Les grasses campagnes du Bessin[2] et l'existence pâle de la province parurent donc propices à son rétablissement. Il vint à Bayeux,[3] jolie ville située à deux lieues de la mer, chez une de ses cousines, qui l'accueillit avec cette cordialité particulière aux gens habitués à vivre dans la retraite, et pour lesquels l'arrivée d'un parent ou d'un ami devient un bonheur.

A quelques usages près,[4] toutes les petites villes se ressemblent. Or, après plusieurs soirées passées chèz sa cousine, madame de Sainte-Servère, ou chez les personnes qui composaient sa compagnie, ce jeune Parisien, nommé M. le baron Gaston de Nueil, eut bientôt connu les

---

1. Normandy is one of the traditional regions of France, located in the northwestern part of the country adjacent to the English Channel. The *basse Normandie* to which the narrator refers constitutes the bulk of the region, and includes the towns of Caen and Deauville. In contrast, *haute Normandie* comprises the northeast segment of the region and contains cities such as Le Havre and Rouen.

2. Bessin is a rich agricultural segment of Nor-

mandy, bordering the English Channel between Caen and St. Lo, and adjoining the famous D-Day beaches of World War II where the Allied troops landed in 1944.

3. Bayeux, small, ancient city of Bessin. It is famous for the Bayeux Tapestry depicting William the Conqueror's invasion of England, which was launched from Normandy.

4. *A quelques usages près:* Except for some local customs.

Norman town, as in Balzac's La Femme abandonnée. *Courtesy of Bibliothèque nationale de France.*

gens que cette société exclusive regardait comme étant toute la ville. Gaston de Nueil vit en eux le personnel immuable que les observateurs retrouvent dans les nombreuses capitales de ces anciens États qui formaient la France d'autrefois.

C'était d'abord la famille dont la noblesse, inconnue à cinquante lieues plus loin, passe, dans le département, pour incontestable et de la plus haute antiquité. Cette espèce de *famille royale* au petit pied[5] effleure[6] par ses alliances, sans que personne s'en doute, les Navarreins, les Grandlieu, touche aux Cadignan, et s'accroche aux Blamont-Chauvry.[7] Le chef de cette race illustre est toujours un chasseur déterminé. Homme sans manières, il accable tout le monde de sa supériorité nominale;[8] tolère le sous-préfet, comme il souffre l'impôt; n'admet aucune des puissances nouvelles créées par le XIXe siècle, et fait observer, comme une monstruosité politique, que le

premier ministre n'est pas gentilhomme. Sa femme a le ton tranchant,[9] parle haut, a eu des adorateurs, mais fait régulièrement ses pâques;[10] elle élève mal ses filles et pense qu'elles seront toujours assez riches de leur nom. La femme et le mari n'ont aucune idée du luxe actuel: ils gardent les livrées de théâtre,[11] tiennent aux anciennes formes pour l'argenterie, les meubles, les voitures, comme pour les mœurs et le langage. Ce vieux faste s'allie d'ailleurs assez bien avec l'économie des provinces. Enfin, c'est les gentilshommes d'autrefois, moins[12] les lods et ventes,[13] moins la meute[14] et les habits galonnés;[15] tous pleins d'honneur entre eux, tous dévoués à des princes qu'ils ne voient qu'à distance. Cette maison historique *incognito* conserve l'originalité d'une antique tapisserie de haute lisse.[16] Dans la famille végète infailliblement un oncle ou un frère, lieutenant général, cordon rouge,[17] homme de cour, qui est allé en Hanovre

---

5. *au petit pied:* in miniature.
6. *effleure:* grazes, touches distantly.
7. *Navarreins...Blamont-Chauvry:* some of Balzac's noble *dramatis personae,* appearing in other works.
8. *nominale:* i.e., because of his noble name.
9. *tranchant:* cutting.
10. *fait ses pâques:* takes Easter Communion.
11. *ils gardent...théâtre:* i.e., they dress their ser-

vants in showy, outmoded livery.
12. *moins:* minus, not counting.
13. *lods et ventes:* ancient feudal rights.
14. *meute:* pack of hounds.
15. *galonnés:* gold-laced.
16. *de haute lisse:* high-warp (woven with a vertical chain, in antiquated style).
17. *cordon rouge:* member of the Order of St. Louis, abolished after the French Revolution.

avec le maréchal de Richelieu,[18] et que vous retrouvez là comme le feuillet égaré[19] d'un vieux pamphlet du temps de Louis XV.

A cette famille fossile s'oppose une famille plus riche, mais de noblesse moins ancienne. Le mari et la femme vont passer deux mois d'hiver à Paris, ils en rapportent le ton fugitif et les passions éphémères. Madame est élégante, mais un peu guindée[20] et toujours en retard avec les modes. Cependant, elle se moque de l'ignorance affectee par ses voisins; son argenterie est moderne; elle a des grooms, des nègres,[21] un valet de chambre. Son fils aîné a tilbury,[22] ne fait rien, il a un majorat;[23] le cadet est auditeur[24] au conseil d'État. Le père, fort au fait des intrigues du ministère, raconte des anecdotes sur Louis XVIII et sur madame du Cayla;[25] il place dans le *cinq pour cent,*[26] évite la conversation sur les cidres, mais tombe encore parfois dans la manie de rectifier le chiffre des fortunes départementales; il est membre du conseil général,[27] se fait habiller à Paris, et porte la croix de la Légion d'honneur. Enfin ce gentilhomme a compris la Restauration, et bat monnaie à la Chambre;[28] mais son royalisme est moins pur que celui de la famille avec laquelle il rivalise. Il reçoit la *Gazette* et les *Débats.* L'autre famille ne lit que la *Quotidienne.*

Monseigneur l'évêque, ancien vicaire général, flotte entre ces deux puissances qui lui rendent les honneurs dus à la religion, mais en lui faisant sentir parfois la morale que le bon La Fontaine a mise à la fin de

l'Âne chargé de reliques.[29] Le bonhomme est roturier.[30]

Puis viennent les astres secondaires, les gentilshommes qui jouissent de dix à douze mille livres de rente, et qui ont été capitaines de vaisseau, ou capitaines de cavalerie, ou rien du tout. A cheval par les chemins, ils tiennent le milieu entre le curé portant les sacrements et le contrôleur des contributions[31] en tournée.[32] Presque tous ont été dans les pages[33] ou dans les mousquetaires, et achèvent paisiblement leurs jours dans une *faisance-valoir,*[34] plus occupés d'une coupe de bois ou de leur cidre que de la monarchie. Cependant, ils parlent de la Charte[35] et des libéraux entre deux *rubbers* de whist ou pendant une partie de trictrac,[36] après avoir calculé des dots et arrangé des mariages en rapport avec les généalogies qu'ils savent par cœur. Leurs femmes font les fières et prennent les airs de la cour dans leurs cabriolets d'osier;[37] elles croient être parées quand elles sont affublées[38] d'un châle[39] et d'un bonnet; elles achètent annuellement deux chapeaux, mais après de mûres délibérations, et se les font apporter de Paris par occasion;[40] elles sont généralement vertueuses et bavardes.

Autour de ces éléments principaux de la gent[41] aristocratique se groupent deux ou trois vieilles filles de qualité qui ont résolu le problème de l'immobilisation de la créature humaine. Elles semblent être scellées dans les maisons où vous les voyez: leurs figures, leurs toilettes font partie de l'immeuble,[42] de la ville, de la province; elles en sont la

---

18. *qui est allé...Richelieu:* i.e., who had fought under maréchal Richelieu in a campaign in Hanover, Germany (1757–58) during the Seven Years' War.
19. *égaré:* stray.
20. *guindée:* stilted, affected.
21. *nègres:* i.e., Black page boys.
22. *tilbury:* dogcart, light carriage.
23. *majorat:* entailed property.
24. *auditeur:* minor functionary.
25. *madame du Cayla:* mistress of Louis XVIII.
26. *il place...cent:* he invests in 5% government bonds.
27. *conseil général:* elective administrative body of a *département.*
28. *bat monnaie à la Chambre:* i.e., gets in on some good deals through attendance at the Legislature.
29. "D'un magistrat ignorant / C'est la robe qu'on

salue."
30. *roturier:* commoner.
31. *contrôleur des contributions:* tax collector.
32. *en tournée:* making his rounds.
33. *les pages: le corps des pages,* aristocratic training school.
34. *faisance-valoir:* exploitation of landed property.
35. *Charte:* Constitution granted by Louis XVIII in 1814.
36. *trictrac:* backgammon.
37. *cabriolets d'osier:* carriages with wickerwork body.
38. *affublées:* rigged out.
39. *châle:* shawl.
40. *par occasion:* when the opportunity occurs.
41. *gent:* tribe, race.
42. *immeuble:* building.

tradition, la mémoire, l'esprit. Toutes ont quelque chose de roide et de monumental; elles savent sourire ou hocher la tête à propos, et, de temps en temps, disent des mots qui passent pour spirituels.

Quelques riches bourgeois se sont glissés dans ce petit faubourg Saint-Germain,[43] grâce à leurs opinions aristocratiques ou à leurs fortunes. Mais, en dépit de leurs quarante ans, là chacun dit d'eux: « Ce petit *un tel* pense bien! » et l'on en fait des députés. Généralement ils sont protégés par les vieilles filles, mais on en cause.

Enfin, deux ou trois ecclésiastiques sont reçus dans cette société d'élite, pour leur étole,[44] ou parce qu'ils ont de l'esprit, et que[45] ces nobles personnes, s'ennuyant entre elles, introduisent l'élément bourgeois dans leurs salons comme un boulanger met de la levûre[46] dans sa pâte.

La somme d'intelligence amassée dans toutes ces têtes se compose d'une certaine quantité d'idées anciennes auxquelles se mêlent quelques pensées nouvelles qui se brassent[47] en commun tous les soirs. Semblables à l'eau d'une petite anse,[48] les phrases qui représentent ces idées ont leur flux et reflux quotidien, leur remous[49] perpétuel, exactement pareil: qui en entend aujourd'hui le vide retentissement l'entendra demain, dans un an, toujours. Leurs arrêts[50] immuablement portés sur les choses d'ici-bas forment une science traditionnelle à laquelle il n'est au pouvoir de personne d'ajouter une goutte d'esprit. La vie de ces routinières personnes gravite dans une sphère d'habitudes aussi incommutables que le sont leurs opinions religieuses, politiques, morales et littéraires.

Un étranger est-il admis dans ce cénacle, chacun lui dira, non sans une sorte d'ironie: « Vous ne trouverez pas ici le brillant de votre monde parisien! » et chacun condamnera l'existence de ses voisins en cherchant à faire croire qu'il est une exception dans cette société qu'il a tenté sans succès de rénover. Mais, si, par malheur, l'étranger fortifie par quelque remarque l'opinion que ces gens ont mutuellement d'eux-mêmes, il passe aussitôt pour un homme méchant, sans foi ni loi, pour un Parisien corrompu, *comme le sont en général tous les Parisiens.*[51]

Quand Gaston de Nueil apparut dans ce petit monde, où l'étiquette était parfaitement observée, où chaque chose de la vie s'harmonisait, où tout se trouvait mis à jour, où les valeurs nobiliaires et territoriales étaient cotées[52] comme le sont les fonds[53] de la Bourse à la dernière page des journaux, il avait été pesé d'avance dans les balances infaillibles de l'opinion bayeusaine.[54] Déjà sa cousine madame de Sainte-Sévère avait dit le chiffre de sa fortune, celui de ses espérances, exhibé son arbre généalogique, vanté ses connaissances, sa politesse et sa modestie. Il reçut l'accueil auquel il devait strictement prétendre, fut accepté comme un bon gentilhomme, sans façon,[55] parce qu'il n'avait que vingt-trois ans; mais certaines jeunes personnes et quelques mères lui firent les yeux doux. Il possédait dixhuit mille livres de rente dans la vallée d'Auge,[56] et son père devait, tôt ou tard, lui laisser le château de Manerville avec toutes ses dépendances. Quant à son instruction, à son avenir politique, à sa valeur personnelle, à ses talents, il n'en fut seulement pas question. Ses terres étaient

---

43. *faubourg Saint-Germain:* aristocratic quarter of Paris. Balzac is sarcastically comparing the small-town neighborhood to the ritzy Paris neighborhood.
44. *étole:* stole, priestly vestment.
45. *que = parce que.*
46. *levûre:* yeast.
47. *se brassent:* are brewed.
48. *anse:* (tidal) bay.
49. *remous:* eddying.
50. *arrêts:* judgments.
51. According to his usual method, Balzac has painstakingly established his background before presenting his characters. Compare this with the practice of present-day story writers.
52. *cotées:* quoted.
53. *fonds:* stocks and bonds.
54. *hayeusaine = de Bayeux.*
55. *sans façon:* unpretentious.
56. *vallée d'Auge:* about 40 miles east of Bayeux, near the Seine.

bonnes et les fermages[57] bien assurés; d'excellentes plantations y avaient été faites; les réparations et les impôts étaient à la charge des fermiers; les pommiers avaient trente-huit ans; enfin son père était en marché pour acheter deux cents arpents de bois contigus à son parc, qu'il voulait entourer de murs: aucune espérance ministérielle, aucune célébrité humaine ne pouvait lutter contre de tels avantages. Soit malice, soit calcul, madame de Sainte-Sévère n'avait pas parlé du frère aîné de Gaston, et Gaston n'en dit pas un mot. Mais ce frère était poitrinaire[58] et paraissait devoir être bientôt enseveli, pleuré, oublié. Gaston de Nueil commença par s'amuser de ces personnages; il en dessina, pour ainsi dire, les figures sur son album dans la sapide[59] vérité de leurs physionomies anguleuses, crochues, ridées, dans la plaisante originalité de leurs costumes et de leurs tics; il se délecta des *normanismes* de leur idiome, du fruste[60] de leurs idées et de leurs caractères. Mais, après avoir épousé pendant un moment cette existence semblable à celle des écureuils[61] occupés à tourner dans leur cage, il sentit l'absence des oppositions dans une vie arrêtée d'avance, comme celle des religieux au fond des cloîtres, et tomba dans une crise qui n'est encore ni l'ennui ni le dégoût, mais qui en comporte presque tous les effets. Après les légères souffrances de cette transition, s'accomplit pour l'individu le phénomène de sa transplantation dans un terrain qui lui est contraire, où il doit s'atrophier et mener une vie rachitique.[62] En effet, si rien ne le tire de ce monde, il en adopte insensiblement les usages, et se fait à son vide qui le gagne et l'annule.[63] Déjà les poumons de Gaston s'habituaient à cette atmosphère. Prêt à reconnaître une sorte de bonheur végétal dans ces journées passées

sans soins et sans idées, il commençait à perdre le souvenir de ce mouvement de sève, de cette fructification constante des esprits qu'il avait si ardemment épousée dans la sphère parisienne, et allait se pétrifier parmi ces pétrifications, y demeurer pour toujours, comme les compagnons d'Ulysse,[64] content de sa grasse enveloppe. Un soir, Gaston de Nueil se trouvait assis entre une vieille dame et l'un des vicaires généraux du diocèse, dans un salon à boiseries peintes en gris, carrelé[65] en grands carreaux de terre[66] blancs, décoré de quelques portraits de famille, garni de quatre tables de jeu autour desquelles seize personnes babillaient en jouant au whist. Là, ne pensant à rien, mais digérant un de ces dîners exquis, l'avenir de la journée en province,[67] il se surprit à justifier les usages du pays. Il concevait pourquoi ces genslà continuaient à se servir des cartes de la veille, à les battre[68] sur des tapis usés, et comment ils arrivaient à ne plus s'habiller ni pour euxmèmes ni pour les autres. Il devinait je ne sais quelle philosophie dans le mouvement uniforme de cette vie circulaire, dans le calme de ces habitudes logiques et dans l'ignorance des choses élégantes. Enfin il comprenait presque l'inutilité du luxe. La ville de Paris, avec ses passions, ses orages et ses plaisirs, n'était déjà plus dans son esprit que comme un souvenir d'enfance. Il admirait de bonne foi les mains rouges, l'air modeste et craintif d'une jeune personne dont, à la première vue, la figure lui avait paru niaise, les manières sans grâce, l'ensemble repoussant et la mine souverainement ridicule. C'était fait de lui. Venu de la province à Paris, il allait retomber de l'existence inflammatoire de Paris dans la froide vie de province, sans[69] une phrase qui frappa son oreille et lui apporta soudain une émotion semblable à celle que lui aurait causée quelque motif

---

57. *fermages:* farm rentals.
58. *poitrinaire:* consumptive.
59. *sapide:* savory.
60. *fruste:* crudeness.
61. *écureuils:* squirrels.
62. *rachitique:* rickety, unhealthy.
63. *annule:* ruins.
64. In the *Odyssey,* the companions of Ulysses were

drugged into contentment and transformed into swine on Circe's island.
65. *carrelé:* floored (with tile).
66. *carreaux de terre:* earthenware tiles.
67. *l'avenir...province:* i.e., the eagerly desired future of every provincial day.
68. *battre:* shuffle.
69. *sans:* were it not for.

original parmi les accompagnements d'un opéra ennuyeux.

—N'êtes-vous pas allé voir hier madame de Beauséant?[70] dit une vieille femme au chef de la maison princière du pays.

—J'y suis allé ce matin, répondit-il. Je l'ai trouvée bien triste et si souffrante, que je n'ai pas pu la décider à venir dîner demain avec nous.

—Avec madame de Champignelles? s'écria la douairière[71] en manifestant une sorte de surprise.

—Avec ma femme, dit tranquillement le gentilhomme. Madame de Beauséant n'est-elle pas de la maison de Bourgogne?[72] Par les femmes, il est vrai; mais enfin ce nom-là blanchit tout. Ma femme aime beaucoup la vicomtesse, et la pauvre dame est depuis si longtemps seule, que…

En disant ces derniers mots, le marquis de Champignelles regarda d'un air calme et froid les personnes qui l'écoutaient en l'examinant; mais il fut presque impossible de deviner s'il faisait une concession au malheur ou à la noblesse de madame de Beauséant, s'il était flatté de la recevoir, ou s'il voulait forcer par orgueil les gentilshommes du pays et leurs femmes à la voir.[73]

Toutes les dames parurent se consulter en se jetant le même coup d'œil; et alors, le silence le plus profond ayant tout à coup régné dans le salon, leur attitude fut prise comme un indice d'improbation.[74]

—Cette madame de Beauséant est-elle par hasard celle dont l'aventure avec M. d'AjudaPinto[75] a fait tant de bruit? demanda Gaston à la personne près de laquelle il était.

—Parfaitement la même, lui répondit-on. Elle est venue habiter Courcelles après le mariage du marquis d'Ajuda; personne ici

ne la reçoit. Elle a, d'ailleurs, beaucoup trop d'esprit pour ne pas avoir senti la fausseté de sa position: aussi n'a-t-elle cherché à voir personne. M. de Champignelles et quelques hommes se sont présentés chez elle, mais elle n'a reçu que M. de Champignelles, à cause peut-être de leur parenté: ils sont alliés par les Beauséant. Le marquis de Beauséant le père a épousé une Champignelles de la branche aînée. Quoique la vicomtesse de Beauséant passe pour descendre de la maison de Bourgogne, vous comprenez que nous ne pouvions pas admettre ici une femme séparée de son mari. C'est de vieilles idées auxquelles nous avons encore la bêtise de tenir. La vicomtesse a eu d'autant plus de tort dans ses escapades, que M. de Beauséant est un galant homme, un homme de cour: il aurait très bien entendu raison. Mais sa femme est une tête folle…

⌈M. de Nueil, tout en entendant la voix de son interlocutrice, ne l'écoutait plus. Il était absorbé par mille fantaisies. Existe-t-il d'autre mot pour exprimer les attraits d'une aventure au moment où elle sourit à l'imagination, au moment où l'âme conçoit de vagues espérances, pressent[76] d'inexplicables félicités, des craintes, des événements, sans que rien encore alimente ni fixe les caprices de ce mirage? L'esprit voltige alors, enfante des projets impossibles et donne en germe les bonheurs d'une passion. Mais peut être le germe de la passion la contient-il entièrement, comme une graine contient une belle fleur avec ses parfums et ses riches couleurs.⌉ M. de Nueil ignorait que madame de Beauséant se fût réfugiée en Normandie après un éclat que la plupart des femmes envient et condamnent, surtout lorsque les séductions de la jeunesse et de la beauté justifient presque la faute qui l'a causé. Il existe un prestige inconcevable

---

70. *madame de Beauséant:* presented in *Le Père Goriot* as the queen of Parisian society.
71. *douairière:* dowager, elderly lady of rank.
72. *maison de Bourgogne:* one of the great princely families of France.
73. The marquis has invited Mme de Beauséant to dine, whether from pity or respect for rank or to force his fellow gentry to receive her. She is evidently *déclassée.*
74. *improbation:* disapproval.
75. *d'Ajuda-Pinto:* In *Le Père Goriot* we learn that Mme de Beauséant, unhappy in marriage, had taken M. d'Ajuda-Pinto as a lover.
76. *present* (from *pressentir):* feels in advance, forecasts.

dans toute espèce de célébrité, à quelque titre qu'elle soit due. Il semble que, pour les femmes comme jadis pour les familles, la gloire d'un crime en efface la honte. De même que telle maison s'enorgueillit de ses têtes tranchées,[77] une jolie, une jeune femme devient plus attrayante par la fatale renommée d'un amour malheureux ou d'une affreuse trahison. Plus elle est à plaindre, plus elle excite de sympathies. Nous ne sommes impitoyables que pour les choses, pour les sentiments et les aventures vulgaires. En attirant les regards, nous paraissons grands. Ne faut-il pas, en effet, s'élever au-dessus des autres pour en être vu? Or, la foule éprouve involontairement un sentiment de respect pour tout ce qui s'est grandi, sans trop demander compte des moyens. En ce moment, Gaston de Nueil se sentait poussé vers madame de Beauséant par la secrète influence de ces raisons, ou peut-être par la curiosité, par le besoin de mettre un intérêt dans sa vie actuelle, enfin par cette foule de motifs impossibles à dire, et que le mot de *fatalité* sert souvent à exprimer. La vicomtesse de Beauséant avait surgi devant lui tout à coup, accompagnée d'une foule d'images gracieuses: elle était un monde nouveau; près d'elle sans doute il y avait à craindre, à espérer, à combattre, à vaincre. Elle devait contraster avec les personnes que Gaston voyait dans ce salon mesquin; enfin c'était une femme, et il n'avait point encore rencontré de femme dans ce monde froid où les calculs remplaçaient les sentiments, où la politesse n'était plus que des devoirs, et où les idées les plus simples avaient quelque chose de trop blessant pour être acceptées ou émises. Madame de Beauséant réveillait en son âme le souvenir de ses rêves de jeune homme et ses plus vivaces passions, un moment endormies. Gaston de Nueil devint distrait pendant le reste de la soirée. Il pensait au moyen de s'introduire chez madame de Beauséant, et certes il n'en existait guère. Elle passait pour être éminemment

spirituelle. Mais, si les personnes d'esprit peuvent se laisser séduire par les choses originales ou fines, elles sont exigeantes, savent tout deviner; auprès d'elles, il y a donc autant de chances pour se perdre que pour réussir dans la difficile entreprise de plaire. Puis la vicomtesse devait joindre à l'orgueil de sa situation la dignité que son nom lui commandait. La solitude profonde dans laquelle elle vivait semblait être la moindre des barrières élevées entre elle et le monde. Il était donc presque impossible à un inconnu, de quelque bonne famille qu'il fût, de se faire admettre chez elle. Cependant, le lendemain matin, M. de Nueil dirigea sa promenade vers le pavillon de Courcelles, et fit plusieurs fois le tour de l'enclos qui en dépendait. Dupé par les illusions auxquelles il est si naturel de croire à son âge, il regardait à travers les brèches ou par-dessus les murs, restait en contemplation devant les persiennes[78] fermées ou examinait celles qui étaient ouvertes. Il espérait un hasard romanesque, il en combinait[79] les effets sans s'apercevoir de leur impossibilité, pour s'introduire auprès de l'inconnue. Il se promena pendant plusieurs matinées fort infructueusement; mais, à chaque promenade, cette femme placée en dehors du monde, victime de l'amour, ensevelie dans la solitude, grandissait dans sa pensée et se logeait dans son âme. Aussi le cœur de Gaston battait-il d'espérance et de joie si par hasard, en longeant les murs de Courcelles, il venait à entendre le pas pesant de quelque jardinier.

Il pensait bien à écrire à madame de Beauséant; mais que dire à une femme que l'on n'a pas vue et qui ne nous connaît pas? D'ailleurs, Gaston se défiait de lui-même; puis, semblable aux jeunes gens encore pleins d'illusions, il craignait plus que la mort les terribles dédains du silence, et frissonnait en songeant à toutes les chances que pouvait avoir sa première prose amoureuse d'être jetée au feu. Il était en proie à mille idées contraires qui se

---

77. *têtes tranchées:* i.e., executed noble rebels.
78. *persiennes:* Venetian blinds.

79. *combinait:* i.e., was imagining.

combattaient. Mais enfin, à force d'enfanter des chimères, de composer des romans et de se creuser la cervelle, il trouva l'un de ces heureux stratagèmes qui finissent par se rencontrer dans le grand nombre de ceux que l'on rêve, et qui révèlant à la femme la plus innocente l'étendue de la passion avec laquelle un homme s'est occupé d'elle. Souvent, les bizarries sociales créent autant d'obstacles réels entre une femme et son amant que les poètes orientaux en ont mis dans les délicieuses fictions de leurs contes, et leurs images les plus fantastiques sont rarement exagérées. Aussi, dans la nature comme dans le monde des fées, la femme doit-elle toujours appartenir à celui qui sait arriver à elle et la délivrer de la situation où elle languit. Le plus pauvre des calenders,[80] tombant amoureux de la fille d'un calife,[81] n'en était certes pas séparé par une distance plus grande que celle qui se trouvait entre Gaston et madame de Beauséant. La vicomtesse vivait dans une ignorance absolue des circonvallations[82] tracées autour d'elle par M. de Nueil, dont l'amour s'accroissait de toute la grandeur des obstacles à franchir, et qui donnaient à sa maîtresse improvisée les attraits que possède toute chose lointaine.

Un jour, se fiant à son inspiration, il espéra tout de l'amour qui devait jaillir de ses yeux. Croyant la parole plus éloquente que ne l'est la lettre la plus passionnée, et spéculant aussi sur la curiosité naturelle à la femme, il alla chez M. de Champignelles en se proposant de l'employer à la réussite de son entreprise. Il dit au gentilhomme qu'il avait à s'acquitter d'une commission importante et délicate auprès de madame de Beauséant; mais, ne sachant point si elle lisait les lettres d'une écriture inconnue ou si elle accorderait sa confiance à un étranger, il le priait de demander à la vicomtesse, lors de sa première visite, si elle daignerait le recevoir. Tout en invitant le marquis à garder le secret en cas de refus, il l'engagea fort spirituellement à ne point taire à madame de Beauséant les raisons qui pouvaient le faire admettre chez elle. N'était-il pas homme d'honneur, loyal et incapable de se prêter à une chose de mauvais goût ou même malséante! Le hautain gentilhomme, dont les petites vanités avaient été flattées, fut complètement dupé par cette diplomatie de l'amour qui prête à un jeune homme l'aplomb et la haute dissimulation d'un vieil ambassadeur. Il essaya bien de pénétrer les secrets de Gaston; mais celui-ci, fort embarrassé de les lui dire, opposa des phrases normandes[83] aux adroites interrogations de M. de Champignelles, qui, en chevalier français, le complimenta sur sa discrétion.

Aussitôt le marquis courut à Courcelles avec cet empressement que les gens d'un certain âge mettent à rendre service aux jolies femmes. Dans la situation où se trouvait la vicomtesse de Beauséant, un message de cette espèce était de nature à l'intriguer. Aussi, quoiqu'elle ne vît, en consultant ses souvenirs, aucune raison qui pût amener chez elle M. de Nueil, n'aperçut-elle aucun inconvénient à le recevoir, après toutefois s'être prudemment enquise[84] de sa position dans le monde. Elle avait cependant commencé par refuser; puis elle avait discuté ce point de convenance[85] avec M. de Champignelles, en l'interrogeant pour tâcher de deviner s'il savait le motif de cette visite; puis elle était revenue[86] sur son refus. La discussion et la discrétion forcée du marquis avaient irrité sa curiosité.

M. de Champignelles, ne voulant point paraître ridicule, prétendait, en homme instruit mais discret, que la vicomtesse devait parfaitement connaître l'object de cette visite, quoiqu'elle le cherchât de bien bonne foi sans le trouver. Madame de Beauséant créait des liaisons entre Gaston et des gens qu'il ne connaissait pas, se

---

80. *calenders:* mendicant dervishes (in the *Arabian Nights*).
81. *calife:* caliph (ruler in Mohammedan countries).
82. *circonvallations:* encircling siege works.
83. *normandes:* noncommittal (in the manner of Norman peasants).
84. *enquise:* from *enquérir.*
85. *convenance:* propriety.
86. *était revenue:* had gone back on.

perdait dans d'absurdes suppositions, et se demandait à elle-même si elle avait jamais vu M. de. Nueil. La lettre d'amour la plus vraie ou la plus habile n'eût certes pas produit autant d'effet que cette espèce d'énigme sans mot[87] de laquelle madame de Beauséant fut occupée à plusieurs reprises.

Quand Gaston apprit qu'il pouvait voir la vicomtesse, il fut tout à la fois dans le ravissement d'obtenir si promptement un bonheur ardemment souhaité et singulièrement embarrassé de donner un dénoûment à sa ruse.

—Bah! *la* voir, répétait-il en s'habillant, la voir, c'est tout!

Puis il espérait, en franchissant la porte de Courcelles, rencontrer un expédient pour dénouer le nœud gordien qu'il avait serré lui-même. Gaston était du nombre de ceux qui, croyant à la toute-puissance de la nécessité, vont toujours; et, au dernier moment, arrivés en face du danger, ils s'en inspirent et trouvent des forces pour le vaincre. Il mit un soin particulier à sa toilette. Il s'imaginait, comme les jeunes gens, que d'une boucle[88] bien ou mal placée dépendait son succès, ignorant qu'au jeune âge tout est charme et attrait. D'ailleurs, les femmes de choix qui ressemblent à madame de Beauséant ne se laissent séduire que par les grâces de l'esprit et par la supériorité du caractère. Un grand caractère flatte leur vanité, leur promet une grande passion et paraît devoir admettre les exigences de leur cœur. L'esprit les amuse, répond aux finesses de leur nature, et elles se croient comprises. Or, que veulent toutes les femmes, si ce n'est d'être amusées, comprises ou adorées? Mais il faut avoir bien réfléchi sur les choses de la vie pour deviner la haute coquetterie que comportent la négligence du costume et la réserve de l'esprit dans une première entrevue. Quand nous devenons assez rusés pour être d'habiles politiques, nous sommes trop vieux pour profiter de notre expérience.

Tandis que Gaston se défiait assez de son esprit pour emprunter des séductions à son vêtement, madame de Beauséant elle-même mettait instinctivement de la recherche dans sa toilette et se disait en arrangeant sa coiffure:

—Je ne veux cependant pas être à faire peur.

M. de Nueil avait dans l'esprit, dans sa personne et dans les manières, cette tournure naïvement originale qui donne une sorte de saveur aux gestes et aux idées ordinaires, permet de tout dire et fait tout passer. Il était instruit, pénétrant, d'une physionomie heureuse et mobile comme son âme impressible. Il y avait de la passion, de la tendresse dans ses yeux vifs; et son cœur, essentiellement bon, ne les démentait pas. La résolution qu'il prit en entrant à Courcelles fut donc en harmonie avec la nature de son caractère franc et de son imagination ardente. Malgré l'intrépidité de l'amour, il ne put cependant se défendre d'une violente palpitation quand, après avoir traversé une grande cour dessinée en jardin anglais, il arriva dans une salle où un valet de chambre, lui ayant demandé son nom, disparut et revint pour l'introduire.

—M. le baron de Nueil.

Gaston entra lentement, mais d'assez bonne grâce, chose plus difficile encore dans un salon où il n'y a qu'une femme que dans celui où il y en a vingt. A l'angle de la cheminée, où, malgré la saison, brillait un grand foyer,[89] et sur laquelle se trouvaient deux candélabres allumés jetant de molles lumières, il aperçut une jeune femme assise dans cette moderne bergère[90] à dossier[91] très élevé, dont le siège bas lui permettait de donner à sa tête des poses variées pleines de grâce et d'élégance, de l'incliner, de la pencher, de la redresser languissamment, comme si c'était un fardeau pesant: puis de plier ses pieds, de les montrer ou de les rentrer sous les longs plis d'une robe noire. La vicomtesse voulut placer sur une petite

---

87. *mot: here,* answer.
88. *boucle:* lock of hair.
89. *foyer:* hearth fire.
90. *bergère:* easy chair.
91. *dossier:* back.

table ronde le livre qu'elle lisait; mais, ayant en même temps tourné la tête vers M. de Nueil, le livre, mal posé, tomba dans l'intervalle qui séparait la table de la bergère. Sans paraître surprise de cet incident, elle se rehaussa, et s'inclina pour répondre au salut du jeune homme, mais d'une manière imperceptible et presque sans se lever de son siège, où son corps resta plongé. Elle se courba pour s'avancer, remua vivement le feu; puis elle se baissa, ramassa un gant qu'elle mit avec négligence à sa main gauche, en cherchant l'autre par un regard promptement réprimé; car de sa main droite, main blanche, presque transparente, sans bagues, fluette,[92] à doigts effilés[93] et dont les ongles roses formaient un ovale parfait, elle montra une chaise comme pour dire à Gaston de s'asseoir.[94] Quand son hôte inconnu fut assis, elle tourna la tête vers lui par un mouvement interrogeant et coquet dont la finesse ne saurait se peindre; il appartenait à ces intentions bienveillantes, à ces gestes gracieux, quoique précis, que donnent l'éducation première et l'habitude constante des choses de bon goût. Ces mouvements multipliés se succédèrent rapidement en un instant, sans saccades[95] ni brusquerie, et charmèrent Gaston par ce mélange de soin et d'abandon qu'une jolie femme ajoute aux manières aristocratiques de la haute compagnie. Madame de Beauséant contrastait trop vivement avec les automates parmi lesquels il vivait depuis deux mois d'exil au fond de la Normandie, pour ne pas lui personnifier la poésie de ses rêves; aussi ne pouvait-il en comparer les perfections à aucune de celles qu'il avait jadis admirées. Devant cette femme et dans ce salon meublé comme l'est un salon du faubourg Saint-Germain, plein de ces riens si riches qui traînent sur les tables, en apercevant des livres et des fleurs, il se retrouva dans Paris. Il foulait un vrai tapis de Paris, revoyait le type distingué, les formes frêles de la Parisienne, sa grâce exquise,

et sa négligence[96] des effets cherchés qui nuisent tant aux femmes de province.

Madame la vicomtesse de Beauséant était blonde, blanche comme une blonde, et avait les yeux bruns. Elle présentait noblement son front, un front d'ange déchu[97] qui s'enorgueillit de sa faute et ne veut point de pardon. Ses cheveux, abondants et tressés en hauteur au-dessus de deux bandeaux qui décrivaient sur ce front de larges courbes, ajoutaient encore à la majesté de sa tête. L'imagination retrouvait, dans les spirales de cette chevelure dorée, la couronne ducale de Bourgogne; et, dans les yeux brillants de cette grande dame, tout le courage de sa maison; le courage d'une femme forte seulement pour repousser le mépris ou l'audace, mais pleine de tendresse pour les sentiments doux. Les contours de sa petite tête, admirablement posée sur un long col blanc; les traits de sa figure fine, ses lèvres déliées[98] et sa physionomie mobile gardaient une expression de prudence exquise, une teinte d'ironie affectée qui ressemblait à de la ruse et à de l'impertinence. Il était difficile de ne pas lui pardonner ces deux péchés féminins en pensant à ses malheurs, à la passion qui avait failli lui coûter la vie, et qu'attestaient soit les rides qui, par le moindre mouvement, sillonnaient son front, soit la douloureuse éloquence de ses beaux yeux souvent levés vers le ciel. N'était-ce pas un spectacle imposant, et encore agrandi par la pensée, de voir dans un immense salon silencieux cette femme séparée du monde entier, et qui, depuis trois ans, demeurait au fond d'une petite vallée, loin de la ville, seule avec les souvenirs d'une jeunesse brillante, heureuse, passionnée, jadis remplie par des fêtes, par de constants hommages, mais maintenant livrée aux horreurs du néant? Le sourire de cette femme annonçait une haute conscience de sa valeur. N'étant ni mère ni épouse, repoussée par le monde, privée du seul cœur qui pût faire battre le sien sans honte, ne tirant

---

92. *fluette:* slender.
93. *effilés:* tapering.
94. This entire passage is a good example of Balzac's *realism* in the reporting of action.

95. *saccades:* jerks.
96. *négligence:* neglect, unconcern for.
97. *déchu:* fallen.
98. *déliées:* fine, delicate.

d'aucun sentiment les secours nécessaires à son âme chancelante, elle devait prendre sa force sur elle-même, vivre de sa propre vie, et n'avoir d'autre espérance que celle de la femme abandonnée: attendre la mort, en hâter la lenteur malgré les beaux jours qui lui restaient encore. Se sentir destinée au bonheur, et périr sans le recevoir, sans le donner!…une femme! Quelles douleurs! M. de Nueil fit ces réflexions avec la rapidité de l'éclair, et se trouva bien honteux de son personnage en présence de la plus grande poésie dont puisse s'envelopper une femme. Séduit par le triple éclat de la beauté, du malheur et de la noblesse, il demeura presque béant, songeur, admirant la vicomtesse, mais ne trouvant rien à lui dire.

Madame de Beauséant, à qui cette surprise ne déplut sans doute point, lui tendit la main par un geste doux mais impératif; puis, rappelant un sourire sur ses lèvres pâlies, comme pour obéir encore aux grâces de son sexe, elle lui dit:

—M. de Champignelles m'a prévenue, monsieur, du message dont vous vous êtes si complaisamment chargé pour moi. Serait-ce de la part de…?

En entendant cette terrible phrase, Gaston comprit encore mieux le ridicule de sa situation, le mauvais goût, la déloyauté de son procédé envers une femme et si noble et si malheureuse. Il rougit. Son regard, empreint de mille pensées, se troubla; mais tout à coup, avec cette force que de jeunes cœurs savent puiser dans le sentiment de leurs fautes, il se rassura; puis, interrompant madame de Beauséant, non sans faire un geste plein de soumission, il lui répondit d'une voix émue:

—Madame, je ne mérite pas le bonheur de vous voir; je vous ai indignement trompée. Le sentiment auquel j'ai obéi, si grand qu'il puisse être, ne saurait faire excuser le misérable subterfuge qui m'a servi pour arriver jusqu'à vous. Mais,

madame, si vous aviez la bonté de me permettre de vous dire…

La vicomtesse lança sur M. de Nueil un coup d'œil plein de hauteur et de mépris, leva la main pour saisir le cordon de sa sonnette, sonna; le valet de chambre vint; elle lui dit, en regardant le jeune homme avec dignité:

—Jacques, éclairez monsieur.[99]

Elle se leva fière, salua Gaston, et se baissa pour ramasser le livre tombé. Ses mouvements furent aussi secs, aussi froids que ceux par lesquels elle l'accueillit avaient été mollement élégants et gracieux. M. de Nueil s'était levé, mais il restait debout. Madame de Beauséant lui jeta de nouveau un regard comme pour lui dire: « Eh bien, vous ne sortez pas? »

Ce regard fut empreint d'une moquerie si perçante, que Gaston devint pâle comme un homme près de défaillir. Quelques larmes roulèrent dans ses yeux; mais il les retint, les sécha dans les feux de la honte et du désespoir, regarda madame de Beauséant avec une sorte d'orgueil qui exprimait tout ensemble et de la résignation et une certaine conscience de sa valeur: la vicomtesse avait le droit de le punir, mais le devait-elle? Puis il sortit. En traversant l'anti-chambre, la perspicacité de son esprit et son intelligence aiguisée par la passion lui firent comprendre tout le danger de sa situation.

—Si je quitte cette maison, se dit-il, je n'y pourrai jamais rentrer; je serai toujours un sot pour la vicomtesse. Il est impossible à une femme, et elle est femme! de ne pas deviner l'amour qu'elle inspire; elle ressent peut-être un regret vague et involontaire de m'avoir si brusquement congédié, mais elle ne doit pas, elle ne peut pas révoquer son arrêt: c'est à moi de la comprendre.

A cette réflexion, Gaston s'arrête sur le perron, laisse échapper une exclamation, se retourne vivement et dit:

—J'ai oublié quelque chose![100]

---

99. *éclairez monsieur:* light the gentleman to the door.
100. On this climactic passage André Maurois based

a brilliant story: *Par la faute de M. de Balzac* (in *Méïpe*).

Et il revint vers le salon, suivi du valet de chambre, qui, plein de respect pour un baron et pour les droits sacrés de la propriété, fut complètement abusé par le ton naïf avec lequel cette phrase fut dite. Gaston entra doucement sans être annoncé. Quand la vicomtesse, pensant peut-être quel l'intrus était son valet de chambre, leva la tête, elle trouva devant elle M. de Nueil.

—Jacques m'a éclairé,[101] dit-il en souriant.

Son sourire, empreint d'une grâce à demi triste, ôtait à ce mot tout ce qu'il avait de plaisant,[102] et l'accent avec lequel il était prononcé devait aller à l'âme.

Madame de Beauséant fut désarmée.

—Eh bien, asseyez-vous, dit-elle.

Gaston s'empara de la chaise par un mouvement avide. Ses yeux, animés par la félicité, jetèrent un éclat si vif, que la comtesse ne put soutenir ce jeune regard, baissa les yeux sur son livre et savoura le plaisir toujours nouveau d'être pour un homme le principe de son bonheur, sentiment impérissable chez la femme. Puis madame de Beauséant avait été devinée. La femme est si reconnaissante de rencontrer un homme au fait des caprices si logiques de son cœur, qui comprenne les allures en apparence contradictoires de son esprit, les fugitives pudeurs de ses sensations tantôt timides, tantôt hardies, étonnant mélange de coquetterie et de naïveté!

—Madame, s'écria doucement Gaston, vous connaissez ma faute, mais vous ignorez mes crimes. Si vous saviez avec quel bonheur j'ai…

—Ah! prenez garde, dit-elle en levant un de ses doigts d'un air mystérieux à la hauteur de son nez, qu'elle effleura; puis, de l'autre main, elle fit un geste pour prendre le cordon de la sonnette.

Ce joli mouvement, cette gracieuse menace provoquèrent sans doute une triste pensée, un souvenir de sa vie heureuse, du temps où elle pouvait être tout charme et toute gentillesse, où le bonheur justifiait les caprices de son esprit comme il donnait un attrait de plus aux moindres mouvements de sa personne. Elle amassa[103] les rides de son front entre ses deux sourcils: son visage, si doucement éclairé par les bougies, prit une sombre expression; elle regarda M. de Nueil avec une gravité dénuée de froideur, et lui dit en femme profondément pénétrée par le sens de ses paroles:

—Tout ceci est bien ridicule! Un temps a été, monsieur, où j'avais le droit d'être follement gaie, où j'aurais pu rire avec vous et vous recevoir sans crainte: mais, aujourd'hui, ma vie est bien changée, je ne suis plus maîtresse de mes actions, et suis forcée d'y réfléchir. A quel sentiment dois-je votre visite? Est-ce curiosité? Je paye alors bien cher un fragile instant de bonheur. Aimeriez-vous déjà *passionnément* une femme infailliblement calomniée et que vous n'avez jamais vue? Vos sentiments seraient donc fondés sur la mésestime, sur une faute à laquelle le hasard a donné de la célébrité.

Elle jeta son livre sur la table avec dépit.

—Eh quoi! reprit-elle après avoir lancé un regard terrible sur Gaston, parce que j'ai été faible, le monde veut donc que je le sois tou-jours? Cela est affreux, dégradant. Venez-vous chez moi pour me plaindre? Vous êtes bien jeune pour sympathiser avec des peines de cœur. Sachez-le bien, monsieur, je préfère le mépris à la pitié; je ne veux subir la compassion de personne.

Il y eut un moment de silence.

—Eh bien, vous voyez, monsieur, reprit-elle en levant la tête vers lui d'un air triste et doux, quel que soit le sentiment qui vous ait porté à vous jeter étourdiment[104] dans ma retraite, vous me blessez. Vous êtes trop jeune pour être tout à fait dénué de bonté, vous sentirez donc l'inconvenance de votre démarche: je vous la pardonne, et vous en parle maintenant sans amertume.

---

101. *Jacques m'a éclairé:* a double meaning: "Jacques has lit my way to the door," and "Jacques has enlightened me."

102. *plaisant:* amusing.

103. *amassa:* concentrated.

104. *étourdiment:* thoughtlessly.

Vous ne reviendrez plus ici, n'est-ce pas? Je vous prie quand je pourrais ordonner. Si vous me faisiez une nouvelle visite, il ne serait ni en votre pouvoir ni au mien d'empêcher toute la ville de croire que vous devenez mon amant, et vous ajouteriez à mes chagrins un chagrin bien grand. Ce n'est pas votre volonté, je pense.

Elle se tut en le regardant avec une dignité vraie qui le rendit confus.

—J'ai eu tort, madame, répondit-il d'un ton pénétré; mais l'ardeur, l'irréflexion, un vif besoin de bonheur sont à mon âge des qualités[105] et des défauts. Maintenant, reprit-il, je comprends que je n'aurais pas dû chercher à vous voir, et cependant mon désir était bien naturel…

Il tâcha de raconter avec plus de sentiment que d'esprit les souffrances auxquelles l'avait condamné son exil nécessaire. Il peignit l'état d'un jeune homme dont les feux brûlaient sans aliment, en faisant penser qu'il était digne d'être aimé tendrement, et néanmoins n'avait jamais connu les délices d'un amour inspiré par une femme jeune, belle, pleine de goût, de délicatesse. Il expliqua son manque de convenance sans vouloir le justifier. Il flatta madame de Beauséant en lui prouvant qu'elle réalisait pour lui le type de la maîtresse incessamment mais vainement appelée par la plupart des jeunes gens. Puis, en parlant de ses promenades matinales autour de Courcelles, et des idées vagabondes qui le saisissaient à l'aspect du pavillon où il s'était enfin introduit, il excita cette indéfinissable indulgence que la femme trouve dans son cœur pour les folies qu'elle inspire. Il fit entendre une voix passionnée dans cette froide solitude, où il apportait les chaudes inspirations du jeune âge et les charmes d'esprit qui décèlent[106] une éducation soignée. Madame de Beauséant était privée depuis trop longtemps des émotions que donnent les sentiments vrais finement exprimés pour ne pas en sentir vivement les délices. Elle ne put s'empêcher de regarder la figure expressive

de M. de Nueil, et d'admirer en lui cette belle confiance de l'âme qui n'a encore été ni déchirée par les cruels enseignements de la vie du monde, ni dévorée par les perpétuels calculs de l'ambition ou de la vanité. Gaston était le jeune homme dans sa fleur, et se produisait en homme de caractère qui méconnaît encore ses hautes destinées. Ainsi tous deux faisaient à l'insu l'un de l'autre les réflexions les plus dangereuses pour leur repos, et tâchaient de se les cacher. M. de Nueil reconnaissait dans la vicomtesse une de ces femmes si rares, toujours victimes de leur propre perfection et de leur inextinguible tendresse, dont la beauté gracieuse est le moindre charme quand elles ont une fois permis l'accès de leur âme, où les sentiments sont infinis, où tout est bon, où l'instinct du beau s'unit aux expressions les plus variées de l'amour pour purifier les voluptés et les rendre presque saintes: admirable secret de la femme, présent exquis si rarement accordé par la nature. De son côté, la vicomtesse, en écoutant l'accent vrai avec lequel Gaston lui parlait des malheurs de sa jeunesse, devinait les souffrances imposées par la timidité aux grands enfants de vingt-cinq ans lorsque l'étude les a garantis de la corruption et du contact des gens du monde, dont l'expérience raisonneuse corrode les belles qualités du jeune âge. Elle trouvait en lui le rêve de toutes les femmes, un homme chez lequel n'existaient encore ni cet égoïsme de famille et de fortune, ni ce sentiment personnel qui finissent par tuer, dans leur premier élan, le dévouement, l'honneur, l'abnégation, l'estime de soi-même, fleurs d'âme sitôt fanées qui d'abord enrichissent la vie d'émotions délicates, quoique fortes, et ravivent en l'homme la probité du cœur. Une fois lancés dans les vastes espaces du sentiment, ils arrivèrent très loin en théorie, sondèrent l'un et l'autre la profondeur de leurs âmes, s'informèrent de la vérité de leurs expressions. Cet examen, involontaire chez Gaston, était prémédité chez madame de Beauséant. Usant de sa finesse naturelle

---

105. *qualités:* good qualities.

106. *décèlent:* reveal.

ou acquise, elle exprimait, sans se nuire à elle-même, des opinions contraires aux siennes pour connaître celles de M. de Nueil. Elle fut si spirituelle, si gracieuse, elle fut si bien elle-même avec un jeune homme qui ne réveillait point sa défiance, en croyant ne plus le revoir, que Gaston s'écria naïvement à un mot délicieux dit par elle-même:

—Eh! madame, comment un homme a-t-il pu vous abandonner?[107]

La vicomtesse resta muette. Gaston rougit, il pensait l'avoir offensée. Mais cette femme était surprise par le premier plaisir profond et vrai qu'elle ressentait depuis le jour de son malheur. Le roué le plus habile n'eût pas fait à force d'art le progrès que M. de Nueil dut à ce cri parti du cœur. Ce jugement arraché à la candeur d'un homme jeune la rendait innocente à ses yeux, condamnait le monde, accusait celui qui l'avait quittée, et justifiait la solitude où elle était venue languir. L'absolution mondaine, les touchantes sympathies, l'estime sociale, tant souhaitées, si cruellement refusées, enfin ses plus secrets désirs étaient accomplis par cette exclamation qu'embellissaient encore les plus douces flatteries du cœur et cette admiration toujours avidement savourée par les femmes. Elle était donc entendue et comprise. M. de Nueil lui donnait tout naturellement l'occasion de se grandir de sa chute. Elle regarda la pendule.

—Oh! madame, s'écria Gaston, ne me punissez pas de mon étourderie.[108] Si vous ne m'accordez qu'une soirée, daignez ne pas l'abréger encore.

Elle sourit du compliment.

—Mais, dit-elle, puisque nous ne devons plus nous revoir, qu'importe un moment de plus ou de moins? Si je vous plaisais, ce serait un malheur.

—Un malheur tout venu,[109] répondit-il tristement.

—Ne me dites pas cela, reprit-elle gravement. Dans toute autre position, je vous recevrais avec plaisir. Je vais vous parler sans détour, vous comprendrez pourquoi je ne veux pas, pourquoi je ne dois pas vous revoir. Je vous crois l'âme trop grande pour ne pas sentir que, si j'étais seulement soupçonnée d'une seconde faute, je deviendrais, pour tout le monde, une femme méprisable et vulgaire, je ressemblerais aux autres femmes. Une vie pure et sans tache donnera donc du relief à mon caractère. Je suis trop fière pour ne pas essayer de demeurer au milieu de la société comme un être à part, victime des lois par mon mariage, victime des hommes par mon amour. Si je ne restais pas fidèle à ma position, je mériterais tout le blâme qui m'accable et perdrais ma propre estime. Je n'ai pas eu la haute vertu sociale d'appartenir à un homme que je n'aimais pas. J'ai brisé, malgré les lois, les liens du mariage: c'était un tort, un crime, ce sera tout ce que vous voudrez; mais, pour moi, cet état équivalait à la mort. J'ai voulu vivre. Si j'eusse été mère, peut-être aurais-je trouvé des forces pour supporter le supplice d'un mariage imposé par les convenances. A dix-huit ans, nous ne savons guère, pauvres jeunes filles, ce que l'on nous fait faire. J'ai violé les lois du monde, le monde m'a punie; nous étions justes l'un et l'autre. J'ai cherché le bonheur. N'est-ce pas une loi de notre nature que d'être heureuses? J'étais jeune, j'étais belle…J'ai cru rencontrer un être aussi aimant qu'il paraissait passionné. J'ai été bien aimée pendant un moment!…

Elle fit une pause.

—Je pensais, reprit-elle, qu'un homme ne devait jamais abandonner une femme dans la situation où je me trouvais. J'ai été quittée, j'aurai déplu. Oui, j'ai manqué sans doute à quelque loi de nature: j'aurai été trop aimante, trop dévouée ou trop exigeante, je ne sais. Le malheur m'a éclairée. Après avoir été longtemps l'accusatrice, je me suis résignée à être la seule criminelle. J'ai donc absous à mes dépens celui de qui je croyais avoir à me plaindre. Je n'ai pas été assez adroite pour le conserver: la destinée

---

107. The theme of the story is stated; it will reappear.
108. *étourderie:* thoughtless blunder.

109. *tout venu:* which has already arrived.

m'a fortement punie de ma maladresse. Je ne sais qu'aimer: le moyen de penser à soi quand on aime? J'ai donc été l'esclave quand j'aurais dû me faire tyran. Ceux qui me connaîtront pourront me condamner, mais ils m'estimeront. Mes souffrances m'ont appris à ne plus m'exposer à l'abandon. Je ne comprends pas comment j'existe encore, après avoir subi les douleurs des huit premiers jours qui ont suivi cette crise, la plus affreuse dans la vie d'une femme. Il faut avoir vécu pendant trois ans seule pour avoir acquis la force de parler comme je le fais en ce moment de cette douleur. L'agonie se termine ordinairement par la mort, eh bien, monsieur, c'était une agonie sans le tombeau pour dénoûment. Oh! j'ai bien souffert!

La vicomtesse leva ses beaux yeux vers la corniche,[110] à laquelle sans doute elle confia tout ce que ne devait pas entendre un inconnu. Une corniche est bien la plus douce, la plus soumise, la plus complaisante confidente que les femmes puissent trouver dans les occasions où elles n'osent regarder leur interlocuteur. La corniche d'un boudoir est une institution. N'est-ce pas un confessionnal, moins le prêtre? En ce moment, madame de Beauséant était éloquente et belle; il faudrait dire coquette, si ce mot n'était pas trop fort. En se rendant justice, en mettant entre elle et l'amour les plus hautes barrières, elle aiguillonnait[111] tous les sentiments de l'homme: et, plus elle élevait le but, mieux elle l'offrait aux regards. Enfin elle abaissa ses yeux sur Gaston, après leur avoir fait perdre l'expression trop attachante que leur avait communiquée le souvenir de ses peines.

—Avouez que je dois rester froide et solitaire? lui dit-elle d'un ton calme.

M. de Nueil se sentait une violente envie de tomber aux pieds de cette femme, alors sublime de raison et de folie, il craignit de lui paraître ridicule; il réprima donc et son exaltation et ses pensées; il

éprouvait à la fois et la crainte de ne point réussir à les bien exprimer, et la peur de quelque terrible refus ou d'une moquerie dont l'appréhension glace les âmes les plus ardentes. La réaction des sentiments qu'il refoulait[112] au moment où ils s'élançaient de son cœur lui causa cette douleur profonde que connaissent les gens timides et les ambitieux, souvent forcés de dévorer leurs désirs. Cependant, il ne put s'empêcher de rompre le silence pour dire d'une voix tremblante:

—Permettez-moi, madame, de me livrer à une des plus grandes émotions de ma vie, en vous avouant ce que vous me faites éprouver. Vous m'agrandissez le cœur! je sens en moi le désir d'occuper ma vie à vous faire oublier vos chagrins, à vous aimer pour tous ceux qui vous ont haïe ou blessée.[113] Mais c'est une effusion de cœur bien soudaine, qu'aujourd'hui rien ne justifie et que je devrais…

—Assez, monsieur, dit madame de Beauséant. Nous sommes allés trop loin l'un et l'autre. J'ai voulu dépouiller de toute dureté le refus qui m'est imposé, vous en expliquer les tristes raisons, et non m'attirer des hommages. La coquetterie ne va bien qu'à la femme heureuse. Croyez-moi, restons étrangers l'un à l'autre. Plus tard, vous saurez qu'il ne faut point former de liens quand ils doivent nécessairement se briser un jour.

Elle soupira légèrement, et son front se plissa pour reprendre aussitôt la pureté de sa forme.

—Quelles souffrances pour une femme, reprit-elle, de ne pouvoir suivre l'homme qu'elle aime dans toutes les phases de sa vie! Puis ce profond chagrin ne doit-il pas horriblement retentir dans le cœur de cet homme, si elle en est bien aimée? N'est-ce pas un double malheur?

Il y eut un moment de silence, après lequel elle dit en souriant et en se levant pour faire lever son hôte:

---

110. *corniche:* cornice, ornamental moulding near ceiling.
111. *aiguillonnait:* was spurring on.
112. *refoulait:* was suppressing.
113. This declaration of love after the first half hour of acquaintance is Romantic behavior.

—Vous ne vous doutiez pas en venant à Courcelles d'y entendre un sermon?

Gaston se trouvait en ce moment plus loin de cette femme extraordinaire qu'à l'instant où il l'avait abordée. Attribuant le charme de cette heure délicieuse à la coquetterie d'une maîtresse de maison jalouse de déployer son esprit, il salua froidement la vicomtesse, et sortit désespéré. Chemin faisant, le baron cherchait à surprendre le vrai caractère de cette créature souple et dure comme un ressort; mais il lui avait vu prendre tant de nuances, qu'il lui fut impossible d'asseoir sur elle un jugement vrai. Puis les intonations de sa voix lui retentissaient aux oreilles, et le souvenir prêtait tant de charme aux gestes, aux airs de tête, au jeu des yeux, qu'il s'éprit davantage à cet examen. Pour lui, la beauté de la vicomtesse reluisait encore dans les ténèbres, les impressions qu'il en avait reçues se réveillaient, attirées l'une par l'autre, pour de nouveau le séduire en lui révélant des grâces de femme et d'esprit inaperçues d'abord. Il tomba dans une de ces méditations vagabondes pendant lesquelles les pensées les plus lucides se combattent, se brisent les unes contre les autres, et jettent l'âme dans un court accès de folie. Il faut être jeune pour révéler et pour comprendre les secrets de ces sortes de dithyrambes,[114] où le cœur, assailli par les idées les plus justes et les plus folles, cède à la dernière qui le frappe, à une pensée d'espérance ou de désespoir, au gré d'une puissance inconnue. A l'âge de vingt-trois ans, l'homme est presque toujours dominé par un sentiment de modestie: les timidités, les troubles de la jeune fille l'agitent, il a peur de mal exprimer son amour, il ne voit que des difficultés et s'en effraye, il tremble de ne pas plaire, il serait hardi s'il n'aimait pas tant; plus il sent le prix du bonheur, moins il croit que sa maîtresse puisse le lui facilement accorder; d'ailleurs, peut-être se livre-t-il trop entièrement à son plaisir, et craint-il de n'en point donner; lorsque, par

malheur, son idole est imposante, il l'adore en secret et de loin; s'il n'est pas deviné, son amour expire. Souvent, cette passion hâtive, morte dans un jeune cœur, y reste brillante d'illusions. Quel homme n'a pas plusieurs de ces vierges souvenirs qui, plus tard, se réveillent, toujours plus gracieux, et apportent l'image d'un bonheur parfait? souvenirs semblables à ces enfants perdus à la fleur de l'âge, et dont les parents n'ont connu que les sourires. M. de Nueil revint donc de Courcelles en proie à un sentiment gros de résolutions extrêmes. Madame de Beauséant était déjà devenue pour lui la condition de son existence: il aimait mieux mourir que de vivre sans elle. Encore assez jeune pour ressentir ces cruelles fascinations que la femme parfaite exerce sur les âmes neuves et passionnées, il dut passer une de ces nuits orageuses pendant lesquelles les jeunes gens vont du bonheur au suicide, du suicide au bonheur, dévorent toute une vie heureuse et s'endorment impuissants. Nuits fatales, où le plus grand malheur qui puisse arriver est de se réveiller philosophe. Trop véritablement amoureux pour dormir, M. de Nueil se leva, se mit à écrire des lettres dont aucune ne le satisfit, et les brûla toutes.

Le lendemain, il alla faire le tour du petit enclos de Courcelles, mais à la nuit tombante, car il avait peur d'être aperçu par la vicomtesse. Le sentiment auquel il obéissait alors appartient à une nature d'âme si mystérieuse, qu'il faut être encore jeune homme, ou se trouver dans une situation semblable, pour en comprendre les muettes félicités et les bizarreries; toutes choses qui feraient hausser les épaules aux gens assez heureux pour toujours voir le *positif* de la vie. Après des hésitations cruelles, Gaston écrivit à madame de Beauséant la lettre suivante, qui peut passer pour un modèle de la phraséologie particulière aux amoureux, et se comparer aux dessins faits en cachette par les enfants pour la fête de leurs parents; présents détestables pour tout le monde, excepté pour ceux qui les reçoivent:

---

114. *dithyrambes:* ecstatic lyrics.

« Madame,

« Vous exercez un si grand empire sur mon cœur, sur mon âme et ma personne, qu'aujourd'hui ma destinée dépend entièrement de vous. Ne jetez pas ma lettre au feu. Soyez assez bienveillante pour la lire. Peut-être me pardonnerez-vous cette première phrase en vous apercevant que ce n'est pas une déclaration vulgaire ni intéressée, mais l'expression d'un fait naturel. Peut-être serez-vous touchée par la modestie de mes prières, par la résignation que m'inspire le sentiment de mon infériorité, par l'influence de votre détermination sur ma vie. A mon âge, madame, je ne sais qu'aimer, j'ignore entièrement et ce qui peut plaire à une femme et ce qui la séduit; mais je me sens au cœur, pour elle, d'enivrantes adorations. Je suis irrésistiblement attiré vers vous par le plaisir immense que vous me faites éprouver, et pense à vous avec tout l'égoïsme qui nous entraîne, là où, pour nous, est la chaleur vitale. Je ne me crois pas digne de vous. Non, il me semble impossible à moi, jeune, ignorant, timide, de vous apporter la millième partie du bonheur que j'aspirais en vous entendant, en vous voyant. Vous êtes pour moi la seule femme qu'il y ait dans le monde. Ne concevant point la vie sans vous, j'ai pris la résolution de quitter la France et d'aller jouer[115] mon existence jusqu'à ce que je la perde dans quelque entreprise impossible, aux Indes, en Afrique, je ne sais où. Ne faut-il pas que je combatte un amour sans bornes par quelque chose d'infini? Mais, si vous voulez me laisser l'espoir, non pas d'être à vous, mais d'obtenir votre amitié, je reste. Permettez-moi de passer près de vous, rarement même, si vous l'exigez, quelques heures semblables à celles que j'ai surprises. Ce frêle bonheur, dont les vives jouissances peuvent m'être interdites à la moindre parole trop ardente, suffira pour me faire endurer les bouillonnements de mon sang. Ai-je trop présumé de votre générosité en vous suppliant de souffrir un commerce où tout est profit pour moi seulement? Vous saurez bien faire voir à ce monde, auquel vous sacrifiez tant, que je ne vous suis rien. Vous êtes si spirituelle et si fière! Qu'avez-vous à craindre? Maintenant, je voudrais pouvoir vous ouvrir mon cœur, afin de vous persuader que mon humble demande ne cache aucune arrière-pensée. Je ne vous aurais pas dit que mon amour était sans bornes en vous priant de m'accorder de l'amitié, si j'avais l'espoir de vous faire partager le sentiment profond enseveli dans mon âme. Non, je serai près de vous ce que vous voudrez que je sois, pourvu que j'y sois. Si vous me refusez, et vous le pouvez, je ne murmurerai point, je partirai. Si plus tard une femme autre que vous entre pour quelque chose dans ma vie, vous aurez eu raison; mais, si je meurs fidèle à mon amour, vous concevrez quelque regret peut-être! L'espoir de vous causer un regret adoucira mes angoisses, et sera toute la vengeance de mon cœur méconnu… »

Il faut n'avoir ignoré aucun des excellents malheurs du jeune âge, il faut avoir grimpé sur toutes les chimères aux doubles ailes blanches qui offrent leur croupe féminine à de brûlantes imaginations, pour comprendre le supplice auquel Gaston de Nueil fut en proie quand il supposa son premier *ultimatum* entre les mains de madame de Beauséant. Il voyait la vicomtesse froide, rieuse et plaisantant de l'amour comme les êtres qui n'y croient plus. Il aurait voulu reprendre sa lettre, il la trouvait absurde, il lui venait dans l'esprit mille et une idées infiniment meilleures, ou qui eussent été plus touchantes que ses roides phrases, ses maudites phrases alambiquées,[116] sophistiquées,[117] prétentieuses, mais heureusement assez mal ponctuées et fort bien écrites de travers. Il essayait de ne pas penser, de ne pas sentir; mais il pensait, il sentait et souffrait. S'il avait eu trente ans, il se serait enivré; mais ce jeune homme encore naïf ne connaissait ni les ressources de l'opium,

---

115. *jouer:* gamble with.
116. *alambiquées:* fine-spun, oversubtle.
117. *sophistiquées:* artificially reasoned.

ni les expédients de l'extrême civilisation. Il n'avait pas là, près de lui, un de ces bons amis de Paris, qui savent si bien vous dire: *Pœte, non dolet!*[118] en vous tendant une bouteille de vin de Champagne, ou vous entraînent à une orgie pour vous adoucir les douleurs de l'incertitude. Excellents amis, toujours ruinés lorsque vous êtes riche, toujours aux eaux[119] quand vous les cherchez, ayant toujours perdu leur dernier louis au jeu quand vous leur en demandez un, mais ayant toujours un mauvais cheval à vous vendre; au demeurant, les meilleurs enfants de la terre, et toujours prêts à s'embarquer avec vous pour descendre une de ces pentes rapides sur lesquelles se dépensent le temps, l'âme et la vie!

Enfin M. de Nueil recut des mains de Jacques une lettre ayant un cachet de cire parfumée aux armes de Bourgogne, écrite sur un petit papier vélin,[120] et qui sentait la jolie femme.

Il courut aussitôt s'enfermer pour lire et relire *sa* lettre.

« Vous me punissez bien sévèrement, monsieur, et de la bonne grâce que j'ai mise à vous sauver la rudesse d'un refus, et de la séduction que l'esprit exerce toujours sur moi. J'ai eu confiance dans la noblesse du jeune âge, et vous m'avez trompée. Cependant, je vous ai parlé sinon à cœur ouvert, ce qui eût été parfaitement ridicule, du moins avec franchise, et vous ai dit ma situation, afin de faire concevoir ma froideur à une âme jeune. Plus vous m'avez intéressée, plus vive a été la peine que vous m'avez causée. Je suis naturellement tendre et bonne; mais les circonstances me rendent mauvaise. Une autre femme eût brûlé votre lettre sans la lire; moi, je l'ai lue, et j'y réponds. Mes raisonnements vous prouveront que, si je ne suis pas insensible à l'expression d'un sentiment que j'ai fait naître, même involontairement, je suis loin de le partager, et ma conduite vous démontrera bien mieux encore la sincérité

de mon âme. Puis j'ai voulu, pour votre bien, employer l'espèce d'autorité que vous me donnez sur votre vie, et désire l'exercer une seule fois pour faire tomber le voile qui vous couvre les yeux.

« J'ai bientôt trente ans, monsieur, et vous en avez vingt-deux à peine. Vous ignorez vous-même ce que seront vos pensées quand vous arriverez à mon âge. Les serments que vous jurez si facilement aujourd'hui pourront alors vous paraître bien lourds. Aujourd'hui, je veux bien le croire, vous me donneriez sans regret votre vie entière, vous sauriez mourir même pour un plaisir éphémère; mais, à trente ans, l'expérience vous ôterait la force de me faire chaque jour des sacrifices, et, moi, je serais profondément humiliée de les accepter. Un jour, tout vous commandera, la nature elle-même vous ordonnera de me quitter; je vous l'ai dit, je préfère la mort à l'abandon. Vous le voyez, le malheur m'a appris à calculer. Je raisonne, je n'ai point de passion. Vous me forcez à vous dire que je ne vous aime point, que je ne dois, ne peux ni ne veux vous aimer. J'ai passé le moment de la vie où les femmes cèdent à des mouvements de cœur irréfléchis, et ne saurais plus être la maîtresse que vous quêtez. Mes consolations, monsieur, viennent de Dieu, non des hommes. D'ailleurs, je lis trop clairement dans les cœurs à la triste lumière de l'amour trompé, pour accepter l'amitié que vous demandez, que vous offrez. Vous êtes la dupe de votre cœur, et vous espérez bien plus en ma faiblesse qu'en votre force. Tout cela est un effet d'instinct. Je vous pardonne cette ruse d'enfant, vous n'en êtes pas encore complice. Je vous ordonne, au nom de cet amour passager, au nom de votre vie, au nom de ma tranquillité, de rester dans votre pays, de ne pas y manquer une vie honorable et belle pour une illusion qui s'éteindra nécessairement. Plus tard, lorsque vous aurez, en accomplissant votre véritable destinée, développé tous les

---

118. *Pœte, non dolet:* Paetus, it does not hurt. (Famous classical Latin quotation, spoken by Arria the Elder to Paetus in 43 B.C. when she stabbed herself.)
119. *aux eaux:* at watering places, resorts.
120. *vélin:* vellum-finished.

sentiments qui attendent l'homme, vous apprécierez ma réponse, que vous accusez peut-être en ce moment de sécheresse. Vous retrouverez alors avec plaisir une vieille femme dont l'amitié vous sera certainement douce et précieuse: elle n'aura été soumise ni aux vicissitudes de la passion, ni aux désenchantements de la vie; enfin de nobles idées, des idées religieuses la conserveront pure et sainte. Adieu, monsieur: obéissez-moi en pensant que vos succès jetteront quelque plaisir dans ma solitude, et ne songez à moi que comme on songe aux absents. »

Après avoir lu cette lettre, Gaston de Nueil écrivit ces mots:

« Madame, si je cessais de vous aimer en acceptant les chances que vous m'offrez d'être un homme ordinaire, je mériterais bien mon sort, avouez-le! Non, je ne vous obéirai pas, et je vous jure une fidélité qui ne se déliera que par la mort. Oh! prenez ma vie, à moins cependant que vous ne craigniez de mettre un remords dans la vôtre… »

Quand le domestique de M. de Nueil revint de Courcelles, son maître lui dit:

—A qui as-tu remis mon billet?

—A madame la vicomtesse elle-même; elle était en voiture, et partait…

—Pour venir en ville?

—Monsieur, je ne le pense pas. La berline[121] de madame la vicomtesse était attelée avec des chevaux de poste.

—Ah! elle s'en va, dit le baron.

—Oui, monsieur, répondit le valet de chambre.

Aussitôt Gaston fit ses préparatifs pour suivre madame de Beauséant, et elle le mena jusqu'à Genève sans se savoir accompagnée par lui. Entre les mille réflexions qui l'assaillirent pendant ce voyage, celle-ci: « Pourquoi s'en estelle allée? » l'occupa plus spécialment. Ce mot fut le texte d'une multitude de suppositions, parmi lesquelles il choisit naturellement la plus flatteuse, et que voici: « Si la vicomtesse veut m'aimer, il n'y a pas de doute qu'en femme d'esprit elle ne préfère la Suisse où personne ne nous cannaît, à la France où elle recontrerait des censeurs. »

Certains hommes passionnés n'aimeraient pas une femme assez habile pour choisir son terrain, c'est des raffinés. D'ailleurs, rien ne prouve que la supposition de Gaston fût vraie.

La vicomtesse prit une petite maison sur le lac. Quand elle y fut installée, Gaston s'y présenta par une belle soirée, à la nuit tombante. Jacques, valet de chambre essentiellement aristocratique, ne s'étonna point de voir M. de Nueil, et l'annonça en valet habitué à tout comprendre. En entendant ce nom, en voyant le jeune homme, madame de Beauséant laissa tomber le livre qu'elle tenait; sa surprise donna le temps à Gaston d'arriver à elle, et de lui dire d'une voix qui lui parut délicieuse:

—Avec quel plaisir je prenais les chevaux qui vous avaient menée!

Être si bien obéie dans ses vœux secrets! Où est la femme qui n'eût pas cédé à un tel bonheur? Une Italienne, une des ces divines créatures dont l'âme est à l'antipode de celle des Parisiennes, et que, de ce côté des Alpes, on trouverait profondément immorale, disait en lisant les romans français: « Je ne vois pas pourquoi ces pauvres amoureux passent autant de temps à arranger ce qui doit être l'affaire d'une matinée. » Pourquoi le narrateur ne pourrait-il pas, à l'exemple de cette bonne Italienne, ne pas trop faire languir ses auditeurs ni son sujet? Il y aurait bien quelques scènes de coquetterie charmantes à dessiner, doux retards que madame de Beauséant voulait apporter au bonheur de Gaston pour tomber avec grâce comme les vierges de l'antiquité; peut-être aussi pour jouir des voluptés chastes d'un premier amour, et le faire arriver à sa plus haute expression de force et de puissance. M. de Nueil était encore dans l'âge où un homme est la dupe de ces caprices, de ces jeux qui affriandent[122] tant les femmes, et qu'elles

---

121. *berline:* large traveling coach.

122. *affriandent:* allure.

prolongent, soit pour bien stipuler leurs conditions, soit pour jouir plus longtemps de leur pouvoir, dont la prochaine diminution est instinctivement devinée par elles. Mais ces petits protocoles[123] de boudoir, moins nombreux que ceux de la conférence de Londres,[124] tiennent trop peu de place dans l'histoire d'une passion vraie pour être mentionnés.

Madame de Beauséant et M. de Nueil demeurèrent pendant trois années dans la villa située sur le lac de Genève que la vicomtesse avait louée. Ils y restèrent seuls, sans voir personne, sans faire parler d'eux, se promenant en bateau, se levant tard, enfin heureux comme nous rêvons tous de l'être. Cette petite maison était simple, à persiennes vertes, entourée de larges balcons ornés de tentes,[125] une véritable maison d'amants, maison à canapés blancs, à tapis muets, à tentures[126] fraîches, où tout reluisait de joie. A chaque fenêtre, le lac apparaissait sous des aspects différents; dans le lointain, les montagnes et leurs fantaisies nuageuses, colorées, fugitives; au-dessus d'eux un beau ciel; puis, devant eux, une longue nappe d'eau capricieuse, changeante! Les choses semblaient rêver pour eux, et tout leur souriait.

Des intérêts graves rappelèrent M. de Nueil en France: son frère et son père étaient morts; il fallut quitter Genève. Les deux amants achetèrent cette maison, ils auraient voulu briser les montagnes et faire enfuir l'eau du lac en ouvrant une soupape,[127] afin de tout emporter avec eux. Madame de Beauséant suivit M. de Nueil. Elle réalisa sa fortune, acheta, près de Manerville, une propriété considérable qui joignait les terres de Gaston, et où ils demeurèrent ensemble. M. de Nueil abandonna très gracieusement à sa mère l'usufruit[128] des domaines de Manerville, en retour de la liberté qu'elle lui laissa de vivre garçon. La terre de madame

de Beauséant était située près d'une petite ville, dans une des plus jolies positions de la vallée d'Auge. Là, les deux amants mirent entre eux et le monde des barrières que ni les idées sociales ni les personnes ne pouvaient franchir, et retrouvèrent leurs bonnes journées de la Suisse. Pendant neuf années[129] entières, ils goûtèrent un bonheur qu'il est inutile de décrire; le dénoûment de cette histoire en fera sans doute deviner les délices à ceux dont l'âme peut comprendre, dans l'infini de leurs modes, la poésie et la prière.

Cependant, M. le marquis de Beauséant (son père et son frère aîné étaient morts), le mari de madame de Beauséant, jouissait d'une parfaite santé. Rien ne nous aide mieux à vivre que la certitude de faire le bonheur d'autrui par notre mort. M. de Beauséant était un de ces gens ironiques et entêtés qui, semblables à des rentiers viagers,[130] trouvent un plaisir de plus que n'en ont les autres à se lever bien portants chaque matin. Galant homme du reste, un peu méthodique, cérémonieux, et calculateur capable de déclarer son amour à une femme aussi tranquillement qu'un laquais dit: « Madame est servie. »

Cette petite notice biographique sur le marquis de Beauséant a pour objet de faire comprendre l'impossibilité dans laquelle était la marquise d'épouser M. de Nueil.

Or, après ces neuf années de bonheur, le plus doux bail[131] qu'une femme ait jamais pu signer, M. de Nueil et madame de Beauséant se trouvèrent dans une situation tout aussi naturelle et tout aussi fausse que celle où ils étaient restés depuis le commencement de cette aventure; crise fatale néanmoins, de laquelle il est impossible de donner une idée, mais dont les termes peuvent être posés avec une exactitude mathématique.

Madame la comtesse de Nueil, mère de Gaston, n'avaient jamais voulu voir

---

123. *protocoles:* diplomatic formalities.
124. Numerous important diplomatic conferences were held in London, including one in 1830 on Belgian affairs.
125. *tentes: here,* awnings.
126. *tentures:* wall hangings, or wallpaper.

127. *soupape:* valve.
128. *usufruit:* revenue.
129. *neuf années:* i.e., including the three years in Switzerland.
130. *rentiers viagers:* holders of annuities.
131. *bail:* lease, contract.

madame de Beauséant. C'était une personne roide et vertueuse, qui avait très légalement accompli le bonheur de M. de Nueil le père. Madame de Beauséant comprit que cette honorable douairière devait être son ennemie, et tenterait d'arracher Gaston à sa vie immorale et antireligieuse. La marquise aurait bien voulu vendre sa terre et retourner à Genève. Mais c'eût été se défier de M. de Nueil, elle en était incapable. D'ailleurs, il avait précisément pris beaucoup de goût pour la terre de Valleroy, où il faisait force[132] plantations, force mouvements de terrains. N'était-ce pas l'arracher à une espèce de bonheur mécanique que les femmes souhaitent toujours à leurs maris et même à leurs amants? Il était arrivé dans le pays une demoiselle de la Rodière, âgée de vingt-deux ans et riche de quarante mille livres de rente. Gaston rencontrait cette héritière à Manerville toutes les fois que son devoir l'y conduisait. Ces personnages étant ainsi placés comme les chiffres d'une proportion arithmétique, la lettre suivante, écrite et remise un matin à Gaston, expliquera maintenant l'affreux problème que, depuis un mois, madame Beauséant tâchait de résoudre:

« Mon ange aimé, t'écrire quand nous vivons cœur à cœur, quand rien ne nous sépare, quand nos caresses nous servent si souvent de langage et que les paroles sont aussi des caresses, n'est-ce pas un contre-sens?[133] Eh bien, non, mon amour. Il est de certaines choses qu'une femme ne peut dire en présence de son amant; la seule pensée de ces choses lui ôte la voix, lui fait refluer tout son sang vers le cœur; elle est sans force et sans esprit. Être ainsi près de toi me fait souffrir; et souvent j'y suis ainsi. Je sens que mon cœur doit être tout vérité pour toi, ne te déguiser aucune de ses pensées, même les plus fugitives; et j'aime trop ce doux laisser aller[134] qui me sied si bien, pour rester plus longtemps gênée, contrainte. Aussi vais-je te confier mon angoisse: oui, c'est une angoisse. Écoute-moi! ne fais

pas ce petit *Ta ta ta*...par lequel tu me fais taire avec une impertinence que j'aime, parce que de toi tout me plaît. Cher époux du ciel, laissemoi te dire que tu as effacé tout souvenir des douleurs sous le poids desquelles jadis ma vie allait succomber. Je n'ai connu l'amour que par toi. Il a fallu la candeur de ta belle jeunesse, la pureté de ta grande âme pour satisfaire aux exigences d'un cœur de femme exigeante. Ami, j'ai bien souvent palpité de joie en pensant que, durant ces neuf années, si rapides et si longues, ma jalousie n'a jamais été éveillée. J'ai eu toutes les fleurs de ton âme, toutes tes pensées. Il n'y a pas eu le plus léger nuage dans notre ciel, nous n'avons pas su ce qu'était un sacrifice, nous avons toujours obéi aux inspirations de nos cœurs. J'ai joui d'un bonheur sans bornes pour une femme. Les larmes qui mouillent cette page te diront-elles bien toute ma reconnaissance? J'aurais voulu l'avoir écrite à genoux. Eh bien, cette félicité m'a fait connaître un supplice plus affreux que ne l'était celui de l'abandon. Cher, le cœur d'une femme a des replis bien profonds: j'ai ignoré moi-même jusqu'aujourd'hui l'étendue du mien, comme j'ignorais l'étendue de l'amour. Les misères les plus grandes qui puissent nous accabler sont encore légères à porter en comparaison de la seule idée du malheur de celui que nous aimons. Et, si nous le causions, ce malheur, n'est-ce pas à en mourir?...Telle est la pensée qui m'oppresse. Mais elle entraîne après elle une autre beaucoup plus pesante; celle-là dégrade la gloire de l'amour, elle le tue, elle en fait une humiliation qui ternit à jamais la vie. Tu as trente ans et j'en ai quarante. Combien de terreurs cette différence d'âge n'inspiret-elle pas à une femme aimante? Tu peux avoir d'abord involontairement, puis sérieusement senti les sacrifices que tu m'as faits, en renonçant à tout au monde pour moi. Tu as pensé peut-être à ta destinée sociaie, à ce mariage qui doit augmenter nécessairement ta fortune, te

---

132. *force:* many.
133. *contre-sens:* contradiction in terms.
134. *laisser aller:* unconstraint.

permettre d'avouer ton bonheur, tes enfants, de transmettre tes biens, de reparaître dans le monde et d'y occuper ta place avec honneur. Mais tu auras réprimé ces pensées, heureux de me sacrifier, sans que je le sache, une héritière, une fortune et un bel avenir. Dans ta générosité de jeune homme, tu auras voulu rester fidèle aux serments qui ne nous lient qu'à la face de Dieu. Mes douleurs passées te seront apparues, et j'aurai, été protégée par le malheur d'où tu m'as tirée. Devoir ton amour à ta pitié! cette pensée m'est plus horrible encore que la crainte de te faire manquer ta vie. Ceux qui savent poignarder leurs maîtresses sont bien charitables quand ils les tuent heureuses, innocentes, et dans la gloire de leurs illusions…Oui, la mort est préférable aux deux pensées qui, depuis quelques jours, attristent secrètement mes heures. Hier, quand tu m'as demandé si doucement: « Qu'as-tu? » ta voix m'a fait frissoner. J'ai cru que, selon ton habitude, tu lisais dans mon âme, et j'attendais tes confidences, imaginant avoir eu de justes pressentiments en devinant les calculs de ta raison. Je me suis alors souvenue de quelques attentions qui te sont habituelles, mais où j'ai cru apercevoir cette sorte d'affectation par laquelle les hommes trahissent une loyauté pénible à porter. En ce moment, j'ai payé bien cher mon bonheur, j'ai senti que la nature nous vend toujours les trésors de l'amour. En effet, le sort ne nous a-t-il pas séparés? Tu te seras dit: « Tôt ou tard, je dois quitter la pauvre Claire, pourquoi ne pas m'en séparés à temps? » Cette phrase était écrite au fond de ton regard. Je t'ai quitté pour aller pleurer loin de toi. Te dérober des larmes! voilà les premières que le chagrin m'ait fait verser depuis dix ans, et je suis trop fière pour te les montrer; mais je ne t'ai point accusé. Oui, tu as raison, je ne dois point avoir l'égoïsme d'assujettir ta vie brillante et longue à la mienne bientôt usée…Mais si je me trompais?…si j'avais pris une de tes mélancolies d'amour pour une pensée de raison?…Ah! mon ange, ne me laisse pas dans l'incertitude,

punis ta jalouse femme; mais rends-lui la conscience de son amour et du tien: toute la femme est dans ce sentiment, qui sanctifie tout. Depuis l'arrivée de ta mère et, depuis que tu as vu chez elle mademoiselle de la Rodière, je suis en proie à des doutes qui nous déshonorent. Fais-moi souffrir, mais ne me trompe pas: je veux tout savoir, et ce que ta mère te dit et ce que tu penses! Si tu as hésité entre quelque chose et moi, je te rends ta liberté…Je te cacherai ma destinée, je saurai ne pas pleurer devant toi; seulement, je ne veux plus te revoir…Oh! je m'arrête, mon cœur se brise…

« Je suis restée morne et stupide pendant quelques instants. Ami, je ne me trouve point de fierté contre toi, tu es si bon, si franc! tu ne saurais ni me blesser, ni me tromper; mais tu me diras la vérité, quelque cruelle qu'elle puisse être. Veux-tu que j'encourage tes aveux? Eh bien, cœur à moi, je serai consolée par une pensée de femme. N'aurai-je pas possédé de toi l'être jeune et pudique, tout grâce, tout beauté, tout délicatesse, un Gaston que nulle femme ne peut plus connaître et de qui j'ai délicieusement joui…? Non, tu n'aimeras plus comme tu m'as aimée, comme tu m'aimes; non, je ne saurais avoir de rivale. Mes souvenirs seront sans amertume en pensant à notre amour, qui fait toute ma pensée. N'est-il pas hors de ton pouvoir d'enchanter désormais une femme par les agaceries enfantines, par les jeunes gentillesses d'un cœur jeune, par ce coquetteries d'âme, ces grâces du corps et ces rapides ententes de volupté, enfin par l'adorable cortège qui suit l'amour adolescent? Ah! tu es un homme maintenant, tu obéiras à ta destinée en calculant tout. Tu auras des soins, des inquiétudes, des ambitions, des soucis qui *la* priveront de ce sourire constant et inaltérable par lequel tes lèvres étaient toujours embellies pour moi. Ta voix, pour moi toujours si douce, sera parfois chagrine. Tes yeux, sans cesse illuminés d'un éclat céleste en me voyant, se terniront souvent pour *elle*. Puis, comme il est impossible de t'aimer comme je t'aime, cette femme ne te plaira jamais autant que je t'ai plu. Elle n'aura pas ce soin perpétuel que j'ai eu de moi-même et cette étude continuelle de ton bonheur dont jamais l'intelligence ne m'a manqué. Oui, l'homme, le cœur, l'âme que j'aurai connus n'existeront plus; je les ensevelirai dans mon souvenir pour en jouir encore, et vivre heureuse de cette belle vie passée, mais inconnue à tout ce qui n'est pas nous.

« Mon cher trésor, si cependant tu n'as pas conçu la plus légère idée de liberté, si mon amour ne te pèse pas, si mes craintes sont chimériques, si je suis toujours pour toi ton Ève, la seule femme qu'il y ait dans le monde, cette lettre lue, viens! Ah! je t'aimerai dans un instant plus que je ne t'ai aimé, je crois, pendant ces neuf années. Après avoir subi le supplice inutile de ces soupçons dont je m'accuse, chaque jour ajouté à notre amour, oui, un seul jour, sera toute une vie de bonheur. Ainsi, parle! sois franc: ne me trompe pas, ce serait un crime. Dis! veux-tu ta liberté? As-tu réfléchi à ta vie d'homme? As-tu un regret? Moi, te causer un regret! j'en mourrais. Je te l'ai dit: j'ai assez d'amour pour préférer ton bonheur au mien, ta vie à la mienne. Quitte, si tu le peux, la riche mémoire de nos neuf années de bonheur pour n'en pas être influencé dans ta décision; mais parle! je te suis soumise comme à Dieu, à ce seul consolateur qui me reste si tu m'abandonnes. »

Quand madame de Beauséant sut la lettre entre les mains de M. de Nueil, elle tomba dans un abattement si profond, et dans une méditation si engourdissante,[135] par la trop grande abondance de ses pensées, qu'elle resta comme endormie. Certes, elle souffrit de ces douleurs dont l'intensité n'a pas toujours été proportionnée aux forces de la femme, et que les femmes seules connaissent. Pendant que la malheureuse marquise attendait son sort, M. de Nueil était, en lisant sa lettre, fort *embarrassé,* selon l'expression employée par les jeunes gens dans ces sortes de crises. Il avait alors

presque cédé aux instigations de sa mère et aux attraits de mademoiselle de la Rodière, jeune personne assez insignifiante, droite comme un peuplier, blanche et rose, muette à demi, suivant le programme prescrit à toutes les jeunes filles à marier; mais ses quarante mille livres de rente en fonds de terre parlaient suffisamment pour elle. Madame de Nueil, aidée par sa sincère affection de mère, cherchait à embaucher[136] son fils pour la vertu. Elle lui faisait observer ce qu'il y avait pour lui de flatteur à être préféré par mademoiselle de la Rodière, lorsque tant de riches partis[137] lui étaient proposés; il était bien temps de songer à son sort, une si belle occasion ne se retrouverait plus; il aurait un jour quatre-vingt mille livres de rente en biens-fonds;[138] la fortune consolait de tout; si madame de Beauséant l'aimait pour lui elle devait être la première à l'engager à se marier; enfin cette bonne mère n'oubliait aucun des moyens d'action par lesquels une femme peut influer sur la raison d'un homme. Aussi avait-elle amené son fils à chanceler. La lettre de madame de Beauséant arriva dans un moment où l'amour de Gaston luttait contre toutes les séductions d'une vie arrangée convenablement et conforme aux idées du monde; mais cette lettre décida le combat. Il résolut de quitter la marquise et de se marier.

—Il faut être homme dans la vie! se dit-il.

Puis il soupçonna les douleurs que sa résolution causerait à sa maîtresse. Sa vanité d'homme autant que sa conscience d'amant les lui grandissant encore, il fut pris d'une sincère pitié. Il ressentit tout d'un coup cet immense malheur, et crut nécessaire, charitable d'amortir cette mortelle blessure. Il espéra pouvoir amener madame de Beauséant à un état calme, et se faire ordonner par elle ce cruel mariage, en l'accoutumant par degrés à l'idée d'une séparation nécessaire, en laissant toujours entre eux mademoiselle de la Rodière comme un fantôme, et en la lui sacrifiant

---

135. *engourdissante:* numbing.
136. *embaucher:* recruit.
137. *partis:* marriageable persons, matches.
138. *biens-fonds:* real estate.

d'abord pour se la faire imposer plus tard. Il allait, pour réussir dans cette compatissante entreprise, jusqu'à compter sur la noblesse, la fierté de la marquise, et sur les belles qualités de son âme. Il lui répondit alors afin d'endormir ses soupçons. Répondre! Pour une femme qui joignait à l'intuition de l'amour vrai les perceptions les plus délicates de l'esprit féminin, la lettre était un arrêt.[139] Aussi, quand Jacques entra, qu'il s'avança vers madame de Beauséant pour lui remettre un papier plié triangulairement, la pauvre femme tressaillit-elle comme une hirondelle prise. Un froid inconnu tomba de sa tête à ses pieds, en l'enveloppant d'un linceul de glace. S'il n'accourait pas à ses genoux, s'il n'y venait pas pleurant, pâle, amoureux, tout était dit. Cependant, il y a tant d'espérances dans le cœur des femmes qui aiment! il faut bien des coups de poignard pour les tuer, elles aiment et saignent jusqu'au dernier.

—Madame a-t-elle besoin de quelque chose? demanda Jacques d'une voix douce en se retirant.

—Non, dit-elle.

—Pauvre homme! pensa-t-elle en essuyant une larme, il me devine, lui, un valet!

Elle lut: *Ma bien-aimée, tu te crées des chimères...* En apercevant ces mots, un voile épais se répandit sur les yeux de la marquise. La voix secrète de son cœur lui criait: « Il ment. » Puis, sa vue embrassant toute la première page avec cette espèce d'avidité lucide que communique la passion, elle avait lu en bas ces mots « *Rien n'est arrêté...* » Tournant la page avec une vivacité convulsive, elle vit distinctement l'esprit qui avait dicté les phrases entortillées[140] de cette lettre où elle ne retrouva plus les jets impétueux de l'amour; elle la froissa, la déchira, la roula, la mordit, la jeta dans le feu et s'écria:

—Oh! l'infâme! il m'a possédée ne m'aimant plus!

Puis, à demi morte, elle alla tomber sur son canapé.

M. de Nueil sortit après avoir écrit sa lettre. Quand il revint, il trouva Jacques sur le seuil de la porte, et Jacques lui remit une lettre en lui disant:

—Madame la marquise n'est plus au château.

M. de Nueil, étonné, brisa l'enveloppe et lut:

« Madame, si je cessais de vous aimer en acceptant les chances que vous m'offrez d'être un homme ordinaire, je mériterais bien mon sort, avouez-le! Non, je ne vous obéirai pas, et je vous jure une fidélité qui ne se déliera que par la mort. Oh! prenez ma vie, à moins cependant que vous ne craigniez de mettre un remords dans la vôtre...

C'était le billet qu'il avait écrit à la marquise au moment où elle partait pour Genève. Au-dessous, Claire de Bourgogne avait ajouté: *Monsieur, vous êtes libre.*

M. de Nueil retourna chez sa mère, à Manerville. Vingt jours après, il épousa made-moiselle Stéphanie de la Rodière.

Si cette histoire d'une vérité vulgaire se terminait là, ce serait presque une mystification.[141] Presque tous les hommes n'en ont-ils pas une plus intéressante à se raconter? Mais la célébrité du dénoûment, malheureusement vrai; mais tout ce qu'il pourra faire naître de souvenirs au cœur de ceux qui ont connu les célestes délices d'une passion infinie, et l'ont brisée eux-mêmes ou perdue par quelque fatalité cruelle, mettront peut-être ce récit à l'abri des critiques.

Madame la marquise de Beauséant n'avait point quitté son château de Valleroy lors de sa séparation avec M. de Nueil. Par une multitude de raisons qu'il faut laisser ensevelies dans le cœur des femmes, et d'ailleurs chacune d'elles devinera celles qui lui seront propres, Claire continua d'y demeurer après le mariage de M. de Nueil. Elle vécut dans une retraite si profonde que ses gens—sa femme de chambre et Jacques exceptés—ne la virent point. Elle

---

139. *arrêt:* judgment, condemnation.
140. *entortillées:* involved.

141. *mystification:* hoax.

exigeait un silence absolu chez elle, et ne sortait de son appartement que pour aller à la chapelle de Valleroy, où un prêtre du voisinage venait lui dire la messe tous les matins.

Quelques jours après son mariage, le comte de Nueil tomba dans une espèce d'apathie conjugale, qui pouvait faire supposer le bonheur tout aussi bien que le malheur.

Sa mère disait à tout le monde:

—Mon fils est parfaitement heureux.

Madame Gaston de Nueil, semblable à beaucoup de jeunes femmes, était un peu terne, douce, patiente; elle devint enceinte après un mois de mariage. Tout cela se trouvait conforme aux idées reçues. M. de Nueil était très bien pour elle; seulement, il fut, deux mois après avoir quitté la marquise, extrêmement rêveur et pensif. Mais il avait toujours été sérieux, disait sa mère.

Après sept mois de ce bonheur tiède, il arriva quelques événements légers en apparence, mais qui comportent trop de larges développements de pensées et accusent de trop grands troubles d'âme, pour n'être pas rapportés simplement, et abandonnés au caprice des interprétations de chaque esprit. Un jour, pendant lequel M. de Nueil avait chassé sur les terres de Manerville et de Valleroy, il revint par le parc de madame de Beauséant, fit demander Jacques, l'attendit; et, quand le valet de chambre fut venu:

—La marquise aime-t-elle toujours le gibier? lui demanda-t-il.

Sur la réponse affirmative de Jacques, Gaston lui offrit une somme assez forte, accompagnée de raisonnements très spécieux, afin d'obtenir de lui le léger service de réserver pour la marquise le produit de sa chasse. Il parut fort peu important à Jacques que sa maîtresse mangeât une perdrix tuée par son garde ou par M. de Nueil, puisque celui-ci désirait que la marquise ne sût pas l'origine du gibier.

—Il a été tué sur ses terres, dit le comte.

Jacques se prêta pendant plusieurs jours à cette innocente tromperie. M. de Nueil partait dès le matin pour la chasse, et ne revenait chez lui que pour la chasse, et ne revenait chez lui que pour dîner, n'ayant jamais rien tué. Une semaine entière se passa ainsi. Gaston s'enhardit assez pour écrire une longue lettre à la marquise et pour la lui faire parvenir. Cette lettre lui fut renvoyée sans avoir été ouverte. Il était presque nuit quand le valet de chambre de la marquise la lui rapporta. Soudain le comte s'élança hors du salon, où il paraissait écouter un caprice d'Hérold[142] écorché[143] sur le piano par sa femme, et courut chez la marquise avec la rapidité d'un homme qui vole à un rendez-vous. Il sauta dans le parc par une brèche qui lui était connue, marcha lentement à travers les allées en s'arrêtant par moments comme pour essayer de réprimer les sonores palpitations de son cœur; puis, arrivé près du château, il en écouta les bruits sourds, et présuma que tous les gens étaient à table. Il alla jusqu'à l'appartement de madame de Beauséant. La marquise ne quittait jamais sa chambre à coucher; M. de Nueil put en atteindre la porte sans avoir fait le moindre bruit. Là, il vit, à la lueur de deux bougies, la marquise maigre et pâle, assise dans un grand fauteuil, le front incliné, les mains pendantes, les yeux arrêtés sur un objet qu'elle paraissait ne point voir. C'était la douleur dans son expression la plus complète. Il y avait dans cette attitude une vague espérance, mais on ne savait si Claire de Bourgogne regardait vers la tombe ou dans le passé. Peut-être les larmes de M. de Nueil brillèrent-elles dans les ténèbres, peut-être sa respiration eut-elle un léger retentissement, peut-être lui échappa-t-il un tressaillement involontaire, ou peut-être sa présence était-elle impossible sans le phénomène d'intussusception[144] dont l'habitude est à la fois la gloire, le bonheur et la preuve du véritable amour. Madame de Beauséant tourna lentement son visage vers la porte et vit son ancien amant. M. de Nueil fit alors quelques pas.

---

142. *Hérold:* French composer (1791–1833).
143. *écorché:* mangled.

144. *intussusception:* involuntary awareness.

—Si vous avancez, monsieur, s'écria la marquise en pâlissant, je me jette par cette fenêtre!

Elle sauta sur l'espagnolette,[145] l'ouvrit et se tint un pied sur l'appui extérieur de la croisée,[146] la main au balcon et la tête tournée vers Gaston.

—Sortez! sortez! cria-t-elle, ou je me précipite.

A ce cri terrible, M. de Nueil, entendant les gens en émoi, se sauva comme un malfaiteur.

Revenu chez lui, Gaston écrivit une lettre très courte, et chargea son valet de chambre de la porter à madame de Beauséant, en lui recommandant de faire savoir à la marquise qu'il s'agissait de vie ou de mort pour lui. Le messager parti, M. de Nueil rentra dans le salon et y trouva sa femme, qui continuait de déchirer le caprice. Il s'assit en attendant la réponse. Une heure après, le caprice fini, les deux époux étaient l'un devant l'autre, silencieux, chacun d'un côté de la cheminée, lorsque le valet de chambre revint de Valleroy et remit à son maître la lettre, qui n'avait pas été ouverte. M. de Nueil passa dans un boudoir attenant au salon, où il avait mis son fusil en revenant de la chasse, et se tua.

Ce prompt et fatal dénoûment, si contraire à toutes les habitudes de la jeune France, est naturel.

Les gens qui ont bien observé, ou délicieusement éprouvé les phénomènes auxquels l'union parfaite de deux êtres donne lieu, comprendront parfaitement ce suicide. Une femme ne se forme pas, ne se ploie pas en un jour aux caprices de la passion. La volupté, comme une fleur rare, demade les soins de la culture la plus ingénieuse; le temps, l'accord des âmes, peuvent seuls en révéler toutes les ressources, faire naître ces plaisirs tendres, délicats, pour lesquels nous sommes imbus de mille superstitions et que nous croyons inhérents à la personne dont le cœur nous les prodigue. Cette admirable entente, cette croyance religieuse, et la certitude féconde de ressentir un bonheur particulier ou excessif près de la personne aimée, sont en partie le secret des attachements durables et des longues passions. Près d'une femme qui possède le génie de son sexe, l'amour n'est jamais une habitude: son adorable tendresse sait revêtir des formes si variées, elle est si spirituelle et si aimante tout ensemble, elle met tant d'artifices dans sa nature ou de naturel dans ses artifices, qu'elle se rend aussi puissante par le souvenir qu'elle l'est par sa présence. Auprès d'elle, toutes les femmes pâlissent. Il faut avoir eu la crainte de perdre un amour si vaste, si brillant, ou l'avoir perdu, pour en connaître tout le prix. Mais, si, l'ayant connu, un homme s'en est privé pour tomber dans quelque mariage froid; si la femme avec laquelle il a espéré rencontrer les mêmes félicités lui prouve, par quelques-uns de ces faits ensevelis dans les ténèbres de la vie conjugale, qu'elles ne renaîtront plus pour lui; s'il a encore sur les lèvres le goût d'un amour céleste, et qu'il ait blessé mortellement sa véritable épouse au profit d'une chimère sociale, alors il faut mourir ou avoir cette philosophie matérielle, égoïste, froide, qui fait horreur aux âmes passionnées.

Quant à madame de Beauséant, elle ne crut sans doute pas que le désespoir de son ami allât jusqu'au suicide, après l'avoir largement abreuvé d'amour pendant neuf années. Peut-être pensait-elle avoir seule à souffrir. Elle était d'ailleurs bien en droit de se refuser au plus avilissant partage qui existe, et qu'une épouse peut subir par de hautes raisons sociales, mais qu'une maîtresse doit avoir en haine, parce que dans la pureté de son amour en réside toute la justification.[147]

---

145. *espagnolette:* handle (of a French window).
146. *croisée:* casement-type window, extending to the floor, or near it.

147. Do the final moralizing paragraphs (which a modern editor would immediately eliminate) help crystalize the central theme of the story for the reader?

9. Prosper Mérimée

[1803–1870]

Inventor of a New Genre

Along with his friend Honoré de Balzac, Mérimée is considered the originator of a new genre of literature: the short story. Years before Edgar Allan Poe pioneered the format in the United States, Mérimée had it mastered.

Prankster

Prosper Mérimée's father was a cultivated, well-to-do Parisian painter and professor of art; his mother was also a painter, celebrated for her child portraits. Thus young Prosper accepted as a matter of course the idea that art is life's aim, and thus he had access to groups where art is long and fiercely discussed. He frequented the young Romantics, without ever committing himself too deeply. His first publication was a volume of violent Romantic dramas (1825), which he attributed to Clara Gazul, a female Spanish poet of his invention. He used for a frontispiece a portrait of himself wrapped in a Spanish mantilla. Two years later, he produced another hoax, *La Guzla* (anagram of *Gazul*), which was supposed to be a learned translation of folk songs gathered in the Balkans. The hoax fooled even Slavic scholars; Russian poet Pushkin, in good faith, translated *La Guzla* into Russian.

Hoaxes have their value. They not only show the gullibility of the expert, they reveal the hoaxer. He is a brilliant technician, superior and scornful, who puts cleverness above conviction.

Before Mérimée was thirty he wrote a few remarkable short stories and novellas, of which *Tamango* is an example. His output was not immense throughout his career, but some of his tales remain notable: *Mateo Falcone* (1827) and *Colomba* (1840), both about Corsican vendettas, *La Vénus d'Ille* (1829), about a huge statue of Venus that may or may not be committing murders, and *Carmen* (1845), the famous story of a sexy gypsy girl who ruins the life of a love-struck soldier. Americans tend to know *Carmen* as the source material of Georges Bizet's opera, to this day the most often performed and most popular opera in the world.[1]

In 1834 he was appointed *inspecteur général des monuments historiques.* At that time many noble medieval churches and other buildings were falling into ruin, as the average Frenchman still harbored the eighteenth century's contempt for the Gothic style of architecture. To Mérimée's vigorous, enlightened labors we owe the restoration of the magnificent walled castle-city of Carcassonne and the preservation of such important monuments as the church of Vézelay and the ancient Roman amphitheaters of Arles and Orange in the South of France. Mérimée's line of work served him well in another way, too, as he sometimes would have the narrator of his stories be a character who encounters mysteries while inspecting monuments.

A successful man, Senator of France, intimate with Emperor Napoléon III and the Empress Eugénie, Mérimée had every material reward in life. His interests were rich and varied. He was archaeologist, art critic, historian, philologist. He translated Russian authors into French, and revealed their greatness to the West. But in all his intellectual

---

1. The opera *Carmen* was a failure when first performed in 1875; some think Bizet, who died shortly thereafter, may have committed suicide out of disappointment before his opera became a huge hit.

labors he kept something of the air of the elegant amateur, the brilliant dilettante, the gentleman who condescends to art. His friends blamed his air of noble calm. Many called him unfeeling, passionless, snobbish. But the publication of his correspondence makes clear that his impassiveness was a mask for an over-keen sensibility.

Objective Observer

In his literary work he progressed from a brief early Romanticism to a *realism* entirely his own. He was much affected by the eighteenth-century writers, especially Voltaire. He chose to be impassive, factual, sober. He tells tales of passionate drama coldly—unconscious, it would seem, both of the drama and of the moral misdemeanors of the characters. He does not praise, condemn, or judge. A little later Flaubert took as his

Prosper Mérimée. Illustration from 1920 Holt edition of Colomba.

motto: *nul lyrisme, pas de réflexions, la personnalité de l'auteur absente.* Mérimée's work fulfills this prescription better even than does that of Flaubert himself.

Nevertheless, Mérimée is not a thoroughgoing *realist* in the restricted sense of the term. He retains the *Romantic* taste for melodramatic action, for virile, dominating, primitive characters, both male and female, for exotic scenes, for the supernatural. He has a curious morbid liking for bloodshed and cruelty. We call him therefore a *Romantic realist,* like Stendhal and Balzac.

His *style* is simple, direct, apparently effortless, unpremeditated, in fact extremely artful. Much about his way of writing seems neo-classical, despite the hot-blooded passions that he is frequently describing.

His *influence* has been very great. He created the short story as we know it today. One of his stories could appear in a modern publication without giving any sense of strangeness, of being dated. It would fulfill the famous rules of Poe: it can be read in a single sitting; it creates a single effect in the reader's mind; it contains no useless word, none which does not contribute to the advancement of the action, the development of character, or the establishment of *tone*; it makes an impression of finality. The short story, having little room for novelistic development of plot, has to quickly establish whatever the rules are that the characters are expected to be living by, presents a moral dilemma, watches the characters make their choices, and punches us hard with consequences in the finale. Such a structure distinguishes the short story (as a nineteenth century genre) from stories that just happen to be short (such as in pre-nineteenth century literature).

A Tale of Slavery

Tamango was published in 1829. It deals with the illegal slave trade, a subject then much in the news. There are some curious parallels between Tamango's story and the case of the *Amistad* slave ship incident a decade later in 1839. The slaves on the *Amistad* mutinied, murdered the captain, tried to sail to Africa, but landed in Connecticut. The question of whether the ship and the slaves should be returned to their Spanish owners reached the Supreme Court, inflamed American public opinion and is counted one of the events leading to our Civil War.[2]

TAMANGO

Le capitaine Ledoux[3] était un bon marin. Il avait commencé par être simple matelot, puis il devint aide-timonier.[4] Au combat de Trafalgar,[5] il eut la main gauche fracassée par un éclat de bois;[6] il fut amputé, et congédié ensuite avec de bons certificats. Le repos ne lui convenait guère, et, l'occasion de se rembarquer se présentant, il servit, en qualité de second lieutenant à bord d'un corsaire.[7] L'argent qu'il retira de quelques prises lui permit d'acheter des livres et d'étudier la théorie de la navigation, dont il connaissait déjà parfaitement la pratique. Avec le temps, il devint capitaine d'un lougre[8] corsaire de trois canons et de soixante hommes d'équipage, et les caboteurs[9] de Jersey conservent encore le souvenir de ses exploits. La paix[10] le désola: il avait amassé pendant la guerre une petite fortune, qu'il espérait augmenter aux dépens des Anglais. Force lui fut[11] d'offrir ses services à de pacifiques négociants; et, comme il était connu pour un homme de résolution et d'expérience, on lui confia facilement un navire. Quand la traite des nègres[12] fut défendue, et que, pour s'y livrer, il fallut non seulement tromper la vigilance des douaniers français, ce qui n'était pas très difficile, mais encore, et c'était le plus hasardeux, échapper aux croiseurs anglais, le capitaine Ledoux devint un homme précieux pour les trafiquants de bois d'ébène.[13]

Bien différent de la plupart des marins qui ont langui longtemps comme lui dans les postes subalternes, il n'avait point cette horreur profonde des innovations, et cet esprit de routine qu'ils apportent trop souvent dans les grades supérieurs. Le capitaine Ledoux, au contraire, avait été le premier à recommander à son armateur[14] l'usage des caisses en fer, destinées à contenir et conserver l'eau.[15] A son bord,[16] les menottes[17] et les chaînes, dont les bâtiments négriers[18] ont provision, étaient fabriquées d'après un système nouveau, et soigneusement vernies pour les préserver de la rouille.[19] Mais ce qui lui fit le plus d'honneur parmi les marchands d'esclaves, ce fut la construction, qu'il dirigea lui-même, d'un brick[20] destiné à la traite, fin voilier,[21] étroit, long comme un bâtiment de guerre, et cependant capable de contenir un très grand nombre de noirs. Il le nomma

---

2. See Steven Speilberg's 1997 film *Amistad*, and Morris Bishop's article, *Cinque: the Noble Mutineer*, in *The New Yorker*, December 20, 1941.

3. *Ledoux:* The name, meaning sweet or mild, is ironically chosen.

4. *aide-timonier:* relief steersman.

5. Trafalgar, Spanish cape near Gibraltar; scene of a decisive naval battle (1805), wherein Nelson defeated combined French and Spanish fleets.

6. *éclat de bois:* piece of wood.

7. *corsaire:* pirate, commissioned to prey on enemy shipping.

8. *lougre:* lugger, small ship.

9. *caboteurs:* coasting vessels.

10. *paix:* i.e., at the abdication of Napoleon, 1814.

11. *Force lui fut:* He was obliged. (Mérimée's style has a touch of archaism.)

12. *traite des nègres:* slave trade. (It was finally abolished in all French possessions in 1818; in the U.S., the importation of slaves was banned by consitutional amendment in 1808, but slavery persisted in reality until the end of the Civil War in 1865.) Also note that the word *noirs* would not replace the word *nègres* in common French language usage until the late twentieth century.

13. *bois d'ébène:* euphemism for slaves, "black ivory."

14. *armateur:* shipowner.

15. Iron containers (instead of barrels) would impart a foul taste to the water.

16. *A son bord:* Aboard his ship.

17. *menottes:* handcuffs.

18. *batiments négriers:* slave ships.

19. *rouille:* rust.

20. *brick:* brig.

21. *fin voilier:* fast sailer.

l'Espérance.[22] Il voulut que les entreponts,[23] étroits et rentrés,[24] n'eussent que trois pieds quatre pouces de haut, prétendant que cette dimension permettait aux esclaves de taille raisonnable d'être commodément assis; et quel besoin ont-ils de se lever?

—Arrivés aux colonies, disait Ledoux, ils ne resteront que trop sur leurs pieds!

Les noirs, le dos appuyé aux bordages[25] du navire, et disposés sur deux lignes parallèles, laissaient entre leurs pieds un espace vide, qui, dans tous les autres négriers, ne sert qu'à la circulation. Ledoux imagina de placer dans cet intervalle d'autres nègres, couchés perpendiculairement aux premiers. De la sorte son navire contenait une dizaine de nègres de plus qu'un autre du même tonnage. A la rigueur, on aurait pu en placer davantage; mais il faut avoir de l'humanité, et laisser à un nègre au moins cinq pieds en longueur et deux en largeur pour s'ébattre,[26] pendant une traversée de six semaines et plus: « Car enfin, disait Ledoux à son armateur pour justifier cette mesure libérale, les nègres, après tout, sont des hommes comme les blancs. »

L'Espérance partit de Nantes[27] un vendredi, comme le remarquèrent depuis des gens superstitieux. Les inspecteurs qui visitèrent scrupuleusement le brick ne découvrirent pas six grandes caisses remplies de chaînes, de menottes, et de ces fers que l'on nomme, je ne sais pourquoi, *barres de justice.* Ils ne furent point étonnés non plus de l'énorme provision d'eau que devait porter *l'Espérance,* qui, d'après ses papiers, n'allait qu'au Sénégal[28] pour y faire le commerce de bois et d'ivoire. La traversée n'est pas longue, il est vrai, mais enfin le trop de précautions ne peut nuire. Si l'on était surpris par un calme, que deviendrait-on sans eau?

L'Espérance partit donc un vendredi, bien gréée[29] et bien équipée de tout. Ledoux aurait voulu peut-être des mâts un peu plus solides; cependant, tant qu'il commanda le bâtiment, il n'eut point à s'en plaindre. Sa traversée fut heureuse et rapide jusqu'à la côte d'Afrique. Il mouilla[30] dans la rivière de Joale[31] (je crois) dans un moment où les croiseurs anglais ne surveillaient point cette partie de la côte. Des courtiers[32] du pays vinrent aussitôt à bord. Le moment était on ne peut plus favorable; Tamango, guerrier fameux et vendeur d'hommes, venait de conduire à la côte une grande quantité d'esclaves, et il s'en défaisait à bon marché, en homme qui se sent la force et les moyens d'approvisionner promptement la place,[33] aussitôt que les objets de son commerce y deviennent rares.

Le capitaine Ledoux se fit descendre sur le rivage, et fit sa visite à Tamango. Il le trouva dans une case[34] en paille qu'on lui avait élevée à la hâte, accompagné de ses deux femmes et de quelques sous-marchands et conducteurs d'esclaves. Tamango s'était paré pour recevoir le capitaine blanc. Il était vêtu d'un vieil habit d'uniforme bleu, ayant encore les galons de caporal; mais sur chaque épaule pendaient deux épaulettes d'or attachées au même bouton, et ballottant,[35] l'une par devant, l'autre par derrière. Comme il n'avait pas de chemise, et que l'habit était un peu court pour un homme de sa taille, on remarquait entre les revers[36] blancs de l'habit et son caleçon de toile de Guinée[37] une bande considérable de peau noire qui ressemblait à une large ceinture. Un grand sabre de cavalerie était suspendu à son côté au moyen d'une corde, et il tenait à la main un beau fusil à deux coups, de fabrique anglaise. Ainsi équipé, le guerrier africain croyait surpasser en

---

22. Notice the ironic name.
23. *entreponts:* 'tween decks.
24. *rentrés:* curving inwards.
25. *bordages:* planking, sheathing of ship's sides.
26. *s'ébattre:* move around.
27. Nantes, seaport in western France.
28. Senegal, country in west Africa.
29. *gréée:* rigged.
30. *mouilla:* anchored.

31. *Joale:* Joal, village on the Senegal coast; no river.
32. *courtiers:* traders.
33. *d'approvisionner...la place:* i.e., to replenish his supplies.
34. *case:* hut.
35. *ballottant:* dangling.
36. *revers:* facings.
37. *caleçon...Guinée:* i.e., cotton trousers.

élégance le petit-maître[38] le plus accompli de Paris ou de Londres.

Le capitaine Ledoux le considéra quelque temps en silence, tandis que Tamango, se redressant à la manière d'un grenadier qui passe à la revue devant un général étranger, jouissait de l'impression qu'il croyait produire sur le blanc. Ledoux, après l'avoir examiné en connaisseur, se tourna vers son second,[39] et lui dit:

—Voilà un gaillard que je vendrais au moins mille écus, rendu sain et sans avaries[40] à la Martinique.[41]

On s'assit, et un matelot qui savait un peu la langue yolofe[42] servit d'interprète. Les premiers compliments de politesse échangés, un mousse[43] apporta un panier de bouteilles d'eau-de-vie; on but, et le capitaine, pour mettre Tamango en belle humeur, lui fit présent d'une jolie poire à poudre[44] en cuivre, ornée du portrait de Napoléon en relief. Le présent accepté avec la reconnaissance convenable, on sortit de la case, on s'assit à l'ombre en face des bouteilles d'eau-de-vie, et Tamango donna le signal de faire venir les esclaves qu'il avait à vendre.

Ils parurent sur une longue file, le corps courbé par la fatigue et la frayeur, chacun ayant le cou pris dans une fourche longue de plus de six pieds, dont les deux pointes étaient réunies vers la nuque par une barre de bois. Quand il faut se mettre en marche, un des conducteurs prend sur son épaule le manche de la fourche[45] du premier esclave; celui-ci se charge de la fourche de l'homme qui le suit immédiatement; le second porte la fourche du troisième esclave, et ainsi des autres. S'agit-il de faire halte, le chef de file[46] enfonce en terre le bout pointu du manche de sa fourche, et toute la colonne s'arrête. On juge facilement qu'il ne faut

pas penser à s'échapper à la course, quand on porte attaché à son cou un gros bâton de six pieds de longueur.

A chaque esclave mâle ou femelle qui passait devant lui, le capitaine haussait les épaules, trouvait les hommes chétifs,[47] les femmes trop vieilles ou trop jeunes, et se plaignait de l'abâtardissement[48] de la race noire.

—Tout dégénère, disait-il; autrefois c'était bien différent. Les femmes avaient cinq pieds six pouces de haut, et quatre hommes auraient tourné seuls le cabestan[49] d'une frégate,[50] pour lever la maîtresse ancre.[51]

Cependant, tout en critiquant, il faisait un premier choix des noirs les plus robustes et les plus beaux. Ceux-là, il pouvait les payer au prix ordinaire; mais, pour le reste, il demandait une forte diminution. Tamango, de son côté, défendait ses intérêts, vantait sa marchandise, parlait de la rareté des hommes et des périls de la traite. Il conclut en demandant un prix, je ne sais lequel, pour les esclaves que le capitaine blanc voulait charger à son bord.

Aussitôt que l'interprète eut traduit en français la proposition de Tamango, Ledoux manqua de tomber à la renverse, de surprise et d'indignation; puis, murmurant quelques jurements affreux, il se leva comme pour rompre tout marché avec un homme aussi déraisonnable. Alors Tamango le retint; il parvint avec peine à le faire rasseoir. Une nouvelle bouteille fut débouchée, et la discussion recommença. Ce fut le tour du noir à trouver folles et extravagantes les propositions du blanc. On cria, on disputa longtemps, on but prodigieusement d'eau-de-vie; mais l'eau-de-vie produisait un effet bien différent sur les deux parties contractantes. Plus le Français buvait, plus

---

38. *petit-maître:* dandy.
39. *second:* mate.
40. *avaries:* injuries.
41. Martinique, French island in the West Indies.
42. *yolofe:* Senegambian dialect.
43. *mousse:* cabin boy.
44. *poire à poudre:* powder flask.
45. *manche de la fourche:* handle of the "fork." (The fork was a device made up of several linked

yokes that went around the necks of the slaves, thus enabling a slavedriver to control several slaves at once.)
46. *chef de file:* leader.
47. *chétifs:* puny.
48. *abâtardissement:* degeneration.
49. *cabestan:* capstan, windlass for raising anchor.
50. *frégate:* frigate, large warship.
51. *maîtresse ancre:* main anchor.

il réduisait ses offres; plus l'Africain buvait, plus il cédait de ses prétentions. De la sorte, à la fin du panier, on tomba d'accord. De mauvaises cotonnades,[52] de la poudre, des pierres à feu,[53] trois barriques[54] d'eau-de-vie, cinquante fusils mal raccommodés furent donnés en échange de cent soixante esclaves. Le capitaine, pour ratifier le traité, frappa dans la main du noir plus qu'à moitié ivre, et aussitôt les esclaves furent remis aux matelots français, qui se hâtèrent de leur ôter leurs fourches de bois pour leur donner des carcans[55] et des menottes en fer; ce qui montre bien la supériorité de la civilisation européenne.

Restait encore une trentaine d'esclaves: c'étaient des enfants, des vieillards, des femmes infirmes. Le navire était plein.

Tamango, qui ne savait que faire de ce rebut,[56] offrit au capitaine de les lui vendre pour une bouteille d'eau-de-vie la pièce. L'offre était séduisante. Ledoux se souvint qu'à la représentation des *Vêpres Siciliennes*[57] à Nantes il avait vu bon nombre de gens gros et gras entrer dans un parterre[58] déjà plein, et parvenir cependant à s'y asseoir, en vertu de la compressibilité des corps humains. Il prit les vingt plus sveltes des trente esclaves.

Alors Tamango ne demanda plus qu'un verre d'eau-de-vie pour chacun des dix restants. Ledoux réfléchit que les enfants ne payent et n'occupent que demi-place dans les voitures publiques. Il prit donc trois enfants; mais il déclara qu'il ne voulait plus se charger d'un seul noir. Tamango, voyant qu'il lui restait encore sept esclaves sur les bras, saisit son fusil et coucha en joue[59] une femme qui venait la première: c'était la mère des trois enfants.

—Achète, dit-il au blanc, ou je la tue; un petit verre d'eau-de-vie ou je tire.

—Et que diable veux-tu que j'en fasse? répondit Ledoux.

Tamango fit feu, et l'esclave tomba morte à terre.

—Allons, à un autre! s'écria Tamango en visant un vieillard tout cassé: un verre d'eau-de-vie, ou bien…

Une de ses femmes lui détourna le bras, et le coup partit au hasard. Elle venait de reconnaître dans le vieillard que son mari allait tuer un *guiriot* ou magicien, qui lui avait prédit qu'elle serait reine.

Tamango, que l'eau-de-vie avait rendu furieux, ne se posséda plus en voyant qu'on s'opposait à ses volontés. Il frappa rudement sa femme de la crosse[60] de son fusil; puis se tournant vers Ledoux:

—Tiens, dit-il, je te donne cette femme.

Elle était jolie. Ledoux la regarda en souriant, puis il la prit par la main:

—Je trouverai bien où la mettre, dit-il.

L'interprète était un homme humain.[61] Il donna une tabatière[62] de carton[63] à Tamango, et lui demanda les six esclaves restants. Il les délivra de leurs fourches, et leur permit de s'en aller où bon leur semblerait. Aussitôt ils se sauvèrent, qui deçà, qui delà, fort embarrassés[64] de retourner dans leur pays à deux cents lieues de la côte.

Cependant le capitaine dit adieu à Tamango et s'occupa de faire au plus vite embarquer sa cargaison. Il n'était pas prudent de rester longtemps en rivière; les croiseurs pouvaient reparaître, et il voulait appareiller[65] le lendemain. Pour Tamango, il se coucha sur l'herbe, à l'ombre, et dormit pour cuver[66] son eau-de-vie.

Quand il se réveilla, le vaisseau était déjà sous voiles et descendait la rivière. Tamango, la tête encore embarrassée de la débauche de la veille, demanda sa femme

---

52. *cotonnades:* cotton goods.
53. *pierres à feu:* flints.
54. *barriques:* kegs.
55. *carcans:* iron collars.
56. *rebut:* trash.
57. *Vêpres Siciliennes:* popular tragedy by Casimir Delavigne (1819).
58. *parterre:* pit (cheap seats in the theater).
59. *coucha en joue:* aimed at.
60. *crosse:* butt.
61. *humain:* humane.
62. *tabatière:* snuffbox.
63. *carton:* cardboard.
64. *embarrassés:* at a loss how to.
65. *appareiller:* set sail.
66. *cuver:* sleep off.

Ayché. On lui répondit qu'elle avait eu le malheur de lui déplaire, et qu'il l'avait donnée en présent au capitaine blanc, lequel l'avait emmenée à son bord. A cette nouvelle, Tamango stupéfait se frappa la tête, puis il prit son fusil, et, comme la rivière faisait plusieurs détours avant de se décharger dans la mer, il courut, par le chemin le plus direct, à une petite anse,[67] éloignée de l'embouchure[68] d'une demi-lieue. Là, il espérait trouver un canot avec lequel il pourrait rejoindre le brick, dont les sinuosités de la rivière devaient retarder la marche. Il ne se trompait pas: en effet, il eut le temps de se jeter dans un canot et de joindre le négrier.

Ledoux fut surpris de le voir, mais encore plus de l'entendre redemander sa femme.

—Bien donné ne se reprend plus, répondit-il.

Et il lui tourna le dos.

Le noir insista, offrant de rendre une partie des objets qu'il avait reçus en échange des esclaves. Le capitaine se mit à rire; dit qu'Ayché était une très bonne femme, et qu'il voulait la garder. Alors le pauvre Tamango versa un torrent de larmes, et poussa des cris de douleur aussi aigus que ceux d'un malheureux qui subit une opération chirurgicale. Tantôt il se roulait sur le pont[69] en appelant sa chère Ayché; tantôt il se frappait la tête contre les planches, comme pour se tuer. Toujours impassible, le capitaine, en lui montrant le rivage, lui faisait signe qu'il était temps pour lui de s'en aller; mais Tamango persistait. Il offrait jusqu'à ses épaulettes d'or, son fusil et son sabre. Tout fut inutile.

Pendant ce débat, le lieutenant de *l'Espérance* dit au capitaine:

—Il nous est mort cette nuit trois esclaves, nous avons de la place. Pourquoi ne prendrions-nous pas ce vigoureux coquin, qui vaut mieux à lui seul que les trois morts?

Ledoux fit réflexion que Tamango se vendrait bien mille écus; que ce voyage, qui s'annonçait comme très profitable pour lui, serait probablement son dernier; qu'enfin sa fortune étant faite, et lui renonçant au commerce d'esclaves, peu lui importait de laisser à la côte de Guinée une bonne ou une mauvaise réputation. D'ailleurs, le rivage était désert, et le guerrier africain entièrement à sa merci. Il ne s'agissait plus que de lui enlever ses armes; car il eût été dangereux de mettre la main sur lui pendant qu'il les avait encore en sa possession. Ledoux lui demanda donc son fusil, comme pour l'examiner et s'assurer s'il valait bien autant que la belle Ayché. En faisant jouer les ressorts, il eut soin de laisser tomber la poudre de l'amorce.[70] Le lieutenant de son côté maniait le sabre; et Tamango se trouvant ainsi désarmé, deux vigoureux matelots se jetèrent sur lui, le renversèrent sur le dos, et se mirent en devoir de le garrotter.[71] La résistance du noir fut héroïque. Revenu de sa première surprise, et malgré le désavantage de sa position, il lutta longtemps contre les deux matelots. Grâce à sa force prodigieuse, il parvint à se relever. D'un coup de poing, il terrassa l'homme qui le tenait au collet; il laissa un morceau de son habit entre les mains de l'autre matelot, et s'élança comme un furieux sur le lieutenant pour lui arracher son sabre. Celui-ci l'en frappa à la tête, et lui fit une blessure large, mais peu profonde. Tamango tomba une seconde fois. Aussitôt on lui lia fortement les pieds et les mains. Tandis qu'il se défendait, il poussait des cris de rage, et s'agitait comme un sanglier pris dans des toiles;[72] mais, lorsqu'il vit que toute résistance était inutile, il ferma les yeux et ne fit plus aucun mouvement. Sa respiration forte et précipitée prouvait seule qu'il était encore vivant.

—Parbleu! s'écria le capitaine Ledoux, les noirs qu'il a vendus vont rire de bon cœur en le voyant esclave à son tour. C'est

---

67. *anse:* cove.
68. *embouchure:* mouth.
69. *pont:* deck.

70. *amorce:* percussion cap.
71. *se mirent...garrotter:* set about binding him.
72. *sanglier...toiles:* wild boar caught in nets.

pour le coup[73] qu'ils verront bien qu'il y a une Providence.

Cependant le pauvre Tamango perdait tout son sang. Le charitable interprète qui, la veille, avait sauvé la vie à six esclaves, s'approcha de lui, banda sa blessure et lui adressa quelques paroles de consolation. Ce qu'il put lui dire, je l'ignore. Le noir restait immobile, ainsi qu'un cadavre. Il fallut que deux matelots le portassent comme un paquet dans l'entre-pont, à la place qui lui était destinée. Pendant deux jours, il ne voulut ni boire ni manger; à peine lui vit-on ouvrir les yeux. Ses compagnons de captivité, autrefois ses prisonniers, le virent paraître au milieu d'eux avec un étonnement stupide. Telle était la crainte qu'il leur inspirait encore, que pas un seul n'osa insulter à la misère de celui qui avait causé la leur.

Favorisé par un bon vent de terre, le vaisseau s'éloignait rapidement de la côte d'Afrique. Déjà sans inquiétude au sujet de la croisière anglaise, le capitaine ne pensait plus qu'aux énormes bénéfices qui l'attendaient dans les colonies vers lesquelles il se dirigeait. Son bois d'ébène se maintenait sans avaries. Point de maladies contagieuses. Douze nègres seulement, et des plus faibles, étaient morts de chaleur: c'était bagatelle. Afin que sa cargaison humaine souffrît le moins possible des fatigues de la traversée, il avait l'attention de faire monter tous les jours ses esclaves sur le pont. Tour à tour un tiers de ces malheureux avait une heure pour faire sa provision d'air de toute la journée. Une partie de l'équipage les surveillait armée jusqu'aux dents, de peur de révolte; d'ailleurs, on avait soin de ne jamais ôter entièrement leurs fers. Quelquefois un matelot qui savait jouer du violon les régalait d'un concert. Il était alors curieux de voir toutes ces figures noires se tourner vers le musicien, perdre par degrés leur expression de désespoir stupide, rire d'un gros rire et battre des mains quand leurs chaînes le leur permettaient.—L'exercice est nécessaire à la santé; aussi l'une des salutaires pratiques

Senegalese people in Mérimée's time. Courtesy of Bibliothèque nationale de France.

du capitaine Ledoux, c'était de faire souvent danser ses esclaves, comme on fait piaffer[74] des chevaux embarqués pour une longue traversée.

—Allons, mes enfants, dansez, amusez-vous, disait le capitaine d'une voix de tonnerre, en faisant claquer un énorme fouet de poste.

Et aussitôt les pauvres noirs sautaient et dansaient.

Quelque temps la blessure de Tamango le retint sous les écoutilles. [75] Il parut enfin sur le pont; et d'abord, relevant la tête avec fierté au milieu de la foule craintive des esclaves, il jeta un coup d'œil triste, mais calme, sur l'immense étendue d'eau qui environnait le navire, puis il se coucha, ou plutôt se laissa tomber sur les planches du tillac,[76] sans prendre même le soin d'arranger ses fers de manière qu'ils lui fussent moins incommodes. Ledoux, assis au gaillard d'arrière,[77] fumait tranquillement sa pipe. Près de lui, Ayché, sans fers, vêtue d'une robe élégante de cotonnade bleue, les pieds chaussés de jolies pantoufles de maroquin,

---

73. *pour le coup:* this time.
74. *piaffer:* prance.
75. *écoutilles:* hatches.

76. *tillac:* deck.
77. *gaillard d'arrière:* quarter-deck (officers' quarters in the stern).

portant à la main un plateau chargé de liqueurs, se tenait prête à lui verser à boire. Un noir, qui détestait Tamango, lui fit signe de regarder de ce côté. Tamango tourna la tête, l'aperçut, poussa un cri; et, se levant avec impétuosité, courut vers le gaillard d'arrière avant que les matelots de garde eussent pu s'opposer à une infraction aussi énorme de toute discipline navale.

—Ayché! cria-t-il d'une voix foudroyante, et Ayché poussa un cri de terreur; crois-tu que dans le pays des blancs il n'y ait point de MAMA-JUMBO?

Déjà des matelots accouraient le bâton levé; mais Tamango, les bras croisés, et comme insensible, retournait tranquillement à sa place, tandis qu'Ayché, fondant en larmes, semblait pétrifiée par ces mystérieuses paroles.

L'interprète expliqua ce qu'était ce qu'était ce terrible Mama-Jumbo, dont le nom seul produisait tant d'horreur.

—C'est le Croquemitaine[78] des nègres, dit-il. Quand un mari a peur que sa femme ne fasse ce que font bien des femmes en France comme en Afrique, il la menace du Mama-Jumbo. Moi, qui vous parle, j'ai vu le Mama-Jumbo, et j'ai compris la ruse; mais les noirs…, comme c'est[79] simple, cela ne comprend rien.—Figurez-vous qu'un soir, pendant que les femmes s'amusaient à danser, à faire un *folgar,* comme ils disent dans leur jargon, voilà que, d'un petit bois bien touffu et bien sombre, on entend une musique étrange, sans que l'on vît personne pour la faire; tous les musiciens étaient cachés dans le bois. Il y avait des flûtes de roseau, des tambourins de bois, des *balafos,* et des guitares faites avec des moitiés de calebasses.[80] Tout cela jouait un air à porter le diable en terre. Les femmes n'ont pas plus

tôt entendu cet air-là, qu'elles se mettent à trembler; elles veulent se sauver, mais les maris les retiennent: elles savaient bien ce qui leur pendait à l'oreille.[81] Tout à coup sort du bois une grande figure blanche, haute comme notre mât de perroquet,[82] avec une tête grosse comme un boisseau,[83] des yeux larges comme des écubiers,[84] et une gueule comme celle du diable, avec du feu dedans. Cela marchait lentement, lentement; et cela n'alla pas plus loin qu'à demiencâblure[85] du bois. Les femmes criaient:

—Voilà Mama-Jumbo!

Elles braillaient[86] comme des vendeuses d'huîtres. Alors les maris leur disaient:

—Allons, coquines; dites-nous si vous avez été sages; si vous mentez, Mama-Jumbo est là pour vous manger toutes crues. Il y en avait qui étaient assez simples pour avouer, et alors les maris les battaient comme plâtre.

—Et qu'était-ce donc que cette figure blanche, ce Mama-Jumbo? demanda le capitaine.

—Eh bien, c'était un farceur affublé d'un grand drap blanc, portant, au lieu de la tête, une citrouille[87] creusée et garnie d'une chandelle allumée au bout d'un grand bâton. Cela n'est pas plus malin,[88] et il ne faut pas de grands frais d'esprit pour attraper les noirs. Avec tout cela, c'est une bonne invention que le Mama-Jumbo, et je voudrais que ma femme y crût.

—Pour la mienne, dit Ledoux, si elle n'a pas peur de Mama-Jumbo, elle a peur de Martin-Bâton;[89] et elle sait de reste comment je l'arrangerais si elle me jouait quelque tour. Nous ne sommes pas endurants dans la famille des Ledoux, et, quoique je n'aie qu'un poignet, il manie encore assez bien une garcette.[90] Quant à votre drôle là-bas,

---

78. *Croquemitaine:* Bogeyman.
79. *c'est:* they are. (The singular conveys a hint of contempt.)
80. *calebasses:* calabashes, gourds.
81. *ce qui…oreille:* what was going to happen to them.
82. *mât de perroquet:* topgallant mast (above the topmast).
83. *boisseau:* bushel basket.
84. *écubiers:* hawseholes.

85. *demi-encâblure:* half a cable's length (about 100 yards).
86. *braillaient:* were bawling.
87. *citrouille:* pumpkin.
88. *Cela…malin:* It's no trickier than that (*i.e.,* that's all there is to it).
89. *Martin-Bâton:* i.e., a beating.
90. *garcette:* cat-o'-ninetails (a device for whipping prisoners.)

qui parle du Mama-Jumbo, dites-lui qu'il se tienne bien et qu'il ne fasse pas peur à la petite mère que voici, ou je lui ferai si bien ratisser l'échine,[91] que son cuir,[92] de noir, deviendra rouge comme un rosbif cru.

A ces mots, le capitaine descendit dans sa chambre, fit venir Ayché et tâcha de la consoler: mais ni les caresses, ni les coups mêmes, car on perd patience à la fin, ne purent rendre traitable[93] la belle négresse; des flots de larmes coulaient de ses yeux. Le capitaine remonta sur le pont, de mauvaise humeur, et querella l'officier de quart[94] sur la manœuvre qu'il commandait dans le moment.

La nuit, lorsque presque tout l'équipage dormait d'un profond sommeil, les hommes de garde entendirent d'abord un chant grave, solennel, lugubre, qui partait de l'entrepont, puis un cri de femme horiblement aigu. Aussitôt après, la grosse voix de Ledoux jurant et menaçant, et le bruit de son terrible fouet, retentirent dans tout le bâtiment. Un instant après, tout rentra dans le silence. Le lendemain, Tamango parut sur le pont la figure meurtrie, mais l'air aussi fier, aussi résolu qu'auparavant.

A peine Ayché l'eut-elle aperçu, que, quittant le gaillard d'arrière où elle était assise auprès du capitaine. elle courut avec rapidité vers Tamango, s'agenouilla devant lui, et lui dit avec un accent de désespoir concentré:

—Pardonne-moi, Tamango, pardonne-moi!

Tamango la regarda fixement pendant une minute: puis, remarquant que l'interprète était éloigné:

—Une lime![95] dit-il.

Et il se coucha sur le tillac en tournant le dos à Ayché. Le capitaine la réprimanda vertement,[96] lui donna même quelques soufflets, et lui défendit de parler à son ex-mari; mais il était loin de soupçonner le sens des courtes paroles qu'ils avaient échangées, et il ne fit aucune question à ce sujet.

Cependant Tamango, renfermé avec les autres esclaves, les exhortait jour et nuit à tenter un effort généreux pour recouvrer leur liberté. Il leur parlait du petit nombre des blancs, et leur faisait remarquer la négligence toujours croissante de leurs gardiens; puis, sans s'expliquer nettement, il disait qu'il saurait les ramener dans leur pays, vantait son savoir dans les sciences occultes, dont les noirs sont fort entichés,[97] et menaçait de la vengeance du diable ceux qui se refuseraient de l'aider dans son entreprise. Dans ses harangues, il ne se servait que du dialecte des Peules, qu'entendaient la plupart des esclaves, mais que l'interprète ne comprenait pas. La réputation de l'orateur, l'habitude qu'avaient les esclaves de le craindre et de lui obéir, vinrent merveilleusement au secours de son éloquence, et les noirs le pressèrent de fixer un jour pour leur délivrance, bien avant que lui-même se crût en état de l'effectuer. Il répondait vaguement aux conjurés que le temps n'était pas encore venu, et que le diable, qui lui apparaissait en songe, ne l'avait pas encore averti, mais qu'ils eussent à se tenir prêts au premier signal. Cependant il ne négligeait aucune occasion de faire des expériences sur la vigilance de ses gardiens. Une fois, un matelot, laissant son fusil appuyé contre les plats-bords,[98] s'amusait à regarder une troupe de poissons volants qui suivaient le vaisseau; Tamango prit le fusil et se mit à le manier, imitant avec des gestes grotesques les mouvements qu'il avait vu faire à des matelots qui faisaient l'exercice.[99] On lui retira le fusil au bout d'un instant; mais il avait appris qu'il pourrait toucher une arme sans éveiller immédiatement le soupçon; et, quand le temps viendrait de s'en servir, bien hardi celui qui voudrait la lui arracher des mains.

---

91. *ratisser l'échine:* whip (*lit.,* rake the spine).
92. *cuir:* hide.
93. *traitable:* docile.
94. *officier de quart:* officer of the watch.
95. *lime:* file.

96. *vertement:* sharply.
97. *entichés:* infatuated.
98. *plats-bords:* gunwales, top of ship's frame.
99. *faisaient l'exercice:* were drilling.

Un jour, Ayché lui jeta un biscuit en lui faisant un signe que lui seul comprit. Le biscuit contenait une petite lime: c'était de cet instrument que dépendait la réussite du complot. D'abord Tamango se garda bien de montrer la lime à ses compagnons; mais, lorsque la nuit fut venue, il se mit à murmurer des paroles inintelligibles qu'il accompagnait de gestes bizarres. Par degrés, il s'anima jusqu'à pousser des cris. A entendre les intonations variées de sa voix, on eût dit qu'il était engagé dans une conversation animée avec une personne invisible. Tous les esclaves tremblaient, ne doutant pas que le diable ne fût en ce moment même au milieu d'eux. Tamango mit fin à cette scène en poussant un cri de joie.

—Camarades, s'écria-t-il, l'esprit que j'avais conjuré vient enfin de m'accorder ce qu'il m'avait promis, et je tiens dans mes mains l'instrument de notre délivrance. Maintenant il ne vous faut plus qu'un peu de courage pour vous faire libres.

Il fit toucher la lime à ses voisins, et la fourbe,[100] toute grossière qu'elle était, trouva créance auprès d'hommes encore plus grossiers.

Après une longue attente vint le grand jour de vengeance et de liberté. Les conjurés, liés entre eux par un serment solennel, avaient arrêté leur plan après une mûre délibération. Les plus déterminés, ayant Tamango à leur tête, lors-qu'ils monteraient à leur tour sur le pont, devaient s'emparer des armes de leurs gardiens; quelques autres iraient à la chambre du capitaine pour y prendre les fusils qui s'y trouvaient. Ceux qui seraient parvenus à limer leurs fers devaient commencer l'attaque; mais, malgré le travail opiniâtre de plusieurs nuits, le plus grand nombre des esclaves était encore incapable de prendre une part énergique à l'action. Aussi trois noirs robustes avaient la charge de tuer l'homme qui portait dans sa poche la clef

des fers, et d'aller aussitôt délivrer leurs compagnons enchaînés.

Ce jour-là, le capitaine Ledoux était d'une humeur charmante; contre sa coutume, il fit grâce à un mousse qui avait mérité le fouet. Il complimenta l'officier de quart sur sa manœuvre, déclara à l'équipage qu'il était content, et lui annonça qu'à la Martinique, où ils arriveraient dans peu, chaque homme recevrait une gratification.[101] Tous les matelots, entretenant de si agréables idées, faisaient déjà dans leur tête l'emploi de cette gratification. Ils pensaient à l'eau-de-vie et aux femmes de couleur de la Martinique, lorsqu'on fit monter sur le pont Tamango et les autres conjurés.

Ils avaient eu soin de limer leurs fers de manière qu'ils ne parussent pas être coupés, et que le moindre effort suffît cependant pour les rompre. D'ailleurs, ils les faisaient si bien résonner, qu'à les entendre on eût dit qu'ils en portaient un double poids. Après avoir humé[102] l'air quelque temps, ils se prirent tous par la main et se mirent à danser pendant que Tamango entonnait le chant guerrier de sa famille, qu'il chantait autrefois avant d'aller au combat. Quand la danse eut duré quelque temps, Tamango, comme épuisé de fatigue, se coucha tout de son long aux pieds d'un matelot qui s'appuyait nonchalamment contre les platsbords du navire; tous les conjurés en firent autant. De la sorte, chaque matelot était entouré de plusieurs noirs.

Tout à coup Tamango, qui venait doucement de rompre ses fers, pousse un grand cri, qui devait servir de signal, tire violemment par les jambes le matelot qui se trouvait près de lui, le culbute,[103] et, lui mettant le pied sur le ventre, lui arrache son fusil, et s'en sert pour tuer l'officier de quart. En même temps, chaque matelot de garde est assailli, désarmé et aussitôt égorgé. De toutes parts, un cri de guerre s'élève. Le contre-maître,[104] qui avait la clef des fers, succombe un des premiers. Alors

---

100. *fourbe:* deception, trick.
101. *gratification:* bonus.
102. *humé:* drunk in.

103. *culbute:* knocks down.
104. *contre-maître:* boatswain.

Slave trade in Africa. From Ernest Lavisse's Histoire de France, *1919.*

une foule de noirs inondent le tillac. Ceux qui ne peuvent trouver d'armes saisissent les barres du cabestan ou les rames[105] de la chaloupe.[106] Dès ce moment, l'équipage européen fut perdu. Cependant quelques matelots firent tête sur le gaillard d'arrière; mais ils manquaient d'armes et de résolution. Ledoux était encore vivant et n'avait rien perdu de son courage. S'apercevant que Tamango était l'âme de la conjuration, il espéra que, s'il pouvait le tuer, il aurait bon marché de ses complices. Il s'élança donc à grands cris. Aussitôt Tamango se précipita sur lui. Il tenait un fusil par le bout du canon et s'en servait comme d'une massue.[107] Les deux chefs se joignirent sur un des passavants,[108] ce passage étroit qui communique du gaillard d'avant[109] à l'arrière. Tamango frappa le premier. Par un léger mouvement de corps, le blanc évita le coup. La crosse, tombant avec force sur les planches, se brisa, et le contre-coup fut si violent, que le fusil échappa des mains de Tamango. Il était sans défense, et Ledoux,

avec un sourire de joie diabolique, levait le bras et allait le percer; mais Tamango était aussi agile que les panthères de son pays. Il s'élança dans les bras de son adversaire, et lui saisit la main dont il tenait son sabre. L'un s'efforce de retenir son arme, l'autre de l'arracher. Dans cette lutte furieuse, ils tombent tous les deux; mais l'Africain avait le dessous. Alors, sans se décourager, Tamango, étreignant son adversaire de toute sa force, le mordit à la gorge avec tant de violence, que le sang jaillit comme sous la dent d'un lion. Le sabre échappa de la main défaillante du capitaine. Tamango s'en saisit; puis, se relevant, la bouche sanglante, et poussant un cri de triomphe, il perça de coups redoublés son ennemi déjà demi-mort.

La victoire n'était plus douteuse. Le peu de matelots qui restaient essayèrent d'implorer la pitié des révoltés; mais tous, jusqu'à l'interprète, qui ne leur avait jamais fait de mal, furent impitoyablement massacrés. Le lieutenant mourut avec

105. *rames:* oars.
106. *chaloupe:* ship's boat.
107. *massue:* club.

108. *passavants:* fore-and-aft gangways.
109. *gaillard d'avant:* forecastle.

gloire. Il s'était retiré à l'arrière, auprès d'un de ces petits canons qui tournent sur un pivot, et que l'on charge de mitraille.[110] De la main gauche, il dirigea la pièce, et, de la droite, armé d'un sabre, il se défendit si bien qu'il attira autour de lui une foule de noirs. Alors, pressant la détente[111] du canon, il fit au milieu de cette masse serrée une large rue pavée de morts et de mourants. Un instant après il fut mis en pièces.

Lorsque le cadavre du dernier blanc, déchiqueté[112] et coupé en morceaux, eut été jeté à la mer, les noirs, rassasiés[113] de vengeance, levèrent les yeux vers les voiles du navire, qui, toujours enflées par un vent frais, semblaient obéir encore à leurs oppresseurs et mener les vainqueurs, malgré leur triomphe, dans la terre de l'esclavage.

—Rien n'est donc fait, pensèrent-ils avec tristesse; et ce grand fétiche des blancs voudra-t-il nous ramener dans notre pays, nous qui avons versé le sang de ses maîtres?

Quelques-uns dirent que Tamango saurait le faire obéir. Aussitôt on appelle Tamango à grands cris.

Il ne se pressait pas de se montrer. On le trouva dans la chambre de poupe,[114] debout, une main appuyée sur le sabre sanglant du capitaine; l'autre, il la tendait d'un air distrait à sa femme Ayché, qui la baisait à genoux devant lui. La joie d'avoir vaincu ne diminuait pas une sombre inquiétude qui se trahissait dans toute sa contenance. Moins grossier que les autres, il sentait mieux la difficulté de sa position.

Il parut enfin sur le tillac, affectant un calme qu'il n'éprouvait pas. Pressé par cent voix confuses de diriger la course du vaisseau, il s'approcha du gouvernail[115] à pas lents, comme pour retarder un peu le moment qui allait, pour lui-même et pour les autres, décider de l'étendue de son pouvoir.

Dans tout le vaisseau, il n'y avait pas un noir, si stupide qu'il fût, qui n'eût remarqué l'influence qu'une certaine roue et la boîte placée en face exerçaient sur les mouvements du navire; mais, dans ce mécanisme, il y avait toujours pour eux un grand mystère. Tamango examina la boussole[116] pendant longtemps en remuant les lèvres, comme s'il lisait les caractères qu'il y voyait tracés; puis il portait la main à son front, et prenait l'attitude pensive d'un homme qui fait un calcul de tête. Tous les noirs l'entouraient, la bouche béante, les yeux démesurément ouverts, suivant avec anxiété le moindre de ses gestes. Enfin, avec ce mélange de crainte et de confiance que l'ignorance donne, il imprima un violent mouvement à la roue du gouvernail.

Comme un généreux coursier qui se cabre[117] sous l'éperon d'un cavalier imprudent, le beau brick l'Espérance bondit sur la vague à cette manœuvre inouïe. On eût dit qu'indigné il voulait s'engloutir avec son pilote ignorant. Le rapport nécessaire entre la direction des voiles et celle du gouvernail étant brusquement rompu, le vaisseau s'inclina avec tant de violence, qu'on eût dit qu'il allait s'abîmer. Ses longues vergues[118] plongèrent dans la mer. Plusieurs hommes furent renversés; quelques-uns tombèrent par-dessus le bord. Bientôt le vaisseau se leva fièrement contre la lame,[119] comme pour lutter encore une fois avec la destruction. Le vent redoubla d'efforts, et tout d'un coup, avec un bruit horrible, tombèrent les deux mâts, cassés à quelques pieds du pont, couvrant le tillac de débris et comme d'un lourd filet de cordages.

Les nègres épouvantés fuyaient sous les écoutilles en poussant des cris de terreur; mais, comme le vent ne trouvait plus de prise, le vaisseau se leva et se laissa doucement ballotter[120] par les flots. Alors les plus hardis des noirs remontèrent sur

---

110. *mitraille:* grape shot, spraying bullets.
111. *détente:* trigger.
112. *déchiqueté:* mangled.
113. *rassasiés:* sated.
114. *chambre de poupe:* stern cabin.
115. *gouvernail:* helm, steering wheel.
116. *boussole:* compass.
117. *se cabre:* rears.
118. *vergues:* yards.
119. *lame:* waves.
120. *ballotter:* rock.

le tillac et le débarrassèrent des débris qui l'obstruaient. Tamango restait immobile, le coude appuyé sur l'habitacle[121] et se cachant le visage sur son bras replié. Ayché était auprès de lui, mais n'osait lui adresser la parole. Peu à peu les noirs s'approchèrent; un murmure s'éleva, qui bientôt se changea en un orage de reproches et d'injures.

—Perfide! imposteur! s'écriaient-ils, c'est toi qui as causé tous nos maux, c'est toi qui nous as vendus aux blancs, c'est toi qui nous as contraints de nous révolter contre eux. Tu nous avais vanté ton savoir, tu nous avais promis de nous ramener dans notre pays. Nous t'avons cru, insensés que nous étions! et voilà que nous avons manqué de périr tous parce que tu as offensé le fétiche des blancs.

Tamango releva fièrement la tête, et les noirs qui l'entouraient reculèrent intimidés. Il ramassa deux fusils, fit signe à sa femme de le suivre, traversa la foule, qui s'ouvrit devant lui, et se dirigea vers l'avant du vaisseau. Là, il se fit comme un rempart avec des tonneaux vides et des planches; puis il s'assit au milieu de cette espèce de retranchement, d'où sortaient menaçantes les baïonnettes de ses deux fusils. On le laissa tranquille. Parmi les révoltés, les uns pleuraient; d'autres, levant les mains au ciel, invoquaient leurs fétiches et ceux des blancs; ceux-ci, à genoux devant la boussole, dont ils admiraient le mouvement continuel, la suppliaient de les ramener dans leur pays; ceux-là se couchaient sur le tillac dans un morne abattement.[122] Au milieu de ces désespérés, qu'on se représente des femmes et des enfants hurlant d'effroi, et une vingtaine de blessés implorant des secours que personne ne pensait à leur donner.

Tout à coup un nègre paraît sur le tillac: son visage est radieux. Il annonce qu'il vient de découvrir l'endroit où les blancs gardent leur eau-de-vie; sa joie et sa contenance prouvent assez qu'il vient d'en faire l'essai. Cette nouvelle suspend un instant les cris de ces malheureux. Ils courent à la cambuse[123] et se gorgent de liqueur. Une heure après, on les eût vus sauter et rire sur le pont, se livrant à toutes les extravagances de l'ivresse la plus brutale. Leurs danses et leurs chants étaient accompagnés des gémissements et des sanglots des blessés. Ainsi se passa le reste du jour et toute la nuit.

Le matin, au réveil, nouveau désespoir. Pendant la nuit, un grand nombre de blessés étaient morts. Le vaisseau flottait entouré de cadavres. La mer était grosse et le ciel brumeux. On tint conseil. Quelques apprentis dans l'art magique, qui n'avaient point osé parler de leur savoir-faire devant Tamango, offrirent tour à tour leurs services. On essaya plusieurs conjurations puissantes. A chaque tentative inutile, le découragement augmentait. Enfin on reparla de Tamango, qui n'était pas encore sorti de son retranchement. Après tout, c'était le plus savant d'entre eux, et lui seul pouvait les tirer de la situation horrible où il les avait placés. Un vieillard s'approcha de lui, porteur de propositions de paix. Il le pria de venir donner son avis; mais Tamango, inflexible comme Coriolan,[124] fut sourd à ses prières. La nuit, au milieu du désordre, il avait fait sa provision de biscuits et de chair salée. Il paraissait déterminé à vivre seul dans sa retraite.

L'eau-de-vie restait. Au moins elle fait oublier et la mer, et l'esclavage, et la mort prochaine. On dort, on rêve de l'Afrique, on voit des forêts de gommiers,[125] des cases couvertes en paille, des baobabs[126] dont l'ombre couvre tout un village. L'orgie de la veille recommença. De la sorte se passèrent plusieurs jours. Crier, pleurer, s'arracher les cheveux, puis s'enivrer et dormir, telle était leur vie. Plusieurs moururent à force de boire; quelques-uns se jetèrent à la mer, ou se poignardèrent.

---

121. *habitacle:* binnacle.
122. *abattement:* discouragement.
123. *cambuse:* steward's stores.
124. Coriolanus, Roman general, fifth century B.C. Exiled, he led an army against Rome and was long inflexible, until swayed by the tears of his mother, wife, and children. (See Shakespeare's *Coriolanus.*)
125. *gommiers:* gum trees.
126. *baobabs:* "monkey-bread trees."

Un matin, Tamango sortit de son fort et s'avança jusqu'auprès du tronçon[127] du grand mât.

—Esclaves, dit-il, l'Esprit m'est apparu en songe et m'a révélé les moyens de vous tirer d'ici pour vous ramener dans votre pays. Votre ingratitude mériterait que je vous abandonnasse; mais j'ai pitié de ces femmes et de ces enfants qui crient. Je vous pardonne: écoutez-moi.

Tous les noirs baissèrent la tête avec respect et se serrèrent autour de lui.

—Les blancs, poursuivit Tamango, connaissent seuls les paroles puissantes qui font remuer ces grandes maisons de bois; mais nous pouvons diriger à notre gré ces barques légères qui ressemblent à celles de notre pays.

Il montrait la chaloupe et les autres embarcations[128] du brick.

—Remplissons-les de vivres, montons dedans, et ramons dans la direction du vent; mon maître et le vôtre le fera souffler vers notre pays.

On le crut. Jamais projet ne fut plus insensé. Ignorant l'usage de la boussole, et sous un ciel inconnu, il ne pouvait qu'errer à l'aventure. D'après ses idées, il s'imaginait qu'en ramant tout droit devant lui il trouverait à la fin quelque terre habitée par les noirs, car les noirs possèdent la terre, et les blancs vivent sur leurs vaisseaux. C'est ce qu'il avait entendu dire à sa mère.

Tout fut bientôt prêt pour l'embarquement; mais la chaloupe avec un canot[129] seulement se trouva en état de servir. C'était trop peu pour contenir environ quatre-vingts nègres encore vivants. Il fallut abandonner tous les blessés et les malades. La plupart demandèrent qu'on les tuât avant de se séparer d'eux.

Les deux embarcations, mises à flot avec des peines infinies et chargées outre mesure, quittèrent le vaisseau par une mer clapoteuse,[130] qui menaçait à chaque instant de les engloutir. Le canot s'éloigna le premier. Tamango avec Ayché avait pris place dans la chaloupe, qui, beaucoup plus lourde et plus chargée, demeurait considérablement en arrière. On entendait encore les cris plaintifs de quelques malheureux abandonnés à bord du brick, quand une vague assez forte prit la chaloupe en travers et l'emplit d'eau. En moins d'une minute, elle coula. Le canot vit leur désastre, et ses rameurs doublèrent d'efforts, de peur d'avoir à recueillir quelques naufragés. Presque tous ceux qui montaient la chaloupe furent noyés. Une douzaine seulement put regagner le vaisseau. De ce nombre étaient Tamango et Ayché. Quand le soleil se coucha, ils virent disparaître le canot derrière l'horizon; mais ce qu'il devint, on l'ignore.

Pourquoi fatiguerais-je le lecteur par la description dégoûtante des tortures de la faim? Vingt personnes environ sur un espace étroit, tantôt ballottées par une mer orageuse, tantôt brûlées par un soleil ardent, se disputent tous les jours les faibles restes de leurs provisions. Chaque morceau de biscuit coûte un combat, et le faible meurt, non parce que le fort le tue, mais parce qu'il le laisse mourir. Au bout de quelques jours, il ne resta plus de vivant à bord du brick *l'Espérance* que Tamango et Ayché.

Une nuit, la mer était agitée, le vent soufflait avec violence, et l'obscurité était si grande, que de la poupe on ne pouvait voir la proue du navire. Ayché était couchée sur un matelas dans la chambre du capitaine, et Tamango était assis à ses pieds. Tous les deux gardaient le silence depuis longtemps.

—Tamango, s'écria enfin Ayché, tout ce que tu souffres tu le souffres à cause de moi…

—Je ne souffre pas, répondit-il brusquement. Et il jeta sur le matelas, à côté de sa femme, la moitié d'un biscuit qui lui restait.

—Garde-le pour toi, dit-elle en repoussant doucement le biscuit; je n'ai plus faim. D'ailleurs, pourquoi manger? Mon heure n'est-elle pas venue?

---

127. *tronçon:* stump.
128. *embarcations:* small boats.
129. *canot:* small boat.
130. *clapoteuse:* choppy.

Tamango se leva sans répondre, monta en chancelant sur le tillac et s'assit au pied d'un mât rompu. La tête penchée sur sa poitrine, il sifflait l'air de sa famille. Tout à coup un grand cri se fit entendre au-dessus du bruit du vent de la mer; une lumière parut. Il entendit d'autres cris, et un gros vaisseau noir glissa rapidement auprès du sien; si près, que les vergues passèrent au-dessus de sa tête. Il ne vit que deux figures éclairées par une lanterne suspendue à un mât. Ces gens poussèrent encore un cri, et aussitôt leur navire, emporté par le vent, disparut dans l'obscurité. Sans doute les hommes de garde avaient aperçu le vaisseau naufragé; mais le gros temps[131] empêchait de virer de bord.[132] Un instant après, Tamango vit la flamme d'un canon et entendit le bruit de l'explosion;[133] puis il vit la flamme d'un autre canon, mais il n'entendit aucun bruit; puis il ne vit plus rien. Le lendemain, pas une voile ne paraissait à l'horizon. Tamango se recoucha sur son matelas et ferma les yeux. Sa femme Ayché était morte cette nuit-là.

Je ne sais combien de temps après une frégate anglaise, *la Bellone,* aperçut un bâtiment démâté et en apparence abandonné de son équipage. Une chaloupe, l'ayant abordé, y trouva une négresse morte et un nègre si décharné et si maigre, qu'il ressemblait à une momie. Il était sans connaissance, mais il avait encore un souffle de vie. Le chirurgien s'en empara, lui donna des soins, et quand *la Bellone* aborda à Kingston,[134] Tamango était en parfaite santé. On lui demanda son histoire. Il dit ce qu'il en sevait. Les planteurs de l'île voulurent qu'on le pendît comme un nègre rebelle; mais le gouverneur, qui était un homme humain, s'intéressa à lui, trouvant son cas justifiable, puisque, après tout, il n'avait fait qu'user du droit légitime de défense; et puis ceux qu'il avait tués n'étaient que des Français. On le traita comme on traite les nègres pris à bord d'un vaisseau négrier que l'on confisque. On lui donna la liberté, c'est-à-dire qu'on le fit travailler pour le gouvernement; mais il avait six sous par jour et la nourriture. C'était un fort bel homme. Le colonel du 75e le vit et le prit pour en faire un cymbalier[135] dans la musique de son régiment. Il apprit un peu d'anglais; mais il ne parlait guère. En revanche, il buvait avec excès du rhum et du tafia.[136] — Il mourut à l'hôpital d'une inflammation de poitrine.[137]

---

131. *gros temps:* heavy weather, high seas.
132. *virer de bord:* change course.
133. The other ship, having perceived a derelict in the fairway, was trying to sink it.
134. Kingston, capital of Jamaica.
135. *cymbalier:* cymbal player.
136. *tafia:* a coarse drink distilled from molasses.
137. *inflammation de poitrine:* pneumonia. (Notice the deliberate anticlimax of the conclusion. After such passionate, violent drama, why do you suppose the author chooses such a banal death for his protagonist?)

10. George Sand

[1804-1876]

The Price of Fame

If ever the details of an author's life overshadowed the author's literature, it is surely the case with George Sand.

A woman who used a man's name, dressed in men's clothing, smoked cigars, and lived as independently as possible, Sand was her own greatest creation, a persona that has remained vivid for all time. Notorious for the conquest of her many famous lovers, Sand enjoyed a scandalous reputation that made her a sensation. If her novels, mostly bestsellers in their day, later became forgotten for many years, lost in the shadow of Sand's image, it was largely her own fault. She revelled in her reputation, eagerly supplying the public with juicy details, and periodically reviving interest in her love life by penning tell-all memoirs such as *Un Hiver à Majorque* about her liaison with the Polish musical genius Chopin, *Elle et lui* about her turbulent affair with the poet Musset, and *Histoire de ma vie* about many personal adventures of various sorts with an array of luminaries. Sand is almost *too* famous. Commentators cannot resist focusing on her romantic escapades to an extent beyond how they treat any male authors. It needs to be remembered that no matter how many lovers Sand juggled at any one time, her literary output was still enormous, probably second only to that of her friend Balzac. Despite countless emotional distractions, she found the time to become a highly original literary figure, a ferocious champion of women's rights, and a political force with which to be reckoned.

Rebellious Youth

The future George Sand was born Amandine (or Amantine) Aurore Lucie (or Lucile) Dupin in Paris on July 1, 1804. Her parents, who married less than a month before her birth, were a very odd couple. Sand's mother was the poor daughter of a *oiselier* — a professional bird catcher — and her father, a Polish military officer assigned to the British Army, was the son of the illegitimate daughter of Polish nobility. When Sand was four years old her father was thrown from a horse and killed. Sand's mother, who preferred life in Paris, then chose to leave the girl to a grandmother in the rural area called Berry, near Orleans. Except for some time in a convent, Sand grew up tutored by her strict but intellectually strong grandmother, who in some ways proved a role-model for her despite their many disagreements. Sand, along with a half-brother who was her father's illegitimate son, also received schooling from her father's former tutor. Sand and the half-brother thus grew up fairly isolated, soaking up nature with a Rousseau-like fervor and considering themselves to be happy little savages. A religious experience at the age of 15 temporarily brought Sand back to the fold of the civilized, but the illness and subsequent death of the grandmother two years later sent the girl back to her wild ways. She binged on alcohol, men, science, and mysticism, though not necessarily in that order. And she would remain a complex amalgam of seemingly contradictory behaviors and values for the rest of her rebellious life.

Scandal and Success

In 1822, Sand married the Baron Casimir Dudevant, a soldier and lawyer with whom she had next to nothing in common. They proceeded to have two children, although Sand's romantic dalliances made the paternity uncertain. Sand obtained a legal separation and eventually, in 1836, a divorce. In the meantime, she became an outspoken proponent of free love and the right of women to pursue their happiness without the restraints of social convention. She got her start in literature in 1829, and the following year left her country home, the chateau at Nohant, to collaborate on articles and stories in Paris with a writer named Jules Sandeau. (She apparently based her pen-name Sand on his name.) Sand became a dynamo of literary production, writing novels, short stories, plays, articles, travel guides, children's tales, and autobiographical pieces. Almost all the books sold well, and some of the plays met with success as well. She also continued going through lovers and discarding them like squeezed-out lemons, most notably Musset and Chopin, both of whom ended up nervous wreaks and physically ill. Sand once commented that she considered jealousy to be a

George Sand. Illustration in L. Petit de Julleville's Histoire de la Langue et de la Littérature française, *volume VII, 1922.*

type of mental disorder, and could not understand why the men around her insisted on torturing themselves with such a barbaric emotion.

During the 1830's and 40's Sand wrote a flurry of novels, including *Indiana, Valentine, Lélia, Simon, Mauprat,* and *Consuelo,* that extol unbridled romantic love. Increasingly, though, she added political and social thought to her work. In 1846 and 1847 she published *La Mare au Diable* and *François le Champi,* two novels that still command critical interest. The Revolution of 1848 saw Sand take on an activist role in Paris, promoting democracy, women's rights, worker's rights, and socialist economics. She considered the possibility of going into politics as a career, but changed her mind when the government took what she considered a very nasty turn to the right. The conservatives chose the reactionary Louis-Napoléon, nephew of the late Bonaparte, as their leader, and by 1851 he had declared himself Emperor and abolished the democratic republic that he had used to get elected President. Realizing already in June of 1848 that her life might be in danger, Sand fled Paris and returned to her beloved Nohant. There she promptly reinvented herself again. Her writings now presented her as the most peaceful of women, enjoying a tranquil life in the country. She also continued what are called her *champêtre* novels, i.e., stories about rural life. These are perhaps her best and most mature work, exemplified by *La Petite Fadette.* In the 1850s she did most of her autobiographical writings, and in the 1860s began a long and fruitful correspondence with her good friend Gustave Flaubert, with whom she debated literary theory among other topics. Before Flaubert could complete his novella *Un Coeur simple,* which he intended as a present for Sand, she died of an intestinal blockage, just a few days shy of what would have been her seventy-second birthday.

Rural Life Observed

Our selections from *La Petite Fadette* include part of the eighth chapter and all of the ninth chapter of her novel, an excellent example of Sand's realism in depicting country folk and their way of life. Previously, rural people had usually been depicted in French literature as either ignorant bumpkins or as carefree shepherds frolicking in a sanitized pastoral setting. These two extremes had little resemblance to most people's lives in the provinces. Sand is among the first writers to depict country ways realistically. She knew nature first hand, saw farm life as it really was, and (despite years of eccentricity in Paris) counted herself among the country folk. Her characters are full of life and smell of the rich soil in which they work and play. Their lovability, charm, crudeness, violence, loyalty, practicality and emotionalism are all conveyed with simplicity and a sense of truth. Note also that their vocabulary and style of speech are completely authentic. The result is unlike anything that we have encountered by our authors up to this point.

LA PETITE FADETTE

[Excerpts of Chapters 8 & 9]

[Sand spins the yarn of a teenage boy, Landry, and his budding relationship with a spooky teenage girl called la petite Fadette, who is the daughter of the local fortune teller/sorceress, Mme Fadet. Landry and la petite Fadette are at the age where they do not want to admit their affections for one another, and still think a punch on the arm is an appropriate expression of endearment. As we join the story, in the middle of Chapter 8, Landry is disturbed about the disappearance of his twin brother Sylvinet and searches for him along the river (which, although unnamed, is presumably the Indre near Sand's home Nohant) before getting the idea to consult the supposedly psychic Mme Fadet.]

Ch. 8

[…]

Le voilà donc de courir jusqu'à la demeurance[1] de la mère Fadet et de lui conter sa peine en la priant de venir jusqu'à la coupure[2] avec lui, pour essayer par son secret de lui faire retrouver son frère vivant ou mort.

Mais la mère Fadet, qui n'aimait point à se voir outrepassée de sa réputation, et qui n'exposait pas volontiers son talent pour rien, se gaussa de lui[3] et le renvoya même assez durement, parce qu'elle n'était pas contente que, dans le temps, on eût employé la Sagette[4] à sa place, pour les femmes en mal d'enfant au logis de la Bessonnière.[5]

Landry, qui était un peu fier de son naturel, se serait peut-être plaint ou fâché dans un autre moment; mais il était si accablé qu'il ne dit mot et s'en retourna du côté de la coupure, décidé à se mettre à l'eau, bien qu'il ne sût encore plonger ni nager. Mais, comme il marchait la tête basse et les yeux fichés en terre, il sentit quelqu'un qui lui tapait l'épaule, et se retournant il vit la petite-fille de la mère

1. *demeurance* : residence. (This word is a regional term not common in standard French. Sand uses many regionalisms, adding local color to her tale.)
2. *coupure* : clearing (in the woods.)
3. *se gaussa de lui* : made fun of him, sneered at him.
4. *la Sagette* : another fortune teller, calling herself *the wise one.*
5. *la Bessonnière* : the twins' residence.

Sand's home at Nohant. Courtesy of Bibliothèque nationale de France.

Fadet, qu'on appelait dans le pays la petite Fadette, autant pour ce que c'était son nom de famille que pour ce qu'on voulait qu'elle fût un peu sorcière aussi.[6] Vous savez tous que le fadet ou le farfadet, qu'en d'autres endroits on appelle aussi le follet, est un lutin[7] fort gentil, mais un peu malicieux. On appelle aussi fades les fées auxquelles, du côté de chez nous, on ne croit plus guère. Mais que cela voulût dire une petite fée, ou la femelle du lutin, chacun en la voyant s'imaginait voir le follet, tant elle était petite, maigre, ébouriffée[8] et hardie. C'était un enfant très causeur et très moqueur, vif comme un papillon, curieux comme un rouge-gorge[9] et noir comme un grelet.[10]

Et quand je mets la petite Fadette en comparaison avec un grelet, c'est vous dire qu'elle n'était pas belle car ce pauvre petit *cricri*[11] des champs est encore plus laid que celui des cheminées. Pourtant, si vous vous souvenez d'avoir été enfant et d'avoir joué avec lui en le faisant enrager et crier

dans votre sabot,[12] vous devez savoir qu'il a une petite figure qui n'est pas sotte et qui donne plus envie de rire que de se fâcher: aussi les enfants Cosse, qui ne sont pas plus bêtes que d'autres, et qui, aussi bien que les autres, observent les ressemblances et trouvent les comparaisons, appelaient-ils la petite Fadette le *grelet,* quand ils voulaient la faire enrager, mêmement quelquefois par manière d'amitié, car en la craignant un peu pour sa malice, ils ne la détestaient point, à cause qu'elle leur faisait toutes sortes de contes et leur apprenait toujours des jeux nouveaux qu'elle avait l'esprit d'inventer.

Mais tous ses noms et surnoms me feraient bien oublier celui qu'elle avait reçu au baptême et que vous auriez peut-être plus tard envie de savoir. Elle s'appelait Françoise; c'est pourquoi sa grand'mère, qui n'aimait point à changer les noms, l'appelait toujours Fanchon.

Comme il y avait depuis longtemps une pique entre les gens de la Bessonnière et la

---

6.   This is probably the opinion that people had of Sand herself, or at least that Sand had of herself, back in her own days as a wild child.

7.   *fadet/farfadet/follet/lutin :* all terms meaning elf or sprite.

8.   *ébouriffée :* dishevelled.

9.   *rouge-gorge :* robin red-breast.

10.   *grelet :* cricket. (This is another regionalism; the normal word is *grillon.*)

11.   *cricri :* chirping.

12.   *sabot :* (wooden) shoe.

mère Fadet, les bessons[13] ne parlaient pas beaucoup à la petite Fadette, mêmement ils avaient comme un éloignement pour elle, et n'avaient jamais bien volontiers joué avec elle, ni avec son petit frère, le *sauteriot*,[14] qui était encore plus sec et plus malin qu'elle, et qui était toujours pendu à son côté, se fâchant quand elle courait sans l'attendre, essayant de lui jeter des pierres quand elle se moquait de lui, enrageant plus qu'il n'était gros, et la faisant enrager plus qu'elle ne voulait, car elle était d'humeur gaie et portée à rire de tout. Mais il y avait une telle idée sur le compte de la mère Fadet, que certains, et notamment ceux du père Barbeau, s'imaginaient que le *grelet* et le *sauteriot,* ou, si vous l'aimez mieux, le grillon et la sauterelle, leur porteraient malheur s'ils faisaient amitié avec eux. Ça n'empêchait point ces deux enfants de leur parler, car ils n'étaient point honteux, et la petite Fadette ne manquait d'accoster *les bessons de la Bessonnière,* par toutes sortes de drôleries et de sornettes,[15] du plus loin qu'elle les voyait venir de son côté.

Ch. 9

Adoncques[16] le pauvre Landry, en se retournant, un peu ennuyé du coup qu'il venait de recevoir à l'épaule, vit la petite Fadette, et, pas loin derrière elle, Jeanet le sauteriot, qui la suivait en clopant,[17] vu qu'il était ébiganché[18] et mal jambé de naissance.

D'abord Landry voulut ne pas faire attention et continuer son chemin, car il n'était point en humeur de rire, mais la Fadette lui dit, en récidivant[19] sur son autre épaule:

—Au loup! au loup! Le vilain besson, moitié de gars qui a perdu son autre moitié!

Là-dessus Landry qui n'était pas plus en train d'être insulté que d'être taquiné, se retourna derechef[20] et allongea à la petite Fadette un coup de poing qu'elle eût bien senti si elle ne l'eût esquivé,[21] car le besson allait sur ses quinze ans,[22] et il n'était pas manchot;[23] et elle, qui allait sur ses quatorze, et si menue et si petite, qu'on ne lui en eût pas donné douze, et qu'à la voir on eût cru qu'elle allait se casser, pour peu qu'on y touchât.

Mais elle était trop avisée et trop alerte pour attendre les coups, et ce qu'elle perdait en force dans les jeux de mains, elle le gagnait en vitesse et en traîtrise. Elle sauta de côté si à point, que pour bien peu, Landry aurait été donner du poing et du nez dans un gros arbre qui se trouvait entre eux.

—Méchant grelet, lui dit alors le pauvre besson tout en colère, il faut que tu n'aies pas de cœur pour venir agacer un quelqu'un qui est dans la peine comme j'y suis. Il y a longtemps que tu veux m'émalicer[24] en m'appelant moitié de garçon. J'ai bien envie aujourd'hui de vous casser en quatre, toi et ton vilain sauteriot, pour voir si, à vous deux, vous ferez le quart de quelque chose de bon.

—Oui-da, le beau besson de la Bessonnière, seigneur de la Joncière[25] au bord de la rivière, répondit la petite Fadette en ricanant toujours, vous êtes bien sot de vous mettre mal avec moi qui venais vous donner des nouvelles de votre besson et vous dire où vous le retrouverez.

—Ça, c'est différent, reprit Landry en s'apaisant bien vite; si tu le sais, Fadette, dis-le-moi et j'en serai content.

---

13. *bessons :* twins.
14. *sauteriot :* masculine version of *sauterelle,* grasshopper, as the narrator explains later in the paragraph.
15. *sornettes :* names (as in, name-calling.)
16. *adoncques :* then, whereupon.
17. *clopant :* clopping along, limping.
18. *ébiganché :* lame.
19. *en récidivant :* doing the same thing again.
20. *derechef :* yet again.
21. *esquivé :* ducked. She barely eludes injury by dodging his wild punch. Children played rough in those days.
22. *allait sur ses quinze ans :* was going on fifteen years old.
23. *il n'était pas manchot :* He wasn't in any way lacking. (I.e., he was strong and capable of inflicting injury.)
24. *émalicer :* enrage.
25. *Joncière :* the rush patch (area covered with rush, a marsh plant.)

—Il n'y a pas plus de Fadette que de grelet pour avoir envie de vous contenter à cette heure, répliqua encore la petite fille. Vous m'avez dit des sottises et vous m'auriez frappée si vous n'étiez pas si lourd et si pôtu.[26] Cherchez-le donc tout seul, votre imbriaque de besson, [27] puisque vous êtes si savant pour le retrouver.

—Je suis bien sot de t'écouter, méchante fille, dit alors Landry en lui tournant le dos et en se remettant à marcher. Tu ne sais pas plus que moi où est mon frère, et tu n'es pas plus savante là-dessus que ta grand'mère, qui est une vieille menteuse et une pas grand'chose.

Mais la petite Fadette, tirant par une patte son sauteriot, qui avait réussi à la rattraper et à se pendre à son mauvais jupon tout cendroux,[28] se mit à suivre Landry, toujours ricanant et toujours lui disant que sans elle il ne retrouverait jamais son besson. Si bien que Landry, ne pouvant se débarrasser d'elle, et s'imaginant que par quelque sorcellerie, sa grand'mère ou peut-être elle-même, par quelque accointance avec le follet de la rivière, l'empêcheraient de retrouver Sylvinet, prit son parti de tirer en sus de la Joncière et de s'en revenir à la maison.

La petite Fadette le suivit jusqu'au sautoir[29] du pré, et là, quand il l' eut descendu, elle se percha comme une pie[30] sur la barre et lui cria :

—Adieu donc, le beau besson sans coeur, qui laisse son frère derrière lui. Tu auras beau l'attendre pour souper, tu ne le verras pas d'aujourd'hui ni de demain non plus; car là où il est, il ne bouge non plus qu'une pauvre pierre, et voilà l'orage qui vient. Il y aura des arbres dans la rivière encore cette nuit, et la rivière emportera Sylvinet si loin, si loin, que jamais plus tu ne le retrouveras.

Toutes ces mauvaises paroles, que Landry écoutait quasi malgré lui, lui firent passer la sueur froide par tout le corps. Il n'y croyait pas absolument, mais enfin la famille Fadet était réputée avoir tel entendement avec le diable, qu'on ne pouvait pas être bien assuré qu'il n'en fût rien.

—Allons, Fanchon, dit Landry, en s'arrêtant, veux-tu, oui ou non, me laisser tranquille, ou me dire, si, de vrai, tu sais quelque chose de mon frère?

—Et qu'est-ce que tu me donneras si, avant que la pluie ait commencé de tomber, je te le fais retrouver? dit la Fadette en se dressant debout sur la barre du sautoir, et en remuant les bras comme si elle voulait s'envoler.

Landry ne savait pas ce qu'il pouvait lui promettre, et il commençait à croire qu'elle voulait l'affiner[31] pour lui tirer quelque argent. Mais le vent qui soufflait dans les arbres et le tonnerre qui commençait à gronder lui mettaient dans le sang comme une fièvre de peur. Ce n'est pas qu'il craignît l'orage, mais, de fait, cet orage-là était venu tout d'un coup et d'une manière qui ne lui paraissait pas naturelle. Possible est que, dans son tourment, Landry ne l'eût pas vu monter derrière les arbres de la rivière, d'autant plus que se tenant depuis deux heures dans le fond du Val, il n'avait pu voir le ciel que dans le moment où il avait gagné le haut. Mais, en fait, il ne s'était avisé de l'orage qu'au moment où la petite Fadette le lui avait annoncé, et tout aussitôt, son jupon s'était enflé; ses vilains cheveux noirs sortant de sa coiffe, qu'elle avait toujours mal attachée, et quintant[32] sur son oreille, s'étaient dressés comme des crins; le sauteriot avait eu sa casquette emportée par un grand coup de vent, et c'était à grand'peine que Landry avait pu empêcher son chapeau de s'envoler aussi.

---

26. *pôtu :* clumsy.
27. *imbriaque de besson :* idiot of a twin brother. (Yet another highly colorful regional expression, the likes of which was not likely to be found in writers stuffier than Sand.)
28. *cendroux :* covered with ashes. (Normally *cendreux.*)
29. *sautoir :* low fence or wall (dividing up the meadow.)
30. *pie :* magpie. (A blackbird with white markings, common in France.)
31. *l'affiner :* con him.
32. *quintant :* leaning, tumbling down.

Et puis le ciel, en deux minutes, était devenu tout noir, et la Fadette, debout sur la barre, lui paraissait deux fois plus grande qu'à l'ordinaire; enfin Landry avait peur, il faut bien le confesser.

—Fanchon, lui dit-il, je me rends à toi, si tu me rends mon frère. Tu l'as peut-être vu; tu sais peut-être bien où il est. Sois bonne fille. Je ne sais pas quel amusement tu peux trouver dans ma peine. Montre-moi ton bon coeur, et je croirai que tu vaux mieux que ton air et tes paroles.

—Et pourquoi serais-je bonne fille pour toi? reprit-elle, quand tu me traites de méchante sans que je t'aie jamais fait de mal! Pourquoi aurais-je bon coeur pour deux bessons qui sont fiers comme deux coqs, et qui ne m'ont jamais montré la plus petite amitié?

—Allons, Fadette, reprit Landry, tu veux que je te promette quelque chose; dis-moi vite de quoi tu as envie et je te le donnerai. Veux-tu mon couteau neuf?

—Fais-le voir, dit la Fadette en sautant comme une grenouille à côté de lui.

Et quand elle eut vu le couteau, qui n'était pas vilain et que le parrain de Landry avait payé dix sous à la dernière foire, elle en fut tentée un moment; mais bientôt, trouvant que c'était trop peu, elle lui demanda s'il lui donnerait bien plutôt sa petite poule blanche, qui n'était pas plus grosse qu'un pigeon, et qui avait des plumes jusqu'au bout des doigts.

—Je ne peux pas te promettre ma poule blanche, parce qu'elle est à ma mère, répondit Landry; mais je te promets de la demander pour toi, et je répondrais que ma mère ne la refusera pas, parce qu'elle sera si contente de revoir Sylvinet, que rien ne lui coûtera pour te récompenser.

—Oui-da! reprit la petite Fadette, et si j'avais envie de votre chebril[33] à nez noir, la mère Barbeau me le donnerait-elle aussi?

—Mon Dieu! mon Dieu! que tu es donc longue à te décider, Fanchon. Tiens, il n'y a qu'un mot qui serve: si mon frère est dans le danger et que tu me conduises tout de suite auprès de lui, il n'y a pas à notre logis de poule ni de poulette, de chèvre ni de chevrillon que mon père et ma mère, j'en suis très certain, ne voulussent te donner en remerciement.

—Eh bien! nous verrons ça, Landry, dit la petite Fadette en tendant sa petite main sèche au besson, pour qu'il y mît la sienne en signe d'accord, ce qu'il ne fit pas sans trembler un peu, car, dans ce moment-là, elle avait des yeux si ardents qu'on eût dit le lutin en personne. Je ne te dirai pas à présent ce que je veux de toi, je ne le sais peut-être pas encore; mais souviens-toi bien de ce que tu me promets à cette heure, et si tu y manques, je ferai savoir à tout le monde qu'il n'y a pas de confiance à avoir dans la parole du besson Landry. Je te dis adieu ici, et n'oublie point que je ne te réclamerai rien jusqu'au jour où je me serai décidée à t'aller trouver pour te requérir d'une chose qui sera à mon commandement et que tu feras sans retard ni regret.

—À la bonne heure! Fadette, c'est promis, c'est signé, dit Landry en lui tapant dans la main.

—Allons! dit-elle d'un air tout fier et tout content, retourne de ce pas au bord de la rivière; descends-la jusqu'à ce que tu entendes bêler;[34] et où tu verras un agneau bureau,[35] tu verras aussitôt ton frère: si cela n'arrive pas comme je te le dis, je te tiens quitte de ta parole.

Là-dessus le grelet, prenant le sauteriot sous son bras, sans faire attention que la chose ne lui plaisait guère et qu'il se démenait comme une anguille,[36] sauta tout au milieu des buissons, et Landry ne les vit et ne les entendit non plus que s'il avait rêvé. Il ne perdit point de temps à se demander si la petite Fadette s'était moquée de lui. Il courut d'une haleine jusqu'au bas de la Joncière; il la suivit jusqu'à la coupure, et là, il allait passer outre sans y descendre,

---

33. *chebril* : probably a corruption of *chèvre*, goat.
34. *bêler* : bleating (of a sheep.)
35. *bureau* : brown.
36. *anguille* : eel.

parce qu'il avait assez questionné l'endroit pour être assuré que Sylvinet n'y était point; mais, comme il allait s'en éloigner, il entendit bêler un agneau.

«Dieu de mon âme, pensa-t-il, cette fille m'a annoncé la chose; j'entends l'agneau, mon frère est là. Mais s'il est mort ou vivant, je ne peux le savoir. »

Et il sauta dans la coupure et entra dans les broussailles. Son frère n'y était point; mais, en suivant le fil de l'eau, à dix pas de là, et toujours entendant l'agneau bêler, Landry vit sur l'autre rive son frère assis, avec un petit agneau qu'il tenait dans sa blouse, et qui, pour le vrai, était bureau de couleur depuis le bout du nez jusqu'au bout de la queue.

Comme Sylvinet était bien vivant et ne paraissait gâté ni déchiré dans sa figure et dans son habillement, Landry fut si aise qu'il commença par remercier le bon Dieu dans son coeur, sans songer à lui demander pardon d'avoir eu recours à la science du diable pour avoir ce bonheur-là. Mais, au moment où il allait appeler Sylvinet, qui ne le voyait pas encore, et ne faisait pas mine de l'entendre, à cause du bruit de l'eau qui grouillait fort sur les cailloux en cet endroit, il s'arrêta à le regarder; car il était étonné de le trouver comme la petite Fadette le lui avait prédit, tout au milieu des arbres que le vent tourmentait furieusement, et ne bougeant non plus qu'une pierre.

Chacun sait pourtant qu'il y a danger à rester au bord de notre rivière quand le grand vent se lève.

Toutes les rives sont minées en dessous, et il n'est point d'orage qui, dans la quantité, ne déracine quelques-uns de ces vergnes[37] qui sont toujours courts en racines, à moins qu'ils ne soient très gros et très vieux, et qui vous tomberaient fort bien sur le corps sans vous avertir. Mais Sylvinet, qui n'était pourtant ni plus simple ni plus fou qu'un autre, ne paraissait pas tenir compte du danger. Il n'y pensait pas plus que s'il se fût trouvé à l'abri dans une bonne grange. Fatigué de courir tout le jour et de vaguer à l'aventure, si, par bonheur, il ne s'était pas noyé dans la rivière, on pouvait toujours bien dire qu'il s'était noyé dans son chagrin et dans son dépit, au point de rester là comme une souche,[38] les yeux fixés sur le courant de l'eau, la figure aussi pâle qu'une fleur de nape,[39] la bouche à demi ouverte comme un petit poisson qui bâille au soleil, les cheveux tout emmêlés par le vent, et ne faisant pas même attention à son petit agneau, qu'il avait rencontré égaré dans les prés, et dont il avait eu pitié. Il l'avait bien pris dans sa blouse pour le rapporter à son logis; mais, chemin faisant, il avait oublié de demander à qui l'agneau perdu. Il l'avait là sur ses genoux, et le laissait crier sans l'entendre, malgré que le pauvre petit lui faisait une voix désolée et regardait tout autour de lui avec de gros yeux clairs, étonné de ne pas être écouté de quelqu'un de son espèce, et ne reconnaissant ni son pré, ni sa mère, ni son étable, dans cet endroit tout ombragé et tout herbu, devant un gros courant d'eau qui, peut-être bien, lui faisait grand'peur.

---

37. *vergnes :* alders (a type of tree.)
38. *souche :* stump.
39. *nape :* water lily. (The normal word is *nymphéa*.)

The Late Nineteenth Century

Time Line of the Late Nineteenth Century

1850	1875	1900

HISTORY

1850+. Realist painters
  1851. Coup d'État of Louis Napoléon
   1852–70. Second Empire; Napoléon III
    1854–56. Crimean War
       1860+. Impressionist painters
       1861. Italy a kingdom
         1870–71. Franco-Prussian War
         1871. Commune
         1871. Third Republic, until 1940
               1894–1906. Dreyfus Case

FRENCH LITERATURE

1851–70. Ste-Beuve: *Lundis*
  1853. Hugo: *Châtiments*
   1857. Flaubert: *Mme Bovary*
   1857. Baudelaire: *Fleurs du mal*
    1862. Hugo: *Les Misérables*
    1862. Renan: *Vie de Jésus*
     1863. Taine: *Littérature anglaise*
      1865. Goncourt: *Germinie Lacerteux*
      1866. *Parnasse contemporain*
       1869. Baudelaire: *Poèmes en prose*
       1869. Daudet: *Lettres de mon moulin*
        1873. Rimbaud: *Saison en enfer*
         1874. Verlaine: *Romances sans paroles*
         1875. Mallarmé: *L'Après-midi d'un faune*
         1877. Zola: *L'Assommoir*
         1877. Flaubert: *Trois contes*
           1880. Maupassant: *Boule de suif*
           1880–1900. Symbolist school
            1881. France: *Crime de Sylvestre Bonnard*
             1885. Zola: *Germinal*
              1887. Mallarmé: *Poésies*
              1888. Verlaine: *Sagesse*
              1888. Maupassant: *Pierre et Jean*
               1892. France: *Procurateur de Judée*
                1896. Valéry: *Soirée avec M. Teste*
                1897. Gide: *Nourritures terrestres*
                1897. Rostand: *Cyrano de Bergerac*

OTHER LITERATURES

1850. Tennyson: *In Memoriam*
  1851. Melville: *Moby Dick*
   1854. Thoreau: *Walden*
    1855. Whitman: *Leaves of Grass*
     1859. Darwin: *Origin of Species*
      1864–69. Tolstoy: *War and Peace*
      1865. Swinburne: *Atalanta in Calydon*
       1866. Dostoevsky: *Crime and Punishment*
      1866. Ibsen: *Brand*
      1867. Marx: *Das Kapital*
       1869. Arnold: *Culture and Anarchy*
       1878. Hardy: *Return of the Native*
        1883. Nietzsche: *Also sprach Zarathustra*
        1884. Verga: *Cavalleria Rusticana*
         1887. Kipling: *Plain Tales from the Hills*
        1888. R. Darío: *Azul*
        1889. Yeats: *Wanderings of Oisin*
        1890. Wilde: *Picture of Dorian Gray*
          1895. Crane: *Red Badge of Courage*
         1895. Conrad: *Almayer's Folly*
         1896. Housman: *Shropshire Lad*
          1899. Norris: *McTeague*

Another New World

The early nineteenth century, with its stagecoaches, crinolines, Romantic poets, and swooning maidens, seems to us a strange, distant world. The late nineteenth century has a good deal more familiar look. Modern states took form; the West discovered the Far East, and the East discovered the West; social problems and conflicts arose that are still with us; pure science discovered the principles of evolution and bacterial activity; applied science, with electricity, the internal combustion engine, and steel-and-concrete construction, provided the background and routines of modern life; great cities such as Paris took on their most familiar styles of architecture.

And in intellectual life, in philosophy, psychology, sociology, art, music, and letters, the grand lines of post-classical thought were laid down.

Observers and Visionaries

In our own field, French literature was composed mostly by *analyzers* and *radicals.* The *analyzers* devoted themselves to reporting and interpreting the life they saw about them. They did so, in general, with the materialist and positivist bias of their times that said that all knowledge could be gained through observation of physical reality. This is the current of *realism* and *naturalism.* The *rejecters* refused the prevailing philosophies and bourgeois values of materialistic society; they sought new and deeper realities in their own spirits. They believed that by breaking all the rules and experiencing everything available to humankind, they would be able to achieve new, visionary understanding of life and the cosmos, and transmit their discoveries to their public via poetry. This is the current represented by Baudelaire, Rimbaud, and the Symbolists.

The scientific and the mystic make their way side by side throughout this half-century, sometimes battling each other, at other times coexisting oblivious to one another. The era emerges as an extraordinarily rich and diverse one, full of literary "-isms" for the reader to experience and debate.

11. Charles-Augustin Sainte-Beuve

[1804–1869]

The Critic

Charles-Augustin Sainte-Beuve was the first great professional literary critic, the first to devote himself methodically to the *appreciation* of literature (as opposed to the *aesthetic* theorizing of Aristotle, Boileau, Lessing, etc.).

He studied medicine in Paris and became familiar with scientific thought and practice. However, he found literature more interesting than medicine, wrote newspaper reviews, and became a close friend of Hugo and the young Romantics. His *Tableau de la poésie au seizième siècle* (1828) revealed the forgotten merits of Ronsard and the Pléiade to the French and especially to the Romantic authors. He wrote poetry of peculiar interest and consequence to later writers, and a novel, *Volupté,* of rare psychological finesse. But his imagination apparently was not robust enough to make of him a successful creative writer. He resigned himself to criticism, and found therein his great opportunity for development.

Charles-Augustin Sainte-Beuve. Illustration in L. Petit de Julleville's Histoire de la Langue et de la Littérature française, *volume VII, 1922.*

For many years he contributed regular weekly articles and "chats," *Les Causeries du lundi,* to a leading Paris newspaper. These and other collections of literary studies make up the bulk of his work. His most pretentious and probably least read book is his *Histoire de Port-Royal,* a mighty historical and psychological examination of the seventeenth-century Jansenist group which included Pascal and Racine.

Sainte-Beuve was equipped for criticism by a phenomenal memory, by exquisite taste, by enormous reading, and by an understanding sympathy with every form of creative effort. (But certain jealousies and rancors came to light after his death, and his affair with Victor Hugo's wife must have made him something less than objective about that author.) Overall, Sainte-Beuve was considered by most acquaintances an engaging and delightful person. However, the contemporary authors whom he wrote about did not necessarily consider him so. "Papa Beuve," as his friends called him, was once challenged to a duel by a M. Dubois, who could not brook criticism. It was raining dismally. Sainte-Beuve held an umbrella in one hand as he fired his pistol with the other. "I am willing to die," he said, "but not to catch a nasty cold."

The Biographical Approach

"A naturalist of minds," Sainte-Beuve called himself, comparing his own task to that of a zoologist, just as Balzac did. Sainte-Beuve sought to place his subjects in their social and political backgrounds, to define the influences that made them write what they wrote. His method, then, is *psychological* and *biographical.* He explains the work by the author and then tries to explain the author. His portraits of minds are infinitely subtle. They constitute a type that belongs to creative as well as to critical literature.

This kind of literary-historical criticism had a great vogue in its day and has made a comeback of sorts in our own time. Yet, many objections are made to it by critics of criticism. Sainte-Beuve's method is a system rather than a theory of criticism. He takes for granted the value of the work of art and seeks to determine the conditions that produced it. He concentrates his attention on the artist; and too often the artist is more interesting than his art. The explanation of literature as the product of recognizable conditions works better with commonplace art than with great art, which seems to transcend known conditions. And anyway, say some modern critics of the formalist school, a work of art exists by itself and must be its own justification; we should study the text, not the artist. The explanations that you can find by examining, for instance, an artist's love life are not the real explanations; they leave the mystery untouched.

Nevertheless, Sainte-Beuve remains the master of the *genre* he developed, that of the literary portrait. Often the modern scholar, seeking information on some past writer, particularly on some minor French writer of the classic period, turns to Sainte-Beuve and discovers that no one else has so sensitively penetrated his author's spirit and has summed up that author in such conclusive phrases. That is certainly some vindication of Sainte-Beuve's method. And, more importantly, Sainte-Beuve represents a step in the direction of leading us to examine a work of literature in context (social, cultural, historical, intellectual) rather than in isolation.

Defending His Technique

The selection chosen is an abbreviated form of a long digression within a pair of articles that Sainte-Beuve wrote on Chateaubriand which appeared in 1862. These are included in the *Nouveaux lundis,* Volume III. Sainte-Beuve uses the occasion to answer his critics, expand on the nature of his methodology, and demonstrate what it can do in practical application. In reading the selection, you will no doubt appreciate the clarity and simplicity of vocabulary that mark the style of Sainte-Beuve.

LA MÉTHODE CRITIQUE

...Et il me prend, à cette occasion, l'idée d'exposer une fois pour toutes quelques-uns des principes, quelques-unes des habitudes de méthode qui me dirigent dans cette étude, déjà si ancienne, que je fais des personnages littéraires. J'ai souvent entendu reprocher à la critique moderne, à la mienne en particulier, de n'avoir point de théorie, d'être tout historique, tout individuelle. Ceux qui me traitent avec le plus de faveur ont bien voulu dire que j'étais un assez bon juge, mais qui n'avait pas de Code. J'ai une méthode pourtant, et quoiqu'elle n'ait point préexisté et ne se soit point produite d'abord à l'état de théorie, elle s'est formée chez moi de la pratique même, et une longue suite d'applications n'a fait que la confirmer à mes yeux.

Eh bien! c'est cette méthode ou plutôt cette pratique qui m'a été de bonne heure comme naturelle et que j'ai instinctivement

trouvée dès mes premiers essais de critique, que je n'ai cessé de suivre et de varier selon les sujets durant des années; dont je n'ai jamais songé, d'ailleurs, à faire un secret ni une découverte; qui se rapporte sans doute par quelques points à la méthode de M. Taine,[1] mais qui en diffère à d'autres égards; qui a été constamment méconnue dans mes écrits par des contradicteurs qui me traitaient comme le plus sceptique et le plus indécis des critiques et en simple amuseur; que jamais ni les Génin[2] ni les Rigault,[3] ni aucun de ceux qui me faisaient l'honneur de me sacrifier à M. Villemain[4] et aux autres maîtres antérieurs n'ont daigné soupçonner, c'est cet ensemble d'observations et de directions positives que je vais tâcher d'indiquer brièvement. Il vient un moment dans la vie où il faut éviter autant que possible aux autres l'embarras de tâtonner[5] à notre sujet, et où c'est l'heure

---

1. Hippolyte Taine (1828–93), a major figure in French philosophy and history, developed a deterministic theory of literary criticism, explaining an author's work as the inevitable product of *la race, le milieu, et le moment.*

2–3. *Génin, Rigault:* two minor critics, contempora-

ries of Sainte-Beuve and hostile to him.

4. Villemain, a contemporary academic critic, was more systematic and doctrinaire than Sainte-Beuve.

5. *tâtonner:* grope, fumble.

ou jamais de se développer tout entier…[6]

La littérature, la production littéraire, n'est point pour moi distincte ou du moins séparable du reste de l'homme et de l'organisation; je puis goûter une œuvre, mais il m'est difficile de la juger indépendamment de la connaissance de l'homme même; et je dirais volontiers: *tel arbre, tel fruit.* L'étude littéraire me mène ainsi tout naturellement à l'étude morale.[7]

Avec les Anciens, on n'a pas les moyens suffisants d'observation. Revenir à l'homme, l'œuvre à la main, est impossible dans la plupart des cas avec les véritables Anciens, avec ceux dont nous n'avons la statue qu'à demi brisée. On est donc réduit à commenter l'œuvre, à l'admirer, à rêver l'auteur et le poète à travers. On peut refaire ainsi des figures de poètes ou de philosophes, des bustes de Platon, de Sophocle ou de Virgile, avec un sentiment d'idéal élevé; c'est tout ce que permet l'état des connaissances incomplètes, la disette[8] des sources et le manque de moyens d'information et de retour. Un grand fleuve, et non guéable[9] dans la plupart des cas, nous sépare des grands hommes de l'Antiquité. Saluons-les d'un rivage à l'autre.

Avec les modernes, c'est tout différent; et la critique, qui règle sa méthode sur les moyens, a ici d'autres devoirs. Connaître et bien connaître un homme de plus, surtout si cet homme est un individu marquant et célèbre, c'est une grande chose et qui ne saurait être à dédaigner.

L'observation morale des caractères en est encore au détail, aux éléments, à la description des individus et tout au plus de quelques espèces: Théophraste[10] et La Bruyère[11] ne vont pas au delà. Un jour viendra, que je crois avoir entrevu dans le cours de mes observations, un jour où la science sera constituée, où les grandes familles d'esprits et leurs principales divisions seront déterminées et connues. Alors le principal caractère d'un esprit étant donné, on pourra en déduire plusieurs autres.[12] Pour l'homme, sans doute, on ne pourra jamais faire exactement comme pour les animaux ou pour les plantes; l'homme moral est plus complexe; il a ce qu'on nomme *liberté* et qui, dans tous les cas, suppose une grande mobilité de combinaisons possibles.[13] Quoi qu'il en soit, on arrivera avec le temps, j'imagine, à constituer plus largement la science du moraliste; elle en est aujourd'hui au point où la botanique en était avant Jussieu,[14] et l'anatomie comparée avant Cuvier,[15] à l'état, pour ainsi dire, anecdotique. Nous faisons pour notre compte de simples monographies, nous amassons des observations de détail; mais j'entrevois des liens, des rapports, et un esprit plus étendu, plus lumineux, et resté fin dans le détail, pourra découvrir un jour les grandes divisions naturelles qui répondent aux familles d'esprit.[16]

Mais même, quand la science des esprits serait organisée comme on peut de loin le concevoir, elle serait toujours si délicate

---

6. Remember that this essay was written in 1862, when Sainte-Beuve was fifty-eight.
7. *morale:* intellectual and behavioral.
8. *disette:* scarcity, famine.
9. *guéable:* fordable.
10. *Théophraste:* Theophrastus, Greek philosopher, fourth century B.C.; author of *Characters,* which La Bruyère took as his model.
11. *La Bruyère:* (See Vol. I, p. 269.) Sainte-Beuve looks to the future development of psychology, which will classify personality as the zoologist classifies species. Has psychology fulfilled Sainte-Beuve's expectation?
12. "Il y a dans les caractères une certaine nécessité, certains rapports qui font que tel trait principal entraîne tels traits secondaires." Goethe: *Conversations d'Eckermann. (Note de Sainte-Beuve.)* This idea, implicit in French classical

literary theory, was formulated by Taine as *la faculté maîtresse,* the characteristic, dominating trait of a man, from which everything could be logically deduced.
13. "On trouve de tout dans ce monde, et la variété des combinaisons est inépuisable." Grimm: *Correspondance littéraire. (Note de Sainte-Beuve.)* Grimm was a mid-eighteenth-century journalist.
14. Antoine-Laurent de Jussieu (1748–1836), originator of the modern method of plant classification.
15. Georges Cuvier (1769–1832), creator of the science of comparative anatomy.
16. It would seem that the *esprit lumineux* has still not appeared to sort minds into natural divisions—unless it be Freud's contemporary, C. G. Jung.

et si mobile qu'elle n'existerait que pour ceux qui ont une vocation naturelle et un talent d'observer: ce serait toujours un *art* qui demanderait un artiste habile, comme la médecine exige le tact[17] médical dans celui qui l'exerce, comme la philosophie devrait exiger le tact philosophique chez ceux qui se prétendent philosophes, comme la poésie ne veut être touchée que par un poète.[18]

Je suppose donc quelqu'un qui ait ce genre de talent et de facilité pour entendre les groupes, les familles littéraires (puisqu'il s'agit dans ce moment de littérature); qui les distingue presque à première vue; qui en saisisse l'esprit et la vie; dont ce soit véritablement la vocation; quelqu'un de propre à être un bon naturaliste dans ce champ si vaste des esprits.

S'agit-il d'étudier un homme supérieur ou simplement distingué par ses productions, un écrivain dont on a lu les ouvrages et qui vaille la peine d'un examen approfondi? Comment s'y prendre, si l'on veut ne rien omettre d'important et d'essentiel à son sujet, si l'on veut sortir des jugements de l'ancienne rhétorique, être le moins dupe possible des phrases, des mots, des beaux sentiments convenus, et atteindre au vrai comme dans une étude naturelle?[19]

Il est très utile d'abord de commencer par le commencement, et, quand on en a les moyens, de prendre l'écrivain supérieur ou distingué dans son pays natal, dans sa race. Si l'on connaissait bien la race physiologiquement, les ascendants et ancêtres, on aurait un grand jour sur la qualité secrète et essentielle des esprits; mais le plus souvent cette racine profonde reste obscure et se dérobe. Dans le cas où elle ne se dérobe pas tout entière, on gagne beaucoup à l'observer.

On reconnaît, on retrouve à coup sûr l'homme supérieur, au moins en partie, dans ses parents, dans sa mère surtout, cette parenté la plus directe et la plus certaine; dans ses sœurs aussi, dans ses frères, dans ses enfants mêmes. Il s'y rencontre des linéaments essentiels qui sont souvent masqués, pour[20] être trop condensés ou trop joints ensemble, dans le grand individu; le fond se retrouve, chez les autres de son sang, plus à nu et à l'état simple: la nature toute seule a fait les frais de[21] l'analyse. Cela est très délicat et demanderait à être éclairci par des noms propres, par quantité de faits particuliers; j'en indiquerai quelques-uns.

Prenez les sœurs par exemple. Ce Chateaubriand dont nous parlions avait une sœur qui avait *de l'imagination,* disait-il lui-même, *sur un fonds de bêtise,* ce qui devait approcher de l'extravagance pure;—une autre, au contraire, divine (Lucile, l'*Amélie* de *René*), qui avait la sensibilité exquise, une sorte d'imagination tendre, mélancolique, sans rien de ce qui la corrigeait ou la distrayait chez lui: elle mourut folle et se tua. Les éléments qu'il unissait et associait, au moins dans son talent, et qui gardaient une sorte d'équilibre, étaient distinctement et disproportionnément répartis entre elles.

Je n'ai point connu les sœurs de M. de Lamartine, mais je me suis toujours souvenu d'un mot échappé à M. Royer-Collard[22] qui les avait connues, et qui parlait d'elles dans leur première jeunesse comme de quelque chose de charmant et de mélodieux, comme d'un nid de rossignols. La sœur de Balzac, Mme [Laure] Surville, dont la ressemblance physique avec son frère saute aux yeux, est faite en même temps pour donner à ceux qui, comme moi, ont le tort peut-être de n'admirer qu'incomplètement le célèbre romancier, une idée plus avantageuse qui les éclaire, les rassure et les ramène. La sœur de Beaumarchais,[23] Julie, que M. de Loménie[24] nous a fait connaître, représente

---

17. *tact:* delicate sense of touch.
18. Sainte-Beuve here admits that his observer must possess a peculiar, undefined *critical faculty.* Is this scientific? Does it not undermine his argument?
19. *naturelle:* i.e., of nature, scientific.
20. *pour:* because.
21. *a fait les frais de:* paid for, provided the means

for.
22. *Royer-Collard:* philosopher and statesman (1763–1845).
23. *Beaumarchais:* famous eighteenth century playwright, financier, and adventurer (1732–99).
24. *Loménie:* critic and biographer (1815–78), author of *Beaumarchais et son temps.*

bien son frère par son tour de gaieté et de raillerie, son humeur libre et piquante, son irrésistible esprit de saillie;[25] elle le poussait jusqu'à l'extrême limite de la décence, quand elle n'allait pas au delà; cette aimable et gaillarde fille mourut presque la chanson à la bouche: c'était bien la sœur de Figaro, le même jet et la même sève.

De même pour les frères. Despréaux[26] le satirique avait un frère aîné, satirique également, mais un peu plat, un peu vulgaire; un autre frère chanoine,[27] très gai, plein de riposte;[28] riche en belle humeur, mais un peu grotesque, un peu trop chargé et trop enluminé; la nature avait combiné en Despréaux les traits de l'un et de l'autre, mais avec finesse, avec distinction, et avait aspergé[29] le tout d'un sel digne d'Horace. A ceux pourtant qui voudraient douter de la fertilité et du naturel du fonds chez Despréaux, qui voudraient nier sa verve de source et ne voir en lui que la culture, il n'est pas inutile d'avoir à montrer les alentours évidents et le voisinage de la race.

Mme de Sévigné,[30] je l'ai dit plus d'une fois, semble s'être dédoublée dans ses deux enfants; le chevalier léger, étourdi,[31] ayant la grâce, et Mme de Grignan, intelligente, mais un peu froide, ayant pris pour elle la raison. Leur mère avait tout; on ne lui conteste pas la grâce, mais à ceux qui voudraient lui refuser le sérieux et la raison, il n'est pas mal d'avoir à montrer Mme de Grignan, c'est-à-dire la raison toute seule sur le grand pied[32] et dans toute sa pompe. Avec ce qu'on trouve dans les écrits, cela aide et cela guide.

Et n'est-ce pas ainsi, de nos jours, que certaines filles de poètes, morts il y a des années déjà, m'ont aidé à mieux comprendre et à mieux me représenter le poète leur père? Par moments je croyais revoir en elles l'enthousiasme, la chaleur d'âme, quelques-unes des qualités paternelles premières à l'état pur et intègre, et, pour ainsi dire, conservées dans de la vertu.

C'est assez indiquer ma pensée, et je n'abuserai pas. Quand on s'est bien édifié autant qu'on le peut sur les origines, sur la parenté immédiate et prochaine d'un écrivain éminent, un point essentiel est à déterminer, après le chapitre de ses études et de son éducation; c'est le premier milieu, le premier groupe d'amis et de contemporains dans lequel il s'est trouvé au moment où son talent a éclaté, a pris corps et est devenu adulte. Le talent, en effet, en demeure marqué, et quoi qu'il fasse ensuite, il s'en ressent[33] toujours.

Entendons-nous sur ce mot de *groupe* qu'il m'arrive d'employer volontiers. Je définis le groupe, non pas l'assemblage fortuit et artificiel de gens d'esprit qui se concertent dans un but, mais l'association naturelle et comme spontanée de jeunes esprits et de jeunes talents, non pas précisément semblables et de la même famille, mais de la même *volée*[34] et du même printemps, éclos sous le même astre, et qui se sentent nés, avec des variétés de goût et de vocation, pour une œuvre commune. Ainsi la petite société de Boileau, Racine, La Fontaine et Molière vers 1664, à l'ouverture du grand siècle: voilà le groupe par excellence,—tous génies![35] Ainsi, en 1802, à l'ouverture du XIXe siècle, la réunion de Chateaubriand, Fontanes,[36] Joubert[37]…Ce groupe-là, à s'en tenir à la qualité des esprits, n'était pas trop chétif non plus ni à mépriser. Ainsi encore, pour ne pas nous borner à nos seuls exemples domestiques, ainsi à Gœttingue,[38] en 1770, le groupe de

---

25. *esprit de saillie:* ready wit.
26. *Despréaux:* Nicolas Boileau-Despréaux. (See Vol. I, p. 240.)
27. *chanoine:* canon, priest attached to cathedral.
28. *riposte:* witty retorts.
29. *aspergé:* sprinkled.
30. *Mme de Sévigné:* the great seventeenth-century epistolary writer.
31. *étourdi:* scatter-brained.
32. *sur le grand pied:* on a large scale.

33. *s'en ressent:* feels the effects of it.
34. *volée:* flight.
35. Geniuses, yes, but not the close friends that Sainte-Beuve believed.
36. *Fontanes:* a minor poet and scholar (1757–1821).
37. *Joubert:* moralist (1754–1824), author of *Pensées*.
38. *Goettingue:* Göttingen, small university city in west-central Germany.

jeunes étudiants et de jeunes poètes qui publient l'*Almanach des Muses,* Bürger, Voss, Hœlty, Stolberg, etc.; ainsi, en 1800, à Édimbourg, le cercle critique dont Jeffrey[39] est le chef, et d'où sort la célèbre Revue à laquelle il préside. A propos d'une de ces associations dont faisait partie Thomas Moore[40] dans sa jeunesse, à l'université de Dublin, un critique judicieux a dit: « Toutes les fois qu'une association de jeunes gens est animée d'un généreux souffle et se sent appelée aux grandes vocations, c'est par des associations particulières qu'elle s'excite et se féconde. Le professeur, dans sa chaire, ne distribue guère que la science morte; l'esprit vivant, celui qui va constituer la vie intellectuelle d'un peuple et d'une époque, il est plutôt dans ces jeunes enthousiastes qui se réunissent pour échanger leurs découvertes, leurs pressentiments, leurs espérances.[41] »

Je laisse les applications à faire en ce qui est de notre temps. On connaît de reste [42] le cercle critique du *Globe*[43] vers 1827, le groupe tout poétique de la *Muse française*[44] en 1824, le *Cénacle*[45] en 1828. Aucun des talents, jeunes alors, qui ont séjourné et vécu dans l'un de ces groupes, n'y a passé impunément. Je dis donc que, pour bien connaître un talent, il convient de déterminer le premier centre poétique ou critique au sein duquel il s'est formé, le groupe naturel littéraire auquel il appartient, et de l'y rapporter exactement. C'est sa vraie date originelle.

Les très grands individus se passent de groupe: ils font centre eux-mêmes, et l'on se rassemble autour d'eux. Mais c'est le groupe, l'association, l'alliance et l'échange actif des idées, une émulation perpétuelle en vue de ses égaux et de ses pairs, qui donne à l'homme de talent toute sa *mise en dehors,*[46] tout son développement et toute sa valeur. Il y a des talents qui participent de plusieurs groupes à la fois et qui ne cessent de voyager à travers des milieux successifs, en se perfectionnant, en se transformant ou en se déformant. Il importe alors de noter, jusque dans ces variations et ces conversions lentes ou brusques, le ressort caché et toujours le même, le mobile[47] persistant.

Chaque ouvrage d'un auteur, vu, examiné de la sorte, à son point, après qu'on l'a replacé dans son cadre et entouré de toutes les circonstances qui l'ont vu naître, acquiert tout son sens,—son sens historique, son sens littéraire,—reprend son degré juste d'originalité, de nouveauté ou d'imitation, et l'on ne court pas risque, en le jugeant, d'inventer des beautés à faux et d'admirer à côté, comme cela est inévitable quand on s'en tient à la pure rhétorique.[48]

Sous ce nom de rhétorique, qui n'implique pas dans ma pensée une défaveur absolue, je suis bien loin de blâmer d'ailleurs et d'exclure les jugements du goût, les impressions immédiates et vives; je ne renonce pas à Quintilien,[49] je le circonscris.[50] Être en histoire littéraire et en critique un disciple de Bacon,[51] me paraît le besoin du temps et une excellente condition première pour juger et goûter ensuite avec plus de sûreté.

Une très large part appartiendra toujours à la critique de première lecture et de première vue, à la critique mondaine,

---

39. Francis Jeffrey (1773–1850), editor of *Edinburgh Review.* Sir Walter Scott was a member of this group.
40. Thomas Moore (1779–1852), Irish poet, now remembered chiefly for his *Irish Melodies.*
41. Further illustrating these words of Sainte-Beuve, can you give examples of similar American literary groups?
42. *de reste:* well enough.
43. *Globe:* literary, political, scientific journal. (Sainte-Beuve himself was a contributor.)
44. *Muse française:* organ of young Romantics: Hugo, Vigny, and others.
45. *Cénacle:* Hugo's group, which included Sainte-

Beuve, Vigny, Musset, etc.
46. *mise en dehors:* externalization.
47. *mobile:* motive.
48. *rhétorique:* i.e., a judgment based solely on literary form.
49. *Quintilien:* Quintilian, Roman rhetorician, first century A.D.; he opposed the formalization of literature, insisted on freedom of inspiration.
50. "La connaissance des esprits est le charme de la critique; le maintien des bonnes règles n'en est que le métier et la dernière utilité." Joubert (*Note de Sainte-Beuve*).
51. Francis Bacon (1561–1626), one of the first proponents of the experimental scientific method.

aux formes démonstratives, académiques. Qu'on ne s'alarme pas trop de cette ardeur de connaître à fond et de pénétrer; il y a lieu et moment pour l'employer, et aussi pour la suspendre. On n'ira pas appliquer les procédés du laboratoire dans les solennités[52] et devant tous les publics. Les académies, les chaires oratoires[53] sont plutôt destinées à montrer la société et la littérature par les côtés spécieux[54] et par l'*endroit*;[55] il n'est pas indispensable ni peut-être même très utile que ceux qui ont pour fonction de déployer et de faire valoir éloquemment les belles tentures et les tapisseries, les regardent et les connaissent trop par le dessous et par l'*envers*: cela les gênerait.

L'analyse pourtant a son genre d'émotion aussi et pourrait revendiquer[56] sa poésie, sinon son éloquence. Qui n'a connu un talent que tard et ne l'a apprécié que dans son plein ou dans ses œuvres dernières; qui ne l'a vu jeune, à son premier moment d'éclat et d'essor,[57] ne s'en fera jamais une parfaite et naturelle idée, la seule vivante. Vauvenargues,[58] voulant exprimer le charme qu'a pour le talent un premier succès et un début heureux dans la jeunesse, a dit avec bien de la grâce: « Les feux de l'aurore ne sont pas si doux que les premiers regards de la gloire. » De même pour le critique qui étudie un talent, il n'est rien de tel que de le surprendre dans son premier feu, dans son premier jet, de le respirer à son heure matinale, dans sa fleur d'âme et de jeunesse. Le portrait vu dans sa première épreuve[59] a pour l'amateur et pour l'homme de goût un prix que rien dans la suite ne peut rendre. Je ne sais pas de jouissance plus douce pour le critique que de comprendre et de décrire un talent jeune, dans sa fraîcheur, dans ce

qu'il a de franc et de primitif, avant tout ce qui pourra s'y mêler d'acquis et peut-être de fabriqué.

Heure première et féconde de laquelle tout date! moment ineffable! C'est entre les hommes du même âge et de la même heure, ou à peu près, que le talent volontiers se choisit pour le reste de sa carrière ou pour la plus longue moitié, ses compagnons, ses témoins, ses émules, ses rivaux aussi et ses adversaires. On se fait chacun son vis-à-vis et son point de mire.[60] Il y a de ces rivalités, de ces défis et de ces *piques,* entre égaux ou presque égaux, qui durent toute la vie. Mais fussions-nous un peu primés,[61] ne désirons jamais qu'un homme de notre génération tombe et disparaisse, même quand ce serait un rival et quand il passerait pour un ennemi: car si nous avons une vraie valeur, c'est encore lui qui, au besoin et à l'occasion, avertira les nouvelles générations ignorantes et les jeunes insolents qu'ils ont affaire en nous à un vieil athlète qu'on ne saurait mépriser et qu'il ne faut point traiter à la légère; son amour-propre à lui-même y est intéressé: il s'est mesuré avec nous dans le bon temps, il nous a connus dans nos meilleurs jours. Je revêtirai ma pensée de noms illustres. C'est encore Cicéron qui rend le plus noble hommage à Hortensius.[62] Un mot d'Eschine[63] est resté le plus bel éloge de Démosthène. Et le héros grec Diomède,[64] parlant d'Énée dans Virgile, et voulant donner de lui une haute idée: « Croyez-en, dit-il, celui qui s'est mesuré avec lui! »[65]

Rien ne juge un esprit pour la portée et le degré d'élévation, comme de voir quel antagoniste et quel rival il s'est choisi de bonne heure. L'un est la mesure de l'autre. Calpé[66] est égal à Abyla.[67]

---

52. *solennités:* i.e., public tributes, memorial functions, etc.
53. *chaires oratoires:* professorships of eloquence existed at the Sorbonne and no doubt elsewhere.
54. *spécieux:* fair seeming.
55. *par l'endroit:* right side up.
56. *revendiquer:* lay claim to.
57. *essor:* first flight, soaring.
58. *Vauvenargues:* moralist and maxim writer (1715–47).
59. *épreuve:* proof (as of an engraving).
60. *On se fait...mire:* Each one chooses his opposite

and his target.
61. *primés:* surpassed.
62. Hortensius, Roman orator (114–50 B.C.), Cicero's rival.
63. *Eschine:* Aeschines, Athenian orator (389–314 B.C.), rival of the greater orator, Demosthenes.
64. Diomedes, a hero of the Trojan War, appearing in Homer's *Iliad* and in Vergil's *Aeneid.*
65. See the *Aeneid,* Bk. XI, 283: *experto credite...*
66–67. *Calpé, Abyla:* classic names for mountains on either side of the Strait of Gibraltar, "pillars of Hercules."

Il n'importe pas seulement de bien saisir un talent au moment du coup d'essai et du premier éclat, quand il apparaît tout formé et plus qu'adolescent, quand il se fait adulte; il est un second temps non moins décisif à noter, si l'on veut l'embrasser dans son ensemble: c'est le moment où il se gâte, où il se corrompt, où il déchoit,[68] où il dévie.[69] Prenez les moins choquants, les plus doux que vous voudrez, la chose arrive à presque tous. Je supprime les exemples; mais il est, dans la plupart des vies littéraires qui nous sont soumises, un tel moment où la maturité qu'on espérait est manquée, ou bien, si elle est atteinte, est dépassée, et où l'excès même de la qualité devient le défaut; où les uns se roidissent et se dessèchent, les autres se lâchent et s'abandonnent, les autres s'endurcissent, s'alourdissent, quelques-uns s'aigrissent; où le sourire devient une ride. Après le premier moment où le talent dans sa floraison brillante s'est fait homme et jeune homme éclatant et superbe, il faut bien marquer ce second et triste moment où il se déforme et se fait autre en vieillissant.

Une des façons laudatives très ordinaires à notre temps est de dire à quelqu'un qui vieillit: « Jamais votre talent n'a été plus jeune. » Ne les écoutez pas trop, ces flatteurs; il vient toujours un moment où l'âge qu'on a au dedans se trahit au dehors. Cependant il est, à cet égard, il faut le reconnaître, de grandes diversités entre les talents et selon les genres. En poésie, au théâtre, en tout comme à la guerre, les uns n'ont qu'un jour, une heure brillante, une victoire qui reste attachée à leur nom et à quoi le reste ne répond pas: c'est comme Augereau,[70] qui aurait mieux fait de mourir le soir de Castiglione. D'autres ont bien des succès qui se varient et se renouvellent avec les saisons. Quinze ans d'ordinaire font une carrière;[71] il est donné à quelques-uns de la doubler, d'en recommencer ou même d'en remplir une seconde. Il est des genres modérés auxquels la vieillesse est surtout propre, les mémoires, les souvenirs, la critique, une poésie qui côtoie[72] la prose; si la vieillesse est sage, elle s'y tiendra. Sans prendre trop à la lettre le précepte, *Solve senescentem*[73]…sans mettre précisément son cheval à l'écurie, ce qu'elle ne doit faire que le plus tard possible, elle le mènera doucement par la bride à la descente: cela ne laisse pas d'avoir très bon air encore. On a vu par exception des esprits, des talents, longtemps incomplets ou épars, paraître valoir mieux dans leur vieillesse et n'avoir jamais été plus à leur avantage: ainsi cet aimable Voltaire suisse, Bonstetten,[74] ainsi ce quart d'homme de génie Ducis.[75] Ces exemples ne font pas loi.

On ne saurait s'y prendre de trop de façons et par trop de bouts pour connaître un homme, c'est-à-dire autre chose qu'un pur esprit. Tant qu'on ne s'est pas adressé sur un auteur un certain nombre de questions et qu'on n'y a pas répondu, ne fût-ce que pour soi seul et tout bas, on n'est pas sûr de le tenir tout entier, quand même ces questions sembleraient le plus étrangères à la nature de ses écrits:—Que pensait-il en religion?—Comment était-il affecté du spectacle de la nature?—Comment se comportait-il sur l'article[76] des femmes? sur l'article de l'argent?—Était-il riche, était-il pauvre?—Quel était son régime, quelle était sa manière journalière de vivre? etc.—Enfin, quel était son vice ou son faible? Tout homme en a un. Aucune des réponses

---

68. *déchoit:* is failing, slipping downward.
69. *dévie:* goes astray.
70. *Augereau:* Napoleonic marshal (1757–1816), created duc de Castiglione for his service in that battle (1796); involved in scandals connected with looting.
71. *Quinze ans...carrière:* Sainte-Beuve is commenting that 15 years is a short career, and that authors are reluctant to believe that they are not likely to remain popular forever. (In the literary world today, a 15-year career might well be considered remarkably long.)
72. *côtoie:* borders on.
73. *Solve senescentem…:* "Give rest in time to that old horse, for fear / At last he founder 'mid the general jeer." Horace: *Epistles* I, 1, 8 (Conington translation).
74. *Bonstetten:* scholar and essayist (1745–1832).
75. *Ducis:* writer of poetic tragedies, translator of Shakespeare (1733–1816). (Sainte-Beuve might have cited Voltaire himself.)
76. *sur l'article de:* respecting.

à ces questions n'est indifférente pour juger l'auteur d'un livre et le livre lui-même, si ce livre n'est pas un traité de géométrie pure, si c'est surtout un ouvrage littéraire, c'est-à-dire où il entre de tout.

Très souvent un auteur, en écrivant, se jette dans l'excès ou dans l'affectation opposée à son vice, à son penchant secret, pour le dissimuler et le couvrir; mais c'en est encore là un effet sensible et reconnaissable, quoique indirect et masqué. Il est trop aisé de prendre le contrepied en toute chose; on ne fait que retourner[77] son défaut. Rien ne ressemble à un creux comme une bouffissure.[78]

Quoi de plus ordinaire en public que la profession et l'affiche[79] de tous les sentiments nobles, généreux, élevés, désintéressés, chrétiens, philanthropiques? Est-ce à dire que je vais prendre au pied de la lettre et louer pour leur générosité, comme je vois qu'on le fait tous les jours, les plumes de cygne[80] ou les langues dorées qui me prodiguent et me versent ces merveilles morales et sonores? J'écoute, et je ne suis pas ému. Je ne sais quel faste ou quelle froideur m'avertit; la sincérité ne se fait pas sentir. Ils ont des talents royaux, j'en conviens; mais là-dessous, au lieu de ces âmes pleines et entières comme les voudrait Montaigne, est-ce ma faute si j'entends raisonner des âmes vaines?— Vous le savez bien, vous qui, en écrivant, dites poliment le contraire; et quand nous causons d'eux entre nous, vous en pensez tout comme moi.

On n'évite pas certains mots dans une définition exacte des esprits et des talents; on peut tourner autour, vouloir éluder, périphraser, les mots qu'on chassait et qui nomment reviennent toujours. Tel, quoi qu'il fasse d'excellent ou de spécieux en divers genres, est et restera toujours un rhéteur.[81] Tel, quoi qu'il veuille conquérir ou peindre, gardera toujours de la chaire,[82] de l'école et du professeur. Tel autre, poète, historien, orateur, quelque forme brillante ou enchantée qu'il revête, ne sera jamais que ce que la nature l'a fait en le créant, un improvisateur de génie. Ces appellations vraies et nécessaires, ces qualifications décisives ne sont cependant pas toujours si aisées à trouver, et bien souvent elles ne se présentent d'elles-mêmes qu'à un moment plus ou moins avancé de l'étude. Chateaubriand s'est défini un jour à mes yeux[83] « un épicurien qui avait l'imagination catholique, » et je ne crois pas m'être trompé. Tâchons de trouver ce nom caractéristique d'un chacun et qu'il porte gravé moitié au front, moitié au dedans du cœur, mais ne nous hâtons pas de le lui donner.

De même qu'on peut changer d'opinion bien des fois dans sa vie, mais qu'on garde son caractère, de même on peut changer de genre sans modifier essentiellement sa manière. La plupart des talents n'ont qu'un seul et même procédé qu'ils ne font que transposer, en changeant de sujet et même de genre. Les esprits supérieurs ont plutôt un cachet qui se marque à un coin;[84] chez les autres, c'est tou un moule[85] qui s'applique indifféremment et se répète.

On peut jusqu'à un certain point étudier les talents dans leur postérité morale, dans leurs disciples et leurs admirateurs naturels. C'est un dernier moyen d'observation facile et commode. Les affinités se déclarent librement ou se trahissent. Le génie est un roi qui crée son peuple. Appliquez cela à Lamartine, à Hugo, à Michelet,[86] à Balzac, à Musset. Les admirateurs enthousiastes sont un peu des complices: ils s'adorent eux-mêmes, qualités et défauts, dans leur grand représentant. Dis-moi qui t'admire et qui t'aime, et je te dirai qui tu es. Mais

---

77. *retourner:* reverse.
78. *bouffissure:* swelling.
79. *affiche:* display.
80. *plumes de cygne:* swan's feathers (*i.e.,* poets).
81. *rhéteur:* formal, empty talker.
82. *chaire:* pulpit.
83. *Chateaubriand...yeux:* i.e., One day I hit upon

this description of Chateaubriand.
84. *un cachet...coin:* i.e., a seal which serves as a hallmark.
85. *moule:* mold, brand.
86. *Michelet:* important historian (1798–1874), loosely classed as a Romantic.

il importe de discerner pour chaque auteur célèbre son vrai public naturel, et de séparer ce noyau original qui porte la marque du maître, d'avec le public banal et la foule des admirateurs vulgaires qui vont répétant ce que dit le voisin.

Les disciples qui imitent le genre et le goût de leur modèle en écrivant sont très curieux à suivre et des plus propres, à leur tour, à jeter sur lui de la lumière. Le disciple, d'ordinaire, charge[87] ou parodie le maître sans s'en douter: dans les écoles élégantes,[88] il l'affaiblit; dans les écoles pittoresques et crues, il le force, il l'accuse[89] à l'excès et l'exagère: c'est un miroir grossissant. Il y a des jours, quand le disciple est chaud et sincère, où l'on s'y tromperait vraiment, et l'on serait tenté de s'écrier, en parodiant l'épigramme antique: «O Chateaubriand! O Salvandy![90] lequel des deux a imité l'autre?» Changez les noms, et mettez-en de plus modernes, si vous le voulez: l'épigramme est éternelle.

Quand le maître se néglige et quand le disciple se soigne et s'endimanche, ils se ressemblent; les jours où Chateaubriand fait mal, et où Marchangy[91] fait de son mieux, ils ont un faux air l'un de l'autre; d'un peu loin, par derrière, et au clair de lune, c'est à s'y méprendre.

Tous les disciples ne sont pas nécessairement des copies et des contre-façons; tous ne sont pas compromettants: il y en a, au contraire, qui rassurent et qui semblent faits tout exprès pour cautionner[92] le maître. N'est-ce pas ainsi que M. Littré[93] a élucidé et perfectionné Auguste Comte?[94] Je connais, même dans la pure littérature, des admirateurs et des disciples de tel ou tel talent hasardeux qui m'avertissent à son

sujet, et qui m'apprennent à respecter celui que, sans eux, j'aurais peut-être traité plus à la légère.

S'il est juste de juger un talent par ses amis et ses clients naturels, il n'est pas moins légitime de le juger et contre-juger (car c'est bien une contre-épreuve en effet) par les ennemis qu'il soulève et qu'il s'attire sans le vouloir, par ses contraires et ses antipathiques, par ceux qui ne le peuvent instinctivement souffrir. Rien ne sert mieux à marquer les limites d'un talent, à circonscrire sa sphère et son domaine, que de savoir les points justes où la révolte contre lui commence. Cela même, dans le détail, devient piquant à observer; on se déteste quelquefois toute sa vie dans les lettres sans s'être jamais vus. L'antagonisme des familles d'esprits achève ainsi de se dessiner. Que voulez-vous? c'est dans le sang, dans le tempérament, dans les premiers partis pris[95] qui souvent ne dépendaient pas de vous. Quand ce n'est pas de la basse envie, ce sont des haines de race. Comment voulez-vous obliger Boileau à goûter Quinault;[96] et Fontenelle[97] à estimer grandement Boileau? et Joseph de Maistre[98] ou Montalembert[99] à aimer Voltaire?

C'est assez longuement parler pour aujourd'hui de la méthode naturelle en littérature. Elle trouve son application à peu près complète dans l'étude de Chateaubriand. On peut, en effet, répondre avec certitude à presque toutes les questions qu'on se pose sur son compte. On connaît ses origines bretonnes, sa famille, sa race; on le suit dans les divers groupes littéraires qu'il a traversés dès sa jeunesse, dans ce monde du XVIIIᵉ siècle qu'il n'a fait que

---

87. *charge:* exaggerates.
88. *élégantes:* i.e., prizing conventional graces.
89. *accuse: here,* accentuates.
90. *Salvandy:* statesman and historian (1795–1856). The reference is to a remark made to Menander, Greek writer of comedies: "O Menander! O life! Which of you has imitated the other?"
91. *Marchangy:* minor writer (1782–1826), author of *La Gaule poétique.*
92. *cautionner:* guarantee, give legal surety for.
93. *Littré:* great lexicographer and positivist philosopher (1801–81).

94. *Comte:* Auguste Comte (1798–1857), founder of positivism, a philosophy based on scientific pretensions. Comte was also the primary founder of sociology, the scientific study of societal structures and behaviors.
95. *partis pris:* prejudices.
96. *Quinault:* poet and dramatic author (1635–88).
97. *Fontenelle:* See Vol. I, p. 300.
98. *Joseph de Maistre:* reactionary writer on politics and religion (1754–1821).
99. *Montalembert:* statesman and writer (1810–70), defender of liberal Catholicism.

côtoyer et reconnaître en 89,[100] et plus tard dans son cercle intime de 1802, où il s'est épanoui avec toute sa fleur. Les sympathies et les antipathies, de tout temps si vives, qu'il devait susciter, se prononcent et font cercle dès ce moment autour de lui. On le retrouve, ardent écrivain de guerre, dans les factions politiques en 1815 et au delà, puis au premier rang du parti libéral quand il y eut porté sa tente, sa vengeance et ses pavillons.[101] Il est de ceux qui ont eu non pas une, mais au moins deux carrières. Jeune ou vieux, il n'a cessé de se peindre, et, ce qui vaut mieux, de se montrer, de se laisser voir, et, en posant solennellement d'un côté, de se livrer nonchalamment de l'autre, à son insu et avec une sorte de distraction. Si, après toutes ces facilités d'observation auxquelles il prête plus que personne, on pouvait craindre de s'être formé de lui comme homme et comme caractère une idée trop mêlée de restrictions et trop sévère, on devrait être rassuré aujourd'hui qu'il nous est bien prouvé que ses amis les plus intimes et les plus indulgents n'ont pas pensé de lui dans l'intimité autrement que nous, dans notre coin, nous n'étions arrivé à le concevoir, d'après nos observations ou nos conjectures.

Son *Éloge* reste à faire, un Éloge littéraire, éloquent, élevé, brillant comme lui-même, animé d'un rayon qui lui a manqué depuis sa tombe, mais un Éloge qui, pour être juste et solide, devra pourtant supposer *en dessous* ce qui est dorénavant acquis et démontré.

12. Le Réalisme naturaliste

A Positivist Literature

Every serious artist is a Realist in some sense, since he tries to state a recognized reality, even though it be interior and spiritual. He supports his recognition of reality by his observation of the external world. Thus we cannot say that *Realism,* in its larger sense, ever began or has ever stopped.

But for the purposes of French literary history we give the name *Réalisme* to an aesthetic doctrine which was formulated in the mid-nineteenth century. The chief exemplar of *Réalisme* is Gustave Flaubert. His predecessors are the *romantic Realists:* Stendhal, Balzac, and Mérimée; his successors in naturalistic realism are most of the writers of fiction, down to our own times.

Réalisme, in the restricted sense, took shape mostly under the Second Empire (1852–1870). The circumstances were propitious. The enthusiasms of the Republic and the Napoleonic period had died; the passions of the Romantics had taken on the grotesque look of most spent passions. France was rich; business boomed; the business class, the bourgeoisie, was in control, imposing its ideals of order, prosperity, respectability, conformity. (But under this fair surface the discontented workers were in ferment; socialism, anarchy, the doctrine of class war were spreading.) The popular philosophies, like Comte's *positivism,*

---

100. *89* = 1789, outbreak of the French Revolution.   101. *pavillons:* banners.

reposed on science and the tangible, provable fact, and dismissed metaphysics, mysticism, the dream, God, and such nonmeasurable concepts. Common sense ruled the day.

Thus the mood of the Second Empire was favorable to Realism. But the matter is not so simple. Literature is not always a representation of life; indeed, it is a protest against life as often as a picture of it. Realism was both representation and protest. The government desired essentially the same kind of literature that prevailed in Louis XIV's time: a neo-classical literature promoting orderliness, obedience, and fatalism. The Emperor and his regime considered Realism and its exposés of social ills to be little more than anarchism. Even the typical citizen of the Second Empire did not welcome Realism. The average person tends to cling to the valuations he has learned in youth, becomes increasingly rigid over time, and hates the artistic novelties that appear during his middle and elder years. Thus we have a time lag in popular appreciation. The bourgeois expected flattery for their material achievements, but the Realists' picture of bourgeois life was far from flattering. And thus the Realists, who seem to us accurate portrayers of the Second Empire, were denounced by the Second Empire. Flaubert's *Madame Bovary* was enjoined by the courts as immoral, a libel on life, a travesty of literature. The prosecution in Flaubert's trial alleged that the purpose of literature is to lead readers toward the beautiful and the good. No, said Flaubert. The purpose of literature is to report on life as exactly as possible, with no concern for morality. (This is part of the doctrine of *Art for Art's Sake*, which we will discuss later.) Nevertheless, it would be a mistake to assume that Realists have no moral compass. Most simply choose not to moralize out loud, so to speak.

Defining Realism

Let us now attempt a *definition of Realism,* as it was conceived by Flaubert. Realism is the reproduction of normal, typical life in the form of fictions possessing universal validity. Its *method* is the rigorous, exact observation of human behavior against the physical backgrounds of contemporary life. Its *artistic code* is objectivity, the apparent suppression of the writer's personality. Its *form* avoids the exaggerated, the poetic, the decorative, but it is nonetheless artistic, in its insistence on the *mot juste,* or exact word, and in its carefully constructed prose harmony.

But regardless of Flaubert's conception, Realism is not really literary impartiality. It must be understood that Realism also is not the same thing as authenticity, accuracy, or even imitation of the physical world. Rather, as Lilian R. Furst has well demonstrated in her book *All is True: The Claims and Strategies of Realist Fiction* (1995), Realism is a set of authorial devices, strategies, stylistic techniques, and even outright deceptions designed to manipulate the reader into believing that what is being read is an accurate depiction of the real.

Gustave Flaubert

[1821–1880]

The Greatest Stylist

If there is one author who remains synonymous with stylistic excellence, it is Flaubert. He was almost masochistic in the way he enjoyed torturing himself by writing as slowly and carefully as possible, rewriting every sentence until it could be improved no further. Luckily for us, he was not just being eccentric; he was setting the standard for all time.

Medical Mentality

Gustave Flaubert's father was chief surgeon and resident physician in the Rouen hospital. Gustave grew up in familiarity with the sight and smell of sickness and death. His first recollection was of climbing to the barred windows of the dissecting room to look at the corpses. This early curiosity about grim reality may be taken as symbolic. Although he lacked whatever temperament it takes to be a doctor, and resented his father's efforts to mold his future, Flaubert would grow up to dissect humanity in his novels the way a surgeon dissects a patient. Moreover, the medical knowledge that Gustave derived from his father and others in the profession would result in much medically accurate detail in the novels. This medical mentality of Flaubert's makes him one of the more scientific Realists, almost a Naturalist (a designation that we will discuss in our treatment of Zola.)

Flaubert was sent to Paris to study law, which he found the height of absurdity. At the age of twenty-two he suffered a nervous breakdown, possibly accompanied by epilepsy, and gave up any attempt to earn a living. Fortunately, he was well-to-do. He lived thereafter at the family property of Croisset, on the Seine below Rouen in Normandy. Except for some exotic travels and a few rather unsatisfactory love affairs, his life was merely the record of his writing and reading. He speaks of "ma pauvre vie si plate et si tranquille, où les phrases sont des aventures." A seemingly bourgeois individual who hated everything about bourgeois life, Flaubert turned inward from his paradox and lived henceforth for his literature. Pursuing in agony the perfect phrase, gouging out his successive books (as Henry James put it), he became an example of literary consecration. His valet was instructed to speak to him only once a week, and then to say: "Monsieur, c'est dimanche." (So the story goes, at least.) Flaubert never married or raised any children, although it was widely rumored in his day that his protégé, Guy de Maupassant, may have been Flaubert's illegitimate son.

In Flaubert's personality dwelled two tendencies in opposition. Excessively emotional, he inclined naturally toward wild, lyric imaginations—Romanticism, in short. But his profound pessimistic scorn of humanity made him mock all human folly, especially his own lyric impulses. The world is God's joke, he said; he was trying to see the world from God's point of view, which is obviously that of amused contempt.

Bovary and Persecution

Flaubert's inward war of poetic fancy and mockery, of acid and alkali, produced a number of works, very curious and interesting, but mostly difficult to read and assess. The conflict produced, however, one of the world's great literary masterpieces, *Madame Bovary* (1857).

Flaubert had said: "Ce qui me semble beau, ce que je voudrais faire, c'est un livre sur rien, un livre sans attache extérieure, qui se tiendrait de lui-même par la force interne de son style, comme la terre sans être sur terre se tient en l'air." He did not quite dare to write a book about nothing, but in his first full novel, *Madame Bovary*, he approached his ideal in the sense that his plot includes no great adventures, no lofty endeavors, no wars, no revolutions, no duels, no murders. Yet, the *rien* that is the subject of this story is everything that mattered to women, at least in Flaubert's time, when education and grand endeavors were reserved for men only, and women had to make the best of a very limited domestic lifestyle. Flaubert's subject is based on an actual incident concerning a frustrated, unfulfilled wife and her lowly country doctor husband. It is a sorry, pitiable story of adultery and suicide. The background

Gustave Flaubert. Illustration in 1904 Dunne edition of Madame Bovary: A Provincial Life.

is a dreary, rain-sodden Norman village. The characters are all stupid or contemptible, or both. They are moved, not by reason, but by a kind of automatism; they respond to stimuli with reactions necessitated by their background, class, and education. Emma Bovary herself, motherless and essentially ignorant of what to expect in life, is a woman who retreats from reality into tawdry dreams and desperate acts. She may be seen as as a mild schizophrenic, or as someone addicted to dreams of romantic adventure à la Don Quixote, or at least the victim of delusions (about husband as Prince Charming, etc.) perpetrated by nineteenth-century Romantic literature. Or perhaps she is purely a victim of a sexist society. Countless readers – especially women who have had at least some occasion in married life to feel what Emma felt – have found Flaubert's psychological portrait highly believable and almost maliciously accurate in its satire of middle-class values. Put on trial for obscenity even though there was nothing obscene in his novel, Flaubert (who was found innocent) parlayed his prosecution and near-persecution into great publicity (as scandal so often is) and found himself with a surprise best-seller.

Almost every scholarly introduction to Flaubert's works ever written has quoted his famous words, "Madame Bovary, c'est moi." However, no one ever seems to cite any solid source for the quotation. It may be that there simply is no source. Nowhere did Flaubert ever write those words, as far as any scholar can tell. And there are many letters by Flaubert in which he insists that there is absolutely nothing of himself revealed in anything he wrote. The confusion derives perhaps from his comments about how he was able to fully imagine himself in the skin of each character as he was writing. In one letter to Louise Colet, for example, Flaubert relates how a particularly steamy passage that he was writing left him gasping to the point that he had to race to his window and let in some fresh air.

Flaubert's other novels—*Salammbô* (an adventure set in ancient Carthage), *L'Éducation sentimentale* (about a young man on the make during the Revolution of 1848), *La Tentation de Sainte-Antoine* (about the ascetic saint), *Bouvard et Pécuchet* (about two numbskulls in search of truth) —have their violent partisans, who insist that one or another is the great book, superior to *Madame Bovary*. Flaubert also wrote a hilarious book called the *Dictionnaire des idées reçues* which is a compendium of verbal clichés floating around in society.

Stylistic Imperatives

Flaubert was a great *artist*. He rejected completely the belief in inspiration and insisted on *observation* and *documentation*. Of course writers have always observed and documented, but Flaubert's pursuit of accuracy carried him to fantastic lengths (stretching the writing time for each novel to several years.) The next stage is *selection*. While Balzac would devote six pages to the complete description of a room, Flaubert would edit and reedit his sentences until he boiled his description down to the one or two perfect details that would render the spirit of the room. The next necessity is *style*. The style, adapted to the *tone* required, must be "as rhythmical as verse, as precise as the language of science." It is interesting that hardly any of Flaubert's characters get to speak at any length. Instead, the narrator tells you what the characters must have been thinking or saying, putting it in his own words instead of theirs. This is known as indirect discourse. Its main purpose is clear – people in real life just do not speak artistically, and Flaubert valued artistry above all else, so he just could not let his characters speak for themselves.

Clarity was another touchstone of Flaubert's writing philosophy, and in this respect he has much in common with neo-classical authors. He believed that finding precisely the right term, the famous *mot juste*, would convey to the reader precisely the nuance desired. A result, however, is that Flaubert often uses a too-large vocabulary filled with obscure words that undermine the desired clarity. Also, he has the annoying habit of beginning paragraphs with the word *il* or *elle*, so that the reader does not know who or what is the subject. Of course, Flaubert had spent so much time rereading and revising every paragraph that he likely forgot after awhile that the reader was ignorant of the paragraph's content, having not yet read it even once.

Objectivity was yet another principle at the heart of Flaubert's doctrine. He (or his narrator) never overtly tells you his judgment about things, the way that a subjective author like Balzac did. Yet, it is oddly ironic that the reader is perfectly aware at all times of exactly how Flaubert feels about nearly everything. We have no trouble gauging his attitude because it is so obvious just how sympathetic or unsympathetic any particular character or action is. It is simply a matter of Flaubert's mentality that he agreed with Pascal's statement that "le moi est haïssable." So he kept his *moi* to himself.

Three Tales

Just as you cannot remove a note from an exquisitely constructed Mozart composition without ruining the music, so it is equally ruinous to try to abridge any piece of Flaubert's writing. Every phrase or paragraph seems to relate to or balance out others. So only an unabridged work by Flaubert will do. Our selection is therefore his *Un Cœur simple* (1877), which is complete in itself.

This short story, which is really long enough to be termed a novella, was part of a three-story book appropriately called *Les Trois Contes*. The other two stories are *Hérodias* (about Salome and John the Baptist), and *La Légende de St-Julien l'Hospitalier* (about a medieval saint's adventures.) Both are difficult reading, requiring that the average reader keep a set of technical dictionaries and encyclopedias within arm's reach at all times. *Un Cœur simple*, however, is much more reader-friendly and infinitely more popular.

Un Cœur simple is based on Flaubert's memories of his great-aunt and an old servant of some friends. It was written with his usual laboriousness, at the rate of about two pages a week. (Since a parrot is an important character in the story, Flaubert kept a stuffed parrot on his writing desk.) The subject is a small one, as small a one as possible. He said in a letter to a friend: "C'est tout bonnement le récit d'une vie obscure, celle d'une pauvre fille de campagne, dévote mais mystique, dévouée sans exaltation et tendre comme du pain frais. Elle aime successivement un homme,

Flaubert's city, Rouen. Courtesy of Bibliothèque nationale de France.

les enfants de sa maîtresse, un neveu, un vieillard qu'elle soigne, puis son perroquet, et en mourant à son tour elle confond le perroquet avec le Saint-Esprit. Cela n'est nullement ironique, comme vous le supposez, mais, au contraire, très sérieux et très triste." Flaubert had endured the deaths of several of his own relatives and friends, and thus had personal reasons for writing this tale of how a simple soul copes with the same adversities. Because the plot covers many years in the life of its protagonist, and is thus more of a "condensed novel" than a short story, the sheer number of deaths in it is not as overwhelming as might be expected. In fact, the tale is highly touching and even inspiring, in its own fashion, to all those who adore it. This is a story about the need of love, the need of illusion, the frustration of these needs by circumstances, and the acceptance of what life brings and death ends. That is what Flaubert ironically meant by "choosing a small subject." Another irony – George Sand, for whom Flaubert wrote the story, passed away just before Flaubert could finish writing it.

Un Cœur simple

I[1]

Pendant un demi-siècle, les bourgeoises de Pont-l'Évêque envièrent[2] à Mme Aubain sa servante Félicité.[3]

Pour cent francs par an, elle faisait la cuisine et le ménage, cousait, lavait, repassait,[4] savait brider un cheval, engraisser les volailles, battre[5] le beurre, et resta fidèle à sa maîtresse,—qui cependant n'était pas une personne agréable.

Elle[6] avait épousé un beau garçon sans fortune, mort au commencement de 1809, en lui laissant deux enfants très jeunes avec une quantité de dettes. Alors elle vendit ses immeubles,[7] sauf la ferme de Toucques et la ferme de Geffosses, dont les rentes montaient à 5.000 francs tout au plus, et elle quitta sa maison de Saint-Melaine[8] pour en habiter une autre moins dispendieuse,[9] ayant appartenu à ses ancêtres et placée derrière les halles.

Cette maison, revêtue d'ardoises,[10] se trouvait entre un passage et une ruelle aboutissant à la rivière.[11] Elle avait intérieurement des différences de niveau qui faisaient trébucher.[12] Un vestibule étroit

séparait la cuisine de la *salle*[13] où Mme Aubain se tenait tout le long du jour, assise près de la croisée[14] dans un fauteuil de paille. Contre le lambris,[15] peint en blanc, s'alignaient huit chaises d'acajou.[16] Un vieux piano supportait, sous un baromètre, un tas pyramidal de boîtes et de cartons. Deux bergères[17] de tapisserie flanquaient la cheminée en marbre jaune et de style Louis XV. La pendule, au milieu, représentait un temple de Vesta,[18]—et tout l'appartement sentait un peu le moisi,[19] car le plancher était plus bas que le jardin.

Au premier étage, il y avait d'abord la chambre de « Madame », très grande, tendue[20] d'un papier à fleurs pâles, et contenant le portrait de « Monsieur » en costume de muscadin.[21] Elle communiquait avec une chambre plus petite, où l'on voyait deux couchettes d'enfants, sans matelas. Puis venait le salon, toujours fermé, et rempli de meubles recouverts d'un drap. Ensuite un corridor menait à un cabinet d'étude; des livres et des paperasses[22] garnissaient les rayons d'une bibliothèque[23] entourant de ses trois côtés un large bureau de bois noir. Les deux panneaux en retour[24]

---

1. Flaubert divides his story into five chapters exactly as in a classical five-act tragedy.
2. *Pont-l'Évêque:* small town in Normandy, about 15 miles southwest of the mouth of the Seine. (This is the same region where Balzac laid the final scenes of *La Femme abandonnée.*) Flaubert as a boy spent summers in the area at the home of his mother's parents. *Envièrent:* the *passé simple* adds an aura of historical authenticity to the verb "to envy," an unusually subjective verb for an objective author to be using. Observe the use of tenses, particularly the choice between the *passé simple* and the *imparfait* (usually signifying habitually repeated activity), in the following paragraphs.
3. *Félicité:* name, meaning happiness, that is ironically chosen.
4. *repassait:* did the ironing.
5. *battre: here,* churn.
6. *Elle = Mme Aubain:* This ambiguity in reference to an antecedent seems an error on the part of a stylist. But when Flaubert was berated for this confusion of sense, he is said to have answered: "Tant pis pour le sens, le rythme avant tout!" (One of his principles was to avoid using more than once any distinctive word in a page's

length.)
7. *immeubles:* property. The same thing had happened to Flaubert due to the debts of his niece. This story is filled with details of highly personal meaning to Flaubert.
8. *Saint-Melaine:* outlying quarter of Pont-l'Évêque.
9. *dispendieuse:* expensive (in upkeep).
10. *revêtue d'ardoises:* slate-roofed.
11. *la rivière:* i.e., the Toucques.
12. *trébucher:* stumble.
13. *salle:* living room. (A provincial use of the word, hence italicized.)
14. *croisée:* window.
15. *lambris:* wainscoting.
16. *acajou:* mahogany.
17. *bergères:* easy chairs.
18. *temple de Vesta:* famous temple in Rome, circular, surrounded by columns.
19. *sentait le moisi:* smelled moldy.
20. *tendue:* papered.
21. *muscadin:* dandy (of 1793).
22. *paperasses:* legal papers.
23. *rayons d'une bibliothèque:* shelves of a bookcase.
24. *en retour:* at the corner.

disparaissaient sous des dessins à la plume, des paysages à la gouache[25] et des gravures d'Audran,[26] souvenirs d'un temps meilleur et d'un luxe évanoui. Une lucarne[27] au second étage éclairait la chambre de Félicité, ayant vue sur les prairies.

Elle se levait dès l'aube, pour ne pas manquer la messe, et travaillait jusqu'au soir sans interruption; puis, le dîner étant fini, la vaisselle en ordre et la porte bien close, elle enfouissait la bûche[28] sous les cendres et s'endormait devant l'âtre,[29] son rosaire à la main. Personne, dans les marchandages, ne montrait plus d'entêtement. Quant à la propreté, le poli de ses casseroles faisait le désespoir des autres servantes. Économe, elle mangeait avec lenteur, et recueillait du doigt sur la table les miettes de son pain,— un pain de douze livres,[30] cuit exprès pour elle, et qui durait vingt jours.

En toute saison elle portait un mouchoir d'indienne[31] fixé dans le dos par une épingle, un bonnet lui cachant les cheveux, des bas gris, un jupon rouge, et par-dessus sa camisole[32] un tablier à bavette,[33] comme les infirmières d'hôpital.

Son visage était maigre et sa voix aiguë. A vingt-cinq ans, on lui en donnait quarante. Dès la cinquantaine, elle ne marqua plus aucun âge;—et, toujours silencieuse, la taille droite et les gestes mesurés, semblait une femme en bois, fonctionnant d'une manière automatique.

II

Elle avait eu, comme une autre, son histoire d'amour.

Son père, un maçon, s'était tué en tombant d'un échafaudage.[34] Puis sa mère mourut, ses sœurs se dispersèrent, un fermier la recueillit, et l'employa toute petite à garder les vaches dans la campagne. Elle grelottait sous des haillons, buvait à plat ventre l'eau des mares,[35] à propos de rien était battue, et finalement fut chassée pour un vol de trente sols,[36] qu'elle n'avait pas commis. Elle entra dans une autre ferme, y devint fille de basse-cour,[37] et, comme elle plaisait aux patrons, ses camarades la jalousaient.

Un soir du mois d'août (elle avait alors dixhuit ans), ils l'entraînèrent à l'assemblée[38] de Colleville.[39] Tout de suite elle fut étourdie, stupéfaite par le tapage[40] des ménétriers,[41] les lumières dans les arbres, la bigarrure[42] des costumes, les dentelles, les croix d'or, cette masse de monde sautant à la fois. Elle se tenait à l'écart modestement, quand un jeune homme d'apparence cossu,[43] et qui fumait sa pipe les deux coudes sur le timon[44] d'un banneau,[45] vint l'inviter à la danse. Il lui paya du cidre, du café, de la galette,[46] un foulard,[47] et, s'imaginant qu'elle le devinait,[48] offrit de la reconduire. Au bord d'un champ d'avoine, il la renversa brutalement. Elle eut peur et se mit à crier. Il s'éloigna.

Un autre soir, sur la route de Beaumont,[49] elle voulut dépasser un grand

---

25. *gouache:* a kind of water color.
26. *Audran:* probably Gérard Audran (1640–1703).
27. *lucarne:* dormer window. (If this were your short story written for creative writing class, your English instructor would tell you to make a new paragraph of this sentence, which introduces a new subject. Does Flaubert gain anything by disregarding such normally excellent advice?)
28. *bûche:* log.
29. *âtre:* hearth.
30. *livres:* pounds.
31. *indienne:* printed calico.
32. *camisole:* blouse.
33. *tablier à bavette:* apron with a bib.
34. *échafaudage:* scaffolding. Why is Flaubert so economical here, reducing Félicité's entire childhood to a single sentence about her father's death?

35. *mares:* ponds.
36. *sols = sous.*
37. *fille de basse-cour:* poultry-tender, farm girl.
38. *assemblée:* fair.
39. *Colleville:* small village near Pont-l'Évêque.
40. *tapage:* din.
41. *ménétriers:* fiddlers.
42. *bigarrure:* motley colors.
43. *cossue:* rich.
44. *timon:* pole.
45. *banneau:* two-wheeled cart.
46. *galette:* cake.
47. *foulard:* scarf.
48. *le devinait:* guessed his purpose (i.e, seduction. As usual, Flaubert is being highly discreet.)
49. *Beaumont:* Not to be confused with the important city of the same name in Texas.

chariot de foin qui avançait lentement, et en frôlant les roues elle reconnut Théodore.

Il l'aborda d'un air tranquille, disant qu'il fallait tout pardonner, puisque c'était « la faute de la boisson. »

Elle ne sut que répondre et avait envie de s'enfuir.

Aussitôt il parla des récoltes et des notables de la commune, car son père avait abandonné Colleville pour la ferme des Écots, de sorte que maintenant ils se trouvaient voisins.—« Ah! » dit-elle. Il ajouta qu'on désirait l'établir.[50] Du reste, il n'était pas pressé, et attendait une femme à son goût. Elle baissa la tête. Alors il lui demanda si elle pensait au mariage. Elle reprit, en souriant, que c'était mal de se moquer.—« Mais non, je vous jure! » et du bras gauche il lui entoura la taille; elle marchait soutenue par son étreinte; ils se ralentirent. Le vent était mou, les étoiles brillaient, l'énorme charretée[51] de foin oscillait devant eux; et les quatre chevaux, en traînant leurs pas, soulevaient de la poussière. Puis, sans commandement, ils tournèrent à droite. Il l'embrassa encore une fois. Elle disparut dans l'ombre.

Théodore, la semaine suivante, en obtint des rendez-vous.

Ils se rencontraient au fond des cours, derrière un mur, sous un arbre isolé. Elle n'était pas innocente à la manière des demoiselles,—les animaux l'avaient instruite;[52]—mais la raison et l'instinct de l'honneur l'empêchèrent de faillir. Cette résistance exaspéra l'amour de Théodore, si bien que pour le satisfaire (ou naïvement peut-être) il proposa de l'épouser. Elle hésitait à le croire. Il fit de grands serments.

Bientôt il avoua quelque chose de fâcheux: ses parents, l'année dernière, lui avaient acheté un homme;[53] mais d'un jour à l'autre on pourrait le reprendre; l'idée de servir l'effrayait. Cette couardise fut pour Félicité une preuve de tendresse; la sienne en redoubla. Elle s'échappait la nuit, et, parvenue au rendez-vous, Théodore la torturait avec ses inquiétudes et ses instances.

Enfin, il annonça qu'il irait lui-même à la Préfecture prendre des informations, et les apporterait dimanche prochain, entre onze heures et minuit.

Le moment arrivé, elle courut vers l'amoureux.

A sa place, elle trouva un de ses amis.

Il lui apprit qu'elle ne devait plus le revoir. Pour se garantir de la conscription, Théodore avait épousé une vieille femme très riche, Mme Lehoussais, de Toucques.

Ce fut un chagrin désordonné. Elle se jeta par terre, poussa des cris, appela le bon Dieu et gémit toute seule dans la campagne jusqu'au soleil levant. Puis elle revint à la ferme, déclara son intention d'en partir; et, au bout du mois, ayant reçu ses comptes, elle enferma tout son petit bagage dans un mouchoir, et se rendit à Pont-l'Évêque.

Devant l'auberge, elle questionna une bourgeoise en capeline[54] de veuve, et qui précisément cherchait une cuisinière. La jeune fille ne savait pas grand'chose, mais paraissait avoir tant de bonne volonté et si peu d'exigences, que Mme Aubain finit par dire:

«—Soit, je vous accepte! »

Félicité, un quart d'heure après, était installée chez elle.

D'abord elle y vécut dans une sorte de tremblement que lui causaient « le genre de la maison » et le souvenir de « Monsieur », planant sur tout! Paul et Virginie,[55] l'un âgé

---

50. *l'établir:* set him up, get him married.
51. *charretée:* cartload.
52. *instruite:* instructed (about sex.) Félicité may not be the brightest of individuals, but her familiarity with the reproductive activities of barnyard animals makes her infinitely more knowledgeable about the facts of life than would have been the case with a city girl.
53. *homme:* i.e., a man paid to perform his military service in his place.

54. *capeline:* hooded cape.
55. *Paul et Virginie:* The names of these children would have brought a chuckle to the lips of Flaubert's reader, because they were such a cliché. *Paul et Virginie* was the title of a novel by Bernardin de Saint-Pierre that may well have been the biggest best-seller of the eighteenth century and endlessly popular with hopeless romantics.

de sept ans, l'autre de quatre à peine, lui semblaient formés d'une matière précieuse; elle les portait sur son dos comme un cheval, et Mme Aubain lui défendit de les baiser à chaque minute, ce qui la mortifia. Cependant elle se trouvait heureuse. La douceur du milieu avait fondu sa tristesse.

Tous les jeudis, des habitués venaient faire une partie de boston.[56] Félicité préparait d'avance les cartes et les chaufferettes.[57] Ils arrivaient à huit heures bien juste, et se retiraient avant le coup de onze.

Chaque lundi matin, le brocanteur[58] qui logeait sous l'allée étalait par terre ses ferrailles.[59] Puis la ville se remplissait d'un bourdonnement de voix, où se mêlaient des hennissements[60] de chevaux, des bêlements d'agneaux, des grognements de cochons, avec le bruit sec des carrioles[61] dans la rue. Vers midi, au plus fort du marché, on voyait paraître sur le seuil un vieux paysan de haute taille, la casquette en arrière, le nez crochu,[62] et qui était Robelin, le fermier de Geffosses. Peu de temps après,—c'était Liébard, le fermier de Toucques, petit, rouge, obèse, portant une veste grise et des houseaux[63] armés d'éperons.

Tous deux offraient à leur propriétaire des poules ou des fromages. Félicité invariablement déjouait leurs astuces;[64] et ils s'en allaient pleins de considération pour elle.

A des époques indéterminées, Mme Aubain recevait la visite du marquis de Gremanville, un de ses oncles, ruiné par la crapule[65] et qui vivait à Falaise[66] sur le dernier lopin[67] de ses terres. Il se présentait toujours à l'heure du déjeuner, avec un affreux caniche[68] dont les pattes salissaient tous les meubles. Malgré ses efforts pour paraître gentilhomme jusqu'à soulever son chapeau chaque fois qu'il disait: « Feu mon père », l'habitude l'entraînant, il se versait à boire coup sur coup, et lâchait des gaillardises.[69] Félicité le poussait dehors poliment: « Vous en avez assez, Monsieur de Gremanville! A une autre fois! » Et elle refermait la porte.

Elle l'ouvrait avec plaisir devant M. Bourais, ancien avoué.[70] Sa cravate blanche et sa calvitie,[71] le jabot[72] de sa chemise, son ample redingote brune, sa façon de priser[73] en arrondissant le bras, tout son individu lui produisait ce trouble où nous jette le spectacle des hommes extra-ordinaires.

Comme il gérait[74] les propriétés de « Madame », il s'enfermait avec elle pendant des heures dans le cabinet de « Monsieur », et craignait toujours de se compromettre, respectait infiniment la magistrature, avait des prétentions au latin.[75]

Pour instruire les enfants d'une manière agréable, il leur fit cadeau d'une géographie en estampes.[76] Elles représentaient différentes scènes du monde, des anthropophages coiffés de plumes, un singe enlevant une demoiselle, des Bédouins dans le désert, une baleine qu'on harponnait, etc.[77]

Paul donna l'explication de ces gravures à Félicité. Ce fut même toute son éducation littéraire.

---

56. *boston:* a kind of whist (card game).
57. *chaufferettes:* foot warmers.
58. *brocanteur:* secondhand dealer.
59. *ferrailles:* old iron.
60. *hennissements:* whinnying.
61. *carrioles:* two-wheeled carts.
62. *crochu:* hooked.
63. *houseaux:* leggings.
64. *déjouait leurs astuces:* foiled their attempted sharp practices.
65. *crapule:* debauchery, drink.
66. *Falaise:* small Norman city, 30 miles west of Pont-l'Évêque.
67. *lopin:* patch.
68. *caniche:* poodle.
69. *gaillardises:* risqué jokes.
70. *avoué:* lawyer.

71. *calvitie:* baldness.
72. *jabot:* ruffle.
73. *priser:* take snuff.
74. *gérait:* managed.
75. Notice how these three details classify a personality.
76. *estampes:* engraved pictures. (The temptation of the exotic often represents the lure of a dangerous Romanticism in Flaubert. In *Madame Bovary*, Emma gets Romantic notions from a keepsake album very similar to the geographical picture book here.)
77. The cannibals (*anthropophages*), the King Kong-like ape carrying off a girl, and so forth demonstrate that no cliché about Africa or Asia goes unused in this typically ridiculous geography book of that era.

Celle des enfants était faite par Guyot, un pauvre diable employé à la Mairie, fameux pour sa belle main,[78] et qui repassait son canif sur sa botte.[79]

Quand le temps était clair, on s'en allait de bonne heure à la ferme de Geffosses.

La cour est[80] en pente, la maison dans le milieu; et la mer, au loin, apparaît comme une tache grise.

Félicité retirait de son cabas[81] des tranches de viande froide, et on déjeunait dans un appartement faisant suite à la laiterie. Il était le seul reste d'une habitation de plaisance, maintenant disparue. Le papier de la muraille en lambeaux[82] tremblait aux courants d'air. Mme Aubain penchait son front, accablée de souvenirs; les enfants n'osaient plus parler. « Mais jouez donc! » disait-elle; ils décampaient.

Paul montait dans la grange, attrapait des oiseaux, faisait des ricochets[83] sur la mare, ou tapait avec un bâton les grosses futailles[84] qui résonnaient comme des tambours.

Virginie donnait à manger aux lapins, se précipitait pour cueillir des bluets,[85] et la rapidité de ses jambes découvrait ses petits pantalons brodés.

Un soir d'automne, on s'en retourna par les herbages.[86]

La lune à son premier quartier éclairait une partie du ciel, et un brouillard flottait comme une écharpe sur les sinuosités de la Toucques. Des bœufs, étendus au milieu du gazon, regardaient tranquillement ces quatre personnes passer. Dans la troisième pâture quelques-uns se levèrent, puis se mirent en rond devant elles.—« Ne craignez rien! »

dit Félicité; et, murmurant une sorte de complainte,[87] elle flatta sur l'échine[88] celui qui se trouvait le plus près; il fit volte-face, les autres l'imitèrent. Mais, quand l'herbage suivant fut traversé, un beuglement[89] formidable s'éleva. C'était un taureau, que cachait le brouillard. Il avança vers les deux femmes. Mme Aubain allait courir.— « Non! non! moins vite! » Elles pressaient le pas cependant, et entendaient par derrière un souffle sonore qui se rapprochait. Des sabots,[90] comme des marteaux, battaient l'herbe de la prairie; voilà qu'il galopait maintenant! Félicité se retourna et elle arrachait à deux mains des plaques de terre qu'elle lui jetait dans les yeux. Il baissait le mufle,[91] secouait les cornes et tremblait de fureur en beuglant horriblement. Mme Aubain, au bout de l'herbage avec ses deux petits, cherchait éperdue comment franchir le haut bord. Félicité reculait toujours devant le taureau, et continuellement lançait des mottes de gazon[92] qui l'aveuglaient, tandis qu'elle criait:—« Dépêchez-vous! dépêchez-vous! »

Mme Aubain descendit le fosse, poussa Virginie, Paul ensuite, tomba plusieurs fois en tâchant de gravir le talus,[93] et à force de courage y parvint.

Le taureau avait acculé[94] Félicité contre une claire-voie;[95] sa bave[96] lui rejaillissait à la figure, une seconde de plus, il l'éventrait.[97] Elle eut le temps de se couler entre deux barreaux, et la grosse bête, toute surprise, s'arrêta.

Cet événement, pendant bien des années, fut un sujet de conversation à Pont-

---

78. *main:* handwriting.
79. *repassait son canif sur sa botte:* sharpened his knife on his shoe. (Not an especially auspicious talent for a professor.)
80. This is the first time that the present tense has been used in the narration. Without any notice, the current plot actually begins here; all that has preceded has been background exposition.
81. *cabas:* basket.
82. *lambeaux:* tatters.
83. *faisait des ricochets:* skipped stones.
84. *futailles:* casks.
85. *bluets:* cornflowers.
86. *herbages:* pastures.
87. *complainte:* old song.

88. *flatta sur l'échine:* stroked the back of.
89. *beuglement:* bellow.
90. *sabots:* hooves.
91. *mufle:* muzzle, nose.
92. *et continuellement lançait des mottes de gazon qui l'aveuglaient:* continually threw (at the bull) clods of turf that blinded him. Félicité displays extraordinary bravery and heroism in saving the children from the enraged beast.
93. *gravir le talus:* climb the slope.
94. *acculé:* backed up.
95. *claire voie:* open fence.
96. *bave:* froth, slaver.
97. *l'éventrait = l'aurait éventrée.*

l'Évêque. Félicité n'en tira aucun orgueil, ne se doutant même pas qu'elle eût rien fait d'héroïque.

Virginie l'occupait exclusivement;—car elle eut, à la suite de son effroi, une affection nerveuse, et M. Poupart, le docteur, conseilla les bains de mer de Trouville.[98] ❜

Dans ce temps-là, ils n'étaient pas fréquentés. Mme Aubain prit des renseignements, consulta Bourais, fit des préparatifs comme pour un long voyage.

Ses colis partirent la veille, dans la charrette de Liébard. Le lendemain, il amena deux chevaux dont l'un avait une selle de femme, munie d'un dossier de velours; et sur la croupe du second un manteau roulé formait une manière de siège. Mme Aubain y monta, derrière lui. Félicité se chargea de Virginie, et Paul enfourcha l'âne de M. Lechaptois, prêté sous la condition d'en avoir grand soin.

La route était si mauvaise que ses huit kilomètres exigèrent deux heures. Les chevaux enfonçaient jusqu'aux paturons[99] dans la boue, et faisaient pour en sortir de brusques mouvements de hanches; ou bien ils butaient[100] contre les ornières;[101] d'autres fois, il leur fallait sauter. La jument[102] de Liébard, à de certains endroits, s'arrêtait tout à coup. Il attendait patiemment qu'elle se remît en marche; et il parlait des personnes dont les propriétés bordaient la route, ajoutant à leur histoire des réflexions morales. Ainsi, au milieu de Toucques, comme on passait sous des fenêtres entourées de capucines,[103] il dit, avec un haussement d'épaules:—« En voilà une Mme Lehoussais, qui au lieu de prendre un jeune homme… » Félicité n'entendit pas le reste; les chevaux trottaient, l'âne galopait; tous enfilèrent un sentier, une barrière tourna, deux garçons parurent, et l'on descendit devant le purin,[104] sur le seuil même de la porte.

La mère Liébard, en apercevant sa maîtresse, prodigua les démonstrations de joie. Elle lui servit un déjeuner où il y avait un aloyau,[105] des tripes, du boudin,[106] une fricassée de poulet, du cidre mousseux,[107] une tarte aux compotes[108] et des prunes à l'eau-de-vie, accompagnant le tout de politesses à Madame qui paraissait en meilleure santé, à Mademoiselle devenue « magnifique », à M. Paul singulièrement « forci »,[109] sans oublier leurs grands-parents défunts que les Liébard avaient connus, étant au service de la famille depuis plusieurs générations. La ferme avait, comme eux, un caractère d'ancienneté. Les poutrelles[110] du plafond étaient vermoulues,[111] les murailles noires de fumée, les carreaux[112] gris de poussière. Un dressoir en chêne supportait toutes sortes d'ustensiles, des brocs,[113] des assiettes, des écuelles d'étain,[114] des pièges à loup, des forces[115] pour les moutons; une seringue énorme fit rire les enfants.[116] Pas un arbre des trois cours qui n'eût des champignons à sa base, ou dans ses rameaux une touffe de gui.[117] Le vent en avait jeté bas plusieurs. Ils avaient repris par le milieu;[118] et tous fléchissaient sous la quantité de leurs pommes. Les toits de paille,[119] pareils à du velours brun et inégaux d'épaisseur,

---

98. *Trouville:* famous summer resort town on the Normandy coast. It was an ideal convalescent spot for individuals with nervous disorders such as Virginie and Flaubert himself.
99. *paturons:* hocks.
100. *butaient:* stumbled.
101. *ornières:* ruts.
102. *jument:* mare.
103. *capucines:* nasturtiums.
104. *purin:* liquid manure.
105. *aloyau:* sirloin.
106. *boudin:* a kind of sausage.
107. *mousseux:* sparkling.
108. *compotes:* preserved fruit.

109. *forci:* got hefty.
110. *poutrelles:* beams.
111. *vermoulues:* worm-eaten.
112. *carreaux:* windowpanes.
113. *brocs:* jugs.
114. *écuelles d'étain:* pewter bowls.
115. *forces:* shears.
116. In his notes, Flaubert writes that this comical syringe is in fact a huge device for giving enemas to horses.
117. *touffe de gui:* tuft of mistletoe.
118. *Ils avaient…milieu:* i.e., the trees had put out suckers from the trunk.
119. *toits de paille:* thatched roofs.

résistaient aux plux fortes bourrasques.[120]
Cependant la charreterie[121] tombait en
ruines. Mme Aubain dit qu'elle aviserait,[122]
et commanda de reharnacher les bêtes.

On fut encore une demi-heure avant
d'atteindre Trouville. La petite caravane mit
pied à terre pour passer les *Écores*; c'était
une falaise[123] surplombant des bateaux; et
trois minutes plus tard, au bout du quai, on
entra dans la cour de l'*Agneau d'or,* chez la
mère David.

Virginie, dès les premiers jours, se
sentit moins faible, résultat du changement
d'air et de l'action des bains. Elle les
prenait en chemise, à défaut d'un costume;
et sa bonne la rhabillait dans une cabane de
douanier[124] qui servait aux baigneurs.

L'après-midi, on s'en allait avec
l'âne au delà des Roches-Noires, du côte
d'Hennequeville. Le sentier, d'abord,
montait entre des terrains vallonnés comme
la pelouse[125] d'un parc, puis arrivait sur un
plateau où alternaient des pâturages et des
champs en labour.[126] A la lisière du chemin,
dans le fouillis des ronces,[127] des houx[128]
se dressaient; çà et là, un grand arbre mort
faisait sur l'air bleu des zigzags avec ses
branches.

Presque toujours on se reposait dans
un pré, ayant Deauville[129] à gauche, le
Havre à droite et en face la pleine mer.
Elle était brillante de soleil, lisse comme
un miroir, tellement douce qu'on entendait
à peine son murmure; des moineaux[130]
cachés pépiaient,[131] et la voûte immense
du ciel recouvrait tout cela. Mme Aubain,

assise, travaillait à son ouvrage de couture;
Virginie, près d'elle, tressait des joncs;[132]
Félicité sarclait des fleurs de lavande;[133]
Paul, qui s'ennuyait, voulait partir.

D'autres fois, ayant passé la Toucques
en bateau, ils cherchaient des coquilles.[134]
La marée[135] basse laissait à découvert des
oursins, des godefiches, des méduses; [136]
et les enfants couraient, pour saisir des
flocons d'écume que le vent emportait. Les
flots endormis, en tombant sur le sable,
se déroulaient le long de la grève;[137] elle
s'étendait à perte de vue, mais du côté
de la terre avait pour limite les dunes la
séparant du *Marais,* large prairie en forme
d'hippodrome.[138] Quand ils revenaient par
là, Trouville, au fond sur la pente du coteau,
à chaque pas grandissait, et avec toutes ses
maisons inégales semblait s'épanouir dans
un désordre gai.

Les jours qu'il faisait trop chaud,
ils ne sortaient pas de leur chambre.
L'éblouissante clarté du dehors plaquait
des barres de lumière entre les lames des
jalousies.[139] Aucun bruit dans le village.[140]
En bas, sur le trottoir, personne. Ce silence
épandu augmentait la tranquillité des
choses. Au loin, les marteaux des calfats
tamponnaient des carènes,[141] et une brise
lourde apportait la senteur du goudron.[142]

Le principal divertissement était le
retour des barques. Dès qu'elles avaient
dépassé les balises,[143] elles commençaient
à louvoyer.[144] Leurs voiles descendaient
aux deux tiers[145] des mâts; et, la misaine[146]
gonflée comme un ballon, elles avançaient,

---

120. *bourrasques:* gusts of wind.
121. *charreterie:* carriage house.
122. *aviserait:* would think about it (making repairs).
123. *falaise:* cliff.
124. *douanier:* customs officer.
125. *pelouse:* lawn.
126. *en labour:* plowed.
127. *fouillis des ronces:* thicket of brambles.
128. *houx:* holly trees.
129. *Deauville:* now famous summer resort, adjoining Trouville.
130. *moineaux:* sparrows.
131. *pépiaient:* were chirping.
132. *tressait des joncs:* would plait reeds.
133. *sarclait...lavande:* would cull lavender flowers.
134. *coquilles:* shells.
135. *marée:* tide.

136. *oursins,   godefiches,   méduses:* sea urchins, starfish, jellyfish.
137. *grève:* beach.
138. *hippodrome:* racetrack.
139. *lames des jalousies:* slats of the Venetian blinds.
140. *Aucun bruit dans le village:* Not a sound in the village. (And not a verb in the sentence! Ever the master stylist, Flaubert cannot tolerate any verbs in a sentence about lack of activity.)
141. *les marteaux...carènes:* the calkers' hammers were plugging the seams of boats' hulls.
142. *goudron:* tar.
143. *balises:* buoys.
144. *louvoyer:* tack.
145. *aux deux tiers:* two-thirds of the way down.
146. *misaine:* foresail.

glissaient dans le clapotement[147] des vagues, jusqu'au milieu du port, où l'ancre tout à coup tombait. Ensuite le bateau se plaçait contre le quai. Les matelots jetaient par-dessus le bordage[148] des poissons palpitants; une file de charrettes les attendait, et des femmes en bonnet de coton s'élançaient pour prendre les corbeilles et embrasser leurs hommes.

Une d'elles, un jour, aborda Félicité, qui peu de temps après entra dans la chambre, toute joyeuse. Elle avait retrouvé une sœur; et Nastasie Barette, femme Leroux, apparut, tenant un nourrisson[149] à sa poitrine, de la main droite un autre enfant, et à sa gauche un petit mousse,[150] les poings sur les hanches et le béret sur l'oreille.

Au bout d'un quart d'heure, Mme Aubain la congédia.

On les rencontrait toujours aux abords de la cuisine, ou dans les promenades que l'on faisait. Le mari ne se montrait pas.

Félicité se prit d'affection pour eux. Elle leur acheta une couverture, des chemises, un fourneau;[151] évidemment ils l'exploitaient. Cette faiblesse agaçait Mme Aubain, qui d'ailleurs n'aimait pas les familiarités du neveu,—car il tutoyait son fils;—et, comme Virginie toussait et que la saison n'était plus bonne, elle revint à Pont-l'Évêque.

M. Bourais l'éclaira sur le choix d'un collège.[152] Celui de Caen passait pour le meilleur. Paul y fut envoyé, et fit bravement ses adieux, satisfait d'aller vivre dans une maison où il aurait des camarades.

Mme Aubain se résigna à l'éloignement de son fils, parce qu'il était indispensable. Virginie y songea de moins en moins. Félicité regrettait son tapage. Mais une occupation vint la distraire; à partir de Noël, elle mena tous les jours la petite fille au catéchisme.

III

Quand elle avait fait à la porte une génuflexion, elle s'avançait sous la haute nef[153] entre la double ligne des chaises, ouvrait le banc de Mme Aubain, s'asseyait, et promenait ses yeux autour d'elle.

Les garçons à droite, les filles à gauche, emplissaient les stalles du chœur; le curé se tenait debout près du lutrin;[154] sur un vitrail de l'abside,[155] le Saint-Esprit dominait la Vierge; un autre la montrait à genoux devant l'Enfant Jésus, et, derrière le tabernacle,[156] un groupe en bois représentait Saint-Michel terrassant[157] le dragon.

Le prêtre fit d'abord un abrégé de l'Histoire-Sainte. Elle croyait voir le paradis, le déluge, la tour de Babel, des villes tout en flammes, des peuples qui mouraient, des idoles renversées; et elle garda de cet éblouissement le respect du Très-Haut et la crainte de sa colère. Puis, elle pleura en écoutant la Passion. Pourquoi l'avaient-ils crucifié, lui qui chérissait les enfants, nourrissait les foules, guérissait les aveugles, et avait voulu, par douceur, naître au milieu des pauvres, sur le fumier d'une étable? Les semailles, les moissons, les pressoirs, toutes ces choses familières dont parle l'Évangile, se trouvaient dans sa vie; le passage de Dieu les avait sanctifiées; et elle aima plus tendrement les agneaux par amour de l'Agneau, les colombes à cause du Saint-Esprit.[158]

Elle avait peine à imaginer sa personne; car il n'était pas seulement oiseau, mais encore un feu, et d'autres fois un souffle. C'est peut-être sa lumière qui voltige la nuit aux bords des marécages,[159] son haleine

---

147. *clapotement:* slapping.
148. *bordage:* gunwale.
149. *nourrisson:* small child.
150. *mousse:* sailor boy.
151. *fourneau:* stove.
152. *college:* middle school or high school.
153. *nef:* nave (main body of a church).
154. *lutrin:* lectern, reading stand.
155. *vitrail de l'abside:* stained-glass window of the

apse (altar end of a church). Flaubert bases this description on the stained-glass windows of the cathedral of Rouen.
156. *tabernacle:* receptacle for Sacred Host, above or behind altar.
157. *terrassant:* striking down.
158. The Holy Ghost is symbolized by a dove. (As in the Bible, e.g., Luke 3:22.)
159. *marécages:* marshes.

qui pousse les nuées, sa voix qui rend les cloches harmonieuses; et elle demeurait dans une adoration, jouissant de la fraîcheur des murs et de la tranquillité de l'église.

Quant aux dogmes, elle n'y comprenait rien, ne tâcha même pas de comprendre. Le curé discourait, les enfants récitaient, elle finissait par s'endormir; et se réveillait tout à coup, quand ils faisaient en s'en allant claquer leurs sabots sur les dalles.

Ce fut de cette manière, à force de l'entendre, qu'elle apprit le catéchisme, son éducation religieuse ayant été négligée dans sa jeunesse; et dès lors elle imita toutes les pratiques de Virginie, jeûnait comme elle, se confessait avec elle. A la Fête-Dieu,[160] elles firent ensemble un reposoir.[161]

La première communion la tourmentait d'avance. Elle s'agita pour les souliers, pour le chapelet, pour le livre, pour les gants. Avec quel tremblement elle aida sa mère à l'habiller!

Pendant toute la messe, elle éprouva une angoisse, M. Bourais lui cachait un côté du chœur; mais juste en face, le troupeau des vierges portant des couronnes blanches pardessus leurs voiles abaissés formait comme un champ de neige; et elle reconnaissait de loin la chère petite à son cou plus mignon et son attitude recueillie. La cloche tinta. Les têtes se courbèrent; il y eut un silence. Aux éclats de l'orgue, les chantres et la foule entonnèrent l'*Agnus Dei*; puis le défilé des garçons commença; et, après eux, les filles se levèrent. Pas à pas, et les mains jointes, elles allaient vers l'autel tout illuminé, s'agenouillaient sur la première marche, recevaient l'hostie successivement, et dans le même ordre revenaient à leurs prie-Dieu. Quand ce fut le tour de Virginie, Félicité se pencha pour la voir; et, avec l'imagination que donnent les vraies tendresses, il lui sembla qu'elle était elle-même cette enfant; sa figure devenait la sienne, sa robe l'habillait, son cœur lui battait dans la poitrine; au moment d'ouvrir la bouche, en fermant les paupières, elle manqua s'évanouir.

Le lendemain, de bonne heure, elle se présenta dans la sacristie, pour que M. le curé lui donnât la communion. Elle la reçut dévotement, mais n'y goûta pas les mêmes délices.

Mme Aubain voulait faire de sa fille une personne accomplie; et, comme Guyot ne pouvait lui montrer[162] ni l'anglais ni la musique, elle résolut de la mettre en pension chez les Ursulines de Honfleur.[163]

L'enfant n'objecta rien. Félicité soupirait, trouvant Madame insensible. Puis elle songea que sa maîtresse, peut-être, avait raison. Ces choses dépassaient sa compétence.

Enfin, un jour, une vieille tapissière[164] s'arrêta devant la porte; et il en descendit une religieuse qui venait chercher Mademoiselle. Félicité monta les bagages sur l'impériale,[165] fit des recommandations au cocher, et plaça dans le coffre[166] six pots de confitures et une douzaine de poires, avec un bouquet de violettes.

Virginie, au dernier moment, fut prise d'un grand sanglot; elle embrassait sa mère qui la baisait au front en répétant:— « Allons! du courage! du courage! » Le marchepied[167] se releva, la voiture partit.

Alors Mme Aubain eut une défaillance;[168] et le soir tous ses amis, le ménage Lormeau, Mme Lechaptois, *ces*[169] demoiselles Rochefeuille, M. de Houppeville et Bourais se présentèrent pour la consoler.

---

160. *Fête-Dieu:* Corpus Christi, the Thursday after Trinity Sunday, falls commonly in early June, and is celebrated in France on the following Sunday. The holiday is marked commonly by processions, street displays, and religious theatricals.

161. *reposoir:* street altar.

162. Remark how Félicité is living vicariously through Virginie. She does the same thing with other characters as well.

163. *Honfleur:* nearby town, at the mouth of the Seine.

164. *tapissière:* large open carriage.

165. *impériale:* roof.

166. *coffre:* trunk (of carriage).

167. *marchepied:* step.

168. *défaillance:* fainting fit.

169. *ces:* Flaubert italicizes *ces* to quote popular usage, which suggests that these ladies were highly regarded.

La privation de sa fille lui fut d'abord très douloureuse. Mais trois fois la semaine elle en recevait une lettre, les autres jours lui écrivait, se promenait dans son jardin, lisait un peu, et de cette façon comblait le vide des heures.

Le matin, par habitude, Félicité entrait dans la chambre de Virginie, et regardait les murailles. Elle s'ennuyait de n'avoir plus à peigner ses cheveux, à lui lacer ses bottines, à la border[170] dans son lit,—et de ne plus voir continuellement sa gentille figure, de ne plus la tenir par la main quand elles sortaient ensemble. Dans son désœuvrement, elle essaya de faire de la dentelle. Ses doigts trop lourds cassaient les fils; elle n'entendait à rien,[171] avait perdu le sommeil, suivant son mot, était « minée ».[172]

Pour « se dissiper », elle demanda la permission de recevoir son neveu Victor.

Il arrivait le dimanche après la messe, les joues roses, la poitrine nue, et sentant l'odeur de la campagne qu'il avait traversée. Tout de suite, elle dressait son couvert. Ils déjeunaient l'un en face de l'autre; et, mangeant elle-même le moins possible pour épargner la dépense, elle le bourrait[173] tellement de nourriture qu'il finissait par s'endormir. Au premier coup des vêpres, elle le réveillait, brossait son pantalon, nouait sa cravate, et se rendait à l'église, appuyée sur son bras dans un orgueil maternel.

Ses parents le chargeaient toujours d'en tirer quelque chose, soit un paquet de cassonade,[174] du savon, de l'eau-de-vie, parfois même de l'argent. Il apportait ses nippes[175] à raccommoder; et elle acceptait cette besogne, heureuse d'une occasion qui le forçait à revenir.

Au mois d'août, son père l'emmena au cabotage.[176]

C'était l'époque des vacances. L'arrivée des enfants la consola. Mais Paul devenait capricieux, et Virginie n'avait plus l'âge d'être tutoyée, ce qui mettait une gêne, une barrière entre elles.

Victor alla successivement à Morlaix, à Dunkerque et à Brighton; au retour de chaque voyage, il lui offrait un cadeau. La première fois, ce fut une boîte en coquilles; la seconde, une tasse à café; la troisième, un grand bonhomme en pain d'épices. Il embellissait,[177] avait la taille bien prise,[178] un peu de moustache, de bons yeux francs, et un petit chapeau de cuir, placé en arrière comme un pilote. Il l'amusait en lui racontant des histoires mêlées de termes marins.

Un lundi, 14 juillet 1819 (elle n'oublia pas la date), Victor annonça qu'il était engagé au long cours, et, dans la nuit du surlendemain, par le paquebot[179] de Honfleur, irait rejoindre sa goélette,[180] qui devait démarrer[181] du Havre prochainement. Il serait, peut-être, deux ans parti.

La perspective d'une telle absence désola Félicité; et pour lui dire encore adieu, le mercredi soir, après le dîner de Madame, elle chaussa des galoches,[182] et avala les quatre lieues qui séparent Pont-l'Évêque de Honfleur.

Quand elle fut devant le Calvaire, au lieu de prendre à gauche, elle prit à droite, se perdit dans des chantiers,[183] revint sur ses pas; des gens qu'elle accosta l'engagèrent à se hâter. Elle fit le tour du bassin rempli de navires, se heurtait contre des amarres;[184] puis le terrain s'abaissa, des lumières s'entre-croisèrent, et elle se crut folle, en apercevant des chevaux dans le ciel.

Au bord du quai, d'autres hennissaient, effrayés par la mer. Un palan[185] qui les enlevait les descendait dans un bateau, où

---

170. *border:* tuck in.
171. *n'entendait à rien:* took no interest in anything.
172. *minée:* tired out. Flaubert, who hates slang, puts the word in quotation marks to indicate that it is the character's choice of vocabulary, not his.
173. *bourrait:* stuffed.
174. *cassonade:* brown sugar.
175. *nippes:* clothes.
176. *cabotage:* coasting trade.

177. *embellissait:* was becoming good-looking.
178. *la taille bien prise:* a good build.
179. *paquebot:* passenger steamer.
180. *goélette:* schooner.
181. *démarrer:* cast off, sail.
182. *galoches:* clogs, wood-soled over-shoes.
183. *chantiers:* docks.
184. *amarres:* mooring ropes.
185. *palan:* hoisting tackle.

des voyageurs se bousculaient entre les barriques de cidre, les paniers de fromage, les sacs de grain; on entendait chanter des poules, le capitaine jurait; et un mousse restait accoudé sur le bossoir,[186] indifférent à tout cela. Félicité, qui ne l'avait pas reconnu, criait: « Victor! » il leva la tête; elle s'élançait, quand on retira l'échelle tout à coup.

Le paquebot, que des femmes halaient[187] en chantant, sortit du port. Sa membrure[188] craquait, les vagues pesantes fouettaient sa proue. La voile avait tourné, on ne vit plus personne;—et, sur la mer argentée par la lune, il faisait une tache noire qui pâlissait toujours, s'enfonça, disparut.

Félicité, en passant près du Calvaire, voulut recommander à Dieu ce qu'elle chérissait le plus; et elle pria pendant longtemps, debout, la face baignée de pleurs, les yeux vers les nuages. La ville dormait, des douaniers se promenaient; et de l'eau tombait sans discontinuer par les trous de l'écluse,[189] avec un bruit de torrent. Deux heures sonnèrent.

Le parloir[190] n'ouvrirait pas avant le jour. Un retard, bien sûr, contrarierait Madame; et, malgré son désir d'embrasser l'autre enfant, elle s'en retourna. Les filles de l'auberge s'éveillaient, comme elle entrait dans Pont-l'Évêque.

Le pauvre gamin durant des mois allait donc rouler sur les flots! Ses précédents voyages ne l'avaient pas effrayée. De l'Angleterre et de la Bretagne, on revenait; mais l'Amérique, les Colonies, les Iles, cela était perdu dans une région incertaine, à l'autre bout du monde.

Dès lors, Félicité pensa exclusivement à son neveu. Les jours de soleil, elle se tourmentait de la soif; quand il faisait de l'orage, craignait pour lui la foudre.

En écoutant le vent qui grondait dans la cheminée et emportait les ardoises, elle le voyait battu par cette même tempête, au sommet d'un mât fracassé, tout le corps en arrière, sous une nappe d'écume; ou bien,—souvenirs de la géographie en estampes,—il était mangé par les sauvages, pris dans un bois par des singes, se mourait le long d'une plage déserte.[191] Et jamais elle ne parlait de ses inquiétudes.

Mme Aubain en avait d'autres sur sa fille.

Les bonnes sœurs trouvaient qu'elle était affectueuse, mais délicate. La moindre émotion l'énervait. Il fallut abandonner le piano.

Sa mère exigeait du couvent une correspondance réglée. Un matin que le facteur n'était pas venu, elle s'impatienta; et elle marchait dans la salle, de son fauteuil à la fenêtre. C'était vraiment extraordinaire! depuis quatre jours, pas de nouvelles!

Pour qu'elle se consolât par son exemple, Félicité lui dit:

—« Moi, madame, voilà six mois que je n'en ai reçu!… »

—« De qui donc?… »

La servante répliqua doucement:

—« Mais…de mon neveu! »

—« Ah! votre neveu! » Et, haussant les épaules, Mme Aubain reprit sa promenade, ce qui voulait dire: « Je n'y pensais pas!… Au surplus, je m'en moque! un mousse, un gueux, belle affaire!…tandis que ma fille… Songez donc!… »

Félicité, bien que nourrie dans la rudesse, fut indignée contre Madame, puis oublia.

Il lui paraissait tout simple de perdre la tête à l'occasion de la petite.

Les deux enfants avaient une importance égale; un lien de son cœur les

---

186. *bossoir:* cathead (anchor support).
187. *halaient:* were hauling.
188. *membrure:* framework.
189. *écluse:* lock gate.
190. *parloir:* parlor (of the convent).
191. *il était mangé … déserte:* This is a fine example of Flaubert's use of his famous technique of *discours indirect libre,* in which character's thoughts and speech are paraphrased rather than quoted (and are not even identified as being the character's.) The narrator is the one speaking, but obviously the narrator does not believe that these things have happened to Victor. These are entirely Félicité's thoughts, but Flaubert does not let her express them in her own presumably crude way of speaking, because that would not be artistic enough for Flaubert's overall purposes.

unissait, et leurs destinées devaient être la même.

Le pharmacien lui apprit que le bateau de Victor était arrivé à la Havane. Il avait lu ce renseignement dans une gazette.

A cause des cigares, elle imaginait la Havane un pays où l'on ne fait pas autre chose que de fumer, et Victor circulait parmi des nègres dans un nuage de tabac. Pouvait-on « en cas de besoin » s'en retourner par terre? A quelle distance était-ce de Pont-l'Évêque? Pour le savoir, elle interrogea M. Bourais.

Il atteignit son atlas, puis commença des explications sur les longitudes; et il avait un beau sourire de cuistre[192] devant l'ahurissement[193] de Félicité. Enfin, avec son porte-crayon, il indiqua dans les découpures[194] d'une tache ovale un point noir, imperceptible, en ajoutant: « Voici. » Elle se pencha sur la carte; ce réseau de lignes coloriées fatiguait sa vue, sans lui rien apprendre; et Bourais, l'invitant à dire ce qui l'embarrassait, elle le pria de lui montrer la maison où demeurait Victor. Bourais leva les bras, il éternua, rit énormément, une candeur pareille excitait sa joie; et Félicité n'en comprenait pas le motif,—elle qui s'attendait peut-être à voir jusqu'au portrait de son neveu, tant son intelligence était bornée!

Ce fut quinze jours après que Liébard, à l'heure du marché, comme d'habitude, entra dans la cuisine, et lui remit une lettre qu'envoyait son beau-frère. Ne sachant lire aucun des deux, elle eut recours à sa maîtresse.

Mme Aubain, qui comptait les mailles d'un tricot,[195] le posa près d'elle,

décacheta[196] la lettre, tressaillit, et, d'une voix basse, avec un regard profond:

—« C'est un malheur…qu'on vous annonce. Votre neveu… »

Il était mort. On n'en disait pas davantage.

Félicité tomba sur une chaise, en s'appuyant la tête à la cloison,[197] et ferma ses paupières, qui devinrent roses tout à coup. Puis, le front baissé, les mains pendantes, l'œil fixe, elle répétait par intervalles:

—« Pauvre petit gars![198] pauvre petit gars! »

Liébard la considérait en exhalant des soupirs. Mme Aubain tremblait un peu.

Elle lui proposa d'aller voir sa sœur, à Trouville.

Félicité répondit, par un geste, qu'elle n'en avait pas besoin.

Il y eut un silence. Le bonhomme Liébard jugea convenable de se retirer.

Alors elle dit:

—« Ça ne leur fait rien, à eux! »

Sa tête retomba; et machinalement[199] elle soulevait, de temps à autre, les longues aiguilles sur la table à ouvrage.

Des femmes passèrent dans la cour avec un bard d'où dégouttelait[200] du linge.

En les apercevant par les carreaux, elle se rappela sa lessive;[201] l'ayant coulée[202] la veille, il fallait aujourd'hui la rincer; et elle sortit de l'appartement.

Sa planche[203] et son tonneau[204] étaient au bord de la Toucques. Elle jeta sur la berge[205] un tas de chemises, retroussa ses manches, prit son battoir;[206] et les coups forts qu'elle donnait s'entendaient dans les autres jardins à côté. Les prairies étaient vides, le vent agitait la rivière; au fond, de

---

192. *cuistre:* pedant.
193. *ahurissement:* bewilderment.
194. *découpures:* indentations.
195. *mailles d'un tricot:* stitches of a piece of knitting.
196. *décacheta:* unsealed.
197. *cloison:* interior wall.
198. *gars = garçon.*
199. *machinalement:* mechanically. This word reveals a great deal about Félicité throughout the tale. She repeatedly internalizes and tries to manage her powerful emotions about things over which she has no control by just performing her day-to-

day activities like a robot. (In contrast, Madame Bovary revolts against the mechanical nature of her boring life by acting out wildly Romantic behaviors of a self-destructive nature.)
200. *bard d'où dégouttelait:* wheel-barrow from which was dripping.
201. *lessive:* washing.
202. *coulée:* bleached.
203. *planche:* wash-board.
204. *tonneau:* washtub.
205. *berge:* bank.
206. *battoir:* paddle (for beating laundry).

grandes herbes s'y penchaient, comme des chevelures de cadavres flottant dans l'eau. Elle retenait sa douleur, jusqu'au soir fut très brave; mais, dans sa chambre, elle s'y abandonna, à plat ventre sur son matelas, le visage dans l'oreiller, et les deux poings contre les tempes.

Beaucoup plus tard, par le capitaine de Victor lui-même, elle connut les circonstances de sa fin. On l'avait trop saigné à l'hôpital, pour la fièvre jaune. Quatre médecins le tenaient à la fois. Il était mort immédiatement, et le chef avait dit:

—« Bon! encore un! »

Ses parents l'avaient toujours traité avec barbarie. Elle aima mieux ne pas les revoir; et ils ne firent aucune avance, par oubli, ou endurcissement de misérables.

Virginie s'affaiblissait.

Des oppressions, de la toux, une fièvre continuelle et des marbrures aux pommettes[207] décelaient[208] quelque affection profonde. M. Poupart avait conseillé un séjour en Provence. Mme Aubain s'y décida, et eût tout de suite repris sa fille à la maison, sans le climat de Pont-l'Évêque.

Elle fit un arrangement avec un loueur de voitures, qui la menait au couvent chaque mardi. Il y a dans le jardin une terrasse d'où l'on découvre la Seine. Virginie s'y promenait à son bras, sur les feuilles de pampre[209] tombées. Quelquefois le soleil traversant les nuages la forçait à cligner ses paupières, pendant qu'elle regardait les voiles au loin et tout l'horizon, depuis le château de Tancarville jusqu'aux phares du Havre. Ensuite on se reposait sous la tonnelle.[210] Sa mère s'était procuré un petit fût[211] d'excellent vin de Malaga; et, riant à l'idée d'être grise,[212] elle en buvait deux doigts, pas davantage.

Ses forces reparurent. L'automne s'écoula doucement. Félicité rassurait Mme Aubain. Mais, un soir qu'elle avait été aux environs faire une course, elle rencontra devant la porte le cabriolet de M. Poupart; et il était dans le vestibule. Mme Aubain nouait[213] son chapeau.

—« Donnez-moi ma chaufferette, ma bourse, mes gants; plus vite donc! »

Virginie avait une fluxion de poitrine;[214] c'était peut-être désespéré.

—« Pas encore! » dit le médecin; et tous deux montèrent dans la voiture, sous des flocons de neige qui tourbillonnaient. La nuit allait venir. Il faisait très froid.

Félicité se précipita dans l'église, pour allumer un cierge. Puis elle courut après le cabriolet, qu'elle rejoignit une heure plus tard, sauta légèrement par derrière, où elle se tenait aux torsades,[215] quand une réflexion lui vint: « La cour n'était pas fermée! si des voleurs s'introduisaient? » Et elle descendit.

Le lendemain, dès l'aube, elle se présenta chez le docteur. Il était rentré, et reparti à la campagne. Puis elle resta dans l'auberge, croyant que des inconnus apporteraient une lettre. Enfin, au petit jour, elle prit la diligence de Lisieux.[216]

Le couvent se trouvait au fond d'une ruelle escarpée.[217] Vers le milieu, elle entendit des sons étranges, un glas de mort.[218] « C'est pour d'autres, » pensa-t-elle; et Félicité tira violemment le marteau.[219]

Au bout de plusieurs minutes, des savates[220] se traînèrent, la porte s'entrebâilla, et une religieuse parut.

La bonne sœur avec un air de componction dit qu' « elle venait de passer ». En même temps, le glas de Saint-Léonard redoublait.

---

207. *marbrures aux pommettes:* discolorations on the checkbones.
208. *décelaient:* indicated.
209. *pampre:* vine branch.
210. *tonnelle:* arbor.
211. *fût:* cask.
212. *grise:* tipsy.
213. *nouait:* was tying on.
214. *fluxion de poitrine:* inflammation of the lungs, pneumonia.

215. *torsades:* twisted cords (supporting tailboard).
216. *la diligence de Lisieux:* the Lisieux omnibus (from Lisieux, a small city 10 miles south of Pont-l'Évêque, to Honfleur).
217. *escarpée:* steep.
218. *glas de mort:* death knell (tolling of the church bell).
219. *marteau:* door knocker.
220. *savates:* slippers.

Félicité parvint au second étage.

Dès le seuil de la chambre, elle aperçut Virginie étalée sur le dos, les mains jointes, la bouche ouverte, et la tête en arrière sous une croix noire s'inclinant vers elle, entre les rideaux immobiles, moins pâles que sa figure. Mme Aubain, au pied de la couche qu'elle tenait dans ses bras, poussait des hoquets[221] d'agonie. La supérieure était debout, à droite. Trois chandeliers sur la commode faisaient des taches rouges, et le brouillard blanchissait les fenêtres. Des religieuses emportèrent Mme Aubain.

Pendant deux nuits, Félicité ne quitta pas la morte. Elle répétait les mêmes prières, jetait de l'eau bénite sur les draps, revenait s'asseoir, et la contemplait. A la fin de la première veille, elle remarqua que la figure avait jauni, les lèvres bleuirent, le nez se pinçait, les yeux s'enfonçaient.[222] Elle les baisa plusieurs fois; et n'eût pas éprouvé un immense étonnement si Virginie les eût rouverts; pour de pareilles âmes le surnaturel est tout simple. Elle fit sa toilette, l'enveloppa de son linceul, la descendit dans sa bière, lui posa une couronne, étala ses cheveux. Ils étaient blonds, et extraordinaires de longueur à son âge. Félicité en coupa une grosse mèche, dont elle glissa la moitié dans sa poitrine, résolue à ne jamais s'en dessaisir.[223]

Le corps fut ramené à Pont-l'Évêque, suivant les intentions[224] de Mme Aubain, qui suivait le corbillard[225] dans une voiture fermée.

Après la messe, il fallut encore trois quarts d'heure pour atteindre le cimetière. Paul marchait en tête et sanglotait. M. Bourais était derrière, ensuite les principaux habitants, les femmes, couvertes de mantes[226] noires, et Félicité. Elle songeait à son neveu, et, n'ayant pu lui rendre ces honneurs, avait un surcroît[227] de tristesse, comme si on l'eût enterré avec l'autre.

Le désespoir de Mme Aubain fut illimité.

D'abord elle se révolta contre Dieu, le trouvant injuste de lui avoir pris sa fille,—elle qui n'avait jamais fait de mal, et dont la conscience était si pure! Mais non! elle aurait dû l'emporter dans le Midi. D'autres docteurs l'auraient sauvée! Elle s'accusait, voulait la rejoindre, criait en détresse au milieu de ses rêves. Un, surtout, l'obsédait. Son mari, costumé comme un matelot, revenait d'un long voyage, et lui disait en pleurant qu'il avait reçu l'ordre d'emmener Virginie. Alors ils se concertaient pour découvrir une cachette quelque part.

Une fois, elle rentra du jardin, bouleversée. Tout à l'heure (elle montrait l'endroit) le père et la fille lui étaient apparus l'un auprès de l'autre, et ils ne faisaient rien; ils la regardaient.

Pendant plusieurs mois, elle resta dans sa chambre, inerte. Félicité la sermonnait doucement; il fallait se conserver pour son fils, et pour l'autre, en souvenir « d'elle ».

—« Elle? » reprenait Mme Aubain, comme se réveillant. « Ah! oui!…oui!… Vous ne l'oubliez pas! » Allusion au cimetière, qu'on lui avait scrupuleusement défendu.

Félicité tous les jours s'y rendait.

A quatre heures précises, elle passait au bord des maisons, montait la côte, ouvrait la barrière, et arrivait devant la tombe de Virginie. C'était une petite colonne de marbre rose, avec une dalle dans le bas, et des chaînes autour enfermant un jardinet. Les plates-bandes[228] disparaissaient sous une couverture de fleurs. Elle arrosait leurs feuilles, renouvelait le sable, se mettait à genoux pour mieux labourer la terre. Mme Aubain, quand elle put y venir, en éprouva un soulagement, une espèce de consolation.

Puis des années s'écoulèrent, toutes pareilles et sans autres épisodes que

---

221. *hoquets:* hiccups.
222. This is an example of the medically correct detail for which Flaubert was known. Notice also the surprising (of course, deliberate) mix of tenses in this sentence.
223. *s'en dessaisir:* part with it.

224. *intentions:* wishes.
225. *corbillard:* hearse.
226. *mantes:* cloaks.
227. *surcroît:* supplement, increase.
228. *plates-bandes:* grass borders.

le retour des grandes fêtes: Pâques, l'Assomption,[229] la Toussaint.[230] Des événements intérieurs faisaient une date, où l'on se reportait plus tard. Ainsi, en 1825, deux vitriers[231] badigeonnèrent[232] le vestibule; en 1827, une portion du toit, tombant dans la cour, faillit tuer un homme. L'été de 1828, ce fut à Madame d'offrir le pain bénit;[233] Bourais, vers cette époque, s'absenta mystérieusement; et les anciennes connaissances peu à peu s'en allèrent: Guyot, Liébard, Mme Lechaptois, Robelin, l'oncle Gremanville, paralysé depuis longtemps.

Une nuit, le conducteur de la malle-poste[234] annonça dans Pont-l'Évêque la Révolution de Juillet.[235] Un sous-préfet nouveau, peu de jours après, fut nommé: le baron de Larsonnière, ex-consul en Amérique, et qui avait chez lui, outre sa femme, sa belle-sœur avec trois demoiselles, assez grandes déjà. On les apercevait sur leur gazon, habillées de blouses flottantes; elles possédaient un nègre et un perroquet. Mme Aubain eut leur visite, et ne manqua pas de la rendre. Du plus loin qu'elles paraissaient, Félicité accourait pour la prévenir. Mais une chose était seule capable de l'émouvoir, les lettres de son fils.

Il ne pouvait suivre aucune carrière, étant absorbé dans les estaminets.[236] Elle lui payait ses dettes, il en refaisait d'autres; et les soupirs que poussait Mme Aubain, en tricotant près de la fenêtre, arrivaient à Félicité, qui tournait son rouet[237] dans la cuisine.

Elles se promenaient ensemble le long de l'espalier,[238] et causaient toujours de Virginie, se demandant si telle chose lui aurait plu, en telle occasion ce qu'elle eût dit probablement.

Toutes ses petites affaires occupaient un placard[239] dans la chambre à deux lits. Mme Aubain les inspectait le moins souvent possible. Un jour d'été, elle se résigna; et des papillons[240] s'envolèrent de l'armoire.

Ses robes étaient en ligne sous une planche où il y avait trois poupées, des cerceaux,[241] un ménage,[242] la cuvette[243] qui lui servait. Elles retirèrent également les jupons, les bas, les mouchoirs, et les étendirent sur les deux couches, avant de les replier. Le soleil éclairait ces pauvres objets, en faisait voir les taches, et des plis formées par les mouvements du corps. L'air était chaud et bleu, un merle gazouillait,[244] tout semblait vivre dans une douceur profonde. Elles retrouvèrent un petit chapeau de peluche,[245] à longs poils, couleur marron; mais il était tout mangé de vermine. Félicité le réclama pour elle-même. Leurs yeux se fixèrent l'une sur l'autre, s'emplirent de larmes; enfin la maîtresse ouvrit ses bras, la servante s'y jeta; et elles s'étreignirent satisfaisant leur douleur dans un baiser qui les égalisait.

C'était la première fois de leur vie, Mme Aubain n'étant pas d'une nature expansive. Félicité lui en fut reconnaissante comme d'un bienfait, et désormais la chérit avec un dévouement bestial[246] et une vénération religieuse.

La bonté de son cœur se développa.

Quand elle entendait dans la rue les tambours d'un régiment en marche, elle se mettait devant la porte avec une cruche de cidre, et offrait à boire aux soldats. Elle soigna des cholériques.[247] Elle protégeait les

---

229. *Assomption:* Assumption of the Virgin Mary into heaven, celebrated by Catholics on August 15.
230. *Toussaint:* All Saints' Day, November 1.
231. *vitriers:* glaziers (and decorators).
232. *badigeonnèrent:* painted.
233. *pain bénit:* holy bread (not the wafer of the Host), distributed by a choirboy at Mass, and supplied by well-to-do parishioners in turn.
234. *conducteur de la malle-poste:* stagecoach driver.
235. *Révolution de Juillet:* Revolution of 1830, which dislodged Charles X and enthroned Louis-Philippe.
236. *estaminets:* saloons.
237. *rouet:* spinning wheel.
238. *espalier:* fruit trees trained against sunny wall.
239. *placard:* closet.
240. *papillons:* i.e., moths.
241. *cerceaux:* hoops.
242. *ménage:* doll's house.
243. *cuvette:* washbasin.
244. *gazouillait:* was twittering.
245. *peluche:* plush.
246. *bestial:* animal-like.
247. *cholériques:* victims of cholera.

Polonais;[248] et même il y en eut un qui déclarait la vouloir épouser. Mais ils se fâchèrent; car un matin, en rentrant de l'angélus,[249] elle le trouva dans sa cuisine, où il s'était introduit, et accommodé une vinaigrette[250] qu'il mangeait tranquillement.

Après les Polonais, ce fut le père Colmiche, un vieillard passant pour avoir fait des horreurs en 93.[251] Il vivait au bord de la rivière, dans les décombres[252] d'une porcherie. Les gamins le regardaient par les fentes du mur, et lui jetaient des cailloux qui tombaient sur son grabat, où il gisait,[253] continuellement secoué par un catarrhe, avec des cheveux très longs, les paupières enflammées, et au bras une tumeur plus grosse que sa tête. Elle lui procura du linge, tâcha de nettoyer son bouge,[254] rêvait à l'établir dans le fournil,[255] sans qu'il gênât Madame. Quand le cancer eut crevé, elle le pansa tous les jours, quelquefois lui apportait de la galette, le plaçait au soleil sur une botte de paille; et le pauvre vieux, en bavant et en tremblant, la remerciait de sa voix éteinte, craignait de la perdre, allongeait les mains dès qu'il la voyait s'éloigner. Il mourut; elle fit dire une messe pour le repos de son âme.

Ce jour-là, il lui advint un grand bonheur: au moment du dîner, le nègre de Mme de Larsonnière se présenta, tenant le perroquet dans sa cage, avec le bâton, la chaîne et le cadenas.[256] Un billet de la baronne annonçait à Mme Aubain que, son mari étant élevé à une préfecture, ils partaient le soir; et elle la priait d'accepter cet oiseau, comme un souvenir, et en témoignage de ses respects.

Il occupait depuis longtemps l'imagination de Félicité, car il venait d'Amérique; et ce mot lui rappelait Victor, si bien qu'elle s'en informait auprès du nègre. Une fois même elle avait dit:— « C'est Madame qui serait heureuse de l'avoir! »

Le nègre avait redit le propos à sa maîtresse, qui, ne pouvant l'emmener, s'en débarrassait de cette façon.

IV

Il s'appelait Loulou. Son corps était vert, le bout de ses ailes rose, son front bleu, et sa gorge dorée.

Mais il avait la fatigante manie de mordre son bâton, s'arrachait les plumes, éparpillait[257] ses ordures, répandait l'eau de sa baignoire; Mme Aubain, qu'il ennuyait, le donna pour toujours à Félicité.

Elle entreprit de l'instruire; bientôt il répéta: « Charmant garçon! Serviteur, monsieur! Je vous salue, Marie! » Il était placé auprès de la porte, et plusieurs s'étonnaient qu'il ne répondît pas au nom de Jacquot, puisque tous les perroquets s'appellent Jacquot.[258] On le comparait à une dinde, à une bûche:[259] autant de coups de poignard pour Félicité! Étrange obstination de Loulou, ne parlant plus du moment qu'on le regardait!

Néanmoins il recherchait la compagnie; car le dimanche, pendant que ces demoiselles Rochefeuille, monsieur de Houppeville et de nouveaux habitués: Onfroy l'apothicaire, monsieur Varin et le capitaine Mathieu, faisaient leur partie de cartes, il cognait les vitres avec ses ailes, et se démenait si furieusement qu'il était impossible de s'entendre.

La figure de Bourais, sans doute, lui paraissait très drôle. Dès qu'il l'apercevait,

---

248. Many Poles had taken refuge in France after their unsuccessful revolt against Russia in 1831.
249. *angélus:* church service.
250. *accommodé une vinaigrette:* had fixed himself a meat dish with vinegar sauce.
251. *93* = 1793, year of the Reign of Terror.
252. *décombres:* ruins.
253. *grabat où il gisait:* pallet where he lay. The verbe *gésir* is used primarily in the expression *ci-gît*, here lies. Thus the cemetery terminology bodes ill for the old man, about to become the

sixth fatality in the story.
254. *bouge:* hovel.
255. *fournil:* bakehouse.
256. *cadenas:* padlock.
257. *éparpillait:* scattered.
258. One of those clichés that Flaubert was fond of collecting. Just as all parrots in America are supposed to be named Polly, all French parrots supposedly answer to Jacquot.
259. *bûche:* log; blockhead.

il commençait à rire, à rire de toutes ses forces. Les éclats de sa voix bondissaient dans la cour, l'écho les répétait, les voisins se mettaient à leurs fenêtres, riaient aussi; et, pour n'être pas vu du perroquet, M. Bourais se coulait le long du mur, en dissimulant son profil avec son chapeau, atteignait la rivière, puis entrait par la porte du jardin; et les regards qu'il envoyait à l'oiseau manquaient de tendresse.

Loulou avait reçu du garçon boucher une chiquenaude,[260] s'étant permis d'enfoncer la tête dans sa corbeille; et depuis lors il tâchait toujours de le pincer à travers sa chemise. Fabu menaçait de lui tordre le cou, bien qu'il ne fût pas cruel, malgré le tatouage de ses bras et ses gros favoris.[261] Au contraire! il avait plutôt du penchant pour le perroquet, jusqu'à vouloir, par humeur joviale, lui apprendre des jurons.[262] Félicité, que ces manières effrayaient, le plaça dans la cuisine. Sa chaînette fut retirée, et il circulait par la maison.

Quand il descendait l'escalier, il appuyait sur les marches la courbe de son bec, levait la patte droite, puis la gauche; et elle avait peur qu'une telle gymnastique ne lui causât des étourdissements.[263] Il devint malade, ne pouvait plus parler ni manger. C'était sous sa langue une épaisseur, comme en ont les poules quelquefois. Elle le guérit, en arrachant cette pellicule[264] avec ses ongles. M. Paul, un jour, eut l'imprudence de lui souffler aux narines la fumée d'un cigare; une autre fois que Mme Lormeau l'agaçait du bout de son ombrelle, il en happa la virole;[265] enfin, il se perdit.

Elle l'avait posé sur l'herbe pour le rafraîchir, s'absenta une minute; et, quand elle revint, plus de perroquet! D'abord elle le chercha dans les buissons, au bord de l'eau et sur les toits, sans écouter sa maîtresse qui lui criait:—« Prenez donc garde! vous êtes folle! » Ensuite elle inspecta tous les jardins de Pont-l'Évêque; et elle arrêtait les passants.—« Vous n'auriez pas vu, quelquefois, par hasard, mon perroquet? » A ceux qui ne connaissaient pas le perroquet, elle en faisait la description. Tout à coup, elle crut distinguer derrière les moulins, au bas de la côte, une chose verte qui voltigeait. Mais au haut de la côte, rien! Un porte-balle[266] lui affirma qu'il l'avait rencontré tout à l'heure, à Saint-Melaine, dans la boutique de la mère Simon. Elle y courut. On ne savait pas ce qu'elle voulait dire. Enfin elle rentra, épuisée, les savates en lambeaux, la mort dans l'âme; et, assise au milieu du banc, près de Madame, elle racontait toutes ses démarches, quand un poids léger lui tomba sur l'épaule, Loulou! Que diable avait-il fait? Peut-être qu'il s'était promené aux environs!

Elle eut du mal à s'en remettre, ou plutôt ne s'en remit jamais.

Par suite d'un refroidissement, il lui vint une angine;[267] peu de temps après, un mal d'oreilles. Trois ans plus tard, elle était sourde; et elle parlait très haut, même à l'église. Bien que ses péchés auraient pu sans déshonneur pour elle, ni inconvénient pour le monde, se répandre à tous les coins du diocèse, M. le curé jugea convenable de ne plus recevoir sa confession que dans la sacristie.

Des bourdonnements[268] illusoires achevaient de la troubler. Souvent sa maîtresse lui disait:—« Mon Dieu! comme vous êtes bête! » elle répliquait:—« Oui, Madame », en cherchant quelque chose autour d'elle.

Le petit cercle de ses idées se rétrécit encore, et le carillon des cloches, le mugissement des bœufs, n'existaient plus. Tous les êtres fonctionnaient avec le silence des fantômes. Un seul bruit arrivait maintenant à ses oreilles, la voix du perroquet.

---

260. *chiquenaude:* fillip, snap of finger.
261. *favoris:* side whiskers.
262. *jurons:* oaths.
263. *étourdissements:* dizzy spells. Besides keeping a stuffed parrot on his desk as a reference, Flaubert closely studied the fashion of walking of live parrots in order to get this description right.
264. *pellicule:* film, growth.
265. *virole:* ferule, tip.
266. *porte-balle:* peddler.
267. *angine:* sore throat.
268. *bourdonnements:* buzzings.

Comme pour la distraire, il reproduisait le tictac du tournebroche,[269] l'appel aigu d'un vendeur de poisson, la scie du menuisier[270] qui logeait en face; et, aux coups de la sonnette, imitait Mme Aubain,—Félicité! la porte! la porte! »

Ils avaient des dialogues, lui, débitant à satiété les trois phrases de son répertoire, et elle, y répondant par des mots sans plus de suite. mais où son cœur s'épanchait. Loulou, dans son isolement, était presque un fils, un amoureux. Il escaladait ses doigts, mordillait ses lèvres, se cramponnait à son fichu;[271] et, comme elle penchait son front en branlant la tête à la manière des nourrices, les grandes ailes du bonnet et les ailes de l'oiseau frémissaient ensemble.

Quand des nuages s'amoncelaient et que le tonnerre grondait, il poussait des cris, se rappelant peut-être les ondées[272] de ses forêts natales. Le ruissellement de l'eau excitait son délire; il voletait, éperdu, montait au plafond, renversait tout, et par la fenêtre allait barboter[273] dans le jardin; mais revenait vite sur un des chenets,[274] et, sautillant pour sécher ses plumes, montrait tantôt sa queue, tantôt son bec.

Un matin du terrible hiver de 1837,[275] qu'elle l'avait mis devant la cheminée, à cause du froid, elle le trouva mort, au milieu de sa cage, la tête en bas, et les ongles dans les fils de fer. Une congestion l'avait tué, sans doute? Elle crut à un empoisonnement par le persil;[276] et, malgré l'absence de toutes preuves, ses soupçons portèrent sur Fabu.

Elle pleura tellement que sa maîtresse lui dit:—« Eh bien! faites-le empailler! »[277]

Elle demanda conseil au pharmacien, qui avait toujours été bon pour le perroquet.

Il écrivit au Havre. Un certain Fellacher se chargea de cette besogne. Mais, comme la diligence égarait[278] parfois les colis,[279] elle résolut de le porter elle -même jusqu'à Honfleur.

Les pommiers sans feuilles se succédaient aux bords de la route. De la glace couvrait les fossés. Des chiens aboyaient autour des fermes; et les mains sous son mantelet, avec ses petits sabots noirs et son cabas, elle marchait prestement, sur le milieu du pavé.

Elle traversa la forêt, dépassa le Haut-Chêne, atteignit Saint-Gatien.

Derrière elle, dans un nuage de poussière et emportée par la descente, une malle-poste au grand galop se précipitait comme une trombe.[280] En voyant cette femme qui ne se dérangeait pas, le conducteur se dressa par-dessus la capote,[281] et le postillon[282] criait aussi, pendant que ses quatre chevaux qu'il ne pouvait retenir accéléraient leur train; les deux premiers la frôlaient; d'une secousse de ses guides,[283] il les jeta dans le débord,[284] mais furieux releva le bras, et à pleine volée,[285] avec son grand fouet, lui cingla[286] du ventre au chignon[287] un tel coup qu'elle tomba sur le dos.

Son premier geste, quand elle reprit connaissance, fut d'ouvrir son panier. Loulou n'avait rien, heureusement. Elle sentit une brûlure à la joue droite; ses mains qu'elle y porta étaient rouges. Le sang coulait.[288]

Elle s'assit sur un mètre[289] de cailloux, se tamponna le visage avec son mouchoir,

fichu

---

269. *tournebroche:* turnspit (mechanical roasting device).
270. *scie du menuisier:* saw of the cabinetmaker.
271. *fichu:* neckerchief.
272. *ondées:* downpours.
273. *barboter:* splash about.
274. *chenets:* andirons.
275. An historically accurate detail about the weather of that year.
276. *persil:* parsley.
277. *empailler:* stuff.
278. *égarait:* lost.
279. *colis:* parcels.

280. *trombe:* whirlwind.
281. *capote:* hood.
282. *postillon:* postillion, rider of lead horse.
283. *guides:* reins.
284. *débord:* side of road.
285. *à pleine volée:* at full speed.
286. *cingla:* lashed.
287. *chignon:* coil of hair.
288. These details may well be from Flaubert's own memory, as he suffered his first nervous attack on this same roadway.
289. *mètre:* pile (marking boundary).

puis elle mangea une croûte de pain, mise dans son panier par précaution, et se consolait de sa blessure en regardant l'oiseau.

Arrivée au sommet d'Ecquemauville, elle aperçut les lumières de Honfleur qui scintillaient dans la nuit comme une quantité d'étoiles; la mer, plus loin, s'étalait confusément. Alors une faiblesse l'arrêta; et la misère de son enfance, la déception du premier amour, le départ de son neveu, la mort de Virginie, comme les flots d'une marée, revinrent à la fois, et, lui montant à la gorge, l'étouffaient.

Puis elle voulut parler au capitaine du bateau; et, sans dire ce qu'elle envoyait, lui fit des recommandations.

Fellacher garda longtemps le perroquet. Il le promettait toujours pour la semaine prochaine; au bout de six mois, il annonça le départ d'une caisse; et il n'en fut plus question.[290] C'était à croire que jamais Loulou ne reviendrait. « Ils me l'auront volé! » pensait-elle.

Enfin Il arriva,—et splendide, droit sur une branche d'arbre, qui se vissait[291] dans un socle[292] d'acajou, une patte en l'air, la tête oblique, et mordant une noix, que l'empailleur par amour du grandiose avait dorée.

Elle l'enferma dans sa chambre.

Cet endroit, où elle admettait peu de monde, avait l'air tout à la fois d'une chapelle et d'un bazar, tant il contenait d'objets religieux et de choses hétéroclites.[293]

Une grande armoire gênait pour ouvrir la porte. En face de la fenêtre surplombant le jardin, un œil de bœuf[294] regardait la cour; une table, près du lit de sangle,[295] supportait un pot à l'eau, deux peignes, et un cube de savon bleu dans une assiette ébréchée.[296] On voyait contre les murs: des chapelets, des médailles, plusieurs bonnes Vierges, un bénitier[297] en noix de coco; sur la commode,[298] couverte d'un drap comme un autel, la boîte en coquillages que lui avait donnée Victor; puis un arrosoir[299] et un ballon, des cahiers d'écriture, la géographie en estampes, une paire de bottines; et au clou du miroir, accroché par ses rubans, le petit chapeau de peluche! Félicité poussait même ce genre de respect si loin, qu'elle conservait une des redingotes de Monsieur. Toutes les vieilleries dont ne voulait plus Mme Aubain, elle les prenait pour sa chambre. C'est ainsi qu'il y avait des fleurs artificielles au bord de la commode, et le portrait du comte d'Artois[300] dans l'enfoncement de la lucarne.[301]

Au moyen d'une planchette, Loulou fut établi sur un corps de cheminée[302] qui avançait dans l'appartement. Chaque matin, en s'éveillant, elle l'apercevait à la clarté de l'aube, et se rappelait alors les jours disparus, et d'insignifiantes actions jusqu'en leurs moindres détails, sans douleur, pleine de tranquillité.

Ne communiquant avec personne, elle vivait dans une torpeur de somnambule. Les processions de la Fête-Dieu la ranimaient. Elle allait quêter chez les voisines des flambeaux et des paillassons[303] afin d'embellir le reposoir que l'on dressait dans la rue.

A l'église, elle contemplait toujours le Saint-Esprit, et observa qu'il avait quelque chose du perroquet. Sa ressemblance lui parut encore plus manifeste sur une image d'Épinal,[304] représentant le baptême de Notre-Seigneur. Avec ses ailes de pourpre et son corps d'émeraude, c'était vraiment le portrait de Loulou.

---

290. *il n'en fut plus question:* nothing more was heard about it.
291. *se vissait:* was screwed.
292. *socle:* base.
293. *hétéroclites:* variegated.
294. *œil de bœuf:* small round window.
295. *lit de sangle:* folding cot.
296. *ébréchée:* nicked.
297. *bénitier:* holy water container.
298. *commode:* bureau.

299. *arrosoir:* watering pot.
300. *comte d'Artois:* brother of Louis XVI and Louis XVIII; King of France, under the name Charles X, 1824–30.
301. *enfoncement de la lucarne:* recess formed by a dormer window.
302. *corps de cheminée:* chimney breast, mantel-piece.
303. *paillassons:* straw mats.
304. *image d'Épinal:* cheap, gaudy popular picture.

L'ayant acheté, elle le suspendit à la place du comte d'Artois,—de sorte que, du même coup d'œil, elle les voyait ensemble. Ils s'associèrent dans sa pensée, le perroquet se trouvant sanctifié par ce rapport avec le Saint-Esprit, qui devenait plus vivant à ses yeux et intelligible. Le Père, pour s'énoncer,[305] n'avait pu choisir une colombe, puisque ces bêtes-là n'ont pas de voix, mais plutôt un des ancêtres de Loulou. Et Félicité priait en regardant l'image, mais de temps à autre se tournait un peu vers l'oiseau.

Elle eut envie de se mettre dans les demoiselles de la Vierge.[306] Mme Aubain l'en dissuada.

Un événement considérable surgit: le mariage de Paul.

Après avoir été d'abord clerc de notaire, puis dans le commerce, dans la douane, dans les contributions,[307] et même avoir commencé des démarches pour les eaux et forêts, à trente-six ans, tout à coup, par une inspiration du ciel, il avait découvert sa voie: l'enregistrement![308] et y montrait de si hautes facultés qu'un vérificateur[309] lui avait offert sa fille, en lui promettant sa protection.

Paul, devenu sérieux, l'amena chez sa mère.

Elle dénigra[310] les usages de Pont-l'Évêque, fit la princesse, blessa Félicité. Mme Aubain, à son départ, sentit un allègement.

La semaine suivante, on apprit la mort de M. Bourais, en basse Bretagne, dans une auberge. La rumeur d'un suicide se confirma; des doutes s'élevèrent sur sa probité. Mme Aubain étudia ses comptes, et ne tarda pas

à connaître la kyrielle[311] de ses noirceurs: détournements d'arrérages,[312] ventes de bois dissimulées, fausses quittances,[313] etc. De plus, il avait un enfant naturel, et « des relations avec une personne de Dozulé[314]. »

Ces turpitudes l'affligèrent beaucoup. Au mois de mars 1853, elle fut prise d'une douleur dans la poitrine; sa langue paraissait couverte de fumée, les sangsues[315] ne calmèrent pas l'oppression; et le neuvième soir elle expira, ayant juste soixante-douze ans.

On la croyait moins vieille, à cause de ses cheveux bruns, dont les bandeaux entouraient sa figure blême, marquée de petite vérole. Peu d'amis la regrettèrent, ses façons étant d'une hauteur qui éloignait.

Félicité la pleura, comme on ne pleure pas les maîtres. Que Madame mourût avant elle, cela troublait ses idées, lui semblait contraire à l'ordre des choses, inadmissible et monstrueux.

Dix jours après (le temps d'accourir de Besançon), les héritiers survinrent. La bru[316] fouilla les tiroirs, choisit des meubles, vendit les autres, puis ils regagnèrent l'enregistrement.

Le fauteuil de Madame, son guéridon,[317] sa chaufferette, les huit chaises, étaient partis! La place des gravures se dessinait en carrés jaunes au milieu des cloisons. Ils avaient emporté les deux couchettes, avec leurs matelas, et dans le placard on ne voyait plus rien de toutes les affaires de Virginie! Félicité remonta les étages, ivre de tristesse.

Le lendemain il y avait sur la porte une affiche; l'apothicaire lui cria dans l'oreille que la maison était à vendre.

---

305. *s'énoncer:* declare himself.
306. *demoiselles de la Vierge:* association of unmarried women for parish work.
307. *contributions:* tax collections.
308. *enregistrement:* record office for transfers of property, deeds, etc. Flaubert is being sarcastic in calling it an *inspiration* to go to work at the county clerk's office. But, for Paul, it turns out that it really is an inspired move, irony of ironies. (Incidentally, if Paul is 36 years old at this point, then Félicité is 60, considered old age in those times.)
309. *vérificateur:* inspector.

310. *dénigra:* spoke ill of.
311. *kyrielle:* long string.
312. *détournements d'arrérages:* embezzlements of arrears. (It would appear that Loulou, who laughed in scorn at the very sight of Bourais, had better judgment about him than Mme Aubain did.)
313. *quittances:* receipts.
314. *Dozulé:* town 12 miles from Pont-l'Évêque.
315. *sangsues:* leeches.
316. *bru:* daughter-in-law.
317. *guéridon:* small table.

Elle chancela, et fut obligée de s'asseoir.

Ce qui la désolait principalement, c'était d'abandonner sa chambre,—si commode pour le pauvre Loulou. En l'enveloppant d'un regard d'angoisse, elle implorait le Saint-Esprit, et contracta l'habitude idolâtre de dire ses oraisons agenouillée devant le perroquet. Quelquefois, le soleil entrant par la lucarne frappait son œil de verre, et en faisait jaillir un grand rayon lumineux qui la mettait en extase.

Elle avait une rente[318] de trois cent quatrevingts francs, léguée par sa maîtresse. Le jardin lui fournissait des légumes. Quant aux habits, elle possédait de quoi se vêtir jusqu'à la fin de ses jours, et épargnait l'éclairage en se couchant dès le crépuscule.

Elle ne sortait guère, afin d'éviter la boutique du brocanteur, où s'étalaient quelques-uns des anciens meubles. Depuis son étourdissement, elle traînait une jambe; et, ses forces diminuant, la mère Simon, ruinée dans l'épicerie, venait tous les matins fendre son bois et pomper de l'eau.

Ses yeux s'affaiblirent. Les persiennes n'ouvraient plus. Bien des années se passèrent. Et la maison ne se louait pas, et ne se vendait pas.

Dans la crainte qu'on ne la renvoyât, Félicité ne demandait aucune réparation. Les lattes[319] du toit pourrissaient; pendant tout un hiver son traversin[320] fut mouillé. Après Pâques, elle cracha du sang.

Alors la mère Simon eut recours à un docteur. Félicité voulut savoir ce qu'elle avait. Mais, trop sourde pour entendre, un seul mot lui parvint: « Pneumonie. » Il lui était connu, et elle répliqua doucement:—« Ah! comme Madame », trouvant naturel de suivre sa maîtresse.

Le moment des reposoirs approchait.

Le premier était toujours au bas de la côte, le second devant la poste, le troisième vers le milieu de la rue. Il y eut des rivalités à propos de celui-là; et les paroissiennes choisirent finalement la cour de Mme Aubain.

Les oppressions et la fièvre augmentaient. Félicité se chagrinait de ne rien faire pour le reposoir. Au moins, si elle avait pu y mettre quelque chose! Alors elle songea au perroquet. Ce n'était pas convenable, objectèrent les voisines. Mais le curé accorda cette permission; elle en fut tellement heureuse qu'elle le pria d'accepter, quand elle serait morte, Loulou, sa seule richesse.

Du mardi au samedi, veille de la Fête-Dieu, elle toussa plus fréquemment. Le soir son visage était grippé, ses lèvres se collaient à ses gencives,[321] des vomissements parurent; et le lendemain, au petit jour, se sentant très bas, elle fit appeler un prêtre.

Trois bonnes femmes l'entouraient pendant l'extrême-onction.[322] Puis elle déclara qu'elle avait besoin de parler à Fabu.

Il arriva en toilette des dimanches, mal à son aise dans cette atmosphère lugubre.

—« Pardonnez-moi, » dit-elle avec un effort pour étendre le bras, « je croyais que c'était vous qui l'aviez tué! »

Que signifiaient des potins[323] pareils? L'avoir soupçonné d'un meurtre, un homme comme lui! et il s'indignait, allait faire du tapage.[324]—« Elle n'a plus sa tête, vous voyez bien! »

Félicité de temps à autre parlait à des ombres. Les bonnes femmes s'éloignèrent. La Simonne[325] déjeuna.

Un peu plus tard, elle prit Loulou, et, l'approchant de Félicité:

—« Allons! dites-lui adieu! »

Bien qu'il ne fût pas un cadavre, les vers le dévoraient; une de ses ailes était cassée, l'étoupe[326] lui sortait du ventre. Mais,

---

318. *rente:* annual income.
319. *lattes:* laths.
320. *traversin:* bolster.
321. *gencives:* gums.
322. *extrême-onction:* last rites.

323. *potins:* slanders, gossip.
324. *tapage:* here, a scene.
325. *La Simonne = La mère Simon.*
326. *étoupe:* stuffing.

aveugle à présent, elle le baisa au front, et le gardait contre sa joue. La Simonne le reprit, pour le mettre sur le reposoir.

V

Les herbages envoyaient l'odeur de l'été; des mouches bourdonnaient; le soleil faisait luire la rivière, chauffait les ardoises. La mère Simon, revenue dans la chambre, s'endormait doucement.

Des coups de cloche la réveillèrent; on sortait des vêpres. Le délire de Félicité tomba. En songeant à la procession, elle la voyait, comme si elle l'eût suivie.

Tous les enfants des écoles, les chantres et les pompiers[327] marchaient sur les trottoirs, tandis qu'au milieu de la rue, s'avançaient premièrement: le suisse[328] armé de sa hallebarde,[329] le bedeau[330] avec une grande croix, l'instituteur surveillant les gamins, la religieuse inquiète de ses petites filles; trois des plus mignonnes, frisées comme des anges, jetaient dans l'air des pétales de roses; le diacre,[331] les bras écartés, modérait la musique; et deux encenseurs[332] se retournaient à chaque pas vers le Saint-Sacrement, que portait, sous un dais[333] de velours ponceau[334] tenu par quatre fabriciens,[335] M. le curé, dans sa belle chasuble. Un flot de monde se poussait derrière, entre les nappes blanches couvrant le mur des maisons; et l'on arriva au bas de la côte.

Une sueur froide mouillait les tempes de Félicité. La Simonne l'épongeait avec un linge, en se disant qu'un jour il lui faudrait passer par là.

Le murmure de la foule grossit, fut un moment très fort, s'éloigna.

Une fusillade[336] ébranla les carreaux. C'était les postillons saluant l'ostensoir.[337] Félicité roula ses prunelles, et elle dit, le moins bas qu'elle put:—« Est-il bien? » tourmentée du perroquet.

Son agonie commença. Un râle,[338] de plus en plus précipité, lui soulevait les côtes.[339] Des bouillons[340] d'écume venaient aux coins de sa bouche, et tout son corps tremblait.

Bientôt, on distingua le ronflement des ophicléides,[341] les voix claires des enfants, la voix profonde des hommes. Tout se taisait par intervalles, et le battement des pas, que des fleurs amortissaient,[342] faisait le bruit d'un troupeau sur du gazon.

Le clergé parut dans la cour. La Simonne grimpa sur une chaise pour atteindre à l'œil-de-bœuf, et de cette manière dominait le reposoir.

Des guirlandes vertes pendaient sur l'autel, orné d'un falbala en point d'Angleterre.[343] Il y avait au milieu un petit cadre enfermant des reliques, deux orangers dans les angles, et, tout le long, des flambeaux d'argent et des vases en porcelaine, d'où s'élançaient des tournesols,[344] des lis,[345] des pivoines,[346] des digitales,[347] des touffes d'hortensias.[348] Ce monceau de couleurs éclatantes descendait obliquement, du premier étage jusqu'au tapis, se prolongeant sur les pavés; et des choses rares tiraient les yeux. Un sucrier de vermeil[349] avait une couronne de violettes, des pendeloques en pierres d'Alençon[350]

---

327. *pompiers:* firemen.
328. *suisse:* sexton.
329. *hallebarde:* halberd, medieval pike (symbol of sexton's authority).
330. *bedeau:* beadle, parish officer.
331. *diacre:* deacon.
332. *encenseurs:* boys swinging censers (incense burners).
333. *dais:* canopy.
334. *ponceau:* crimson.
335. *fabriciens:* vestrymen.
336. *fusillade:* presumably a ceremonial whip-cracking.
337. *ostensoir:* monstrance, shrine containing the Host.
338. *râle:* (death) rattle, difficulty breathing.

339. *côtes:* ribs.
340. *bouillons:* bubbles.
341. *ophicléides:* bass horns.
342. *amortissaient:* deadened. (Flowers carpeted the path of the Host.)
343. *falbala en point d'Angleterre:* flounce of English needlepoint lace.
344. *tournesols:* sunflowers
345. *lis:* lilies
346. *pivoines:* peonies
347. *digitales:* foxgloves
348. *hortensias:* hydrangeas. Flaubert names each species of flower as if he were an expert florist.
349. *vermeil:* silver gilt.
350. *pendeloques en pierre d'Alençon:* pendants of quartz crystals.

brillaient sur de la mousse, deux écrans[351] chinois montraient leurs paysages. Loulou, caché sous des roses, ne laissait voir que son front bleu, pareil à une plaque de lapis.[352]

Les fabriciens, les chantres, les enfants se rangèrent sur les trois côtés de la cour. Le prêtre gravit lentement les marches, et posa sur la dentelle son grand soleil d'or[353] qui rayonnait. Tous s'agenouillèrent. Il se fit un grand silence. Et les encensoirs, allant à pleine volée, glissaient sur leurs chaînettes.

Une vapeur d'azur monta dans la chambre de Félicité.[354] Elle avança les narines, en la humant avec une sensualité mystique; puis ferma les paupières. Ses lèvres souriaient. Les mouvements de son cœur se ralentirent un à un, plus vagues chaque fois, plus doux, comme une fontaine s'épuise, comme un écho disparaît; et, quand elle exhala son dernier souffle, elle crut voir, dans les cieux entr'ouverts, un perroquet gigantesque, planant au-dessus de sa tête.[355]

13. Le Naturalisme

Deterministic Literature

Naturalism is one of those slippery terms that has too many meanings and too many interpretations. Whereas some literary historians see Flaubert as a Realist, others see him as a Naturalist. The evolution of literature seldom really has clear dividing lines, except when we wish it so in retrospect. Balzac was a link between Romanticism and Realism, Flaubert a transition from Realism to Naturalism. The authors had no desire at all to be pigeon-holed, so we should not be too upset when their works do not always fit someone's handy classifications. At best we can offer general headings, and this is no exception. In general, Naturalism can best be defined as Realism pushed to the extreme, with a strong scientific component and a deterministic view of human life.

A scientific naturalist is a student of animal and plant life. The literary Naturalists adopted the word to indicate that they studied the human species scientifically. Naturalistic literature's main characteristics are (1) pretention to scientific exactness; (2) special concern with the lower and lowest classes, who are portrayed in most cases as simpler, more animal-like, more instinctive, less rational, than the upper classes; and (3) an emphasis, often an overemphasis, on the ugly, the brutal, the depressing, even the revolting—whether to the nostrils or the refined sensibility.

The first self-aware Naturalists were the brothers Goncourt, novelists whose *Germinie Lacerteux* (1865) they termed *la clinique de l'amour.* For the rest of the century, France abounded in Naturalist prose authors. But the chief representative of Naturalism is Zola.

---

351. *écrans:* screens.
352. *lapis:* lapis lazuli, blue precious stone. Again the color blue symbolizes religious purity and spirituality.
353. *soleil d'or:* i.e., monstrance.
354. The religious blue (azure, in this case) of the holy spirit is now coming to Félicité.

355. Of all the deaths in the story, this is the first and only one described in such a way that we can see the character's internal perception – and what is there is the Loulou-esque version of the Holy Spirit. Do you think that Flaubert is making fun of Félicité? Or does Flaubert admire her? Is it possible for us to find someone admirable and laughable at the same time?

✤ ✤ ✤

Émile Zola

[1840–1902]

The Good Fight

When an author fights for a cause that matters, we think of him as being another Zola. This is because Émile Zola set the standard for the socially engaged writer for all time. That is not to say that Zola was the first, or the first even in his century; certainly his predecessors such as Hugo showed the way. But Zola, despite beginning primarily as someone who wished to analyze society, ended as someone who wished to improve it. And his name remains associated forever with the fight for justice.

Humble Beginnings

Émile Zola's father, an Italian engineer, died when the boy was seven. Émile grew up in genteel poverty in Aix-en-Provence, envying and hating the rich bourgeoisie

Émile Zola. Illustration in the 1905 edition of Zola's A Love Episode.

whose life was arranged and easy. He had some hard years in Paris, trying to be a poet, succeeding in being a good journalist. He was fascinated by science, though he had no scientific training. He read Darwin's *Origin of Species* (1859), the landmark book that revealed the primary mechanisms of biological evolution, and derived from it the notion of survival of the fittest. (The application of this concept to societal matters was called Social Darwinism, a philosophy that Darwin strongly disavowed when it was used to justify wars of conquest and colonialism.) Another book that influenced Zola was scientist Claude Bernard's *Introduction à la médecine expérimentale* (1865), which said that the scientific physician should set up experiments in human disease for purpose of study. Bernard remains a giant of French scientific history for having established the rules of modern scientific method (double-blind studies, objective replication of experiments, etc.), for having produced a world-class student named Louis Pasteur, and for (unintentionally) inspiring literary types like Zola to try to apply scientific experimentation to fiction. Zola was especially interested in the new theories of heredity, which asserted that a man's character is determined by his inherited genes. To what degree do dominant or recessive genes form our personality and behaviors? We are still just scratching the surface of that issue. Zola certainly popularized the debate early on.

The Great Experiment

On the analogy of *la médecine expérimentale,* Zola proposed to write *le roman expérimental.* Each novel would be a case history, a provoked experiment, an example of scientific determinism. The adventures of his characters would show the modifications of the human organism induced by the influences of environment on heredity. The analogy is clearly dubious, since the experiment is always rigged. A writer's imaginations, however well documented, cannot have the validity of controlled experiments under laboratory conditions. The author of fiction always makes the ending turn out according to his or her own judgments. But Zola's method did produce works of art of great interest and value.

His important books are grouped in a series called *Les Rougon-Macquart* (1871–1893). This is the history of a family—the legitimate branch, the Rougons, the illegitimate branch, the Macquarts—in the nineteenth century. The Rougons are tainted with hysteria and mental troubles, the Macquarts with alcoholism. We follow the sad story of the offspring, through four generations. Each novel is set in a different milieu, such as a Paris slum, a mining village, a department store, even the political world. Zola gives a collective life and spirit to a mass phenomenon. He builds up his backgrounds with abundant realistic detail and conveys the atmosphere of each social group. The characters, sometimes vigorous actors, more often victims, are boldly sketched. But the individual is likely to be submerged in the movement of the crowd, humanity *en masse.* The effective impulses of the crowd, like those of the individual, are usually mean, selfish, lustful, and cruel.

Are his ugly pictures of French life, of human life, true? Many outraged critics said no. Zola replied that these persons were out of touch with reality and needed to see the way things are, not the way things ought to be.

But in fact Zola did want to show the ideal in man. He had a kind of conversion, which coincided curiously with a change of diet. (Whole books have been written on the theme of Zola Fat and Zola Thin; thus his own theories of the physical determination of spiritual phenomena would be vindicated.) He wrote a series of novels expressing his faith in human progress. Unfortunately, these novels are not very good in comparison with the ones that serve as exposés of social evils.

"I Accuse"

He showed his courageous love of justice by coming to the defense (in 1898) of Captain Alfred Dreyfus, an Army officer in the French government who was falsely convicted on perjured evidence of selling military secrets to Germany. Dreyfus, a Jew, was the scapegoat for a corrupt governmental regime that had to find someone to blame for the scandal. A prejudiced public would surely accept the idea of a disloyal Jewish traitor. Although some members of the government, upon finding out that Dreyfus had been framed, tried to help him, they too were punished. Zola rose to the occasion. After researching all the facts of the case, he wrote his mighty newspaper article with the famous headline "J'Accuse" denouncing the government coverup.[1] For his protests, Zola was sentenced to a year's imprisonment, which he eluded by fleeing at the last minute to England. Zola continued his fight relentlessly while Dreyfus languished in prison on Devil's Island. French society was torn apart arguing the case. But eventually Zola carried the day, the true villain confessed, and Dreyfus won his case. Two years later, after numerous resignations in the government, Dreyfus had his medals restored in a ceremony that Zola did not live to see. Unfortunately,

---

1. Published in *L'Aurore* January 13, 1898.

Zola had died grotesquely, gassed by a leaky stove. (He slept with his windows shut, a fatal habit.)

A Long-Lasting Legacy

Zola's *style,* though often loose and hasty like that of his hero Balzac, is powerful. He excels in rendering the spirit of material things, of natural phenomena, of institutions, of a wine store, of a locomotive. He proved, as did his disciples Jack London and Theodore Dreiser in America, that a style may have every technical fault and still be a potent medium for imposing an impression.

His *influence* was very great. He created the novel of the urban working class, often called the proletarian novel. (Marxist critics, although always keen to praise works depicting the ill effects of capitalism upon factory workers, have frequently felt that Zola overdid his picture of the worker as degraded almost into a beast.) Zola inspired the works of many Naturalists around the world, among them Jules Romains in France, Heinrich Mann in Germany, and Frank Norris, Erskine Caldwell, John Steinbeck and Upton Sinclair in the United States.

Cinq Centimes

ERNEST VAUGHAN

L'AURORE

Littéraire, Artistique, Sociale

ERNEST VAUGHAN

J'Accuse...!

LETTRE AU PRÉSIDENT DE LA RÉPUBLIQUE

Par ÉMILE ZOLA

LETTRE

A M. FÉLIX FAURE

Président de la République

Zola's J'Accuse *article. Front page of* L'Aurore *Newspaper, January 13, 1898.*

Forces of Nature

The famous Zola novels, such as *L'Assommoir* (an 1877 story about alcoholism) and *Germinal* (about a coal miners strike, published in 1885), do not well lend themselves to excerpting, and the famous *J'Accuse* article is too obscure in its political references for our purposes. But the short story *L'Inondation* (1880), which we reproduce here in shortened form, is a good example of his work. It deals with an actual flood of the Garonne river, which devastated the region of Toulouse in June, 1875. Realistic ecological literature was a rarity until Zola's naturalism. Much of the nineteenth century was an era of global cooling marked by a record number of floods. In this story, the flood itself is the chief character; it dwarfs the human beings who struggle against it. Humankind's will is impotent. But humanity as a whole survives, for humanity is a force in nature, just as the river is a force.

⚜ ⚜ ⚜

L'Inondation

[Abridged]

I

Je m'appelle Louis Roubieu. J'ai soixante-dix ans,[2] et je suis né au village de Saint-Jory[3], à quelques lieues de Toulouse, en amont de la Garonne.[4] Pendant quatorze ans, je me suis battu avec la terre, pour manger du pain. Enfin, l'aisance est venue, et le mois dernier, j'étais encore le plus riche fermier de la commune.

Notre maison semblait bénie. Le bonheur y poussait; le soleil était notre frère, et je ne me souviens pas d'une récolte mauvaise. Nous étions près d'une douzaine à la ferme, dans ce bonheur. Il y avait moi, encore gaillard,[5] menant les enfants au travail; puis, mon cadet Pierre, un vieux garçon, un ancien sergent; puis, ma sœur Agathe, qui s'était retirée chez nous après la mort de son mari, une maîtresse femme, énorme et gaie, dont les rires s'entendaient à l'autre bout du village. Ensuite venait toute la nichée:[6] mon fils Jacques, sa femme Rose, et leurs trois filles, Aimée, Véronique et Marie; la première mariée à Cyprien Bouisson, un grand gaillard, dont elle avait deux petits, l'un de deux ans, l'autre de dix mois; la seconde, fiancée d'hier, et qui devait épouser Gaspard Rabuteau; la troisième, enfin, une vraie demoiselle, si blanche, si blonde, qu'elle avait l'air d'être née à la ville. Ça faisait dix, en comptant tout le monde.[7] J'étais grand-père et arrière-grand-père. Quand nous étions à table, j'avais ma sœur Agathe à ma droite, mon frère Pierre à ma gauche; les enfants fermaient le cercle, par rang d'âges, une file où les têtes se rapetissaient[8] jusqu'au bambin[9] de dix mois qui mangeait déjà sa soupe comme un homme. Allez, on entendait les cuillers dans les assiettes! La nichée mangeait dur. Et quelle belle gaieté, entre deux coups de dents! Je me sentais de l'orgueil et de la joie dans les veines, lorsque les petits tendaient les mains vers moi, en criant:

—Grand-père, donne-nous donc du pain!…Un gros morceau, hein! grand-père!

Les bonnes journées! Notre ferme en travail chantait par toutes ses fenêtres. Pierre, le soir, inventait des jeux, racontait des histoires de son régiment. Tante Agathe, le dimanche, faisait des galettes pour nos filles. Puis, c'étaient des cantiques que savait Marie, des cantiques qu'elle filait avec une voix d'enfant de chœur: elle ressemblait à une sainte, ses cheveux blonds tombant dans son cou, ses mains nouées sur son tablier. Je m'étais décidé à élever la maison d'un étage, lorsque Aimée avait épousé Cyprien; et je disais en riant qu'il faudrait l'élever d'un autre, après le mariage de Véronique et de Gaspard; si bien que la maison aurait fini par toucher le ciel, si l'on avait continué, à chaque ménage nouveau. Nous ne voulions pas nous quitter. Nous aurions plutôt bâti une ville, derrière la ferme, dans notre enclos. Quand les familles sont d'accord, il est si bon de vivre et de mourir où l'on a grandi!

[…]

Pourtant, j'étais allé devant la fenêtre. Comme Gaspard venait m'y rejoindre, je lui dis:

—Il n'y a rien de nouveau, par chez vous?

—Non, répondit-il. On parle des grandes pluies de ces jours derniers, on prétend que ça pourrait bien amener des malheurs.

---

2. An extremely advanced age for that time. He is a true patriarch.
3. *Saint-Jory:* evidently a fictitious name. (There is a Saint-Jory below Toulouse which does not fit the story's requirements.)
4. *en amont de la Garonne:* up the Garonne (important river, rising in the Pyrenees, flowing north to Toulouse, northwest to Bordeaux and the Atlantic).
5. *gaillard:* hearty.
6. *nichée:* brood.
7. But not counting himself.
8. *se rapetissaient:* dwindled.
9. *bambin:* baby.

The Great Flood of 1861 in Paris. Courtesy of Bibliothèque nationale de France.

En effet, les jours précédents, il avait plu pendant soixante heures, sans discontinuer. La Garonne était très grosse depuis la veille; mais nous avions confiance en elle; et, tant qu'elle ne débordait pas, nous ne pouvions la croire mauvaise voisine. Elle nous rendait de si bons services! elle avait une nappe d'eau si large et si douce! Puis, les paysans ne quittent pas aisément leur trou, même quand le toit est près de crouler.

—Bah! m'écriai-je en haussant les épaules, il n'y aura rien. Tous les ans, c'est la même chose: la rivière fait le gros dos,[10] comme si elle était furieuse, et elle s'apaise en une nuit, elle rentre chez elle, plus innocente qu'un agneau. Tu verras, mon garçon; ce sera encore pour rire, cette fois…Tiens, regarde donc le beau temps!

Et, de la main, je lui montrais le ciel. Il était sept heures, le soleil se couchait. Ah! que de bleu! Le ciel n'était que du bleu, une nappe bleue immense, d'une pureté profonde, où le soleil couchant volait comme une poussière d'or. Il tombait de là-haut une joie lente, qui gagnait tout l'horizon. Jamais je n'avais vu le village

s'assoupir dans une paix si douce. Sur les tuiles, une teinte rose se mourait. J'entendais le rire d'une voisine, puis des voix d'enfants au tournant de la route, devant chez nous. Plus loin, montaient, adoucis par la distance, des bruits de troupeaux rentrant à l'étable. La grosse voix de la Garonne ronflait, continue; mais elle me semblait la voix même du silence, tant j'étais habitué à son grondement. Peu à peu, le ciel blanchissait, le village s'endormait davantage. C'était le soir d'un beau jour, et je pensais que tout notre bonheur, les grandes récoltes, la maison heureuse, les fiançailles de Véronique, pleuvant de là-haut, nous arrivaient dans la pureté même de la lumière. Une bénédiction s'élargissait sur nous, avec l'adieu du soir.

Cependant, j'étais revenu au milieu de la pièce. Nos filles bavardaient. Nous les écoutions en souriant, lorsque, tout à coup, dans la grande sérénité de la campagne, un cri terrible retentit, un cri de détresse et de mort:

—La Garonne! la Garonne!

---

10. *fait le gros dos:* arches its back (like an angry cat).

II

Nous nous précipitâmes dans la cour.

Saint-Jory se trouve au fond d'un pli de terrain, en contre-bas[11] de la Garonne, à cinq cents mètres environ. Des rideaux de hauts peupliers, qui coupent les prairies, cachent la rivière complètement.

Nous n'apercevions rien. Et toujours le cri retentissait:

—La Garonne! la Garonne!

Brusquement, du large chemin, devant nous, débouchèrent deux hommes et trois femmes; une d'elles tenait un enfant entre les bras. C'étaient eux qui criaient, affolés, galopant à toutes jambes sur la terre dure. Ils se tournaient parfois, ils regardaient derrière eux, le visage terrifié, comme si une bande de loups les eût poursuivis.

—Eh bien? qu'ont-ils donc? demanda Cyprien. Est-ce que vous distinguez quelque chose, grand-père?

—Non, non, dis-je. Les feuillages ne bougent même pas.

En effet, la ligne basse de l'horizon, paisible, dormait. Mais je parlais encore, lorsqu'une exclamation nous échappa. Derrière les fuyards, entre les troncs des peupliers, au milieu des grandes touffes d'herbe, nous venions de voir apparaître comme une meute de bêtes grises, tachées de jaune, qui se ruaient. De toutes parts, elles pointaient à la fois, des vagues poussant des vagues, une débandade[12] de masses d'eau moutonnant[13] sans fin, secouant des baves[14] blanches, ébranlant le sol du galop sourd de leur foule.

A notre tour, nous jetâmes le cri désespéré:

—La Garonne! la Garonne!

Sur le chemin, les deux hommes et les trois femmes couraient toujours. Ils entendaient le terrible galop gagner le leur. Maintenant, les vagues arrivaient en une seule ligne, roulantes, s'écroulant avec le tonnerre d'un bataillon qui charge. Sous leur premier choc, elles avaient cassé trois peupliers, dont les hauts feuillages s'abattirent et disparurent. Une cabane de planches fut engloutie; un mur creva; des charrettes dételées[15] s'en allèrent, pareilles à des brins de paille. Mais les eaux semblaient surtout poursuivre les fuyards. Au coude de la route, très en pente à cet endroit, elles tombèrent brusquement en une nappe immense et leur coupèrent toute retraite. Ils couraient encore cependant, éclaboussant[16] la mare à grandes enjambées, ne criant plus, fous de terreur. Les eaux les prenaient aux genoux. Une vague énorme se jeta sur la femme qui portait l'enfant. Tout s'engouffra.

—Vite! vite! criai-je. Il faut rentrer… La maison est solide. Nous ne craignons rien.

Par prudence, nous nous réfugiâmes tout de suite au second étage. On fit passer les filles les premières. Je m'entêtais à ne monter que le dernier. La maison était bâtie sur un tertre, au-dessus de la route. L'eau envahissait la cour, doucement, avec un petit bruit. Nous n'étions pas très effrayés.

—Bah! disait Jacques pour rassurer son monde, ce ne sera rien…[17] Vous vous rappelez, mon père, en 55, l'eau est comme ça venue dans la cour. Il y en a eu un pied; puis, elle s'en est allée.

—C'est fâcheux pour les récoltes tout de même, murmura Cyprien, à demi-voix.

—Non, non, ce ne sera rien, repris-je à mon tour, en voyant les grands yeux suppliants de nos filles.

L'eau montait toujours. Pierre, qui la surveillait, me cria:

—Louis, méfions-nous, l'eau touche à la fenêtre.

Cet avertissement nous tira de notre crise de désespoir. Je revins à moi, je dis en haussant les épaules:

—L'argent n'est rien. Tant que nous serons tous là, il n'y aura pas de regret à

---

11. *en contre-bas:* below the level.
12. *débandade:* rout, stampede.
13. *moutonnant:* breaking in foam.
14. *baves:* froth.
15. *dételées:* unyoked (*i.e.,* without their draft animals).
16. *éclaboussant:* splashing through.
17. Remark how true-to-life this dialogue is, exactly the sort of language that Flaubert refused to admit into his writings.

avoir…On en sera quitte pour se remettre au travail.

—Oui, oui, vous avez raison, mon père, reprit Jacques fiévreusement. Et nous ne courons aucun danger, les murs sont bons…Nous allons monter sur le toit.

Il ne nous restait que ce refuge. L'eau, qui avait gravi l'escalier marche à marche, avec un clapotement[18] obstiné, entrait déjà par la porte. On se précipita vers le grenier, ne se lâchant pas d'une enjambée,[19] par ce besoin qu'on a, dans le péril, de se sentir les uns contre les autres. Cyprien avait disparu. Je l'appelai, et je le vis revenir des pièces voisines, la face bouleversée. Alors, comme je m'apercevais également de l'absence de nos deux servantes et que je voulais les attendre, il me regarda étrangement, il me dit tout bas:

—Mortes. Le coin du hangar,[20] sous leur chambre, vient de s'écrouler.

Les pauvres filles devaient être allées chercher leurs économies, dans leurs malles. Il me raconta, toujours à demi-voix, qu'elles s'étaient servies d'une échelle, jetée en manière de pont, pour gagner le bâtiment voisin. Je lui recommandai de ne rien dire. Un grand froid avait passé sur ma nuque. C'était la mort qui entrait dans la maison.

Quand nous montâmes à notre tour, nous ne songeâmes pas même à éteindre les lampes. Les cartes restèrent étalées sur la table. Il y avait déjà un pied d'eau dans la chambre.

III

Le toit, heureusement, était vaste et de pente douce. On y montait par une fenêtre à tabatière,[21] au-dessus de laquelle se trouvait une sorte de plate-forme. Ce fut là que tout notre monde se réfugia. Les femmes s'étaient assises. Les hommes allaient tenter des reconnaissances sur les tuiles, jusqu'aux grandes cheminées, qui se dressaient aux deux bouts de la toiture.

Moi, appuyé à la lucarne par où nous étions sortis, j'interrogeais les quatre points de l'horizon.

—Des secours ne peuvent manquer d'arriver, disais-je bravement. Les gens de Saintin ont des barques. Ils vont passer par ici…Tenez! là-bas, n'est-ce pas une lanterne sur l'eau?

Mais personne ne me répondait. Pierre, sans trop savoir ce qu'il faisait, avait allumé sa pipe, et il fumait si rudement, qu'à chaque bouffée[22] il crachait des bouts de tuyau.[23] Jacques et Cyprien regardaient au loin, la face morne; tandis que Gaspard, serrant les poings, continuait de tourner sur le toit, comme s'il eût cherché une issue. A nos pieds, les femmes en tas, muettes, grelottantes, se cachaient la face pour ne plus voir. Pourtant, Rose leva la tête, jeta un coup d'œil autour d'elle, en demandant:

—Et les servantes, où sont-elles? pourquoi ne montent-elles pas?

J'évitai de répondre. Elle m'interrogea alors directement, les yeux sur les miens.

—Où donc sont les servantes?

Je me détournai, ne pouvant mentir. Et je sentis ce froid de la mort, qui m'avait déjà effleuré, passer sur nos femmes et sur nos chères filles. Elles avaient compris. Marie se leva toute droite, eut un gros soupir, puis s'abattit, prise d'une crise de larmes. Aimée tenait serrés dans ses jupes ses deux enfants, qu'elle cachait comme pour les défendre. Véronique, la face entre les mains, ne bougeait plus. Tante Agathe elle-même, toute pâle, faisait de grands signes de croix, en balbutiant des *Pater* et des *Ave.*

Cependant, autour de nous, le spectacle devenait d'une grandeur souveraine. La nuit, tombée complètement, gardait une limpidité de nuit d'été. C'était un ciel sans lune, mais un ciel criblé d'étoiles, d'un bleu si pur qu'il emplissait l'espace d'une lumière bleue. Il semblait que le crépuscule se continuait, tant l'horizon restait clair. Et

---

18. *clapotement:* lapping, slapping sound.
19. *enjambée:* step.
20. *hangar:* carriage shed.
21. *fenêtre à tabatière:* hinged skylight.
22. *bouffée:* puff.
23. *tuyau:* pipestem (apparently a clay pipe).

la nappe immense s'élargissait encore sous cette douceur du ciel, tout blanche, comme lumineuse elle-même d'une clarté propre, d'une phosphorescence qui allumait de petites flammes à la crête de chaque flot. On ne distinguait plus la terre, la plaine devait être envahie. Par moments, j'oubliais le danger. Un soir, du côté de Marseille, j'avais aperçu ainsi la mer, j'étais resté devant elle béant d'admiration.

—L'eau monte, l'eau monte, répétait mon frère Pierre, en cassant toujours entre ses dents le tuyau de sa pipe, qu'il avait laissée s'éteindre.

L'eau n'était plus qu'à un mètre du toit. Elle perdait sa tranquillité de nappe dormante. Des courants s'établissaient. A une certaine hauteur, nous cessions d'être protégés par le pli de terrain, qui se trouve en avant du village. Alors, en moins d'une heure, l'eau devint menaçante, jaune, se ruant sur la maison, charriant des épaves,[24] tonneaux défoncés, pièces de bois, paquets d'herbes. Au loin, il y avait maintenant des assauts contre des murs, dont nous entendions les chocs retentissants. Des peupliers tombaient avec un craquement de mort, des maisons s'écroulaient, pareilles à des charretées[25] de cailloux vidées au bord d'un chemin.

Jacques, déchiré par les sanglots des femmes, répétait:

—Nous ne pouvons demeurer ici. Il faut tenter quelque chose…Mon père, je vous en supplie, tentons quelque chose.

Je balbutiais, je disais après lui:

—Oui, oui, tentons quelque chose.

Et nous ne savions quoi. Gaspard offrait de prendre Véronique sur son dos, de l'emporter à la nage. Pierre parlait d'un radeau.[26] C'était fou. Cyprien dit enfin:

—Si nous pouvions seulement atteindre l'église.

Au-dessus des eaux, l'église restait debout, avec son petit clocher carré. Nous en étions séparés par sept maisons. Notre ferme, la première du village, s'adossait à

un bâtiment plus haut, qui lui-même était appuyé au bâtiment voisin. Peut-être, par les toits, pourrait-on en effet gagner le presbytère,[27] d'où il était aisé d'entrer dans l'église. Beaucoup de monde déjà devait s'y être réfugié; car les toitures voisines se trouvaient vides, et nous entendions des voix qui venaient sûrement du clocher. Mais que de danger pour arriver jusque-là!

—C'est impossible, dit Pierre. La maison des Raimbeau est trop haute. Il faudrait des échelles.

—Je vais toujours voir, reprit Cyprien. Je reviendrai, si la route est impraticable. Autrement, nous nous en irions tous, nous porterions les filles.

Je le laissai aller. Il avait raison. On devait tenter l'impossible. Il venait, à l'aide d'un crampon[28] de fer, fixé dans une cheminée, de monter sur la maison voisine, lorsque sa femme Aimée, en levant la tête, vit qu'il n'était plus là. Elle cria:

—Où est-il? Je ne veux pas qu'il me quitte. Nous sommes ensemble, nous mourrons ensemble.

Quand elle l'aperçut en haut de la maison, elle courut sur les tuiles, sans lâcher ses enfants. Et elle disait:

—Cyprien, attends-moi. Je vais avec toi, je veux mourir avec toi.

Elle s'entêta. Lui, penché, la suppliait, en lui affirmant qu'il reviendrait, que c'était pour notre salut à tous. Mais, d'un air égaré, elle hochait la tête, elle répétait:

—Je vais avec toi, je vais avec toi. Qu'est-ce que ça te fait? je vais avec toi.

Il dut prendre les enfants. Puis, il l'aida à monter. Nous pûmes les suivre[29] sur la crête de la maison. Ils marchaient lentement. Elle avait repris dans ses bras les enfants qui pleuraient, et lui, à chaque pas, se retournait, la soutenait.

—Mets-la en sûreté, reviens tout de suite! criai-je.

Je l'aperçus qui agitait la main, mais le grondement des eaux m'empêcha d'entendre sa réponse. Bientôt, nous ne

---

24. *épaves:* wreckage.
25. *charretées:* cartloads.
26. *radeau:* raft.

27. *presbytère:* rectory.
28. *crampon:* climbing iron, spike.
29. *suivre: here,* watch their progress.

les vîmes plus. Ils étaient descendus sur l'autre maison, plus basse que la première. Au bout de cinq minutes, ils reparurent sur la troisième, dont le toit devait être très en pente, car ils se traînaient à genoux le long du faîte. Une épouvante soudaine me saisit. Je me mis à crier, les mains aux lèvres, de toutes mes forces:

—Revenez! revenez!

Et tous, Pierre, Jacques, Gaspard, leur criaient aussi de revenir. Nos voix les arrêtèrent une minute. Mais ils continuèrent ensuite d'avancer. Maintenant, ils se trouvaient au coude formé par la rue, en face de la maison Raimbeau, une haute bâtisse[30] dont le toit dépassait celui des maisons voisines de trois mètres au moins. Un instant, ils hésitèrent. Puis, Cyprien monta le long d'un tuyau de cheminée,[31] avec une agilité de chat. Aimée, qui avait dû consentir à l'attendre, restait debout au milieu des tuiles. Nous la distinguions nettement, serrant ses enfants contre sa poitrine, toute noire sur le ciel clair, comme grandie. Et c'est alors que l'épouvantable malheur commença.

La maison des Raimbeau, destinée d'abord à une exploitation industrielle, était très légèrement bâtie. En outre, elle recevait en pleine façade le courant de la rue. Je croyais la voir trembler sous les attaques de l'eau; et, la gorge serrée, je suivais Cyprien, qui traversait le toit. Tout à coup, un grondement se fit entendre. La lune se levait, une lune ronde, libre dans le ciel, et dont la face jaune éclairait le lac immense d'une lueur vive de lampe. Pas un détail de la catastrophe ne fut perdu pour nous. C'était la maison des Raimbeau qui venait de s'écrouler. Nous avions jeté un cri de terreur, en voyant Cyprien disparaître. Dans l'écroulement, nous ne distinguions qu'une tempête, un rejaillissement[32] de vagues sous les débris de la toiture. Puis, le calme se fit, la nappe reprit son niveau, avec le trou noir de la maison engloutie,

hérissant[33] hors de l'eau la carcasse de ses planchers fendus. Il y avait là un amas de poutres enchevêtrées,[34] une charpente[35] de cathédrale à demi détruite. Et, entre ces poutres, il me sembla voir un corps remuer, quelque chose de vivant tenter des efforts surhumains.

—Il vit! criai-je. Ah! Dieu soit loué, il vit!…Là, au-dessus de cette nappe blanche que la lune éclaire!

Un rire nerveux nous secouait. Nous tapions dans nos mains de joie, comme sauvés nous-mêmes.

—Il va remonter, disait Pierre.

—Oui, oui, tenez! expliquait Gaspard, le voilà qui tâche de saisir la poutre, à gauche.

Mais nos rires cessèrent. Nous n'échangeâmes plus un mot, la gorge serrée par l'anxiété. Nous venions de comprendre la terrible situation où était Cyprien. Dans la chute de la maison, ses pieds se trouvaient pris entre deux poutres; et il demeurait pendu, sans pouvoir se dégager, la tête en bas, à quelques centimètres de l'eau. Ce fut une agonie effroyable. Sur le toit de la maison voisine, Aimée était toujours debout, avec ses deux enfants. Un tremblement convulsif la secouait. Elle assistait à la mort de son mari, elle ne quittait pas du regard le malheureux, sous elle, à quelques mètres d'elle. Et elle poussait un hurlement continu, un hurlement de chien, fou d'horreur.

[…]

[*In Chapter IV, an unsuccessful attempt to construct a makeshift raft results in the deaths of Jacques and Tante Agathe. Five are now left on the roof, with the situation seemingly hopeless.*]

V

[…]

C'était la fin. Le village détruit ne montrait plus, autour de nous, que quelques pans de murailles. Seule, l'église dressait son

---

30. *bâtisse:* building.
31. *tuyau de cheminée:* chimney.
32. *rejaillissement:* upward gushing.
33. *hérissant:* thrusting.

34. *amas de poutres enchevêtrées:* mass of jumbled beams.
35. *charpente:* framework.

clocher intact, d'où venaient toujours des voix, un murmure de gens à l'abri. Au loin, ronflait la coulée[36] énorme des eaux. Nous n'entendions même plus ces éboulements[37] de maisons, pareils à des charrettes de cailloux brusquement déchargées. C'était un abandon, un naufrage en plein océan, à mille lieues des terres.

[…]

Gaspard, brusquement, retira ses souliers et sa veste. Depuis un instant, je le voyais joindre les mains, s'écraser les doigts. Et, comme je l'interrogeais:

—Écoutez, grand-père, dit-il, je meurs, à attendre. Je ne puis rester…Laissez-moi faire, je la sauverai.

Il parlait de Véronique. Je voulus combattre son idée. Jamais il n'aurait la force de porter la jeune fille jusqu'à l'église. Mais lui, s'entêtait.

—Si! si! j'ai de bons bras, je me sens fort…Vous allez voir!

Et il ajoutait qu'il préférait tenter ce sauvetage tout de suite, qu'il devenait faible comme un enfant, à écouter ainsi la maison s'émietter[38] sous nos pieds.

—Je l'aime, je la sauverai, répétait-il.

Je demeurai silencieux, j'attirai Marie contre ma poitrine. Alors, il crut que je lui reprochais son égoïsme d'amoureux, il balbutia:

—Je reviendrai prendre Marie, je vous le jure. Je trouverai bien un bateau, j'organiserai un secours quelconque…Ayez confiance, grand-père.

Il ne conserva que son pantalon. Et, à demi-voix, rapidement, il adressait des recommandations à Véronique: elle ne se débattrait[39] pas, elle s'abandonnerait sans un mouvement, elle n'aurait pas peur surtout. La jeune fille, à chaque phrase, répondait oui, d'un air égaré. Enfin, après avoir fait un signe de croix, bien qu'il ne fût guère dévot d'habitude, il se laissa glisser sur le toit, en tenant Véronique par une corde qu'il lui avait nouée sous les bras.

Elle poussa un grand cri, battit l'eau de ses membres, puis, suffoquée, s'évanouit.

—J'aime mieux ça, me cria Gaspard. Maintenant, je réponds d'elle.

On s'imagine avec quelle angoisse je les suivis des yeux. Sur l'eau blanche, je distinguais les moindres mouvements de Gaspard. Il soutenait la jeune fille, à l'aide de la corde, qu'il avait enroulée autour de son propre cou; et il la portait ainsi, à demi jetée sur son épaule droite. Ce poids écrasant l'enfonçait par moments; pourtant, il avançait, nageant avec une force surhumaine. Je ne doutais plus, il avait déjà parcouru un tiers de la distance, lorsqu'il heurta à quelque mur caché sous l'eau. Le choc fut terrible. Tout deux disparurent. Puis, je le vis reparaître seul; la corde devait s'être rompue. Il plongea à deux reprises. Enfin, il revint, il ramenait Véronique, qu'il reprit sur son dos. Mais il n'avait plus de corde pour la tenir, elle l'écrasait davantage. Cependant, il avançait toujours. Un tremblement me secouait, à mesure qu'ils approchaient de l'église. Tout à coup, je voulus crier, j'apercevais des poutres qui arrivaient de biais.[40] Ma bouche resta grande ouverte: un nouveau choc les avait séparés, les eaux se refermèrent.

A partir de ce moment, je demeurai stupide. Je n'avais plus qu'un instinct de bête veillant à sa conservation. Quand l'eau avançait, je reculais. Dans cette stupeur, j'entendis longtemps un rire, sans m'expliquer qui riait ainsi près de moi. Le jour se levait, une grande aurore blanche. Il faisait bon, très frais et très calme, comme au bord d'un étang dont la nappe s'éveille avant le lever du soleil. Mais le rire sonnait toujours; et, en me tournant, je trouvai Marie, debout dans ses vêtements mouillés. C'était elle qui riait.

Ah! la pauvre chère créature, comme elle était douce et jolie, à cette heure matinale! Je la vis se baisser, prendre dans le creux de sa main un peu d'eau, dont elle se lava la

---

36. *coulée:* flow.
37. *éboulements:* collapses, cavings in.
38. *s'émietter:* crumble.
39. *se débattrait:* would struggle.
40. *de biais:* obliquely.

figure. Puis, elle tordit ses beaux cheveux blonds, elle les noua derrière sa tête. Sans doute, elle faisait sa toilette, elle semblait se croire dans sa petite chambre, le dimanche, lorsque la cloche sonnait gaiement. Et elle continuait à rire, de son rire enfantin, les yeux clairs, la face heureuse.

Moi, je me mis à rire comme elle, gagné par sa folie. La terreur l'avait rendue folle, et c'était une grâce du ciel, tant elle paraissait ravie de la pureté de cette aube printanière.

Je la laissais se hâter,[41] ne comprenant pas, hochant la tête tendrement. Elle se faisait toujours belle. Puis, quand elle se crut prête à partir, elle chanta un de ses cantiques de sa fine voix de cristal. Mais, bientôt, elle s'interrompit, elle cria, comme si elle avait répondu à une voix qui l'appelait et qu'elle entendait seule:

—J'y vais! j'y vais!

Elle reprit son cantique, elle descendit la pente du toit, elle entra dans l'eau, qui la recouvrit doucement, sans secousse. Je n'avais pas cessé de sourire. Je regardais d'un air heureux la place où elle venait de disparaître.

Ensuite, je ne me souviens plus. J'étais tout seul sur le toit. L'eau avait encore monté. Une cheminée restait debout, et je crois que je m'y cramponnais de toutes mes forces, comme un animal qui ne veut pas mourir. Ensuite, rien, rien, un trou noir, le néant.

VI

Pourquoi suis-je encore là? On m'a dit que les gens de Saintin étaient venus vers six heures, avec des barques, et qu'ils m'avaient trouvé couché sur une cheminée, évanoui. Les eaux ont eu la cruauté de ne pas m'emporter après tous les miens, pendant que je ne sentais plus mon malheur.

C'est moi, le vieux, qui me suis entêté à vivre. Tous les autres sont partis, les enfants au maillot,[42] les filles à marier, les

jeunes ménages, les vieux ménages. Et moi, je vis ainsi qu'une herbe mauvaise, rude et séchée, enracinée aux cailloux! Si j'avais du courage, je ferais comme Pierre, je dirais: « J'en ai assez, bonsoir! » et je me jetterais dans la Garonne, pour m'en aller par le chemin que tous ont suivi. Je n'ai plus un enfant, ma maison est détruite, mes champs sont ravagés. Oh! le soir, quand nous étions tous à table, les vieux au milieu, les plus jeunes à la file, et que cette gaieté m'entourait et me tenait chaud! Oh! les grands jours de la moisson et de la vendange, quand nous étions tous au travail, et que nous rentrions gonflés de l'orgueil de notre richesse! Oh! les beaux enfants et les belles vignes, les belles filles et les beaux blés, la joie de ma vieillesse, la vivante récompense de ma vie entière! Puisque tout cela est mort, mon Dieu! pourquoi voulez-vous que je vive?

Il n'y a pas de consolation. Je ne veux pas de secours. Je donnerai mes champs aux gens du village qui ont encore leurs enfants. Eux, trouveront le courage de débarrasser la terre des épaves et de la cultiver de nouveau. Quand on n'a plus d'enfants, un coin suffit pour mourir.

J'ai eu une seule envie, une dernière envie. J'aurais voulu retrouver les corps des miens, afin de les faire enterrer dans notre cimetière, sous une dalle où je serais allé les rejoindre. On racontait qu'on avait repêché, à Toulouse, une quantité de cadavres emportés par le fleuve. Je me suis décidé à tenter le voyage.

Quel épouvantable désastre! Près de deux mille maisons écroulées; sept cents morts; tous les ponts emportés; un quartier rasé, noyé sous la boue; des drames atroces; vingt mille misérables demi-nus et crevant la faim;[43] la ville empestée par les cadavres, terrifiée par la crainte du typhus; le deuil partout, les rues pleines de convois funèbres, les aumônes impuissantes à panser les plaies.[44] Mais je marchais sans rien voir,

---

41. *se hâter:* perhaps a printer's error for *se laver,* or she was "hurrying" to Mass.
42. *maillot:* swaddling clothes.

43. *crevant la faim:* dying of hunger.
44. *panser les plaies:* staunch the wounds.

au milieu de ces ruines. J'avais mes ruines, j'avais mes morts, qui m'écrasaient.

On me dit qu'en effet beaucoup de corps avaient pu être repêchés. Ils étaient déjà ensevelis, en longues files, dans un coin du cimetière. Seulement, on avait eu le soin de photographier les inconnus. Et c'est parmi ces portraits lamentables que j'ai trouvé ceux de Gaspard et de Véronique. Les deux fiancés étaient demeurés liés l'un à l'autre, par une étreinte passionnée, échangeant dans la mort leur baiser de noces. Ils se serraient encore si puissamment, les bras raidis, la bouche collée sur la bouche, qu'il aurait fallu leur casser les membres pour les séparer. Aussi les avait-on photographiés ensemble, et ils dormaient ensemble sous la terre.

Je n'ai plus qu'eux, cette image affreuse, ces deux beaux enfants gonflés par l'eau, défigurés, gardant encore sur leurs faces livides l'héroïsme de leur tendresse. Je les regarde, et je pleure.

14. L'Art pour l'art: Three Poets

A philosophy of art as much as a precise literary movement, *L'Art pour l'art* gave all types of artists an opportunity to exercise their craft without regard for external issues. We have chosen three poets who represent this trend: Gautier, Leconte de Lisle, and Heredia. While none of these is a giant of French literature, each exemplifies different aspects of the quest for a pure poetical artistry.

Théophile Gautier

[1811–1872]

False Starts

Théophile Gautier was born in Tarbes, in southwestern France, but was brought to Paris as a child. He studied painting, despite his extreme nearsightedness. Dressed in a brillant red doublet and green trousers, he led the Victor Hugo partisans in the battle provoked by Hugo's controversial play *Hernani* (1830). In the same year, Gautier published his first volume of verse. In 1836 he became dramatic and art critic of a Paris newspaper, and from then on he supported himself by journalism, which, he insisted, suppressed his artistic integrity and originality and ruined his life. He derived from this experience the notion that practical applicability destroys artistry.

His best known work is his collection of poems, *Émaux et camées* (*Enamels and Cameos,* 1852; later editions were much augmented). The title, suggesting labors in exact, difficult, minor forms, is significant. He was trying to blend, or to transpose, the methods and purposes of the plastic artist and those of the literary artist.

Art for Art's Sake

In French literary history, he stands as the first clear enunciator of the doctrine of *l'Art pour l'art,* Art for Art's Sake.

The idea that art is its own end and justification is certainly not new. Ronsard would have agreed back in the sixteenth century, and probably ancients such as Praxiteles, and Horace, and the author of the Song of Solomon as well. But in France of the 1830s Gautier made of the principle an artistic manifesto. In a preface to his novel, *Mademoiselle de Maupin* (1835), he proclaimed: "Il n'y a de vraiment bon que ce qui ne peut servir à rien; tout ce qui est utile est laid." There is certainly something to be said for that opinion; a chair that is made to be comfortable is almost certainly not going to be as beautiful as one that is designed purely for beauty

Théophile Gautier. Illustration in the 1902 Collier edition of Gautier's Captain Fracasse.

without care for practicality. To the *l'Art pour l'art* partisans, art does not properly serve society, nor morality, nor knowledge, nor anything; it serves only itself; its aim is to make beauty, perfect and self-sufficient.

Art for Art's Sake has had, and still has, a great career. At best, it implies a complete devotion to the artist's creative task (as in the case of Flaubert); at worst, it implies an exaggerated cult of form over substance, contempt for the rest of humanity who are not art connoisseurs, delight in thought so rare and private as to be incomprehensible, and an eventual despair when one comes to suspect that art is not a very effective form of salvation.

Art for Art's Sake thrived primarily in poetry at the same time that Naturalism thrived primarily in prose. While some Naturalists at least felt a certain pity for the poor devils that they were describing, the Art for Art's Sake crowd frequently showed almost no sense of social consciousness or concern for their fellow human beings. They chose to separate themselves from a political sphere that they considered corrupt beyond redemption and from a social structure that refused to honor poets above peasants.

A Gem of a Writer

Gautier's poetic *style* is inevitably compared with that of the miniaturist or jeweler. It is visual, with a wealth of exact descriptions, comparisons, images, color words, sound words. He accepts the traditional forms, and within them makes skillful variations of rhythm and harmony. This is what he means when he tells you to chisel and file (in the poem you will read in a moment.)

Gautier was a *transition poet.* In some ways he was a lingering Romantic; he was at the same time a *precursor of the Parnassians,* in his cult of form, his taste for historic and exotic themes, his desire to suppress his personality in favor of a serene objectivity. And in some ways he forecast *Symbolism,* in his blending of color and music with verse and in his effort to attain subtlety of suggestion.

Gautier's town, Tarbes. Courtesy of Bibliothèque nationale de France.

PASTEL

J'aime à vous voir en vos cadres ovales,
Portraits jaunis des belles du vieux temps,
Tenant en main des roses un peu pâles,
Comme il convient à des fleurs de cent ans.

Le vent d'hiver, en vous touchant la joue,
A fait mourir vos œillets[1] et vos lis,
Vous n'avez plus que des mouches[2] de boue,
Et sur les quais[3] vous gisez tout salis.

Il est passé, le doux règne des belles;
La Parabère[4] avec la Pompadour[5]
Ne trouveraient que des sujets rebelles,
Et sous leur tombe est enterré l'amour.

Vous, cependant, vieux portraits qu'on oublie,
Vous respirez vos bouquets sans parfums,
Et souriez avec mélancolie
Au souvenir de vos galants défunts.
[1835]

---

1. *œillets:* carnations.
2. *mouches:* (*here*) beauty patches.
3. *quais:* quays of the Seine, lined by open-air stalls of secondhand booksellers and curio dealers.

4. *La Parabère:* (1693–1750), mistress of Philippe d'Orléans, Regent during the minority of Louis XV, 1715–1723.
5. *La Pompadour:* (1721–1764), mistress of Louis XV.

✤ ✤ ✤

L'ART

[*This poem, written in answer to one by Théodore de Banville, sums up Gautier's faith in the permanence of art and his doctrine of difficulty.*]

Oui, l'œuvre sort plus belle
D'une forme au travail
Rebelle,
Vers, marbre, onyx, émail.

Point de contraintes fausses!
Mais que pour marcher droit
Tu chausses,
Muse, un cothurne[6] étroit.

Fi du rhythme commode,
Comme un soulier trop grand,
Du mode[7]
Que tout pied quitte et prend!

Statuaire, repousse
L'argile que pétrit
Le pouce
Quand flotte ailleurs l'esprit;

Lutte avec le carrare,[8]
Avec le paros[9] dur
Et rare,
Gardiens du contour pur;

Emprunte à Syracuse[10]
Son bronze où fermement
S'accuse
Le trait fier et charmant;

D'une main délicate
Poursuis dans un filon[11]
D'agate
Le profil d'Apollon.

Peintre, fuis l'aquarelle,[12]
Et fixe la couleur
Trop frêle
Au four de l'émailleur.[13]

Fais les sirènes bleues,
Tordant de cent façons
Leurs queues,
Les monstres des blasons;[14]

Dans son nimbe trilobe[15]
La Vierge et son Jésus,
Le globe
Avec la croix dessus.

Tout passe.—L'art robuste[16]
Seul a l'éternité.
Le buste
Survit à la cité.

Et la médaille austère
Que trouve un laboureur
Sous terre
Révèle un empereur.

Les dieux eux-mêmes meurent.
Mais les vers souverains
Demeurent
Plus forts que les airains.[17]

Sculpte, lime, [18] cisèle;
Que ton rêve flottant
Se scelle[19]
Dans le bloc résistant![20]

---

6. *cothurne:* buskin, high boot worn by Greek tragic actors.
7. *mode:* mode. (Notice gender).
8. *carrare:* hard white marble of high quality from Carrara, Italy.
9. *paros:* marble from Paros, Greek island.
10. *Syracuse:* city in southeastern Sicily.
11. *filon:* vein.
12. *aquarelle:* water color.
13. *émailleur:* enameler. (Enamels are baked at high temperature.)
14. *blasons:* heraldic emblems, often fantastically decorated.

15. *nimbe trilobe:* trefoiled halo. (The Virgin was sometimes represented with a halo with three lobes, to represent the Trinity).
16. *robuste:* remains strong.
17. *airains:* brasses. Reminiscence of Horace, *Odes,* III, 30: *Exegi monumentum aere perennius.*
18. *lime:* file.
19. *scelle:* seal, fix.
20. After his specific counsels and his claims for poetry's persistence, Gautier concludes with a statement of the essential: poetry is the representation of a dream.

❖ ❖ ❖

Charles-Marie Leconte de Lisle

[1818–1894]

The Poetic Retreat

Leconte de Lisle is the first French poet who clearly marks the separation of the poet from the general public. French society (and others) had become dominantly bourgeois, moved chiefly by the desire for prosperity and comfort. The intellectuals turned more and more to science, whose rigor most poets rejected (too hastily) as unpoetic. The poet retreated to secret worlds of dream, where only the devoted, initiated reader could accompany him. This tendency has continued to our own time.

Disillusionment and Success

Charles-Marie Leconte de Lisle was born on the Ile Bourbon, later renamed Ile de la Réunion, a French colony off the east coast of Africa in the Indian Ocean . (His real name was Leconte; he added *de Lisle* to distinguish himself from all the other Lecontes. Always call him *Leconte de Lisle,* never *de Lisle.*) He studied law at Rennes, and was unaffected by the Romantics of Paris. After two more years on his native island, he came to Paris in 1845, and joined the extreme

Charles-Marie Leconte de Lisle. Illustration in a 19th century translation of his poetry.

left-wing Utopian socialists. But the inglorious rule of socialism after the Revolution of 1848 disillusioned him with proletarianism. He gave himself entirely to poetry, earning a bare living by doing translations and giving private lessons. Honored in later life by election to the Académie Française and appointment to a well-paid government sinecure, he seems to have lost some of his scorn for humanity and its existence.

The Parnasse

His dingy apartment was the headquarters of the *Parnassians*, the group of poets that he headed. Leconte de Lisle was their ideal leader: simultaneously kind and ruthless, utterly convinced of his doctrine, intolerant of opposition. (He could not bear even to hear any other poet praised in his presence.)

Parnassianism took its name from a collection of poems by Leconte de Lisle's band: *Le Parnasse contemporain* (1866). The contributors, among whom were Baudelaire, Mallarmé, Verlaine and Heredia, adhered necessarily to the master's doctrines.

These were (1) *the poet's mission.* The poet is a divine messenger, but the present world is too gross and stupid to accept him. He must then retreat to a career of purification and contemplation. (2) *Art for Art's Sake.* Art does not serve truth; art is itself truth. (3) *Retreat to the past.* The present is ugly and fleeting; the past, which has survived in art, will continue to survive. The perfect symbol of classic beauty is the Venus de Milo. (4) *Pessimism.* Man is unworthy of respect, Nature is indifferent or hostile. Religion is a mockery, Christianity especially has led the modern world astray. The only acceptable religion is Brahmanism, with its doctrine of the world as illusion, giving us hope of annihilation in a void which is itself God.

A Rigid Art

In *form,* Leconte de Lisle and the Parnassians demanded impassiveness, impersonality, a return to the rigid poetic forms of classicism, and rich, sonorous expression within these set limits. What was unclassical about their poetry was the exotic vocabulary, often designating wild African animals or Hindu deities. Their art was concrete and visual; by rare, vivid, exact words the poet must make the reader see his vision.

Inevitably, a poet who proclaims the divorce between himself and the public cannot be widely popular. But Leconte de Lisle's work is masterly of its kind. After a century of relative obscurity, Leconte de Lisle's poetry was widely rediscovered in the 1970s and has remained in print ever since. The critics admire the rigor of his thought and his technical brilliance. And even the general reader has moments when he would feel "le cœur trempé sept fois dans le Néant divin."

VÉNUS DE MILO

[*The famous statue was discovered on the island of Melos, in the Aegean Sea, in* 1820. *It was bought by the French Ambassador to Turkey, then to France. It has since stood in the Louvre museum.*]

Marbre sacré, vêtu de force et de génie,
Déesse irrésistible au port[1] victorieux,
Pure comme un éclair et comme une harmonie,
O Vénus, ô beauté, blanche mère des Dieux!

Tu n'es pas Aphrodite,[2] au bercement de l'onde,
Sur ta conque d'azur posant un pied neigeux,
Tandis qu'autour de toi, vision rose et blonde,
Volent les Rires d'or avec l'essaim des Jeux.

Tu n'es pas Kythérée,[3] en ta pose assouplie,
Parfumant de baisers l'Adônis bienheureux,
Et n'ayant pour témoins sur le rameau qui plie
Que colombes d'albâtre et ramiers[4] amoureux.

Venus de Milo. Illustration from an 1870 Harper's Bazaar *magazine.*

---

1. *port:* carriage.
2. Aphrodite (Venus) was born of the sea foam. Her attributes, the shell, the accompanying Graces, etc., appear in these lines. See Botticelli's *Birth of Venus.*
3. *Kythérée:* of Cythera, Greek island.
4. *ramiers:* wood pigeons.

Et tu n'es pas la Muse aux lèvres éloquentes,
La pudique Vénus, ni la molle Astarté[5]
Qui, le front couronné de roses et d'acanthes,[6]
Sur un lit de lotos se meurt de volupté.

Non! les Rires, les Jeux, les Grâces enlacées,
Rougissantes d'amour, ne t'accompagnent pas.
Ton cortège est formé d'étoiles cadencées,
Et les globes en chœur s'enchaînent sur tes pas.

Du bonheur impassible ô symbole adorable,
Calme comme la mer en sa sérénité,
Nul sanglot n'a brisé ton sein inaltérable,
Jamais les pleurs humains n'ont terni ta beauté.

Salut! A ton aspect le cœur se précipite.
Un flot marmoréen inonde tes pieds blancs;
Tu marches, fière et nue, et le monde palpite,
Et le monde est à toi, Déesse aux larges flancs!

Iles, séjour des Dieux! Hellas, mère sacrée!
Oh! que ne suis-je né dans le saint Archipel,[7]
Aux siècles glorieux où la Terre inspirée
Voyait le Ciel descendre à son premier appel!

Si mon berceau, flottant sur la Thétis[8] antique,
Ne fut point caressé de son tiède cristal;
Si je n'ai point prié sous le fronton[9] attique,
Beauté victorieuse, à ton autel natal;

Allume dans mon sein la sublime étincelle,
N'enferme point ma gloire au tombeau soucieux;
Et fais que ma pensée en rythmes d'or ruisselle,
Comme un divin métal au moule[10] harmonieux!

MIDI

[*The most widely popular of Leconte de Lisle's poems.*]

Midi, roi des étés, épandu sur la plaine,
Tombe en nappes d'argent des hauteurs du ciel bleu.
Tout se tait. L'air flamboie et brûle sans haleine;
La terre est assoupie en sa robe de feu.

---

5. *Astarté:* the Phoenician Venus, related to Assyrian Ishtar.
6. acanthus, common Greek plant, conventionalized in Corinthian capitals.
7. *Archipel:* archipelago, Greek islands.
8. *Thétis:* sea nymph, representing the sea.
9. *fronton:* pediment, ornamental front.
10. *moule:* mold.

Île de la Réunion. Courtesy of Bibliothèque nationale de France.

L'étendue est immense, et les champs n'ont point d'ombre,
Et la source est tarie où buvaient les troupeaux;
La lointaine forêt, dont la lisière est sombre,
Dort là-bas, immobile, en un pesant repos.

Seuls, les grands blés mûris, tels qu'une mer dorée,
Se déroulent au loin, dédaigneux du sommeil;
Pacifiques enfants de la Terre sacrée,
Ils épuisent sans peur la coupe du Soleil.

Parfois, comme un soupir de leur âme brûlante,
Du sein des épis lourds qui murmurent entre eux,
Une ondulation majestueuse et lente
S'éveille, et va mourir à l'horizon poudreux.

Non loin, quelques bœufs blancs, couchés parmi les herbes,
Bavent avec lenteur sur leurs fanons[11] épais,
Et suivent de leurs yeux languissants et superbes
Le songe intérieur qu'ils n'achèvent jamais.

Homme, si, le cœur plein de joie ou d'amertume,
Tu passais vers midi dans les champs radieux,
Fuis! la Nature est vide et le Soleil consume:
Rien n'est vivant ici, rien n'est triste ou joyeux.

Mais si, désabusé des larmes et du rire,
Altéré de[12] l'oubli de ce monde agité,
Tu veux, ne sachant plus pardonner ou maudire,
Goûter une suprême et morne volupté,

Viens! Le Soleil te parle en paroles sublimes;
Dans sa flamme implacable absorbe-toi sans fin;
Et retourne à pas lents vers les cités infimes,[13]
Le cœur trempé sept fois dans le néant divin.

---

11. *fanons:* dewlaps.
12. *altéré de:* thirsting for.

13. *infimes:* lowly, trifling (to one who has felt the sun's purifying force).

SACRA FAMES[14]

L'immense mer sommeille. Elle hausse et balance
Ses houles[15] où le ciel met d'éclatants îlots.
Une nuit d'or emplit d'un magique silence
La merveilleuse horreur de l'espace et des flots.

Les deux gouffres[16] ne font qu'un abîme sans borne
De tristesse, de paix et d'éblouissement,
Sanctuaire et tombeau, désert splendide et morne
Où des millions d'yeux regardent fixement.

Tels, le ciel magnifique et les eaux vénérables
Dorment dans la lumière et dans la majesté,
Comme si la rumeur des vivants misérables
N'avait troublé jamais leur rêve illimité.

Cependant, plein de faim dans sa peau flasque et rude,
Le sinistre Rôdeur des steppes de la mer
Vient, va, tourne, et, flairant au loin la solitude,
Entre-bâille d'ennui ses mâchoires de fer.

Certes, il n'a souci de l'immensité bleue,
Des Trois Rois,[17] du Triangle[18] ou du long Scorpion[19]
Qui tord dans l'infini sa flamboyante queue,
Ni de l'Ourse[20] qui plonge au clair Septentrion.[21]

Il ne sait que la chair qu'on broie et qu'on dépèce,
Et, toujours absorbé dans son désir sanglant,
Au fond des masses d'eau lourdes d'une ombre épaisse
Il laisse errer son œil terne, impassible et lent.

Tout est vide et muet. Rien qui nage ou qui flotte,
Qui soit vivant ou mort, qu'il puisse entendre ou voir.
Il reste inerte, aveugle, et son grêle pilote[22]
Se pose pour dormir sur son aileron[23] noir.

Va, monstre! tu n'es pas autre que nous ne sommes,
Plus hideux, plus féroce, ou plus désespéré.
Console-toi! demain tu mangeras des hommes,
Demain par l'homme aussi tu seras dévoré.

La Faim sacrée est un long meurtre légitime
Des profondeurs de l'ombre aux cieux resplendissants,
Et l'homme et le requin,[24] égorgeur ou victime,
Devant ta face, ô Mort, sont tous deux innocents.

---

14. Sacred (or accursed) hunger.
15. *houles:* swells.
16. *les deux gouffres: i.e.,* of the sea and the night sky.
17. *Trois Rois:* Jacob's Staff, in Orion's Belt.
18. *Triangle:* northern constellation.
19. *Scorpion:* constellation.
20. *Ourse:* Great Bear, or Big Dipper.
21. *Septentrion:* Little Bear.

22. *pilote: i.e.,* the pilot fish, which accompanies sharks and was supposed to point out their prey.
23. *aileron:* fin.
24. *requin:* shark. The narrator is reasoning that since sharks and humanity are both beasts, and it is not immoral for sharks to kill as they wish, why should we expect anything better from people? Are sharks and humans not equally innocent (or guilty)?

LA MAYA[25]

[*This poem, which Leconte de Lisle put last in his final collection, summarizes his convictions.*]

Maya! Maya! torrent des mobiles chimères,
Tu fais jaillir du cœur de l'homme universel
Les brèves voluptés et les haines amères,
Le monde obscur des sens et la splendeur du ciel:
Mais qu'est-ce que le cœur des hommes éphémères,
O Maya! sinon toi, le mirage immortel?
Les siècles écoulés, les minutes prochaines,
S'abîment dans ton ombre, en un même moment,
Avec nos cris, nos pleurs et le sang de nos veines:
Éclair, rêve sinistre, éternité qui ment,
La Vie antique est faite inépuisablement
Du tourbillon sans fin des apparences vaines.

José-Maria de Heredia

[1842–1905]

The Protégé

As Leconte de Lisle was the perfect master of a literary school, Heredia was the perfect pupil. He put in practice the doctrines of Parnassianism (except for pessimism) more exactly than did the master who invented them.

Heredia was born in Cuba, of a French mother and a Cuban father, a wealthy landowner. The boy was sent when eight years old to a French school, and he remained in France for nearly all his life. He studied at the *École des Chartes,* learning the scientific attitude toward history, developing habits of scrupulousness and precision. The reading of Leconte de Lisle's first poems affected him like a revelation; he became the most faithful of disciples. Financially independent, he could afford to sculpture, chisel, and file, according to Gautier's prescription. He produced his sonnets at the rate of about four a year. The publication of his single volume of poetry, *Les Trophées,* in 1893, brought him membership in the *Académie Française* and lasting fame.

His work is often called a Hugoesque *Légende des siècles* in miniature. He takes typically as his subject a culminating moment in the life of a hero: Hannibal, Mark Antony, Ponce de León; or an object symbolizing an epoch: a medieval rose window, the sword of a conqueror. Heredia was a descendant of the Spaniards who conquered South America and subjugated the Native Americans. His poems in praise of these Spanish *conquistadors* strike the modern reader as devoid of moral sense, although Heredia obviously believed his ancestors to be true heroes.

---

25. In Hindu thought, Maya is illusion, or "the personified will of the supreme being, who thereby created the universe."

Masterly Composition

Heredia concentrates his subject matter ruthlessly to fit it into his fourteen permissible lines. He illustrates his subject with the utmost specificity of detail. He chooses rare, technical words, archaisms, proper names. He fits the *sound* to the sense; one can make a musical scheme for any of his sonnets.

The structure, or composition, or what the French call *ordonnance,* of his poems commonly follows a set scheme. He gives us first the setting, the general characteristics of his personage or subject; then a complicating element; then the effect of the new element on the original situation; finally in his last tercet or in his last line he summarizes the total impression, or he gives a new suggestion, which opens the reader's mind to new and wider vistas (compare Milton: "They also serve who only stand and wait"), or sometimes he ends with a diminuendo, a dying fall, an insignificant detail which reposes after tension. Anyone interested in the sonnet's technique should study Heredia's last lines.

Within his limits, Heredia attained perfection. The Symbolist poets (soon to come) rejected the limits, which they found intolerably narrow. Nevertheless, the power of suggestion which Heredia infused into his poems, and the cooperation which he required of his readers, were not without influence on the Symbolists themselves.

Antoine et Cléopâtre

[*A moment near the end of the lives of Roman general Marc Antony and his lover, the Queen of Egypt, Cleopatra.*]

Tous deux ils regardaient, de la haute terrasse,
L'Égypte s'endormir sous un ciel étouffant
Et le Fleuve, à travers le Delta noir qu'il fend,
Vers Bubaste[1] ou Saïs[2] rouler son onde grasse.

Et le Romain sentait sous la lourde cuirasse,
Soldat captif berçant le sommeil d'un enfant,
Ployer et défaillir sur son cœur triomphant
Le corps voluptueux que son étreinte embrasse.

Tournant sa tête pâle entre ses cheveux bruns
Vers celui qu'enivraient d'invincibles parfums,
Elle tendit sa bouche et ses prunelles claires;

Et sur elle courbé, l'ardent Imperator
Vit dans ses larges yeux étoilés de points d'or
Toute une mer immense où fuyaient des galères.[3]

1–2. *Bubaste, Saïs:* cities on branches of the Nile delta.
3. A forecast of naval battle of Actium, 31 B.C., in which Cleopatra's galleys fled, at her order, causing loss of battle and Antony's eventual downfall.

*José-Maria de Heredia. Illustration from a
19th century Cuban edition of his poetry.*

VITRAIL

Cette verrière[4] a vu dames et hauts barons
Étincelants d'azur, d'or, de flamme et de nacre,
Incliner, sous la dextre[5] auguste qui consacre,
L'orgueil de leurs cimiers[6] et de leurs chaperons;[7]

Lorsqu'ils allaient, au bruit du cor ou des clairons,
Ayant le glaive au poing, le gerfaut[8] ou le sacre,[9]
Vers la plaine ou le bois, Byzance[10] ou Saint-Jean d'Acre,[11]
Partir pour la croisade ou le vol des hérons.

Aujourd'hui, les seigneurs auprès des châtelaines,
Avec le lévrier[12] à leurs longues poulaines,[13]
S'allongent aux carreaux de marbre blanc et noir;

Ils gisent[14] là sans voix, sans geste et sans ouïe,
Et de leurs yeux de pierre ils regardent sans voir
La rose[15] du vitrail toujours épanouie. [16]

---

4. *verrière:* stained-glass window.
5. *dextre:* right hand (of consecrating priest).
6. *cimiers:* crested helmets.
7. *chaperons:* hooded capes.
8. *gerfaut:* gerfalcon.
9. *sacre:* saker, kind of falcon.
10. *Byzance:* Byzantium (Istanbul).
11. *Saint-Jean d'Acre:* Syrian seaport, fortified city

of Crusaders.
12. *lévrier:* greyhound, often represented at the foot of his master on medieval tombs.
13. *poulaines:* long, pointed shoes.
14. *gisent:* lie.
15. Every cathedral has a round, flowered stained-glass window known as the Rose window.
16. *épanouie:* open (in bloom).

15. Charles Baudelaire

[1821–1867]

A Modern Poet

While it is widely accepted that historically the dominant French poet of the nineteenth century was Victor Hugo, there are few professors of literature today who would say he was the best; instead, they would most probably give that honor to Baudelaire (though Mallarmé and Rimbaud would receive a good many votes). The fact is that Victor Hugo is no longer a very vital literary influence, while Baudelaire still ferments in modern minds.

Problem Child

Charles Baudelaire was born in Paris, of a bourgeois family. His elderly father died in 1827; in the following year his mother married a Captain (later General) Aupick, who believed in military discipline for growing boys. Charles hated his stepfather. Certainly many of his later aberrations may properly be traced to his childish jealousy, frustrations, fixations. He was a problem child and a difficult youth. At eighteen he caught an unpleasant array of sexually transmitted diseases. At nineteen he enrolled in law school, but probably never showed up for classes. He ran up debts and lived a life of debauchery, acquiring a lifelong taste for drugs and alcohol. Fed up, Aupick put Charles on a ship bound for India, evidently in the belief that the trip would make a man of him. It didn't work – Charles jumped ship along the way at the Ile de la Réunion (Leconte de Lisle's island) and came home to resume the life of a starving wonderboy poet.

At twenty-one he finally inherited his late father's money. He lived in great style as a literary dandy for about two years, then ran out of money. He was evicted from his residence on the Ile St-Louis on the Seine for nonpayment of rent, then slid gently into the Paris *bohème,* the community of poor, loose-living artists and writers which was less a seed-plot of young genius than a waste heap of failures. He subsisted on allowances grudgingly advanced by his mother. (She hoped naïvely that if her son was almost starving he would go to work. He didn't.)

Poet, Critic, Translator

He wrote his poems, some excellent literary studies, and a remarkable series of art criticisms. In these he hailed such young innovators as the painters Courbet, Corot, and Manet, as well as the caricaturists Daumier and Gavarni when they were still generally scorned by the establishment. In 1846 he discovered the American poet Edgar Allan Poe, with whom he felt a mystic kinship. "La première fois que j'ai ouvert un livre de lui," he said, "j'ai vu, avec épouvante et ravissement, non seulement des sujets rêvés par moi, mais des PHRASES pensées par moi et écrites par lui vingt ans auparavant." When he prayed to God, he called on his father, his childhood nurse, and Poe to be his intercessors. Throughout the rest of his life he worked at a brilliant translation of Poe's tales and poems. (That is probably the reason why the French, as opposed to the Americans, think Poe was such a great poet – they are actually reading Baudelaire.)

Flowers of Evil

In 1857 appeared his one important collection of verse, *Les Fleurs du mal.* The author was immediately brought to trial and fined 300 francs for "offense à la morale publique et aux bonnes mœurs." Six poems, mostly about lesbians, were condemned and had to be scissored out before the volume was put on sale. Shortly after this event, Baudelaire's undermined constitution failed. He died insane of paresis (a disease of the central nervous system caused by syphilis) when only forty-six.

His *character* is perverse and fascinating. Critics see in him a conflict of many dualisms; he was both Catholic and Satanist, debauchee and mystic, cynical sensualist and yearner for purity, a weakling impelled to shock and surprise the world—an exhibitionist, in short. Unable to excel in virtue, he

Charles Baudelaire. Illustration in the 1868 edition of Les Fleurs du mal.

made himself a legend of vice. When he found some chance acquaintances regarding him with horror, he told them soberly that he had killed and eaten his father; he was delighted to be believed. Modern readers, familiar with stories in the news about Satanic cults who really do kill and eat their parents, may well wonder what demonic activities Baudelaire engaged in. The answer is, very little. His Satanism was almost entirely a philosophical notion and a literary metaphor, a symbolic expression of his spirit of revolt. His diaries indicate that from the outset his Satanism was not much more than sexual rebelliousness. Catholic dignitaries denounced prostitution as satanic; Baudelaire had a great fondness for prostitutes; therefore Baudelaire enjoyed feeling satanic.

The excesses of his lifestyle have probably been exaggerated, and perhaps, as some say, they are of no importance, for his poetry is all that counts. Indeed, we do not rate poets according to the rectitude of their private lives. But one should have some knowledge of his character and habits, for otherwise his despair, defiance, and aspirations are incomprehensible. Further, Baudelaire is often presented to us as the spokesman for modern man, caught in the machine of civilization, deprived of faith, tortured by spiritual apathy, or *ennui*. It is important to understand that *ennui* is not just boredom to Baudelaire, but the feeling resulting from a realization of the meaninglessness of the universe. He is a philosophical poet, a psychologist before there was such a thing. He recognizes the sadism programmed into humankind and ponders its nature and its reason for being there.

The poems of the *Fleurs du mal* are grouped to make a kind of progression, a kind of drama. The first section, *Spleen et idéal,* shows the poet's horror of existence and his desperate clutching for a redeeming ideal. This he seeks in wine (*Le Vin*) and perverse sensation (*Fleurs du mal*). He rebels against God, prays humbly to Satan (*Révolte*). But the only escape is death, if it is an escape (*La Mort*).

The book no longer seems so sinister as it once did. Its poison has evaporated. Baudelaire's substitution of evil for good, his petulent defiance of the universe, look rather juvenile. But the sense of his genuine agony touches us, and we are moved by the powerful beauty of the lines.

The *Petits poèmes en prose* (1861), though not the first prose poems in French, established the genre as a recognizable form. As Baudelaire says in his dedication, he wishes to escape the restrictions of poetic rule and write a "prose poétique, musicale, sans rythme et sans rime, assez souple et assez heurtée pour s'adapter aux mouvements lyriques de l'âme, aux ondulations de la rêverie, aux soubresauts de la conscience." Baudelaire's example has stimulated many followers.

Correspondence with the Cosmos

The greatness of Baudelaire resides in his *art*. His vocabulary was modern and shocking for his time, his versification creative but still somewhat classical. His *aesthetic theory* is proposed in his poem *Correspondances*. Beauty lies in the revelation of a spiritual world, represented to us in correspondences with the tangible world. He says: "Tout l'univers visible n'est qu'un magasin d'images et de signes." The artist's duty is to reveal these images and correspondences. This, by all competent testimony, he has done. Said the great British poet T. S. Eliot, who surely spoke with authority: "It is not merely in the use of imagery of common life, not merely in the use of imagery of the sordid life of a great metropolis, but in the elevation of such imagery to the *first intensity*—presenting it as it is, and yet making it represent something much more than itself—that Baudelaire has created a mode of release and expression for other men."

In French literary history Baudelaire is hard to classify. There is in him much of the Romantic *mal du siècle* and cult of the free ego. He was associated for a time with the Parnassian poets, captained by Leconte de Lisle. These men reacted against Romanticism, proposed an ideal of objectivity, art for art's sake (art serves no useful end; it is truth, sufficient unto itself), and escape from the ugly present, a mere illusion, into the bliss of annihilation. Like the Parnassians, Baudelaire hated empty eloquence. He was, however, a member of no school; he was himself, a truly radical figure. His frankness of self-revelation, his willingness to say what others feel but fear to express, his ability to render vague, imprecise states of mind, his new and subtle music, had a profound effect on later poets.

Baudelaire's residence, Hôtel de Lauzun, in a 1905 photo. Courtesy of Bibliothèque nationale de France.

PRÉFACE

[*Excerpt*[1]]

Si le viol,[2] le poison, le poignard, l'incendie,
N'ont pas encor brodé de leurs plaisants dessins
Le canevas banal de nos piteux destins,
C'est que notre âme, hélas! n'est pas assez hardie.

Mais parmi les chacals,[3] les panthères, les lices,[4]
Les singes, les scorpions, les vautours, les serpents,
Les monstres glapissants,[5] hurlants, grognants, rampants
Dans la ménagerie infâme de nos vices,

Il en est un plus laid, plus méchant, plus immonde!
Quoiqu'il ne pousse ni grands gestes ni grands cris,
Il ferait volontiers de la terre un débris
Et dans un bâillement avalerait le monde:

C'est l'Ennui![6]—L'œil chargé d'un pleur involontaire,
Il rêve d'échafauds en fumant son houka.[7]
Tu le connais, lecteur, ce monstre délicat,
—Hypocrite lecteur,—mon semblable,—mon frère![8]

---

1. Only the last four stanzas are given here.
2. *viol:* rape.
3. *chacals:* jackals.
4. *lices:* bitch hounds.
5. *glapissants:* yelping.

6. *Ennui:* Boredom; but also spiritual deadness, apathy.
7. *houka:* Turkish water pipe.
8. A line often quoted (for instance, in T. S. Eliot's *The Waste Land*).

ÉLÉVATION

[*The idea is Platonic, of a world of reality of which our world is merely the representation. Compare the treatment with that of Du Bellay's* Si notre vie est moins qu'une journée, *and Lamartine's* L'Isolement.]

Au-dessus des étangs,[9] au-dessus des vallées,
Des montagnes, des bois, des nuages, des mers,
Par delà le soleil, par delà les éthers,
Par delà les confins des sphères étoilées,

Mon esprit, tu te mues[10] avec agilité,
Et, comme un bon nageur qui se pâme dans l'onde,
Tu sillonnes gaîment l'immensité profonde
Avec une indicible et mâle volupté.

Envole-toi bien loin de ces miasmes[11] morbides,
Va te purifier dans l'air supérieur,
Et bois, comme une pure et divine liqueur,
Le feu clair qui remplit les espaces limpides.

Derrière les ennuis et les vastes chagrins
Qui chargent de leur poids l'existence brumeuse,
Heureux celui qui peut, d'une aile vigoureuse,
S'élancer vers les champs lumineux et sereins!

Celui dont les pensers, comme des alouettes,[12]
Vers les cieux le matin prennent un libre essor,
—Qui plane sur la vie et comprend sans effort
Le langage des fleurs et des choses muettes!

CORRESPONDANCES

[*This poem, one of the foundations of Symbolism, expresses Baudelaire's synesthesia, or system of correspondence between various sense impressions. He mixes the senses; he likes to speak of seeing sounds or smelling sights. (Baudelairean "colored hearing" is fairly frequent in French poetry and may even be cultivated in life.) Only the poet knows how to decode the mixture of sense impressions in the world. This poem has become very familiar; many of its lines are proverbial.]*

La Nature est un temple où de vivants piliers
Laissent parfois sortir de confuses paroles:
L'homme y passe à travers des forêts de symboles
Qui l'observent avec des regards familiers.

---

9. *étangs:* ponds.
10. *tu te meus:* you move. (Present tense of *se mouvoir.*)

11. *miasmes:* miasmas, vapors (especially swamp gas).
12. *alouettes:* larks.

Comme de longs échos qui de loin se confondent
Dans une ténébreuse et profonde unité
Vaste comme la nuit et comme la clarté,
Les parfums, les couleurs et les sons se répondent.

Il est des parfums frais comme des chairs d'enfants,
Doux comme les hautbois,[13] verts comme les prairies,
—Et d'autres, corrompus, riches et triomphants,

Ayant l'expansion des choses infinies,
Comme l'ambre,[14] le musc, le benjoin[15] et l'encens,
Qui chantent les transports de l'esprit et des sens.

L'ENNEMI

Ma jeunesse ne fut qu'un ténébreux orage,
Traversé çà et là par de brillants soleils;
Le tonnerre et la pluie ont fait un tel ravage
Qu'il reste en mon jardin bien peu de fruits vermeils.

Voilà que j'ai touché l'automne des idées,
Et qu'il faut employer la pelle[16] et les râteaux[17]
Pour rassembler à neuf les terres inondées,
Où l'eau creuse des trous grands comme des tombeaux.

Et qui sait si les fleurs nouvelles que je rêve
Trouveront dans ce sol lavé comme une grève
Le mystique aliment qui ferait leur vigueur?

—O douleur! ô douleur! Le Temps mange la vie,[18]
Et l'obscur Ennemi qui nous ronge le cœur
Du sang que nous perdons croît et se fortifie![19]

---

13. *hautbois:* oboes.
14. *ambre:* ambergris.
15. *benjoin:* gum benjamin.
16. *pelle:* shovel.
17. *râteaux:* rakes.
18. To the French, time is a monster that devours your life. This common metaphor contrasts greatly with the comparable American English metaphor, time is money.
19. *Et l'obscur...fortifie:* i.e., Time is the obscure enemy which sheds our blood and grows and is strengthened thereby. (Baudelaire bewails his failure to accomplish the poetic task of which he had dreamed.)

HYMNE À LA BEAUTÉ

Viens-tu du ciel profond ou sors-tu de l'abîme,
O Beauté? Ton regard, infernal et divin,
Verse confusément le bienfait et le crime,
Et l'on peut pour cela te comparer au vin.

Tu contiens dans ton œil le couchant et l'aurore;
Tu répands des parfums comme un soir orageux,
Tes baisers sont un philtre[20] et ta bouche une amphore[21]
Qui font le héros lâche et l'enfant courageux.

Sors-tu du gouffre noir ou descends-tu des astres?
Le Destin charmé suit tes jupons comme un chien;
Tu sèmes au hasard la joie et les désastres,
Et tu gouvernes tout et ne réponds de rien.

Tu marches sur des morts, Beauté, dont tu te moques,
De tes bijoux l'Horreur n'est pas le moins charmant,
Et le Meurtre, parmi tes plus chères breloques,[22]
Sur ton ventre orgueilleux danse amoureusement.

L'éphémère[23] ébloui vole vers toi, chandelle,
Crépite,[24] flambe et dit: Bénissons ce flambeau!
L'amoureux pantelant[25] incliné sur sa belle
A l'air d'un moribond caressant son tombeau.

Que tu viennes du ciel ou de l'enfer, qu'importe,
O Beauté! monstre énorme, effrayant, ingénu!
Si ton œil, ton souris, ton pied, m'ouvrent la porte
D'un Infini que j'aime et n'ai jamais connu?

De Satan ou de Dieu, qu'importe? [26] Ange ou Sirène,
Qu'importe, si tu rends,—fée aux yeux de velours,
Rythme, parfum, lueur, ô mon unique reine!—
L'univers moins hideux et les instants moins lourds?

---

20. *philtre:* love potion.
21. *amphore:* amphora, an ancient Greek vase for holding wine or honey.
22. *breloques:* watch charms, trinkets. (Notice the deliberate triviality of the comparison.)
23. *éphémère:* ephemeron, dayfly.
24. *Crépite:* Sputters (in the flame).
25. *pantelant:* panting.
26. A major point in Baudelaire's theological world view.

HARMONIE DU SOIR

[*The metrical form is* a pantoum*: the second and fourth lines of each stanza are repeated as the first and third of the following. The repetition of words and rhymes gives a lulling effect, as in a litany. Notice again the blending of sound, smell, and sight impressions.*]

Voici venir les temps où vibrant sur sa tige
Chaque fleur s'évapore ainsi qu'un encensoir;[27]
Les sons et les parfums tournent dans l'air du soir,
Valse mélancolique et langoureux vertige!

Chaque fleur s'évapore ainsi qu'un encensoir;
Le violon frémit comme un cœur qu'on afflige;
Valse mélancolique et langoureux vertige!
Le ciel est triste et beau comme un grand reposoir.[28]

Le violon frémit comme un cœur qu'on afflige,
Un cœur tendre, qui hait le néant vaste et noir!
Le ciel est triste et beau comme un grand reposoir;
Le soleil s'est noyé dans son sang qui se fige.[29]

Un cœur tendre, qui hait le néant vaste et noir,
Du passé lumineux recueille tout vestige!
Le soleil s'est noyé dans son sang qui se fige…
Ton souvenir en moi luit comme un ostensoir![30]

L'INVITATION AU VOYAGE

[*This is one of Baudelaire's few happy poems, and perhaps his most popular. Do not accept blindly (as the French government's censor foolishly did) the popular notion that this poem is just a travelog about a trip to Holland's city of canals, Amsterdam. The master metaphor of the poem, as Baudelaire clearly states, is that the country being described equates with the woman that the poet is with. It should not take a genius to figure out what kind of activity they are engaging in. Baudelaire is not trying to be in any sense indecent this time; he is making a sincere attempt to analyze, understand, and convey to the reader everything that he can comprehend about human sexual emotion. Freud's theorizing will not come for another half-century; Baudelaire is way ahead of the game in trying to intuit these matters and transcribe them into poetry. Also, regarding the stylistics of the poem, notice the use of lines of five and seven syllables, which is rare in French prosody; this scheme seems to aid the lullaby-like feeling, the sensation of being rocked like a baby, which Baudelaire evokes in so many of his poems as his ideal of pleasure. The*]

---

27. *encensoir:* censer, incense burner.
28. *reposoir:* street altar for religious processions.
29. *se fige:* congeals, clots. (Even in this love poem to an honorable lady, Baudelaire cannot suppress a touch of the horrible.)

30. *ostensoir:* monstrance. The ecclesiastical words *encensoir, reposoir, ostensoir* help to create the mood of religious mysticism in the service of love.

contradiction of wanting to feel safe in the arms of a woman at home and wanting to travel constantly is a key baudelairean paradox.]

Mon enfant, ma sœur,[31]
Songe à la douceur
D'aller là-bas vivre ensemble!
Aimer à loisir,
Aimer et mourir
Au pays qui te ressemble! [32]
Les soleils mouillés[33]
De ces ciels brouillés
Pour mon esprit ont les charmes
Si mystérieux
De tes traîtres yeux, [34]
Brillant à travers leurs larmes.

Là, tout n'est qu'ordre et beauté,
Luxe, calme et volupté.[35]

Des meubles luisants, [36]
Polis par les ans,
Décoreraient notre chambre;
Les plus rares fleurs
Mêlant leurs odeurs
Aux vagues senteurs de l'ambre,
Les riches plafonds,
Les miroirs profonds,

La splendeur orientale,
Tout y parlerait
A l'âme en secret
Sa douce langue natale.

Là, tout n'est qu'ordre et beauté,
Luxe, calme et volupté.

Vois sur ces canaux
Dormir ces vaisseaux[37]
Dont l'humeur est vagabonde;
C'est pour assouvir[38]
Ton moindre désir
Qu'ils viennent du bout du monde.
Les soleils couchants[39]
Revêtent les champs,
Les canaux, la ville entière,
D'hyacinthe[40] et d'or;
Le monde s'endort
Dans une chaude lumière.

Là, tout n'est qu'ordre et beauté,
Luxe, calme et volupté.

---

31. It is not uncommon in Baudelaire's poems to see family designations mixed together. If it sounds incestuous, that probably just makes it seem all the more exciting to our narrator.
32. Baudelaire here states as clearly as possible that the country resembles you, the woman to whom he is speaking.
33. *soleils mouillés:* moist suns. (A strange image indeed; and why do you suppose the sun is plural?)
34. Here is why the suns were plural: they are the woman's eyes (probably moist with tears.)
35. A much-quoted couplet. Notice that *order* is ranked alongside (and at least equal to) beauty in this statement of the ideal. Baudelaire considered both to be essential for a good poem – an opinion that undermines the popular notion of Baudelaire as poetic wild man.
36. *meubles luisants:* gleaming furnishings. (Possi-

bly the woman's jewelry, such as earrings or a necklace? Note that in the poem we have begun a downward movement from the woman's eyes that will touch upon various aspects of her body and its accoutrements.)
37. To avoid being too explicit, Baudelaire uses the image of a vessel sleeping in a canal. (Amsterdam again, evidently.)
38. *assouvir:* satiate. (I.e., it was to satisfy their every desire that the boats went all the way, to the end of the world.)
39. The suns (eyes) are sleeping now that all activities are completed. The warm restful sleep is another of Baudelaire's ideals.
40. *hyacinthe:* precious stone, reddish-yellow, appropriate for describing the sunset. But *hyacinthe* is also the name of a flower, the purple color of which could apply to the sunset as well.

LES CHATS

[*Baudelaire loved and admired cats, often writing about them.*]

Les amoureux fervents et les savants austères
Aiment également, dans leur mûre saison,
Les chats puissants et doux, orgueil de la maison,
Qui comme eux sont frileux[41] et comme eux sédentaires.

Amis de la science et de la volupté,
Ils cherchent le silence et l'horreur des ténèbres;
L'Érèbe[42] les eût pris pour ses coursiers funèbres,
S'ils pouvaient au servage incliner leur fierté.

Ils prennent en songeant les nobles attitudes
Des grands sphinx allongés au fond des solitudes,
Qui semblent s'endormir dans un rêve sans fin;

Leurs reins féconds sont pleins d'étincelles magiques,[43]
Et des parcelles d'or, ainsi qu'un sable fin,
Étoilent vaguement leurs prunelles mystiques.

SPLEEN [I]

[*The English word, popular in the eighteenth century in the sense of "a fit of depression," is used by Baudelaire to mean an aggravated form of ennui.*]

Pluviôse,[44] irrité contre la vie entière,
De son urne à grands flots verse un froid ténébreux
Aux pâles habitants du voisin cimetière
Et la mortalité sur les faubourgs brumeux.

Mon chat sur le carreau[45] cherchant une litière[46]
Agite sans repos son corps maigre et galeux;[47]
L'âme d'un vieux poète erre dans la gouttière[48]
Avec la triste voix d'un fantôme frileux.

Le bourdon[49] se lamente, et la bûche enfumée
Accompagne en fausset[50] la pendule enrhumée,
Cependant qu'en un jeu[51] plein de sales parfums,

---

41. *frileux:* sensitive to cold.
42. *Érèbe:* Erebus, son of Chaos and Night, who rules the mid-region between Earth and Hades.
43. *étincelles magiques:* i.e., the electrical discharges of cat's fur.
44. *Pluviôse:* "Rain month," mid-January to mid-February, in the calendar of the French Revolution.
45. *carreau:* floor.
46. *litière:* bed.
47. *galeux:* mangy.
48. *gouttière:* roof gutter, eaves trough.
49. *bourdon:* church bell.
50. *fausset:* falsetto.
51. *jeu:* pack of cards.

Héritage fatal d'une vieille hydropique,[52]
Le beau valet de cœur[53] et la dame de pique[54]
Causent sinistrement de leurs amours défunts.[55]

SPLEEN [II]

J'ai plus de souvenirs que si j'avais mille ans.

Un gros meuble à tiroirs encombrés de bilans,[56]
De vers, de billets doux, de procès, de romances,
Avec de lourds cheveux roulés dans des quittances,[57]
Cache moins de secrets que mon triste cerveau.
C'est une pyramide, un immense caveau,
Qui contient plus de morts que la fosse commune.[58]

—Je suis un cimetière abhorré de la lune,
Où comme des remords, se traînent de longs vers
Qui s'acharnent toujours sur mes morts les plus chers.
Je suis un vieux boudoir plein de roses fanées,
Où gît tout un fouillis[59] de modes surannées,
Où les pastels plaintifs et les pâles Boucher,[60]
Seuls, respirent l'odeur d'un flacon débouché.

Rien n'égale en longueur les boiteuses journées,
Quand, sous les lourds flocons des neigeuses années,
L'ennui, fruit de la morne incuriosité,
Prend les proportions de l'immortalité.[61]
—Désormais tu n'es plus, ô matière vivante!
Qu'un granit entouré d'une vague épouvante,
Assoupi dans le fond d'un Sahara brumeux;
Un vieux sphinx ignoré du monde insoucieux,
Oublié sur la carte, et dont l'humeur farouche
Ne chante qu'aux rayons du soleil qui se couche![62]

---

52. *hydropique:* dropsical woman.
53. *valet de cœur:* jack of hearts.
54. *dame de pique:* queen of spades.
55. Baudelaire can introduce the sense of brooding evil even into a pack of cards.
56. *bilans:* balance sheets, accounts.
57. *quittances:* receipts.
58. *fosse commune:* potter's field, pauper's grave.

59. *fouillis:* jumble.
60. Boucher, eighteenth-century court painter of *galanteries,* in soft, tender colors.
61. A famous couplet.
62. There was in Egypt a colossal sphinx which uttered sweet sounds as the sun rose. Baudelaire provides his own variation.

SPLEEN [III]

Quand le ciel bas et lourd pèse comme un couvercle[63]
Sur l'esprit gémissant en proie aux longs ennuis,
Et que de l'horizon embrassant tout le cercle
Il nous verse un jour noir plus triste que les nuits;

Quand la terre est changée en un cachot humide,
Où l'Espérance, comme une chauve-souris,[64]
S'en va battant les murs de son aile timide
Et se cognant la tête à des plafonds pourris;

Quand la pluie, étalant ses immenses traînées[65]
D'une vaste prison imite les barreaux,[66]
Et qu'un peuple muet d'infâmes araignées[67]
Vient tendre ses filets au fond de nos cerveaux,

Des cloches tout à coup sautent avec furie
Et lancent vers le ciel un affreux hurlement,
Ainsi que des esprits errants et sans patrie
Qui se mettent à geindre opiniâtrement.

—Et de longs corbillards,[68] sans tambours ni musique,
Défilent lentement dans mon âme; l'Espoir,
Vaincu, pleure, et l'Angoisse atroce, despotique,
Sur mon crâne incliné plante son drapeau noir.[69]

LE GOÛT DU NÉANT

[*Autobiographic poem, written after a warning attack of Baudelaire's fatal disease.*]

Morne esprit, autrefois amoureux de la lutte,
L'Espoir, dont l'éperon attisait[70] ton ardeur,
Ne veut plus t'enfourcher![71] Couche-toi sans pudeur,
Vieux cheval dont le pied à chaque obstacle butte.[72]

Résigne-toi, mon cœur; dors ton sommeil de brute.

---

63. *couvercle:* lid.
64. *chauve-souris:* bat. (Note the strange, striking comparison. Hardly anyone had ever used such vocabulary in French poetry; thus Baudelaire seems to many observers as the first modern poet.)
65. *traînées:* streaks.
66. *barreaux:* bars.
67. *araignées:* spiders.
68. *corbillards:* funeral processions.
69. Now review this famous poem. The theme: the conquest of *l'idéal* by *le spleen*. The structure: three correlative stanzas, each beginning with *Quand,* the first four stanzas making a single sentence, the last stanza making a second sentence. The sound: the predominance of vowels in *o* and *ou,* the heavy consonants, resulting in a slow movement. And the result of the combination of dark sound with grotesque and gloomy thought: a *tone* which we can only call Baudelairean, a creepy dose of the dark side.
70. *attisait:* used to stir.
71. *enfourcher:* bestride.
72. *butte:* stumbles.

Esprit vaincu, fourbu![73] Pour toi, vieux maraudeur,
L'amour n'a plus de goût, non plus que la dispute;
Adieu donc, chants du cuivre et soupirs de la flûte!
Plaisirs, ne tentez plus un cœur sombre et boudeur!

Le Printemps adorable a perdu son odeur!
Et le Temps m'engloutit minute par minute,
Comme la neige immense un corps pris de roideur;[74]
Je contemple d'en haut le globe en sa rondeur,
Et je n'y cherche plus l'abri d'une cahute![75]

Avalanche, veux-tu m'emporter dans ta chute?[76]

L'Héautontimorouménos[77]

[*Baudelaire recognizes that his sadistic impulses are directed against himself, and that his self-torturing habit is a kind of spiritual irony. The term* masochisme *did not yet exist in popular usage when Baudelaire wrote the poem, so he has to deal with his topic without the technical vocabulary that would have made it easier.*]

Je te frapperai sans colère
Et sans haine, comme un boucher,
Comme Moïse le rocher!
Et je ferai de ta paupière,

Pour abreuver mon Sahara,
Jaillir les eaux de la souffrance.
Mon désir gonflé d'espérance
Sur tes pleurs salés nagera

Comme un vaisseau qui prend le
    large,
Et dans mon cœur qu'ils soûleront
Tes chers sanglots retentiront
Comme un tambour qui bat la charge!

Ne suis-je pas un faux accord
Dans la divine symphonie,
Grâce à la vorace Ironie
Qui me secoue et qui me mord?

Elle est dans ma voix, la criarde![78]
C'est tout mon sang, ce poison noir!
Je suis le sinistre miroir
Où la mégère[79] se regarde!

Je suis la plaie et le couteau!
Je suis le soufflet et la joue!
Je suis les membres et la roue,[80]
Et la victime et le bourreau!

Je suis de mon cœur le vampire,
—Un de ces grands abandonnés
Au rire éternel condamnés,
Et qui ne peuvent plus sourire!

---

73. *fourbu:* foundered, dead tired.
74. *roideur:* stiffness (from cold). Reference to Baudelaire's paralytic symptoms.
75. *cahute:* hut, shelter.
76. *chute:* The last word fittingly summarizes the whole poem. You will have observed the incantatory effect produced by the use of only two rhymes, with similar vowel sounds.

77. "The Self-tormentor." Title of an ancient Greek play imitated by Terence.
78. *criarde:* scolding woman.
79. *mégère:* termagant, shrew.
80. *roue:* wheel, device for punishment of criminals. (The executioner broke the limbs of the victim, who was tied to a cart wheel.)

LA BÉATRICE

[Beatrice: an Italian literature reference, the Beatrice who watched over Dante in his journey through the Inferno. Sainte-Beuve compared Baudelaire to Dante for choosing Hell as his poetic realm. Observe Baudelaire's lucidity about the impression he made on others.]

Dans des terrains cendreux, calcinés,[81] sans verdure,
Comme je me plaignais un jour à la nature,
Et que de ma pensée, en vaguant au hasard,
J'aiguisais lentement sur mon cœur le poignard,
Je vis en plein midi descendre sur ma tête
Un nuage funèbre et gros d'une tempête,
Qui portait un troupeau de démons vicieux,
Semblables à des nains cruels et curieux.
A me considérer froidement ils se mirent,
Et, comme des passants sur un fou qu'ils admirent,
Je les entendis rire et chuchoter entre eux,
En échangeant maint signe et maint clignement d'yeux:

—« Contemplons à loisir cette caricature
Et cette ombre d'Hamlet[82] imitant sa posture,
Le regard indécis et les cheveux au vent.
N'est-ce pas grand'pitié de voir ce bon vivant,
Ce gueux, cet histrion en vacances, ce drôle,
Parce qu'il sait jouer artistement son rôle,
Vouloir intéresser au chant de ses douleurs
Les aigles, les grillons, les ruisseaux et les fleurs,
Et même à nous, auteurs de ces vieilles rubriques,[83]
Réciter en hurlant ses tirades publiques? »

J'aurais pu (mon orgueil aussi haut que les monts
Domine la nuée et le cri des démons)
Détourner simplement ma tête souveraine,
Si je n'eusse pas vu parmi leur troupe obscène—
Crime qui n'a pas fait chanceler le soleil![84]—
La reine de mon cœur au regard nonpareil,
Qui riait avec eux de ma sombre détresse
Et leur versait parfois quelque sale caresse.

---

81. *calcinés:* calcined, burnt to ash.
82. *Hamlet:* Shakespeare's famous tragic character, obsessed with death.
83. *rubriques:* subjects, items.

84. *Crime…soleil:* a sour reference to the "pathetic fallacy" of the Romantics, in which nature happily shared the emotions of the poet.

L'Étranger

[*A prose poem in the form of a philosophical dialogue.*]

« Qui aimes-tu le mieux, homme énigmatique, dis? ton père, ta mère, ta sœur ou ton frère?

—Je n'ai ni père, ni mère, ni sœur, ni frère.

—Tes amis?

—Vous vous servez là d'une parole dont le sens m'est resté jusqu'à ce jour inconnu.

—Ta patrie?

—J'ignore sous quelle latitude elle est située.

—La beauté?

—Je l'aimerais volontiers, déesse[85] et immortelle.

—L'or?

—Je le hais comme vous haïssez Dieu.

—Eh! qu'aimes-tu donc, extraordinaire étranger?

—J'aime les nuages,…les nuages qui passent…là-bas, là bas…les merveilleux nuages! »

Enivrez-vous[86]

Il faut être toujours ivre.[87] Tout est là: c'est l'unique question. Pour ne pas sentir l'horrible fardeau du Temps qui brise vos épaules et vous penche vers la terre, il faut vous enivrer sans treve.

Mais de quoi? De vin, de poésie ou de vertu, à votre guise.[88] Mais enivrez-vous.

Et si quelquefois, sur les marches d'un palais, sur l'herbe verte d'un fossé, dans la solitude morne de votre chambre, vous vous réveillez, l'ivresse déjà diminuée ou disparue, demandez au vent, à la vague, à l'étoile, à l'oiseau, à l'horloge, à tout ce qui fuit, à tout ce qui gémit, à tout ce qui roule, à tout ce qui chante, à tout ce qui parle, demandez quelle heure il est; et le vent, la vague, l'étoile, l'oiseau, l'horloge, vous répondront: « Il est l'heure de s'enivrer! Pour n'être pas les esclaves martyrisés du Temps, enivrez-vous; enivrez-vous sans cesse! De vin, de poésie ou de vertu, à votre guise. »[89]

---

85. *déesse:* i.e., if she were a goddess.
86. *Enivrez-vous:* Intoxicate yourself.
87. *ivre:* drunk.
88. *à votre guise:* as you wish (i.e., the choice is yours.)

89. Baudelaire chose the world of dreams, drink, drugs, and prostitutes over the sober life of ordinary people, and died a broken, unhappy man at the age of 46. Was his life ultimately a negative role model?

ANYWHERE OUT OF THE WORLD

[N'importe où hors du monde; *Baudelaire chose the above English title himself.*]

Cette vie est un hôpital où chaque malade est possédé du désir de changer de lit.[90] Celui-ci voudrait souffrir en face du poêle, et celui-là croit qu'il guérirait à côté de la fenêtre.

Il me semble que je serais toujours bien là où je ne suis pas, et cette question de déménagement en est une que je discute sans cesse avec mon âme.

« Dis-moi, mon âme, pauvre âme refroidie, que penserais-tu d'habiter Lisbonne? Il doit y faire chaud, et tu t'y regaillardirais comme un lézard. Cette ville est au bord de l'eau; on dit qu'elle est bâtie en marbre, et que le peuple y a une telle haine du végétal, qu'il arrache tous les arbres. Voilà un paysage selon ton goût; un paysage fait avec la lumière et le minéral, et le liquide pour les réfléchir! »

Mon âme ne répond pas.

« Puisque tu aimes tant le repos, avec le spectacle du mouvement, veux-tu venir habiter la Hollande, cette terre béatifiante? Peut-être te divertiras-tu dans cette contrée dont tu as souvent admiré l'image dans les musées. Que penserais-tu de Rotterdam, toi qui aimes les forêts de mâts, et les navires amarrés[91] au pied des maisons? »

Mon âme reste muette.

« Batavia[92] te sourirait peut-être davantage? Nous y trouverions d'ailleurs l'esprit de l'Europe marié à la beauté tropicale. »

Pas un mot.—Mon âme serait-elle morte?

« En es-tu donc venue à ce point d'engour-dissement que tu ne te plaises que dans ton mal? S'il en est ainsi, fuyons vers les pays qui sont les analogies de la Mort…Je tiens notre affaire, pauvre âme! Nous ferons nos malles pour Tornéo.[93] Allons plus loin encore, à l'extrême bout de la Baltique; encore plus loin de la vie, si c'est possible; installons-nous au pôle. Là, le soleil ne frise[94] qu'obliquement la terre, et les lentes alternatives de la lumière et de la nuit suppriment la variété et augmentent la monotonie, cette moitié du néant. Là, nous pourrons prendre de longs bains de ténèbres, cependant que, pour nous divertir, les aurores boréales nous enverront de temps en temps leurs gerbes roses, comme des reflets d'un feu d'artifice[95] de l'Enfer! »

Enfin, mon âme fait explosion, et sagement elle me crie: « N'importe où! n'importe où! pourvu que ce soit hors de ce monde! »

---

90. Famous line echoed by several subsequent poets.
91. *amarrés:* moored.
92. Batavia, capital of Java.

93. *Tornéo:* Tornio, city in northern Finland.
94. *frise:* grazes.
95. *feu d'artifice:* fireworks.

Le Mauvais Vitrier[96]

[*Baudelaire, in a humorous prose poem reminiscent of Balzac's satirical newspaper columns, philosophizes a bit about inactive persons who sometimes surge into action inexplicably, then relates a personal anecdote about a bizarre encounter with a bewildered glass merchant. The story beautifully expresses Baudelaire's basic view of life.*]

Il y a des natures purement contemplatives et tout à fait impropres à l'action, qui cependant, sous une impulsion mystérieuse et inconnue, agissent quelquefois avec une rapidité dont elles se seraient crues elles-mêmes incapables.

Tel qui,[97] craignant de trouver chez son concierge une nouvelle chagrinante,[98] rôde[99] lâchement une heure devant sa porte sans oser rentrer, tel qui garde quinze jours une lettre sans la décacheter,[100] ou ne se résigne qu'au bout de six mois à opérer une démarche[101] nécessaire depuis un an, se sentent quelquefois brusquement précipités vers l'action par une force irrésistible, comme la flèche d'un arc. Le moraliste et le médecin, qui prétendent tout savoir, ne peuvent pas expliquer d'où vient si subitement une si folle énergie à ces âmes paresseuses et voluptueuses et comment, incapables d'accomplir les choses les plus simples et les plus nécessaires, elles trouvent à une certaine minute un courage de luxe pour exécuter les actes les plus absurdes et souvent même les plus dangereux.

Un de mes amis, le plus inoffensif rêveur qui ait existé, a mis une fois le feu à une forêt pour voir, disait-il, si le feu prenait avec autant de facilité qu'on l'affirme généralement. Dix fois de suite, l'expérience manqua; mais, à la onzième, elle réussit beaucoup trop bien.

Un autre allumera un cigare à côté d'un tonneau de poudre,[102] *pour voir, pour savoir, pour tenter la destinée,* pour se contraindre lui-même à faire preuve d'énergie, pour faire le joueur, pour connaître les plaisirs de l'anxiété, pour rien, par caprice, par désœuvrement.

C'est une espèce d'énergie qui jaillit de l'ennui et de la rêverie; et ceux en qui elle se manifeste si opinément sont, en général, comme je l'ai dit, les plus indolents et les plus rêveurs des êtres.

Un autre, timide à ce point qu'il baisse les yeux même devant les regards des hommes, à ce point qu'il lui faut rassembler toute sa pauvre volonté pour: entrer dans un café ou passer devant le bureau d'un théâtre, où les contrôleurs lui paraissent investis de la majesté de Minos, d'Eaque et de Rhadamanthe,[103] sautera brusquement au cou d'un vieillard qui passe à côté de lui et l'embrassera avec enthousiasme devant la foule étonnée.

Pourquoi? Parce que... parce que cette physionomie lui était irrésistiblement sympathique? Peut-être; mais il est plus légitime de supposer que lui-même il ne sait pas pourquoi.

J'ai été plus d'une fois victime de ces crises et de ces élans, qui nous autorisent à croire que des Démons malicieux se glissent en nous et nous font accomplir, à notre insu, leurs plus absurdes volontés.

Un matin je m'étais levé maussade, triste, fatigué d'oisiveté, et poussé, me semblait-il, à faire quelque chose de grand, une action d'éclat; et j'ouvris la fenêtre, hélas!

---

96. *vitrier:* glazier, i.e., someone who makes and sells glass. In Baudelaire's time, a window repair person would lug around panes of glass on large hooks attached to a carrying contraption. It is such an individual about whom this prose poem is written.

97. *tel qui:* such as; such a person.

98. *nouvelle chagrinante:* aggravating piece of news.

99. *rôde:* hangs around.

100. *sans la décacheter:* without opening it.

101. *opérer une démarche:* take a step.

102. *tonneau de poudre:* barrel of gunpowder.

103. *Minos, Eaque, Rhadamanthe:* in mythology, the three guardians of the underworld.

(Observez, je vous prie, que l'esprit de mystification qui, chez quelques personnes, n'est pas le résultat d'un travail ou d'une combinaison, mais d'une inspiration fortuite, participe beaucoup, ne fût-ce que par l'ardeur du désir, de cette humeur, hystérique selon les médecins, satanique selon ceux qui pensent un peu mieux que les médecins, qui nous pousse sans résistance vers une foule d'actions dangereuses ou inconvenantes.)

La première personne que j'aperçus dans la rue, ce fut un vitrier dont le cri perçant, discordant, monta jusqu'à moi à travers la lourde et sale atmosphère parisienne. Il me serait d'ailleurs impossible de dire pourquoi je fus pris à l'égard de ce pauvre homme d'une haine aussi soudaine que despotique.

« — Hé! hé!» et je lui criai de monter. Cependant je réfléchissais, non sans quelque gaieté, que, la chambre étant au sixième étage et l'escalier fort étroit, l'homme devait éprouver quelque peine à opérer son ascension et accrocher en maint endroit[104] les angles de sa fragile marchandise.

Enfin il parut: j'examinai curieusement toutes ses vitres,[105] et je lui dis: « Comment!

vous n'avez pas de verres de couleur?[106] des verres roses, rouges, bleus, des vitres magiques, des vitres de paradis? Impudent que vous êtes! vous osez vous promener dans des quartiers pauvres, et vous n'avez pas même de vitres qui fassent voir la vie en beau! » Et je le poussai vivement vers l'escalier, où il trébucha[107] en grognant.

Je m'approchai du balcon et je me saisis d'un petit pot de fleurs, et quand l'homme reparut au débouché de la porte, je laissai tomber perpendiculairement mon engin de guerre sur le rebord postérieur de ses crochets;[108] et le choc le renversant, il acheva de briser sous son dos toute sa pauvre fortune ambulatoire qui rendit le bruit éclatant d'un palais de cristal crevé par la foudre.

Et, ivre de ma folie, je lui criai furieusement: « La vie en beau! la vie en beau! ». Ces plaisanteries nerveuses ne sont pas sans péril, et on peut souvent les payer cher. Mais qu'importe l'éternité de la damnation à qui[109] a trouvé dans une seconde l'infini de la jouissance?[110]

---

104. *maint endroit:* many a place.
105. *vitres:* window panes.
106. *verres de couleur:* colored glass.
107. *trébucha:* stumbled (probably all the way down the staircase.)

108. *le rebord postérieur de ses crochets:* the back side of his hooks (holding all the panes of clear glass.)
109. *à qui = à celui qui:* to one who.
110. *l'infini de la jouissance:* the ultimate in enjoyment.

16. PAUL VERLAINE

[1844–1896]

Poetry of the Damned

United by literary affinity and personal relationship, the poets Verlaine and Rimbaud represent the radical direction that poetry took in the late nineteenth century and the heavy consequences for the individuals involved. Verlaine applied the term *poètes maudits,* Damned Poets, to himself, Rimbaud, and others. His classification encouraged many young followers to believe that if only they are sufficiently damned they will be poets.

Split Personality

Paul Verlaine was born in Metz, Lorraine, of respectable, middle-class people. He came to Paris, worked in municipal offices, and frequented the gatherings of poets of the Parnassian school. An alcoholic, he thought to find reform in marriage. His happy poems to his sixteen-year-old bride are particularly touching, in view of his later experience. He fell in with the boy genius Arthur Rimbaud in 1871, abandoned his wife, and set off with Rimbaud on a series of fantastic adventures, which ended in Belgium two years later with his shooting and wounding Rimbaud. He spent two years in jail and there became a devout Catholic. His conversion inspired a series of fine but conventional religious poems. After some ineffective efforts to rebuild his life, he slipped into the Paris *bohème* and lived in degradation with a horrible shrew. During the 1890s, "le pauvre Lélian," as he called himself, was one of the sights of the Latin Quarter. Revolting-looking and unkempt, he would accept an absinthe (an hallucinatory drink) from any literary slummer, or indeed from anyone at all.

It is dangerous to make medical conclusions about individuals long dead, but one is indeed tempted to conclude that Verlaine was not just an alcoholic, but may well have been a true schizophrenic. One Verlaine was a very conservative, pious, married, heterosexual pillar of the community, the other Verlaine was a very radical, impious, bohemian, homosexual adventurer living amidst the dregs of society. He flipped back and forth between these two wildly divergent personalities as if they were two different people. Fortunately, both could write great poetry.

Music Above All

His poetic principles are defined in his *Art poétique* and are suggested by the title of one of his collections: *Romances sans paroles* (1874). "Music above all," he said. Music is more important than thought, suggestion more important than statement. Music is expressed in verse not so much by rhyme as by the rhythmic structure of the line, by internal assonances and recurrences. The general effect is one of mistiness and vagueness, of dim landscapes half seen, of melodies half heard. His poetry is inevitably compared with the music of Claude Debussy, who set sixteen of Verlaine's poems to music, and with the Impressionist paintings of Claude Monet.

Americans' Choice

Verlaine's *influence* has been great in that he developed the melodic possibilities of French poetry, loosened the requirements of versification, and opened the way to the greater freedoms of *vers libre*. But his chief importance is that he wrote a number of very beautiful poems. English speakers, and Americans especially, who have not had their ears conditioned in youth to the strict and subtle requirements of French classic verse, recognize in Verlaine a singer in their own tradition. In the final analysis, Verlaine may be so popular with Americans largely because he is so easy to understand, at least on the superficial level.

Paul Verlaine. An 1894 self-caricature in the journal Le Procope.

MON RÊVE FAMILIER

Je fais souvent ce rêve étrange et pénétrant
D'une femme inconnue, et que j'aime et qui m'aime,
Et qui n'est chaque fois ni tout à fait la même
Ni tout à fait une autre, et m'aime et me comprend.

Car elle me comprend, et mon cœur, transparent
Pour elle seule; hélas! cesse d'être un problème
Pour elle seule, et les moiteurs[1] de mon front blême,
Elle seule les sait rafraîchir, en pleurant.

Est-elle brune, blonde ou rousse?—Je l'ignore.
Son nom? Je me souviens qu'il est doux et sonore
Comme ceux des aimés que la Vie exila.

Son regard est pareil au regard des statues,
Et pour sa voix, lointaine et calme et grave, elle a
L'inflexion des voix chères qui se sont tues.[2]

---

1. *moiteurs:* moistures (*i.e.,* fever sweats). 2. *qui se sont tues:* which have become silent.

CHANSON D'AUTOMNE

Les sanglots longs
Des violons
De l'automne
Blessent mon cœur
D'une langueur
Monotone.

Tout suffocant
Et blême, quand
Sonne l'heure,
Je me souviens
Des jours anciens
Et je pleure;

Et je m'en vais
Au vent mauvais
Qui m'emporte
Deçà, delà,[1]
Pareil à la
Feuille morte.[2]

❖ ❖ ❖

CLAIR DE LUNE

Votre âme est un paysage choisi
Que vont charmant masques et bergamasques,[3]
Jouant du luth[4] et dansant et quasi
Tristes sous leurs déguisements fantasques.

Tout en chantant sur le mode mineur
L'amour vainqueur et la vie opportune,
Ils n'ont pas l'air de croire à leur bonheur
Et leur chanson se mêle au clair de lune,

Au calme clair de lune triste et beau,
Qui fait rêver les oiseaux dans les arbres
Et sangloter d'extase les jets d'eau,
Les grands jets d'eau sveltes parmi les marbres.[5]

❖ ❖ ❖

---

1. *Deçà, delà:* Here and there.
2. Now look back and observe how in the first stanza the nasals and the vowels in *o* and *eu* express the thought musically; how in the last three lines the tripping meter suggests the scuttering of dead leaves; and how in the seventeenth line the poet uses the article *la* as a rhyme word and makes an *enjambement* which even Hugo would not have dared. What effect does this *enjambement* make?
3. *bergamasques:* Italian country dancers.
4. *luth:* lute.
5. What qualities of this poem, which was famously set to music by Debussy, do you think made it so attractive to musicians?

IL PLEURE DANS MON CŒUR...[6]

Il pleut doucement sur la ville. —Arthur Rimbaud

Il pleure dans mon cœur
Comme il pleut sur la ville,
Quelle est cette langueur
Qui pénètre mon cœur?

Il pleure sans raison
Dans ce cœur qui s'écœure.
Quoi! nulle trahison?
Ce deuil est sans raison.

O bruit doux de la pluie
Par terre et sur les toits!
Pour un cœur qui s'ennuie
O le chant de la pluie!

C'est bien la pire peine
De ne savoir pourquoi,
Sans amour et sans haine,
Mon cœur a tant de peine.

MON DIEU M'A DIT...

[*This poem was written during Verlaine's imprisonment and embodies his Catholic style.*]

Mon Dieu m'a dit:—Mon fils, il faut m'aimer. Tu vois
Mon flanc percé, mon cœur qui rayonne et qui saigne,
Et mes pieds offensés que Madeleine[7] baigne
De larmes, et mes bras douloureux sous le poids

De tes péchés, et mes mains! Et tu vois la croix,
Tu vois les clous, le fiel, l'éponge, et tout t'enseigne
A n'aimer, en ce monde amer où la chair règne,
Que ma Chair et mon Sang, ma parole et ma voix.

Ne t'ai-je pas aimé jusqu'à la mort moi-même,
O mon frère en mon Père, ô mon fils en l'Esprit,
Et n'ai-je pas souffert, comme c'était écrit?

N'ai-je pas sangloté ton angoisse suprême
Et n'ai-je pas sué la sueur de tes nuits,
Lamentable ami qui me cherches où je suis?

---

6. This is a very original poem, as indicated by the weird combination of "Il pleut" (*pleuvoir*, to rain) with the verbe "pleurer" (to cry) to make an invented verb, "Il pleure" (thus, "It is weeping in my heart.") Also, notice throughout the poem the peculiar rhyme scheme and the recurrence of certain sounds, especially *p* and *eu*. What mood does Verlaine thus create?

7. *Madelaine:* Mary Magdalene.

ART POÉTIQUE

[A famous poem, written in 1874, full of memorable lines. No doubt influenced by Poe's theoretical writings.]

De la musique avant toute chose,
Et pour cela préfère l'Impair[8]
Plus vague et plus soluble dans l'air,
Sans rien en lui qui pèse ou qui pose.

Il faut aussi que tu n'ailles point
Choisir tes mots sans quelque
    méprise:[9]
Rien de plus cher que la chanson grise
Où l'Indécis au Précis se joint.

C'est des beaux yeux derrière des
    voiles,
C'est le grand jour tremblant de midi,
C'est, par un ciel d'automne attiédi,
Le bleu fouillis[10] des claires étoiles![11]

Car nous voulons la Nuance encor,
Pas la Couleur, rien que la nuance!
Oh! la nuance seule fiance
Le rêve au rêve et la flûte au cor!

Fuis du plus loin la Pointe[12] assassine,
L'Esprit cruel et le Rire impur,
Qui font pleurer les yeux de l'Azur,[13]
Et tout cet ail[14] de basse cuisine!

Prends l'éloquence et tords-lui son
    cou!
Tu feras bien, en train d'énergie,[15]
De rendre un peu la Rime assagie.
Si l'on n'y veille, elle ira jusqu'où?

Oh! qui dira les torts de la Rime?
Quel enfant sourd ou quel nègre fou
Nous a forgé ce bijou d'un sou
Qui sonne creux et faux sous la lime?

De la musique encore et toujours!
Que ton vers soit la chose envolée[16]
Qu'on sent qui fuit d'une âme en
    allée[17]
Vers d'autres cieux à d'autres amours.

Que ton vers soit la bonne aventure
Éparse au vent crispé[18] du matin
Qui va fleurant la menthe et le thym…
Et tout le reste est littérature. [19]

---

8. *l'Impair:* lines of an odd number of syllables. (These, as you know, are rare in French poetry. How many syllables are in the lines of this poem?)
9. *méprise: here,* inexactness, ambiguity. (Have our contemporary poets accepted this counsel?)
10. *fouillis:* jumble.
11. This stanza illustrates the advice given in lines 5–8.
12. *Pointe:* pun, the humorous or moral point.
13. *l'Azur:* i.e., the Ideal. (This shade of blue had by this time become a standard symbol for the ultimate poetic ideal.)
14. *ail:* garlic.
15. *en train d'énergie:* while you're about it.
16. *envolée:* soaring.
17. *en allée:* on its way.
18. *crispé:* crinkled.
19. The most famous line of all.

17. Arthur Rimbaud

[1854–1891]

Genius

Rimbaud was a creative genius if ever there was one. His life is a perfect example of the genius's effort to impose himself on the world and to accommodate himself to it, and of the world's failure to recognize the genius in his time.

Vagabond for Truth

Arthur Rimbaud was born in the small city of Charleville, in northeastern France, of an undistinguished family. (He liked to emphasize his peasant background.) He was a brilliant, precocious youth. By the time he was fourteen he was writing very remarkable poetry. At fifteen he ran away to Paris. As he had no railway ticket, he was jailed and sent home. In the following year (1871) he fled again to Paris, slept under bridges, and fed on what he could find in wartime

Arthur Rimbaud coloring vowels. A 19th-century caricature print.

garbage cans. He made the acquaintance of Verlaine, who took him under his wing and taught him, among other things, systematic drunkenness. Rimbaud soon dominated his weak-willed companion. Their homosexual relationship, interrupted by savage quarrels, ended with Verlaine shooting and wounding Rimbaud in Brussels. When Verlaine emerged from prison, he sought out Rimbaud in Germany. Rimbaud, contemptuous of Verlaine's new piety, got him drunk, or let him get drunk, and in a fight knocked him out, left him unconscious on a river bank, and never saw him again.

Rimbaud at about twenty-one renounced literature forever. He had already set out on a career of wandering. "L'homme aux semelles de vent,"[1] Verlaine called him. Rimbaud was a longshoreman in Marseilles, was arrested for vagrancy in Vienna, enlisted in the Dutch army for service in Java; but once in Java he deserted and slipped on board a home-bound vessel. He toured Scandinavia with a circus, helped loot a shipwrecked vessel in the Red Sea, was a quarry boss in Cyprus, and in 1880 became a trader in Abyssinia. He ran guns for a rebel prince and perhaps did some slave trading. After ten rough years he returned to France. He and his girlfriend made plans to marry. But severely ill, probably from cancer, and suffering from a leg wound that required amputation, Rimbaud died at the age of 37.

His life, so summarized, is that of a picturesque vagabond, a man who became a gunrunner because poetry was too dangerous a profession. Rimbaud was that indeed, but his vagabondage arose from no mere uneasy itch, but from a profound need of knowledge

---

1. The phrase translates roughly as "the man whose soles of the feet are made of wind."

and understanding. Even as a boy he outgrew the mental limitations of Charleville; as an adolescent he outgrew the limitations of western civilization. He tried to break every subjection imposed by government, religion, society, to destroy every shelter, in order to blind himself with truth. He wanted to experience everything so as to be able to write the world's greatest poetry. The proof of his purpose, and the measure of his success, is in his work.

The Boy Wonder of Poetry

This work consists of three small volumes, only one of which he published himself. He began with poems in the Parnassian vein. He then developed his theory of the *voyant*, or poetic seer. He said, in a letter of May 15, 1871: "Je dis qu'il faut être *voyant*, se faire *voyant*. Le poète se fait *voyant* par un long, immense et raisonné *dérèglement de tous les sens*. Toutes les formes d'amour, de souffrance, de folie; il cherche lui-même, il épuise en lui tous les poisons, pour n'en garder que les quintessences. Ineffable torture où il a besoin de toute la foi, de toute la force surhumaine, où il devient entre tous le grand malade, le grand criminel, le grand maudit,—et le suprême Savant!—Car il arrive à l'*inconnu!*" By this "systematic derangement of the senses" he hoped to attain intensity of experience and understanding of the world beyond reality. To express the "ineffable" the poet requires a new language, or a new conception of the old language. He will discard at need the rules of syntax and grammar; he will use words as magic spells, incantations, to evoke sharp sensations superior to thought. Rimbaud said: "Cette langue sera de l'âme pour l'âme, résumant tout, parfums, sons, couleurs, de la pensée accrochant la pensée et tirant." Readers still are evenly divided about whether Rimbaud and fellow poets are authentically capable of perceiving the secrets of the cosmos, or whether they are just delusional.

Une Saison en enfer (1873) is the confession of his failure. In alternating prose and verse he reviews his life, his hopes, and the collapse of his hopes. He recognizes his visions to be mere hallucinations. It is a frenzied, anguished, desperate book, a *carnet de damné,* he says. He saw it carefully through the press, sent a few copies to literary friends, and then seems to have lost all interest in it. Not a single copy was sold. (This is a literary record, although equaled by many.) The prose poems, later collected under the title *Illuminations,* were written at about the same time—whether before or after is angrily argued by critics.

Secrets of the Universe

The *influence* of Rimbaud was vast, and it is still increasing. Every generation rediscovers him — a young Leonardo DiCaprio even portrayed Rimbaud in the 1990s film *Total Eclipse.* Rimbaud continues to stun because he tried to take by storm the heavenly city, where presumably the ultimate secrets of the universe are hidden. His example liberated poetry, even language, even reason, from the precepts of tradition. To young, rebellious poets, Rimbaud is one of the supreme masters.

LE DORMEUR DU VAL[1]

[At the age of sixteen, during the Franco-Prussian War, schoolboy Rimbaud wrote this sonnet. It exhibits a virtuosity and overall brilliance almost beyond belief for one of that age – or any age, for that matter. And what were you accomplishing at the age of sixteen?]

C'est un trou de verdure[2] où chante une rivière[3]
Accrochant[4] follement aux herbes des haillons[5]
D'argent;[6] ou le soleil, de la montagne fière
Luit: c'est un petit val qui mousse[7] de rayons.

Un soldat jeune, bouche ouverte, tête nue
Et la nuque[8] baignant dans le frais cresson[9] bleu
Dort; il est étendu dans l'herbe, sous la nue,[10]
Pâle dans son lit vert où la lumière pleut.

Les pieds dans les glaïeuls,[11] il dort. Souriant comme
Souriait un enfant malade, il fait un somme.[12]
Nature, berce-le[13] chaudement: il a froid.

Les parfums ne font pas frissonner sa narine;[14]
Il dort dans le soleil, la main sur la poitrine
Tranquille. Il a deux trous rouges au côté droit.[15]

---

1. *val:* a narrow valley, vale.
2. *trou de verdure:* hole of greenery; presumably an opening in the verdant vale.
3. Notice the personification of nature, which the author maintains throughout the poem.
4. *accrochant:* clinging.
5. *haillons:* raggedy clothes (a continuation of the personification of nature.)
6. This is the first of several *enjambements*, run-on lines in which a sentence or phrase is carried on into the following line. Their usage is hardly accidental. The result is that the sentences physically draw a picture of the serpentine river, twisting around the *trous.*
7. *mousse:* froths.
8. *nuque:* nape (back of the neck.)
9. *cresson:* watercress.
10. *nue:* cloud. (It is permissible for Rimbaud to rhyme "*nue*" with "*nue*" because they are homonyms, not the same word.)
11. *glaïeuls:* gladiolus flowers.
12. *somme = sieste.*
13. *berce-le:* rock him. (A tip of the hat to Baudelaire's favorite image.)
14. *frissonner sa narine:* his nostril quiver.
15. *au côté droit:* in his right side. This surprising turn of events at the end projects a powerful anti-war statement. The young soldier's death is also a martyrdom, as indicated by his being wounded in the same part of the body as Jesus on the cross.

LE BATEAU IVRE

[*The starting point of this astonishing poem, also written when Rimbaud was only sixteen, was a rowboat moored on the Meuse River near Rimbaud's home. In this boat he spent many dreaming hours. The* je *of the poem is the boat; it is also Rimbaud, longing for experience of the great sea which he had never seen; it is also the seer, seeking a truth beyond time and space, beyond reality. The poem is developed not by logical transitions but by a kind of logic of sensations and images. One will feel in it the violence of the poet's nature, his passionate desire, expressed in his exclamations like outcries, his wild evocations, his compact, truncated phrasing, his strange and unbelievably startling imagery. One will recognize also that the poem is a painful prophecy of Rimbaud's own fate, the collapse of his vaulting dreams, the return to commonplace reality.*]

Comme je descendais des Fleuves impassibles,[16]
Je ne me sentis plus guidé par les haleurs:[17]
Des Peaux-Rouges criards les avaient pris pour cibles,[18]
Les ayant cloués nus aux poteaux de couleurs.

J'étais insoucieux de tous les équipages,
Porteur[19] de blés flamands ou de cotons anglais.
Quand avec mes haleurs ont fini ces tapages,[20]
Les Fleuves m'ont laissé descendre où je voulais.

Dans les clapotements[21] furieux des marées,
Moi, l'autre hiver, plus sourd[22] que les cerveaux d'enfants,
Je courus! et les Péninsules démarrées[23]
N'ont pas subi tohu-bohus[24] plus triomphants.

La tempête a béni mes éveils maritimes.
Plus léger qu'un bouchon j'ai dansé sur les flots
Qu'on appelle rouleurs éternels de victimes,
Dix nuits, sans regretter l'œil niais des falots![25]

Plus douce qu'aux enfants la chair des pommes sures,[26]
L'eau verte[27] pénétra ma coque[28] de sapin
Et des taches de vins bleus et des vomissures
Me lava, dispersant gouvernail[29] et grappin.[30]

---

16. *impassibles:* Impassive, *not* impassable. Rimbaud tricks the reader into misreading unexpected words as expected ones repeatedly throughout the poem. He intention is to jolt the reader out of any complacency, any sense of knowing what is coming next. (Malcolm Cowley, a well-known editor, told this anthology's original compiler that he often would receive translations of *Le Bateau ivre,* and if *Fleuves impassibles* was translated *impassable rivers,* he would read no further.)
17. *haleurs:* towing men.
18. *cibles:* targets.
19. *Porteur:* refers to *je.*
20. *tapages:* disturbances (*i.e.,* the massacre of the towing men).
21. *clapotements:* slappings. (At this point the boat reaches the sea.)
22. *sourd:* here, unheeding.
23. *démarrées:* un-moored (probably a wild imagination, not a reference to any geological upset).
24. *tohu-bohus:* hubbubs.
25. *falots:* beacons.
26. *sures:* sour.
27. *verte:* Green usually symbolized purity to Rimbaud. Notice later the recurrence of the color.
28. *coque:* hull.
29. *gouvernail:* helm.
30. *grappin:* grappling iron. (This stanza expresses Rimbaud's longing to be cleansed of civilization's corruptions.)

Et, dès lors, je me suis baigné dans le Poème
De la Mer, infusé d'astres, et lactescent,[31]
Dévorant les azurs verts où, flottaison[32] blême
Et ravie, un noyé pensif parfois descend;

Où, teignant tout à coup les bleuités, délires
Et rythmes lents sous les rutilements[33] du jour,
Plus fortes que l'alcool, plus vastes que vos lyres,
Fermentent les rousseurs[34] amères de l'amour!

Je sais les cieux crevant en éclairs, et les trombes[35]
Et les ressacs[36] et les courants: je sais le soir,
L'Aube exaltée ainsi qu'un peuple de colombes,
Et j'ai vu quelquefois ce que l'homme a cru voir!

J'ai vu le soleil bas, taché d'horreurs mystiques,
Illuminant de longs figements[37] violets,
Pareils à des acteurs de drames très antiques,
Les flots roulant au loin leurs frissons de volets.[38]

J'ai rêvé la nuit verte aux neiges éblouies,
Baiser[39] montant aux yeux des mers avec lenteur,
La circulation des sèves inouïes,
Et l'éveil jaune et bleu des phosphores chanteurs!

J'ai suivi, des mois pleins, pareille aux vacheries[40]
Hystériques, la houle à l'assaut des récifs,[41]
Sans songer que les pieds lumineux des Maries[42]
Pussent forcer le mufle[43] aux Océans poussifs![44]

J'ai heurté, savez-vous, d'incroyables Florides
Mêlant aux fleurs des yeux de panthères, à peaux
D'hommes! Des arcs-en-ciel tendus comme des brides,
Sous l'horizon des mers, à de glauques[45] troupeaux!

---

31. *lactescent:* milky.
32. *flottaison:* floating object.
33. *rutilements:* reddish glows.
34. *rousseurs:* russet tones.
35. *trombes:* water spouts.
36. *ressacs:* surfs.
37. *figements:* coagulations.
38. *volets:* shutters. (The picture is of the parallel slats of Venetian blinds rippling in the light or wind.)
39. *Baiser:* i.e., *la nuit.*
40. *vacheries:* cow barns (*i.e.,* herds of maddened cattle.)
41. *récifs:* reefs.
42. *Maries:* perhaps the three Marys of Palestine (the Virgin Mary, Mary Magdalene, and a servant girl actually named Sara) who, according to a Provençal legend, were set adrift in a boat without sails or oars, and who landed in the Camargue, on the French Mediterranean coast, a region famous for its herds of wild cattle. There could also be reference to the town in that region called Les Saintes-Maries-de-la-Mer.
43. *forcer le mufle:* muzzle (*lit.,* subdue the snout).
44. *poussifs:* wheezy.
45. *glauques:* sea-green. The picture is of a rainbow seen under water, through the rays of which schools of fish are swimming.

J'ai vu fermenter les marais, énormes nasses[46]
Où pourrit dans les joncs tout un Léviathan![47]
Des écroulements d'eaux au milieu des bonaces[48]
Et les lointains vers les gouffres cataractant![49]

Glaciers, soleils d'argent, flots nacreux,[50] cieux de braises![51]
Échouages[52] hideux au fond des golfes bruns
Où les serpents géants dévorés de punaises[53]
Choient,[54] des arbres tordus, avec de noirs parfums!

J'aurais voulu montrer aux enfants ces dorades[55]
Du flot bleu, ces poissons d'or, ces poissons chantants.
—Des écumes de fleurs ont bercé mes dérades[56]
Et d'ineffables vents m'ont ailé par instants.

Parfois, martyr lassé des pôles et des zones,
La mer dont le sanglot faisait mon roulis[57] doux
Montait vers moi ses fleurs d'ombre aux ventouses[58] jaunes
Et je restais ainsi qu'une femme à genoux…

Presque île, ballottant[59] sur mes bords les querelles
Et les fientes[60] d'oiseaux clabaudeurs[61] aux yeux blonds,
Et je voguais, lorsqu'à travers mes liens frêles
Des noyés descendaient dormir, à reculons!…[62]

Or moi, bateau perdu sous les cheveux des anses,[63]
Jeté par l'ouragan dans l'éther sans oiseau,
Moi dont les Monitors[64] et les voiliers des Hanses[65]
N'auraient pas repêché la carcasse ivre d'eau;

Libre, fumant, monté de[66] brumes violettes,
Moi qui trouais le ciel rougeoyant comme un mur
Qui porte, confiture exquise aux bons poètes,
Des lichens de soleil et des morves d'azur,[67]

---

46. *nasses:* weirs, fish traps.
47. *Léviathan:* Leviathan, monster of the Bible, perhaps a whale.
48. *bonaces:* calms. (Perhaps a reference to the collapse of a waterspout.)
49. *cataractant:* plunging (coined word).
50. *nacreux:* pearly.
51. *braises:* glowing coals.
52. *Échouages:* Stranded ships.
53. *punaises:* bedbugs. (A good example of Rimbaud's surrealistic imagination.)
54. *Choient:* Fall.
55. *dorades:* sea bream (reddish-golden Mediterranean fish).
56. *dérades:* driftings.
57. *roulis:* rolling.
58. *ventouses:* cupping glasses; perhaps reference to jellyfish.
59. *ballottant:* tossing about.

60. *fientes:* dung.
61. *clabaudeurs:* squalling.
62. Up to this point Rimbaud has stated his own visions, making of them the boat's experiences. Now in a four-stanza sentence he suggests that wonders may pall.
63. *cheveux des anses:* i.e., hairy weeds and grasses of the coves.
64. *Monitors:* American Civil War vessels.
65. *voiliers des Hanses:* sailing ships of Hanseatic towns (medieval German seaports).
66. *monté de:* equipped with.
67. *morves d'azur:* mucus of azure. (Yes, that does indeed mean "Snot of the Ideal." The deliberate coupling of the commonly offensive with the lyrically idealistic makes a whole new poeticism. The thought, movement, and imagery become wilder as this boat ride progresses.)

Qui courais taché de lunules[68] électriques,
Planche folle, escorté des hippocampes[69] noirs,
Quand les juillets faisaient crouler à coups de triques[70]
Les cieux ultramarins aux ardents entonnoirs;[71]

Moi qui tremblais, sentant geindre à cinquante lieues
Le rut[72] des Béhémots[73] et les Maelstroms[74] épais,
Fileur[75] éternel des immobilités bleues,
Je regrette l'Europe aux anciens parapets!

J'ai vu des archipels sidéraux![76] et des îles
Dont les cieux délirants sont ouverts au vogueur.[77]
—Est-ce en ces nuits sans fond que tu dors et t'exiles,
Million d'oiseaux d'or,[78] ô future Vigueur?—

Mais, vrai, j'ai trop pleuré! Les Aubes sont navrantes.
Toute lune est atroce et tout soleil amer:
L'âcre amour m'a gonflé de torpeurs enivrantes.
O que ma quille[79] éclate! O que j'aille à la mer!

Si je désire une eau d'Europe, c'est la flache[80]
Noire et froide où vers le crépuscule embaumé
Un enfant accroupi plein de tristesses, lâche
Un bateau frêle comme un papillon de mai.

Je ne puis plus, baigné de vos langueurs, ô lames,
Enlever leur sillage[81] aux porteurs de cotons,[82]
Ni traverser l'orgueil des drapeaux et des flammes,[83]
Ni nager sous les yeux horribles des pontons![84]

---

68. *lunules:* crescents.
69. *hippocampes:* sea horses.
70. *triques:* clubs. (The metaphor is vivid, though it strains the orthodox imagination.)
71. *entonnoirs:* funnels (*i.e.,* of heat).
72. *rut:* rutting.
73. *Béhémot:* Behemoth, monster of Job (probably the hippopotamus).
74. *Maelstrom:* sea whirlpool off Norway, celebrated by Poe.
75. *Fileur:* Spinner. (The boat seems to have taken flight into the air, to have become gigantic and godlike. The poet identifies himself with it, and with some supernal force or being.)
76. *archipels sidéraux:* starry groups of islands.
77. *vogueur:* seafarer.
78. *oiseaux d'or:* These "golden birds" seem to be the stars.

79. *quille:* keel. (This line sums up the poem's meaning.)
80. *flache:* small pool.
81. *sillage:* wake.
82. *porteurs de cotons:* i.e., merchant ships.
83. *flammes:* pennants.
84. *pontons:* prison ships, of which the *yeux horribles* are the portholes. (What is the private meaning of the poem to its author? Perhaps that poetic vision has failed, that art has been taken over by commercial-minded men, and that the poet must content himself with the memory of small realities. Or [more likely] that the poet will renounce all effort to rival the successful Parnassians, that he will keep the memory of childish pathos, but he will venture more boldly into uncharted poetic realms. "O que ma quille éclate! O que j'aille à la mer!")

VOYELLES

[Rimbaud's most famous and bizarre poem is a virtuoso piece of stunning color imagery. Picking up on the concept of synesthesia (the mixing of the senses that Baudelaire used in his poem Correspondances*), Rimbaud presents his own vision of how the vowels have different colors. Is the letter "u" really green on some cosmic color chart that only the genius poet can see? Or is Rimbaud playing a practical joke on his readers?*

An interesting development is that in recent years more and more people have been found who have color perception of letters of the alphabet (or color perceptions of sounds, tastes, etc.) These people in the past have mostly kept quiet for fear of being called crazy, but increasingly they are proudly proclaiming their unusual talent. These Synesthetes, as they call themselves, even held a national conference for the first time in 2002 at Princeton University. Scientific tests involving brain scans verify that the part of these persons' brains that deal with color perception really do activate when viewing letters of the alphabet. However, there is one problem: no two synesthetes seem to agree on what color a particular letter is. One sees the letter "a" as pink, another sees it blue, Rimbaud saw it as black. A number of Rimbaud's followers, especially the Surrealists, have tried to codify the vowel colors, but to no avail.

Certainly Rimbaud is stating the associations, which are visual rather than auditory, in his own mind. Notice his use of imagery. It is no longer the controlled, recognizable comparisons of traditional writers; it is rather a sort of "free association," wilder and more far-fetched than that of prosaic people.]

A noir, E blanc, I rouge, U vert, O bleu: voyelles,
Je dirai quelque jour vos naissances latentes:
A, noir, corset velu[85] des mouches éclatantes
Qui bombinent[86] autour des puanteurs cruelles,

Golfes d'ombre; E, candeurs des vapeurs et des tentes,
Lances des glaciers fiers, rois blancs, frissons d'ombelles;[87]
I, pourpres;[88] sang craché, rire des lèvres belles
Dans la colère ou les ivresses pénitentes;

U, cycles, vibrements divins des mers virides,[89]
Paix des pâtis[90] semés d'animaux, paix des rides
Que l'alchimie imprime aux grands fronts studieux;

O, suprême Clairon plein de strideurs[91] étranges,
Silences traversés des Mondes et des Anges:
—O l'Oméga,[92] rayon violet de Ses Yeux!

---

85. *velu:* hairy.
86. *bombinent:* buzz.
87. *ombelles:* umbels (parasol-shaped flowers).
88. *pourpres:* deep reds (original meaning of *purple*).
89. *virides:* green.
90. *pâtis:* pastures.
91. *strideurs:* strident sounds.
92. *Oméga:* Greek *o* (which has also mystical meanings).

UNE SAISON EN ENFER:

[Abridged Excerpt]

ALCHIMIE DU VERBE[93]

...La vieillerie poétique avait une bonne part dans mon alchimie du verbe.

Je m'habituai à l'hallucination simple: je voyais très franchement une mosquée[94] à la place d'une usine, une école de tambours faite par des anges, des calèches[95] sur les routes du ciel, un salon au fond d'un lac; les monstres, les mystères; un titre de vaudeville[96] dressait des épouvantes devant moi.

Puis j'expliquai mes sophismes magiques avec l'hallucination des mots!

Je finis par trouver sacré le désordre de mon esprit. J'étais oisif, en proie à une lourde fièvre: j'enviais la félicité des bêtes,—les chenilles,[97] qui représentent l'innocence des limbes,[98] les taupes,[99] le sommeil de la virginité!

Mon caractère s'aigrissait. Je disais adieu au monde dans d'espèces de romances.

...Je devins un opéra fabuleux: je vis que tous les êtres ont une fatalité de bonheur: l'action n'est pas la vie, mais une façon de gâcher[100] quelque force, un énervement. La morale est la faiblesse de la cervelle.

A chaque être, plusieurs *autres* vies me semblaient dues. Ce monsieur ne sait ce qu'il fait: il est un ange. Cette famille est une nichée[101] de chiens. Devant plusieurs hommes, je causai tout haut avec un moment d'une de leurs autres vies.—Ainsi, j'ai aimé un porc.[102]

Aucun des sophismes de la folie,—la folie qu'on enferme,—n'a été oublié par moi: je pourrais les redire tous, je tiens le système.

Ma santé fut menacée. La terreur venait. Je tombais dans des sommeils de plusieurs jours, et, levé, je continuais les rêves les plus tristes. J'étais mûr pour le trépas, et par une route de dangers ma faiblesse me menait aux confins du monde et de la Cimmérie,[103] patrie de l'ombre et des tourbillons.[104]

Je dus voyager, distraire les enchantements assemblés sur mon cerveau. Sur la mer, que j'aimais comme si elle eût dû me laver d'une souillure,[105] je voyais se lever la croix consolatrice. J'avais été damné par l'arc-en-ciel. Le Bonheur était ma fatalité, mon remords, mon ver: ma vie serait toujours trop immense pour être dévouée à la force et à la beauté. [...]

---

93. *verbe:* word (as in the biblical phrase, "Au commencement était le verbe.")
94. *mosquée:* mosque.
95. *calèches:* open carriages.
96. *titre de vaudeville:* musical comedy title (on a billboard).
97. *chenilles:* caterpillars.
98. *limbes:* Limbo (region between heaven and hell inhabited by the virtuous who had no access to the Christian faith).
99. *taupes:* moles.
100. *gâcher:* spoil, waste.
101. *nichée:* litter.
102. *porc:* Verlaine?
103. *cimmérie:* mythical northern land of eternal night.
104. *tourbillons:* whirlwinds.
105. *souillure:* stain.

DÉPART[106]

[*Rimbaud, fed up with the life of the poet, bids it good riddance in disgust.*]

Assez vu. La vision s'est rencontrée à tous les airs.

Assez eu. Rumeurs des villes, le soir, et au soleil, et toujours.

Assez connu. Les arrêts de la vie.—O Rumeurs et Visions!

Départ dans l'affection et le bruit neufs. [107]

18. Le Symbolisme

Verse and Suggestion

Symbolism was probably the biggest step yet taken in the evolution of French poetry. The poet aimed to take his readers into a realm of near abstraction – assuming that the readers actually wanted to go there, which many did not.

In Symbolism, the words do not serve to state clearly but to *suggest*. In a famous passage, Mallarmé said: "Nommer un objet, c'est supprimer les trois quarts de la jouissance du poème, qui est faite du bonheur de deviner peu à peu; le suggérer, voilà le but." The poem should be an enigma, a guessing game. In attempting to solve the enigma, you must offer the maximum of your cooperation and absorb the maximum of suggestion. Perhaps the biggest problem with Symbolist poetry is that it is so subjective. If anything means whatever I feel like saying it means, then there is the distinct possibility than no one else will have the same interpretation as I have. That is all right as far as it goes, but it certainly limits the possibilities for a meeting of minds and fruitful discussion.

Symbolism is another of those unfortunate words with too many meanings. One is tempted to joke that Symbolist poetry is any poem with "*azur*" in it, but, as we have seen, there were already many poems with that color-image before the Symbolist movement came about. When we speak of the Symbolist school in France we mean, properly, a group of writers who flourished between about 1880 and 1900. Their ancestors were Baudelaire (who saw Nature as a forest of symbols), Verlaine (who blended music and poetry), Rimbaud (who advocated revolt against everything), and Mallarmé (who deified the Symbol and taught the virtues of obscurity). Their common doctrine was that commonplace reality conceals the essential reality of the Symbol, that the Symbol may be found by exploration of one's deeper self, that poetry and music should be made one, that a *psychological rhythm* should replace the *arithmetical rhythm,* or syllable counting, of traditional verse, and that the prevailing Realism and Naturalism should be rejected with horror. Oddly, only a few of the outright Symbolists attained a high rank in the history of poetry, and most Symbolists'

---

106. From the collection of prose poems *Illumina-tions.*
107. *neufs:* brand new. Rimbaud seeks a world of new

experiences, which will especially include love affairs with women (*l'affection*) and much high adventure (*le bruit.*)

work is marginal. But the spirit of Symbolism is something larger and more lasting. If we thought we needed yet another *ism* in French literary history, we could call that spirit *intuitivism.* It is a revolt against Realism, it is a preoccupation with the unconscious and the subconscious at the expense of the conscious, and it is a preference for suggestion rather than statement. In this sense Verlaine, Rimbaud, and Mallarmé would be intuitivists, along with half the writers of the twentieth century, including British, Irish, and American writers like Yeats, Joyce, Cummings, and Stevens, plus most of the modern French poets as well.

Stéphane Mallarmé

[1842–1898]

The Respectable Poet

Stéphane Mallarmé was born in Paris of respectable middle-class parents. He spent two years in England, preparing to teach English in French lycées. He taught in several provincial schools, then in Paris from 1871 until his death. He was a good friend of the Parnassians but not a disciple; his first published poems appeared in *Le Parnasse contemporain* (1866). The cramped dining room of his humble Paris apartment became the meeting place of an extraordinary group of young writers and painters, of whom he was the unquestioned master. In contrast to the *poètes maudits,* he led an exemplary life, almost without external incidents. He was a model husband, father, schoolmaster. His adventures all took place within his mind.

Caricature of Mallarmé as the faun Pan in Les Hommes d'aujourd'hui, 1890. Courtesy of Bibliothèque nationale de France.

Perfectionist at Work

He wrote very little, some 2,000 lines of verse—about what Victor Hugo would do in a good two weeks. Probably no other great poet produced so small a body of work. The likely reason for that was Mallarmé's extreme perfectionism. He destroyed most of what he wrote, certain that he could and must do better. Mallarmé tells of rewriting one of his poems, *L'Azur*, 200 times.

Mallarmé is often called a *Pre-Symbolist*, and indeed his early manner shows the influence of his predecessors, the Parnassians and Baudelaire. These poems, for example *Apparition* and *Brise marine,* are compact, rigorous in form, moderately difficult but not obscure. *L'Après-midi d'un faune* (1875) is transitional. His later manner, represented here by *Le vierge, le vivace et le bel aujourd'hui...* and *Le Tombeau d'Edgar Poe,* is the characteristic, more Symbolist one.

Mallarmé's Symbolist Theory

Mallarmé said that his *purpose* was to find the Symbol that would bring the orphic (i.e., oracular, mystic) explanation of the world; to do this, he said, was the sole duty of the poet and of literature. Mallarmé believed then that such a Symbol exists, and that the poet can find it by his introspective devices. (We believe that the scientist may find the essential symbols by similar methods: Einstein's $E = mc^2$ is a symbol.)

The poet's materials are words. Well, what are words? They are conventionalized sounds; they are black marks on white paper. They have their convenient, accepted *meanings*. But the meanings, even of the most commonplace words, are not exact and absolute. Take the word "automobile." We (and our authority, the dictionary) agree for the most part that the word conventionally *signifies* a particular type of motor driven vehicle. But the image that the word conjures up varies from country to country and from year to year. So what does "automobile" *mean*? In addition to its conventionalized definition, every word has potentially infinite *connotations* or *suggestions*. It has its personal history in every individual's mind. Thus "automobile" may connote "the sweetest object of my dreams," or it may connote "the devil that killed my father."

What Mallarmé was trying to do was to pass from the conventional meanings of words to their connotations. He wished to give, he said: "un sens plus pur aux mots de la tribu." And again: "J'invente une langue qui doit nécessairement jaillir d'une poétique nouvelle, que je pourrais définir en deux mots: *Peindre, non la chose, mais l'effet qu'elle produit.* Le vers ne doit donc pas, là, se composer de mots mais d'intentions, et toutes les paroles s'effacer devant la sensation."

What exactly does this mean? Let us take an easy example. In the first of our poems, *Apparition,* the poet, having received his first kiss from his beloved, sees her apparition in the street and is reminded of the fairy who watched over his childish dreams,

> …laissant toujours de ses mains mal fermées
> Neiger de blancs bouquets d'étoiles parfumées.

Literally, "white bouquets of perfumed stars snowing down" is an absurdity. But each of these words has connotations, of purity, the ideal, the delight of the senses. And the succession of uttered sounds pleases the ear. The poet is thus stating not the thing but the sensation, the effect that the thing produces.

And thus the word is a kind of magic spell. Of course, words have always been used for magic. We say holy words to preserve us from evil and wicked words to wound and damn. A magic "spell" is a magic "spelling." Mallarmé, consciously, was trying to make magic.

The effort of poet and reader alike is to escape, from reality, matter, and time, into a magical dream, and thence into a mysterious absolute, a void, *le Néant.* The ultimate reality is emptiness, annihilation, "la vacance exquise de soi." The ultimate poem is silence, the white, unsullied page, "la poésie sans les mots." For the blank page is perfect; it is only when the poet begins writing on it that imperfections appear.

This rigorous, almost self-abolishing doctrine requires a certain technique of the reader. Here are some suggestions:

First read a poem through for *sound,* making no mental pauses to understand or interpret, looking nothing up. Try to feel the artful arrangements of vowel and consonant, the movement of the whole. Let the words flow through your mind.

Read the poem again for *meaning.* Look up strange words. Pause frequently to let your mind bring up the *suggestions* that each phrase may have to you. This is the psychologists' method of "free association."

Read the poem again for sound and meaning combined. And observe what new suggestions appear in your mind.

Wait a day and read the poem a fourth time. By then the poem may well have assumed a shape and character of its own, giving off something of meaning for you.

Or perhaps you just won't turn out to be a Symbolist poetry person.

APPARITION[1]

[An early poem rendering, clearly enough, a state of mind.]

La lune s'attristait. Des séraphins en pleurs
Rêvant, l'archet[2] aux doigts, dans le calme des fleurs
Vaporeuses, tiraient de mourantes violes
De blancs sanglots[3] glissant sur l'azur des corolles.[4]
—C'était le jour béni de ton premier baiser.
Ma songerie aimant à me martyriser
S'enivrait savamment du parfum de tristesse
Que même sans regret et sans déboire[5] laisse
La cueillaison[6] d'un Rêve au cœur qui l'a cueilli.
J'errais donc, l'œil rivé sur le pavé vieilli
Quand avec du soleil aux cheveux, dans la rue
Et dans le soir, tu m'es en riant apparue
Et j'ai cru voir la fée au chapeau de clarté
Qui jadis sur mes beaux sommeils d'enfant gâté
Passait, laissant toujours de ses mains mal fermées
Neiger de blancs bouquets d'étoiles parfumées.

---

1. *Apparition:* Vision, Appearance.
2. *archet:* bow (of violin).
3. *blancs sanglots:* Notice, here and throughout, the use of color in words where they are literally

inapplicable.
4. *corolles:* corollas, inner petals of flowers.
5. *déboire:* disappointment.
6. *cueillaison:* plucking, gathering.

Les Fenêtres

[*The poet states his disgust with earth-bound happiness, horrible because it deters us from seeking the ideal, l'azur. But the tone of the poem is positive, confident, in contrast with Baudelairean despair. We can see the ideal, though through a windowpane, which is art, the medium of vision. The composition of the poem is simple: five stanzas of a detailed picture, five stating the analogy and giving the lesson for the poet.*]

Las du triste hôpital, et de l'encens fétide
Qui monte en la blancheur banale des rideaux
Vers le grand crucifix ennuyé du mur vide,
Le moribond sournois[7] y redresse un vieux dos,

Se traîne et va, moins pour chauffer sa pourriture
Que pour voir du soleil sur les pierres, coller
Les poils blancs et les os de la maigre figure
Aux fenêtres qu'un beau rayon clair veut hâler,[8]

Et la bouche, fiévreuse et d'azur[9] bleu vorace,[10]
Telle, jeune, elle alla respirer son trésor,
Une peau virginale et de jadis! encrasse[11]
D'un long baiser amer les tièdes carreaux d'or.

Ivre, il vit, oubliant l'horreur des saintes huiles,[12]
Les tisanes,[13] l'horloge et le lit infligé,
La toux; et quand le soir saigne[14] parmi les tuiles,
Son œil, à l'horizon de lumière gorgé,

Voit des galères d'or, belles comme des cygnes,[15]
Sur un fleuve de pourpre et de parfums dormir
En berçant l'éclair fauve et riche de leurs lignes
Dans un grand nonchaloir[16] chargé de souvenir!

Ainsi, pris du dégoût de l'homme à l'âme dure
Vautré[17] dans le bonheur, où ses seuls appétits
Mangent, et qui s'entête à chercher cette ordure[18]
Pour l'offrir à la femme allaitant ses petits,

Je fuis et je m'accroche à toutes les croisées[19]
D'où l'on tourne l'épaule à la vie, et, béni,
Dans leur verre, lavé d'éternelles rosées,
Que dore le matin chaste de l'Infini

---

7. *sournois:* i.e., slyly. (The old man apparently climbs out of bed.)
8. *hâler:* turn brown. (The bright sun tries to tan the glass.)
9. *azur:* The special meaning *azur* has for the poet is evident from his use of *bleu* to qualify it.
10. *vorace:* modifies *bouche.*
11. *encrasse:* dirties.
12. *saintes huiles:* used in the last rites for the dying.
13. *tisanes:* infusions, potions.
14. *saigne:* i.e., floods with blood-red light.
15. *cygnes:* another of Mallarmé's obsessing words.
16. *nonchaloir:* apathy.
17. *Vautré:* Wallowing.
18. *ordure:* i.e., the repulsive food of gross well-being.
19. *croisées:* windows.

Je me mire et me vois ange! et je meurs, et j'aime
—Que la vitre soit l'art, soit la mysticité—
A renaître, portant mon rêve en diadème,
Au ciel antérieur[20] où fleurit la Beauté!

Mais, hélas! Ici-bas[21] est maître: sa hantise
Vient m'écœurer parfois jusqu'en cet abri sûr,
Et le vomissement impur de la Bêtise
Me force à me boucher le nez devant l'azur.

Est-il moyen, ô Moi qui connais l'amertume,
D'enfoncer le cristal[22] par le monstre[23] insulté
Et de m'enfuir, avec mes deux ailes sans plume
—Au risque de tomber pendant l'éternité?

L'AZUR

[*Complementing the poem* Les Fenêtres *and contrasting with it,* L'Azur *expresses the poet's discouragement, his desire to submerge himself in commonplace life. But he is haunted by the ideal, the absolute. He tries in vain to hide. In a personal letter, Mallarmé tells how, following the prescriptions of "mon grand maître, Poe," he had labored over this poem, spending several hours on each word, reviewing the whole about 200 times.*]

De l'éternel azur la sereine ironie
Accable, belle indolemment comme les fleurs,
Le poète impuissant qui maudit son génie
A travers un désert stérile de Douleurs.

Fuyant, les yeux fermés, je le[24] sens qui regarde
Avec l'intensité d'un remords atterrant,
Mon âme vide. Où fuir? Et quelle nuit hagarde
Jeter, lambeaux, jeter sur ce mépris navrant?

Brouillards, montez! versez vos cendres monotones
Avec de longs haillons de brume dans les cieux
Que noiera le marais livide des automnes
Et bâtissez un grand plafond silencieux!

Et toi, sors des étangs léthéens[25] et ramasse
En t'en venant[26] la vase et les pâles roseaux,
Cher Ennui, pour boucher d'une main jamais lasse
Les grands trous bleus que font méchamment les oiseaux.[27]

---

20. *antérieur:* of the past.
21. *Ici-bas:* i.e., this lower world.
22. *cristal:* i.e., the windowpane. (One of Mallarmé's favorite words.)
23. *monstre:* i.e., the vulgar mob.
24. *le = l'azur.*

25. *léthéens:* Lethean, of the underworld river whose waters bring forgetfulness.
26. *En t'en venant:* In emerging.
27. *Les grands trous...oiseaux:* i.e., the birds, darting through the fog, make "blue holes" through which the Ideal penetrates.

Encor! que sans répit les tristes cheminées
Fument, et que de suie[28] une errante prison
Éteigne dans l'horreur de ses noires trainées
Le soleil se mourant jaunâtre à l'horizon!

—Le Ciel est mort.—Vers toi, j'accours! donne, ô matière,
L'oubli de l'Idéal cruel et du Péché
A ce martyr qui vient partager la litière[29]
Où le bétail[30] heureux des hommes est couché,

Car j'y veux, puisque enfin ma cervelle, vidée
Comme le pot de fard gisant au pied d'un mur,
N'a plus l'art d'attifer[31] la sanglotante idée,
Lugubrement bâiller vers un trépas obscur...

En vain! l'Azur triomphe, et je l'entends qui chante
Dans les cloches. Mon âme, il se fait voix pour plus
Nous faire peur avec sa victoire méchante,
Et du métal vivant sort en bleus angélus!

Il[32] roule par la brume, ancien et traverse
Ta native agonie ainsi qu'un glaive[33] sûr;
Où fuir dans la révolte inutile et perverse?
Je suis hanté.[34] L'Azur! l'Azur! l'Azur! l'Azur!

BRISE MARINE

[*A poem like many of Baudelaire's and Rimbaud's, expressing a craving for exotic experience to escape from ennui.*]

La chair est triste, hélas! et j'ai lu tous les livres.[35]
Fuir! là-bas fuir! Je sens que des oiseaux sont ivres
D'être parmi l'écume inconnue et les cieux!
Rien, ni les vieux jardins reflétés par les yeux
Ne retiendra ce cœur qui dans la mer se trempe,
O nuits! ni la clarté déserte de ma lampe
Sur le vide papier que la blancheur défend[36]
Et ni la jeune femme allaitant son enfant.[37]
Je partirai! Steamer[38] balançant ta mâture,[39]
Lève l'ancre pour une exotique nature!

---

28. *suie:* soot.
29. *litière:* litter (bedding in a stable.)
30. *bétail:* livestock.
31. *attifer:* adorn, bedizen.
32. *Il = l'Azur.*
33. *glaive:* sword.
34. *hanté:* haunted.
35. A much-quoted line.

36. *le vide papier...défend:* i.e., the paper's white-ness repels the poet's efforts to write on it.
37. *la jeune femme...enfant:* the poet's wife and child. (One of Mallarmé's few personal referen-ces.)
38. *steamer:* steam ship.
39. *mâture:* masts.

Wood-nymphs by Edouard Manet for the 1876 edition of Mallarmé's L'Après-midi d'un faun.

Un Ennui, désolé par les cruels espoirs,
Croit encore à l'adieu suprême des mouchoirs!
Et, peut-être, les mâts, invitant les orages
Sont-ils de ceux qu'un vent penche sur les naufrages
Perdus, sans mâts, sans mâts, ni fertiles îlots…
Mais, ô mon cœur, entends le chant des matelots![40]

❖ ❖ ❖

L'APRÈS-MIDI D'UN FAUN

Églogue
[*This 1876 work is one of the most famous modern poems. Many will recall Debussy's music and Diaghilev's ballet, which were inspired by it.*

In form it is an eclogue, *or pastoral poem. It is a monologue uttered by a faun, which is a mythological creature, like Pan, having the legs of a goat and the upper body of a man. A faun is often depicted as playing a flute, cavorting through nature, and chasing after female sprites known as wood-nymphs. In Mallarmé's poem, the setting is a sleepy summer noontime in mythical Sicily. There is of course a symbolic meaning, or several. These meanings seem to be, successively, Mallarmé's self-questioning whether he is actually a poet or whether he deludes himself; his questioning whether the love which he remembers and desires may not all be a dream; his questioning whether sleep, or renunciation of effort, may not be better than perpetual striving for an unattainable poetic ideal. In other words, the poet prefers the world of dreams to the world of concrete reality, but he questions the validity of those dreams. The one thing of which he, or at least the faun, is sure is that he loves the drunkenness of the creative process. Here is a brief synopsis to help you out:*]

(The faun is musing, half awake.) Oh, that band of nymphs I encountered! Were they real, or do they merely linger from my dream? There were two, especially: one chaste and shy, the other "all sighs." It must have been an illusion; I will sing my dream. "I was cutting reeds to make a flute, when I saw this bevy, swans or naiads…" But the note, the *la* of my flute frightened them. My heart is bitten by them, though my breast is unmarked. Perhaps

---

40. *le chant des matelots:* sea chanties of the sailors   (Another famous line.)
     (i.e., the joy of the world's men of action.)

my flute, which was once the nymph Syrinx, will evoke, make real, the beautiful limbs seen in vision. As when I suck grapes and blow up the empty transparent skins, I will blow up my memories. (*He plays the flute.*) "I found two nymphs, embraced in sleep; I seized and was about to ravish them, when the jealous gods reft them away." Ah well, there will be others, for fauns are favored, even by goddesses. Tonight perhaps even Venus will descend to earth and I shall hold the Queen herself!…But I am drowsy, half in dream already; I go to join my sweet pair of nymphs in the shadows of dream.

LE FAUNE

Ces nymphes, je les veux perpétuer.[41]

Si clair,
Leur incarnat léger,[42] qu'il voltige dans l'air
Assoupi de sommeils touffus.[43]

Aimai-je un rêve?

Mon doute, amas de nuit ancienne, s'achève
En maint rameau subtil, qui, demeuré les vrais
Bois mêmes, prouve, hélas! que bien seul je m'offrais
Pour triomphe la faute idéale de roses.[44]
Réfléchissons…

ou si les femmes dont tu gloses[45]
Figurent un souhait de tes sens fabuleux![46]
Faune, l'illusion s'échappe des yeux bleus
Et froids, comme une source en pleurs, de la plus chaste:
Mais, l'autre tout soupirs, dis-tu qu'elle contraste
Comme brise du jour chaude dans ta toison![47]
Que non! par l'immobile et lasse pâmoison
Suffoquant de chaleurs le matin frais s'il lutte,
Ne murmure point d'eau que ne verse ma flûte
Au bosquet arrosé d'accords; et le seul vent
Hors des deux tuyaux prompt à s'exhaler avant
Qu'il disperse le son dans une pluie aride,
C'est, à l'horizon pas remué d'une ride,
Le visible et serein souffle artificiel
De l'inspiration, qui regagne le ciel.[48]

---

41. *perpétuer:* i.e., by the faun's music, by Mallarmé's poetry. (Notice the spacings. Mallarmé said that the pauses, the silences, are as important as the words.)
42. *incarnat léger:* light, rosy flesh.
43. *touffus:* tufted, conscious of leafy branches.
44. *Mon doute…roses:* My doubt, gathering through many long-past nights, runs out into thin, subtle twigs of thought; and as the true woods remain, this proves, alas, that all alone I was picturing to myself as my triumph an idealized sin of these rosy creatures.
45. *dont tu gloses:* of whom you weave your tale.
46. *fabuleux:* myth-making.

47. *dis-tu qu'elle…toison!* can you say that she is a mere physical contrast, like a warm noon breeze ruffling your fleece?
48. *Que non!…ciel:* Ah, no! In the motionless, limp swoon of noonday, smothering with its heats the cool morning, if it struggles, there is no murmur of water but that liquid note which my flute pours upon the chord-sprinkled grove; and the only wind is that which readily escapes from my twin pipes before it scatters its sound in a dry rain; this, on the unruffled horizon, is the visible, serene, artificial breath of inspiration, regaining its heaven.

O bords siciliens d'un calme marécage[49]
Qu'à l'envi des soleils ma vanité saccage,[50]
Tacite[51] sous les fleurs d'étincelles,[52] CONTEZ
« *Que je coupais ici les creux roseaux domptés*
Par le talent; quand, sur l'or glauque de lointaines
Verdures dédiant leur vigne à des fontaines,
Ondoie une blancheur animale au repos:[53]
Et qu'au prélude lent où naissent les pipeaux,[54]
Ce vol de cygnes, non! de naïades se sauve
Ou plonge… »

Inerte, tout brûle dans l'heure fauve
Sans marquer par quel art ensemble détala
Trop d'hymen souhaité de qui cherche le *la*:[55]
Alors m'éveillerai-je à la ferveur première,
Droit et seul, sous un flot antique de lumière,
Lys![56] et l'un de vous tous pour l'ingénuité.[57]

Autre que ce doux rien par leur lèvre ébruité,[58]
Le baiser, qui tout bas des perfides assure,
Mon sein, vierge de preuve, atteste une morsure
Mystérieuse, due à quelque auguste dent;[59]
Mais, bast! arcane tel élut pour confident
Le jonc vaste et jumeau dont sous l'azur on joue:
Qui, détournant à soi le trouble de la joue
Rêve, dans un solo long, que nous amusions
La beauté d'alentour par des confusions
Fausses entre elle-même et notre chant crédule;
Et de faire aussi haut que l'amour se module
Évanouir du songe ordinaire de dos
Ou de flanc pur suivis avec mes regards clos,
Une sonore, vaine et monotone ligne.[60]

---

49. *marécage:* marsh.
50. *Qu'à l'envi…saccage:* Which I peer at, vying, in my vanity, with the sun.
51. *Tacite:* Mute (refers to *marécage*).
52. *fleurs d'étincelles:* water flowers, sparkling in the sun.
53. *Que je coupais…au repos:* That I was cutting here some hollow reeds, to be mastered by my musical talent; when, against the green-gold of distant verdure, dedicating its vines to the springs, [I saw] some white creatures basking in repose.
54. *où naissent les pipeaux:* by which the reeds become musical pipes.
55. *Sans marquer…le la:* Without hinting by what device disappeared the excessive love desired by one who seeks the musical note *la* ("A" natural). (Symbolically, the poet desires great loves, but loses them by his preoccupation with his poetic devices.)
56. *Lys:* i.e., I shall be pure as a lily.
57. *ingénuité:* innocence. (Here is a break in the development of the poem's scheme. The faun, or the poet, has had a vivid sensation of beauty. He has tried to transform it into music, or poetry. In vain; the transformation is incomplete. He has lost something, his first fervor, innocence.)
58. *ébruité:* sounded, made actual.
59. *Mon sein…dent:* Though my breast is unmarked, it proclaims that I was bitten by some divine tooth. (The sharpness of sensation reassures the poet as to his vocation.)
60. *Mais, bast!…ligne:* But enough! Such a secret chose for its confidant that vast twin reed we play on here, under the azure sky; and this, gathering into itself the cheek's unrest, dreams, in a long solo, that we were trifling with external beauty by false confusions between it and our credulous song. (The song is *credulous* because it assumes that the inner experience was genuine.) And the flute dreams that, as loudly as love itself can modulate, it can abstract from an ordinary vision of a back or pure flank, pursued by my closed eyes, a sonorous, vain, single-toned line. (The poet dismisses his doubts and determines to sing his visions, even though they correspond to no reality.)

Tâche donc, instrument des fuites, ô maligne
Syrinx,[61] de refleurir aux lacs où tu m'attends!
Moi, de ma rumeur[62] fier, je vais parler longtemps
Des déesses; et par d'idolâtres peintures,
A leur ombre enlever encore des ceintures:[63]
Ainsi, quand des raisins j'ai sucé la clarté,[64]
Pour bannir un regret par ma feinte écarté,[65]
Rieur, j'élève au ciel d'été la grappe vide
Et, soufflant dans ses peaux lumineuses, avide
D'ivresse, jusqu'au soir je regarde au travers.[66]

O nymphes, regonflons des SOUVENIRS divers.
« *Mon œil, trouant les joncs, dardait chaque encolure*
Immortelle, qui noie en l'onde sa brûlure
Avec un cri de rage au ciel de la forêt;[67]
Et le splendide bain de cheveux disparaît
Dans les clartés et les frissons, ô pierreries![68]
J'accours; quand, à mes pieds, s'entrejoignent
(*meurtries De la langueur goûtée à ce mal d'être deux*)
Des dormeuses parmi leurs seuls bras hasardeux;[69]
Je les ravis, sans les désenlacer, et vole
A ce massif,[70] *haï par l'ombrage frivole,*
De roses tarissant[71] *tout parfum au soleil,*
Où notre ébat au jour consumé soit pareil.[72] »
Je t'adore,[73] courroux des vierges, ô délice
Farouche du sacré fardeau nu qui se glisse
Pour fuir ma lèvre en feu buvant, comme un éclair
Tressaille! la frayeur[74] secrète de la chair:
Des pieds de l'inhumaine[75] au cœur de la timide[76]
Que délaisse à la fois une innocence, humide
De larmes folles ou de moins tristes vapeurs.
« *Mon crime, c'est d'avoir, gai de vaincre ces peurs*
Traîtresses, divisé la touffe échevelée

---

61. *Syrinx:* nymph who fled from pursuing Pan and was changed into a reed, from which Pan made his flute. (She is thus an *instrument des fuites.* But *instrument des fuites* also refers to the escape of the faun's nymphs, and to the escape of the poet from reality by music and poetry.)

62. *rumeur:* sweet music.

63. *et par d'idolâtres...ceintures:* and profiting by my idolatrous painting of goddesses, I shall remove yet more girdles from the shadowy forms which my imagination conjures up.

64. *clarté:* luminous pulp.

65. *un regret...écarté:* a regret turned aside by this device of my imagination.

66. The blowing up of the empty grape skins represents Mallarmé's vain effort to catch reality in words.

67. *Mon œil...forêt:* My eye, piercing the reeds, fastened upon each immortal back; but each drowns my eye's burning gaze by plunging in the water, with a cry of rage to the forest sky.

68. *pierreries:* gems (reference perhaps to the beading of the stirred water.)

69. *quand, à mes pieds...hasardeux:* when, at my feet, sleeping nymphs cling together with their random arms alone, bruised by the sweet languor found in the distress of being two persons.

70. *massif:* clump, bank.

71. *tarissant:* drying up.

72. *Où notre...pareil:* Where our frolic may be like the burned-out day.

73. *Je t'adore:* The faun interrupts his song to revel in erotic imagination.

74. *frayeur:* fear (object of *buvant,* line 77).

75–76. *l'inhumaine...la timide:* recall of the original pair of nymphs, *la plus chaste, l'autre tout soupirs,* lines 11–12.

De baisers[77] que les dieux gardaient si bien mêlée!
Car, à peine j'allais cacher un rire ardent
Sous le replis[78] heureux d'une seule (gardant
Par un doigt simple, afin que sa candeur de plume
Se teignît[79] à l'émoi de sa sœur qui s'allume,
La petite, naïve et ne rougissant pas:)
Que[80] de mes bras, défaits par de vagues trépas,[81]
Cette proie, à jamais ingrate se délivre
Sans pitié du sanglot dont j'étais encore ivre. »
Tant pis! vers le bonheur d'autres[82] m'entraîneront
Par leur tresse nouée aux cornes de mon front:
Tu sais, ma passion, que, pourpre et déjà mûre,
Chaque grenade[83] éclate et d'abeilles murmure;
Et notre sang, épris de qui le va saisir,
Coule pour tout l'essaim éternel du désir.[84]
A l'heure où ce bois d'or et de cendres se teinte[85]
Une fête s'exalte en la feuillée[86] éteinte:
Etna![87] c'est parmi[88] toi visité de Vénus
Sur ta lave posant ses talons ingénus,[89]
Quand tonne un somme triste ou s'épuise la flamme.[90]
Je tiens la reine!

O sûr châtiment[91]…

Non, mais l'âme
De paroles vacante et ce corps alourdi
Tard succombent au fier silence de midi:
Sans plus[92] il faut dormir en l'oubli du blasphème,
Sur le sable altéré gisant et comme j'aime
Ouvrir ma bouche à l'astre efficace des vins![93]

Couple, adieu; je vais voir l'ombre que tu devins.[94]

---

77. *touffe échevelée de baisers:* tousled tangle of kisses (of the embracing nymphs).
78. *replis:* curves, forms.
79. *afin que…se teignît:* that her feathery whiteness might be tinted.
80. *Que:* Than (completes the meaning of *à peine,* line 85).
81. *trépas:* i.e., amorous swoons.
82. *d'autres:* subject of *m'entraîneront.*
83. *grenade:* pomegranate. (Perhaps the poet's heart, bursting open, ready to accept every sensation.)
84. *Et notre sang…désir:* And my blood, enamored of whatever will seize it, flows, eager for the whole eternal swarm of desire.
85. *A l'heure…teinte:* i.e., at dusk.
86. *feuillée:* leafy boughs.
87. Etna, Sicilian volcano, the forge of Vulcan, Venus' spouse.
88. *parmi:* in the midst of.
89. *ingénus:* natural, instinctive.

90. *Quand tonne…flamme:* i.e., Venus rouses the volcano with her foot when it becomes sleepy or its flame dies. (No doubt a recollection of Wagner's *Tannhaüser.*)
91. *O sûr châtiment:* i.e., the faun feels a revulsion, terror of the consequences of his blasphemy in dreaming of possessing Venus, the Queen. And the poet is terrified of the consequences of his poetic presumption.
92. *Sans plus:* Without more ado.
93. *Sur le sable…vins!* Lying on the thirsty sand; and how I love to open my mouth to the efficacious star of wines! (The poet, exhausted by his unachieved ambitions, must content himself with the minor pleasures of reality).
94. *Couple, adieu…devins:* Pair of nymphs, adieu; I go to see the shadow you became. (The faun will sleep, and dream of his nymphs; the poet will seek in dreaming imagination the vision of truth which he has been unable to attain by rational effort.)

LE VIERGE, LE VIVACE, ET LE BEL AUJOURD'HUI

[*This famous sonnet, perhaps Mallarmé's most studied, is an example of Mallarmé's final, "hermetic" manner. At your first reading you will notice the accumulation of words suggesting cold and whiteness, the alliterations in* v, *the fact that all the rhymes are on the vowel* i. *Phonetically,* i *is a high back vowel; it is made with the vocal organs constricted to their utmost. Hence it has a traditional connotation of restriction, effort, purity.*]

Le vierge, le vivace et le bel aujourd'hui
Va-t-il nous déchirer avec un coup d'aile ivre,
Ce lac dur oublié que hante sous le givre
Le transparent glacier des vols qui n'ont pas fui!
Un cygne d'autrefois se souvient que c'est lui
Magnifique, mais qui, sans espoir, se délivre
Pour n'avoir pas chanté la région où vivre
Quand du stérile hiver a resplendi l'ennui.

Tout son col secouera cette blanche agonie
Par l'espace infligée à l'oiseau qui le nie,
Mais non l'horreur du sol où le plumage est pris.

Fantôme qu'à ce lieu son pur éclat assigne,
Il s'immobilise au songe froid de mépris
Que vêt parmi l'exil inutile le Cygne.

[*Just in case you didn't understand much of what you just read, here is a shot at what it might mean:* "The virgin, lively, lovely day, will it tear open for us with a drunken blow of its wing this hard, forgotten lake, haunted under its frost by the glacial transparency of flights which have not fled? A swan of past times remembers his magnificence; but hopelessly he surrenders, because, now that the dreariness of sterile winter has shone down, he has not sung that land which is habitable. His neck will shake off this white agony inflicted by space (*or the ideal* azur) *upon the bird which denies it, but not the horror of the soil (*i.e., ice*) wherein his plumage is caught. Phantom whose pure brilliance properly assigns him to that region (*of pure upper space*), he becomes motionless in the cold dream of contempt which the Swan wears in his useless exile.*" (*The final* Cygne *may possibly represent the northern constellation of the Swan.*)

Now some effort at interpretation: Will today bring me at last release from my sterility, my poetic failure? I am a poet, conscious of my gifts and obligation, but I am unrecognized because I refused to take refuge in that "habitable land" *of poetry wherein poets sing of homely joys and pains and commonplace preoccupations. I can shake off the despair inflicted by the Ideal on the poet who denies it; I cannot shake off the horrible ice of impotency, which encases me when I try to write. I am held motionless in my own scorn; I end in white annihilation, silence, nothing, death.*

Or perhaps you have your own, possibly cheerier, interpretation.]

⚜ ⚜ ⚜

LE TOMBEAU D'EDGAR POE

[In 1875, a Baltimore high-school teacher named Sara Sigourney Rice, indignant at the neglect of longtime Baltimore resident Edgar Allan Poe's grave, organized a memorial. A block of black basalt, with a medallion of Poe, was placed on his grave. Miss Rice wrote to the British poet Swinburne, among others, asking for an original poem as a contribution to her Memorial Volume; Swinburne suggested Mallarmé, who was a great admirer and (like Baudelaire) translator of Poe's works. In his poem, Mallarmé upbraids America for its disregard and scorn of the poet, which of course he exaggerates.]

Tel qu'en Lui-même enfin l'éternité le change,
Le Poète suscite avec un glaive nu
Son siècle épouvanté de n'avoir pas connu
Que la mort triomphait dans cette voix étrange!

Eux, comme un vil sursaut d'hydre oyant jadis l'ange
Donner un sens plus pur aux mots de la tribu
Proclamèrent très haut le sortilège bu
Dans le flot sans honneur de quelque noir mélange.

Du sol et de la nue hostiles, ô grief!
Si notre idée avec ne sculpte un bas-relief
Dont la tombe de Poe éblouissante s'orne

Calme bloc ici-bas chu d'un désastre obscur
Que ce granit du moins montre à jamais sa borne
Aux noirs vols du Blasphème épars dans le futur.

[Translation and elucidation: In such a form as finally eternity has changed him, to Himself, his true self, the Poet rouses with a naked sword his age, appalled that it did not recognize that death was triumphing in that strange voice! That public, with the vile revulsion of a Hydra, on once hearing the angel messenger give a purer sense to the tribe's words, loudly proclaimed that his magic spell was drunk in the shameful flow of some black mixture (i.e., mixed drinks containing hard liquor.) Oh struggle! (Mallarmé's own translation of grief.) *If our idea does not carve from hostile soil and cloud a bas-relief to adorn the dazzling tomb of Poe, calm block fallen down here from some dark disaster (i.e., the stone is of meteoric origin—the symbolism is obvious), let this granite at least mark forever a limit to the black flights of Blasphemy (against the angelic poet), which may wing in the future.]*

19. Maurice Maeterlinck

[1862-1949]

The Laureate

The first of our authors to win the Nobel Prize in Literature (1911), Maeterlinck was also the first to live long into the 1900s, leaving his mark on the fields of poetry, philosophy, theology, translation, and theater of two centuries. Although not regarded as highly as Mallarmé by most of today's critics, Maeterlinck followed through on Mallarmé's Symbolist ideals even more rigorously than did Mallarmé himself.

Belgian Roots

Born in Gand (Ghent), Belgium, Maurice Maeterlinck enjoyed a pleasant childhood during which his horticulturist father introduced him to the delights of agriculture on their country estate. Jesuit schooled, Maurice combined his booklearning and his farm learning to good effect; throughout his life he would write poems and essays about the nature of plants and animals. Outdoor activities such as beekeeping and sports were his hobbies, putting him in stark contrast with the mostly sickly poets whom we have encountered so far.

During his studies at Louvain University, Maeterlinck joined other young Belgian poets publishing in a journal called *Jeune-Belgique*. He would soon outstrip them all in literary ability. Following college, he left for Paris in 1885 and fell under the spell of the Symbolists. He moved definitively to France in 1886, and spent most of his life on estates near Nice, except for a stay in the United States during World War II.

A Dream Career

Maeterlinck stunned his contemporaries in 1889 with a first volume of psychologically profound poetry called *Serres chaudes*, from which our selections are drawn. He followed it up with many other noteworthy publications of various types. Among them: poetical meditations on the life of insects and plants (*La Vie des abeilles, la Vie des termites, la Vie des fourmis, l'Intelligence des fleurs*), metaphysical philosophy tracts (*La Sagesse et la destinée, Le Trésor des humbles, Devant Dieu*), and nearly two dozen plays and other theatrical works (two of them very famous, *Pelléas et Mélisande* and *l'Oiseau bleu*.)

His poems evoke a dream-world unlike anything seen elsewhere. In them, life is a *serre chaude* (a hothouse, or greenhouse for growing plants.) Strange plants, sometimes in the company of equally strange animals, grow in the moist heat of jars or glass-walled boxes. Maeterlinck produces metaphors indicating that these plants symbolize, among other things, what he considers to be his bad desires, for which he prays for purification. It is not always clear whether he is looking out of the hothouse or looking in. Sometimes he compares the hothouse life, which he calls sick and sacrilegeous, with the outside life, which he depicts as cold and corrupt. Since neither choice is anywhere near ideal, the poet seeks to use them both as a sort of springboard toward the absolute. He engages in a remarkable free-association, linking images that seem totally unlinked in normal thought. The result, if successful, is supposed to be a transcendence of earthly reality, an arrival at some type of inner truth vibrating out of the deep psyche.

The Borrowed and the New

It is appropriate to conclude our volume with Maeterlinck because he is an author who consciously sums up the past, even as he is pointing the way to the future. He sometimes employs fairly traditional versification, while at other times innovates by utilizing free verse (*vers libre*.) A given poem might include lines of all different lengths, odd rhythms, irregular rhymes, abnormal punctuation. Maeterlinck uses whatever feels right to him at any given time. His highly original imagery mixes very freely with imagery that pays hommage to that of his predecessors. In the following poems, see how many images you can spot that echo specific poems by Mallarmé, Baudelaire, Verlaine, and Rimbaud.

Maurice Maeterlinck. © The Nobel Foundation; photograph used by permission.

CLOCHES DE VERRE[1]

Ô cloches de verre!
Étranges plantes à jamais à l'abri!
Tandis que le vent agite mes sens au dehors!
Toute une vallée de l'âme à jamais immobile!
Et la tiédeur[2] enclose[3] vers midi!
Et les images entrevues à fleur[4] du verre!

N'en soulevez jamais aucune!
On en a mis plusieurs sur d'anciens clairs de lune.
Examinez à travers leurs feuillages:
Il y a peut-être un vagabond sur le trône,
On a l'idée que des corsaires[5] attendent sur l'étang,[6]
Et que des êtres antédiluviens[7] vont envahir[8] les villes.

On en a placé sur d'anciennes neiges.
On en a placé sur de vieilles pluies.
(Ayez pitié de l'atmosphère enclose!)
J'entends célébrer une fête un dimanche de famine,
Il y a une ambulance au milieu de la moisson,[9]
Et toutes les filles du roi errent,[10] un jour de diète,[11] à travers les prairies!

---

1. *cloches de verre:* bell jars.
2. *tiédeur:* warmness.
3. *enclose: enclosed (trapped in.)*
4. *à fleur:* on the surface.
5. *corsaires:* pirates.
6. *l'étang:* pool.

7. *êtres antédiluviens:* prehistoric (*literally*, from before the Flood) beasts.
8. *envahir:* invade.
9. *moisson:* harvest.
10. *errent:* rove.
11. *diète:* assembly (political or religious.)

Examinez surtout celles[12] de l'horizon!
Elles couvrent avec soin de très anciens orages.
Oh ! Il doit y avoir quelque part une énorme flotte sur un marais! [13]
Et je crois que les cygnes ont couvé des corbeaux! [14]
(On entrevoit à peine à travers les moiteurs[15])

Une vierge arrose[16] d'eau chaude les fougères, [17]
Une troupe de petites filles observe l'ermite en sa cellule,
Mes sœurs sont endormies au fond d'une grotte vénéneuse! [18]
Attendez la lune et l'hiver,
Sur ces cloches éparses[19] enfin sur la glace!

TENTATIONS

Ô les glauques[20] tentations
Au milieu des ombres mentales,
Avec leurs flames végétales
Et leurs éjaculations

Obscures de tiges obscures,
Dans le clair de lune du mal,
Eployant[21] l'ombrage automnal
De leurs luxurieux[22] augures! [23]

Elles ont tristement couvert,
Sous leurs muqueuses[24] enlacées
Et leurs fièvres réalisées,
La lune de leur givre[25] vert.

Et leur croissance sacrilège,
Entr'ouvrant ses désirs secrets,
Est morne comme les regrets
Des malades sur de la neige.

Sous les ténèbres de leur deuil,
Je vois s'emmêler les blessures
Des glaives[26] bleus de mes luxures[27]
Dans les chairs rouges de l'orgueil.

Seigneur, [28] les rêves de la terre
Mourront-ils enfin dans mon cœur!
Laissez votre gloire, Seigneur,
Éclairer la mauvaise serre,

Et l'oubli vainement cherché!
Les feuilles mortes de leurs[29] fièvres,
Les étoiles entre leurs lèvres,
Et les entrailles du péché!

---

12. *celles:* Presumably the *plantes* again, rather than the *filles.*
13. *flotte sur un marais:* battle fleet upon a swamp.
14. *les cygnes ont couvé des corbeaux:* swans have hatched crows.
15. *moiteurs:* humidity.
16. *arrose:* waters (as with a watering can.)
17. *fougères:* ferns.
18. *grotte vénéneuse:* toxic cavern.
19. *éparses:* scattered.
20. *glauques:* greenish.
21. *Eployant* = (presumably) *Déployant:* Unfolding.
22. *luxurieux:* lascivious (*not* luxurious.)
23. *augures:* auguries, omens.
24. *muqueuses:* mucous membranes, slime.
25. *givre:* frost.
26. *glaives:* swords, blades.
27. *luxures:* lusts. A sense of sexual shame comes through very strongly in this poem.
28. At this point the poem becomes a prayer for purification addressed to the Lord.
29. *leurs = des rêves.*

HÔPITAL

Hôpital! hôpital au bord du canal![30]
Hôpital au mois de Juillet!
On y fait du feu dans la salle!
Tandis que les transatlantiques sifflent sur le canal!

(Oh! n'approchez pas des fenêtres!)
Des émigrants traversent un palais!
Je vois un yacht sous la tempête!
Je vois des troupeaux sur tous les navires!
(Il vaux mieux que les fenêtres restent closes,
On est presque à l'abri du dehors.)
On a l'idée d'une serre sur la neige,
On croit célébrer des relevailles[31] un jour d'orage,
On entrevoit des plantes éparses sur une couverture de laine,
Il y a un incendie un jour de soleil,
Et je traverse une forêt pleine de blessés.

Oh! voice enfin le clair de lune!

Un jet d'eau s'élève au milieu de la salle!
Une troupe de petites filles entr'ouvre la porte!
 J'entrevois des agneaux dans une île de prairies!
Et de belles plantes sur un glacier!
Et des lys[32] dans un vestibule de marbre!
Il y a un festin dans une forêt vierge!
Et une végétation orientale dans une grotte de glace!
Écoutez! on ouvre les écluses![33]
Et les transatlantiques agitent l'eau du canal!

Voyez la sœur de charité[34] qui attise[35] le feu!
Tous les beaux roseaux verts des berges sont en flamme!
Un bateau de blessés ballotte[36] au clair de lune!
Toutes les filles du roi sont dans une barque sous l'orage!
Et les princesses vont mourir en un champ de ciguës![37]

Oh! n'entrouvrez pas les fenêtres!
Écoutez: les transatlantiques sifflent encore à l'horizon!

---

30. The family property where Maeterlinck as a boy spent much of his time had a canal.
31. *relevailles:* a church rite for new mothers.
32. *lys:* lilies.
33. *écluses:* canal locks, flood gates.
34. The Sisters of Charity is an order of nuns devoted to medical care, especially working in Catholic hospitals.
35. *attise:* stokes. (Some authorities have *attisant* instead of *qui attise.*)
36. *ballotte:* tosses back and forth.
37. *ciguës:* hemlock.

On empoisonne quelqu'un dans un jardin!
Ils célèbrent une grande fête chez les ennemis!
Il y a des cerfs[38] dans une ville assiégée!
Et une ménagerie au milieu des lys!
Il y a une végétation tropicale au fond d'une houillère![39]
Un troupeau de brebis[40] traverse un pont de fer!
Et les agneaux de la prairie entrent tristement dans la salle!

Maintenant[41] la sœur de charité allume les lampes,
Elle apporte le repas des malades,
Elle a clos les fenêtres sur le canal,
Et toutes les portes au clair de lune.

20. Guy de Maupassant

[1850–1893]

The Light Side

After all the chronic depression that Maeterlinck offered up to us in his *Serres chaudes*, it is a pleasant idea to end our look at the nineteenth century with a light, humorous tale from the same decade that also just happens to be entitled *La Serre* – this one by Maupassant.

The Norman Storyteller

Maupassant was born near Dieppe, a coastal town in Normandy. His family was upper-class, financially at ease. He fought in the Franco-Prussian War and then held some minor clerical posts in the Ministry of the Navy and other government offices. For seven years (1873–1880) he wrote poetry and received regular criticism and advice from Flaubert, a family friend. Flaubert was immensely proud of his protégé, and Maupassant gave full credit to Flaubert (not Zola) for his artistic principles and technique. Allegations that Maupassant was Flaubert's illegitimate son were widespread but never authenticated.

Maupassant found his true vocation as a storyteller. He wrote furiously, turning out in eleven years six novels and over three hundred short stories. He gained great popularity with the public at large, as well as fame and wealth. (He is the only celebrated French author of his century, it seems, who owned a yacht.) But in spite of his athlete's frame, his physical and mental vigor, he was undermined by a secret disease, presumably syphilis (an inevitable result of his love of prostitutes.) He knew that he was going mad. We may recognize the approach of insanity in his work, particularly his short story *Le Horla* (about a man haunted by either hallucinations or an invisible monster.) The crisis came in 1891. He attempted suicide and was confined, strait-jacketed, in an asylum until his death from paresis two years later, at the age of only forty-three.

---

38. *cerfs:* deer.
39. *houillère:* coal mine.
40. *brebis:* lambs.

41. Now a return to "reality" following the long free-association ride through the subconscious.

Laughter and Tears

Maupassant wrote some of the best examples of wry humor and irony in French literature, including the classic stories *La Maison Tellier, Au Bord du lit,* and *Menuet.* Even the average American knows his story *La Parure*, famous for its surprise twist ending about a lost necklace of great value that turns out to be fake. He also wrote some of the most tragic tales imaginable, such as *La Ficelle, Mlle Fifi,* and *Un Lâche.* Clearly, beneath his surface gaiety lay a profound pessimism, inspired, we may be sure, by the knowledge of his own doom. His pessimism, however, had its rational and philosophical bases. He was influenced by Schopenhauer's philosophy, by the prevailing scientific materialism of his time and of his Naturalist friends, by disbelief in religion and indeed in any purpose in life. He exhibited a certain disdain for humankind's stupidity,

Guy de Maupassant. Illustration in the 1892 edition of his Contes choisis.

egotism, and futility. Still, it is hard to dislike a man who reportedly said that he ate lunch all the time at the restaurant on the Eiffel Tower because it was the one place in Paris from which one did not have to look at the Eiffel Tower.

The Psychology of Behavior

Of his work we prize chiefly today his novel *Pierre et Jean*; his short stories, cruel and comic, of Norman peasant life; and his descriptions of corrupt Parisian sophisticates. Maupassant admired Flaubert, Zola, and many of the other Naturalists of his time, but he accepted only a part of Zola's doctrines. Maupassant set forth his theory of fiction in the 1888 preface to *Pierre et Jean* He says that the writer should show the transitions of a human situation. His choice of details will impose a sense of truth and will make a picture of life more complete and significant than life itself. The realist becomes then an illusionist. He does not analyze; he reveals the psychology of his characters solely by their behavior. His style must be exact. He must use *le mot juste,* the inevitable word. He must describe a coachman in a cab-rank in such a way that he cannot be confused with any other coachman on earth.

Maupassant's *narrative art* exemplifies his theories. He is simple, natural, objective. He always has a story to tell; he moves from one fixed point to another. He defines his characters by their externals and behavior; he does not interpret, explain, or make moral judgments. He understands; he does not sympathize. "Il est le grand peintre de la grimace humaine," said Anatole France. His *style* is compact, staccato, understated, artistic in its apparent absence of art.

Maupassant had a few favorite subjects to which he returned again and again: money, fright, the great outdoors, sex (especially adultery and prostitution), and quaint older people. All of these he found funny.

⚜ ⚜ ⚜

La Serre[1]

[1883; one of several stories published originally under Maupassant's pen name Maufrigneuse. Remark how discretely Maupassant treats his somewhat delicate topic.]

M. et Mme Lerebour[2] avaient le même âge. Mais monsieur paraissait plus jeune, bien qu'il fût le plus affaibli des deux. Ils vivaient près de Nantes[3] dans une jolie campagne qu'ils avaient créée après fortune faite en vendant des rouenneries.[4]

La maison était entourée d'un beau jardin contenant basse-cour,[5] kiosque chinois[6] et une petite serre tout au bout de la propriété. M. Lerebour était court, rond et jovial, d'une jovialité de boutiquier bon vivant. Sa femme, maigre, volontaire et toujours mécontente, n'était point parvenue à vaincre la bonne humeur de son mari. Elle se teignait les cheveux, lisait parfois des romans qui lui faisaient passer des rêves dans l'âme, bien qu'elle affectât de mépriser ces sortes d'écrits. On la déclarait passionnée, sans qu'elle eût jamais rien fait pour autoriser cette opinion. Mais son époux disait parfois: « Ma femme, c'est une gaillarde![7] » avec un certain air entendu qui éveillait des suppositions.

Depuis quelques années cependant elle se montrait agressive avec M. Lerebour toujours irritée et dure, comme si un chagrin secret et inavouable l'eût torturée. Une sorte de mésintelligence en résulta. Ils ne se parlaient plus qu'à peine, et madame, qui s'appelait Palmyre, accablait sans cesse monsieur qui s'appelait Gustave, de compliments désobligeants,[8] d'allusions blessantes, de paroles acerbes, sans raison apparente.

Il courbait le dos, ennuyé mais gai quand même, doué d'un tel fonds de contentement qu'il prenait son parti de ces tracasseries[9]

intimes. Il se demandait cependant quelle cause inconnue pouvait aigrir ainsi de plus en plus sa compagne, car il sentait bien que son irritation avait une raison cachée, mais si difficile à pénétrer qu'il y perdait ses efforts.

Il lui demandait souvent: « voyons, ma bonne, dis-moi ce que tu as contre moi? Je sens que tu me dissimules quelque chose. » Elle répondait invariablement: « Mais je n'ai rien, absolument rien. D'ailleurs si j'avais quelque sujet de mécontentement, ce serait à toi de le deviner. Je n'aime pas les hommes qui ne comprennent rien, qui sont tellement mous[10] et incapables qu'il faut venir à leur aide pour qu'ils saisissent la moindre des choses. » Il murmurait, découragé: « Je vois bien que tu ne veux rien dire. » Et il s'éloignait en cherchant le mystère.

Les nuits surtout devenaient très pénibles pour lui; car ils partageaient toujours le même lit, comme on fait dans les bons et simples ménages. Il n'était point alors de vexations dont elle n'usât à son égard. Elle choisissait le moment où ils étaient étendus côte à côte pour l'accabler de ses railleries les plus vives. Elle lui reprochait principalement d'engraisser:[11] « Tu tiens toute la place, tant tu deviens gros. Et tu me sues[12] dans le dos comme du lard fondu. Si tu crois que cela m'est agréable! » Elle le forçait à se relever sous le moindre prétexte, l'envoyant chercher en bas un journal qu'elle avait oublié, ou la bouteille d'eau de fleurs d'oranger qu'il ne trouvait pas, car elle l'avait cachée. Et elle s'écriait

---

1. *Serre:* greenhouse or hothouse for growing plants.
2. *Lerebour:* Humorous name, more or less meaning *the Backwards*
3. *Nantes:* Large city on the Atlantic coast of France.
4. *rouenneries:* printed cotton goods.
5. *basse-cour:* chicken yard.

6. *kiosque chinois:* Chinese-style gazebo.
7. *gaillarde:* one heck of a woman.
8. *désobligeants:* backhanded.
9. *tracasseries:* pesterings.
10. *mous:* soft, feeble.
11. *d'engraisser:* for gaining weight.
12. *tu me sues:* you sweat on me.

Maupassant's home town, Dieppe. Courtesy of Bibliothèque nationale de France.

d'un ton furieux et sarcastique: « Tu devrais pourtant savoir où on trouve ça, grand nigaud![13] » Lorsqu'il avait erré pendant une heure dans la maison endormie et qu'il remontait les mains vides, elle lui disait pour tout remerciement: « Allons, recouche-toi, ça te fera maigrir de te promener un peu, tu deviens flasque[14] comme une éponge. » Elle le réveillait à tout moment en affirmant qu'elle souffrait de crampes d'estomac et exigeait qu'il lui frictionnât le ventre avec de la flanelle imbibée d'eau de Cologne. Il s'efforçait de la guérir désolé de la voir malade; et il proposait d'aller réveiller Céleste, leur bonne.[15] Alors, elle se fâchait tout à fait, criant:

« Faut-il qu'il soit bête, ce dindon-là.[16] Allons! c'est fini, je n'ai plus mal, rendors-toi grande chiffe. » Il demandait: « C'est bien sûr que tu ne souffres plus? » Elle lui jetait durement dans la figure: « Oui, tais-toi, laisse-moi dormir, ne m'embête pas davantage. Tu es incapable de rien faire, même de frictionner une femme. » Il se désespérait: « Mais... ma chérie... » Elle s'exaspérait: « Pas de mais... Assez, n'est-ce

pas. Fiche-moi la paix,[17] maintenant... » Et elle se tournait vers le mur. Or une nuit, elle le secoua[18] si brusquement, qu'il fit un bond de peur et se trouva sur son séant[19] avec une rapidité qui ne lui était pas habituelle.

Il balbutia: « Quoi?... Qu'y a-t-il?... » Elle le tenait par le bras et le pinçait à le faire crier. Elle lui souffla dans l'oreille: « J'ai entendu du bruit dans la maison. »

Accoutumé aux fréquentes alertes de Mme Lerebour il ne s'inquiéta pas outre mesure, et demanda tranquillement: « Quel bruit, ma chérie?» Elle tremblait, comme affolée, et répondit: « Du bruit... mais du bruit... des bruits de pas... Il y a quelqu'un. » Il demeurait incrédule: « Quelqu'un? Tu crois? Mais non; tu dois te tromper. Qui veux-tu que ce soit, d'ailleurs? » Elle frémissait: « Qui ?.. qui ?.. Mais des voleurs, imbécile! » Il se renfonça doucement dans ses draps: « Mais non, ma chérie, il n'y a personne, tu as rêvé, sans doute. » Alors, elle rejeta la couverture et, sautant du lit, exaspérée:

« Mais tu es donc aussi lâche qu'incapable! Dans tous les cas, je ne

---

13. *nigaud:* dumb ass.
14. *flasque:* flaccid, flabby.
15. *bonne:* maid.
16. *ce dindon-là:* that turkey (i.e., imbecile.)
17. *fiche-moi la paix:* leave me the heck alone.
18. *le secoua:* shook him.
19. *sur son séant:* sitting up.

me laisserai pas massacrer grâce à ta pusillanimité.[20] » Et saisissant les pinces de la cheminée,[21] elle se porta debout, devant la porte verrouillée,[22] dans une attitude de combat.

Emu par cet exemple de vaillance, honteux peut-être, il se leva à son tour en rechignant,[23] et sans quitter son bonnet de coton, il prit la pelle[24] et se plaça vis-à-vis de sa moitié.[25]

Ils attendirent vingt minutes dans le plus grand silence. Aucun bruit nouveau ne troubla le repos de la maison. Alors, madame, furieuse, regagna son lit en déclarant: « Je suis sûre pourtant qu'il y avait quelqu'un. » Pour éviter quelque querelle, il ne fit aucune allusion pendant le jour à cette panique.

Mais, la nuit suivante, Mme Lerebour réveilla son mari avec plus de violence encore que la veille et, haletante, elle bégayait:

« Gustave, Gustave, on vient d'ouvrir la porte du jardin. » Etonné de cette persistance, il crut sa femme atteinte de somnambulisme[26] et il allait s'efforcer de secouer ce sommeil dangereux quand il lui sembla entendre, en effet, un bruit léger sous les murs de la maison.

Il se leva, courut à la fenêtre, et il vit, oui, il vit une ombre blanche qui traversait vivement une allée.

Il murmura, défaillant: « Il y a quelqu'un! » Puis il reprit ses sens, s'affermit, et, soulevé tout à coupar une formidable colère de propriétaire dont on a violé la clôture,[27] il prononça: « Attendez, attendez, vous allez voir. » Il s'élança vers le secrétaire, l'ouvrit, prit son revolver, et se précipita dans l'escalier. Sa femme éperdue le suivait en criant: « Gustave, Gustave, ne m'abandonne pas, ne me laisse pas seule.

Gustave! Gustave! » Mais il ne l'écoutait guère; il tenait déjà la porte du jardin.

Alors elle remonta bien vite se barricader dans la chambre conjugale.

Elle attendit cinq minutes, dix minutes, un quart d'heure. Une terreur folle l'envahissait. Ils l'avaient tué sans doute, saisi, garrotté, étranglé. Elle eût mieux aimé[28] entendre retentir les six coups de revolver, savoir qu'il se battait, qu'il se défendait. Mais ce grand silence, ce silence effrayant de la campagne la bouleversait.

Elle sonna Céleste. Céleste ne vint pas, ne répondit point. Elle sonna de nouveau, défaillante, prête à perdre connaissance. La maison entière demeura muette.

Elle colla contre la vitre son front brûlant,[29] cherchant à pénétrer les ténèbres du dehors. Elle ne distinguait rien que les ombres plus noires des massifs[30] à côté des traces grises des chemins.

La demie de minuit[31] sonna. Son mari était absent depuis quarante-cinq minutes. Elle ne le reverrait plus! Non! certainement elle ne le reverrait plus! Et elle tomba à genoux en sanglotant.

Deux coups légers contre la porte de la chambre la firent se redresser d'un bond. M. Lerebour l'appelait: « Ouvre donc, Palmyre, c'est moi. » Elle s'élança, ouvrit et debout devant lui, les poings sur les hanches, les yeux encore pleins de larmes: « D'où viens-tu, sale bête! Ah! tu me laisses comme ça à crever[32] de peur toute seule, ah ! tu ne t'inquiètes pas plus de moi que si je n'existais pas... » Il avait refermé la porte; et il riait, il riait comme un fou, les deux joues fendues par sa bouche, les mains sur son ventre, les yeux humides.

Mme Lerebour stupéfaite, se tut.[33]

Il bégayait: « C'était... c'était... Céleste qui avait un... un... un rendez-vous dans la

---

20. *pusillanimité:* faint-heartedness.
21. *pinces de la cheminée:* tongs from the fireplace.
22. *verrouillée:* bolted.
23. *rechignant:* grimacing.
24. *pelle:* shovel.
25. *sa moitié:* his better half (wife.)
26. *somnambulisme:* sleepwalking.
27. *clôture:* property.

28. *Elle eût mieux aimé:* She would have preferred.
29. *Elle colla contre la vitre son front brûlant:* She stuck her broiling forehead against the window glass.
30. *des massifs:* of the shrubbery.
31. *la demie de minuit = minuit et demi.*
32. *crever:* die.
33. *se tut:* became silent.

serre... Si tu savais ce que... ce que... ce que j'ai vu... » Elle était devenue blême, étouffant d'indignation. « Hein?.. tu dis ?.. Céleste?.. chez moi?.. dans ma... ma... ma maison... dans ma...ma... dans ma serre. Et tu n'as pas tué l'homme, un complice![34] Tu avais un revolver et tu ne l'as pas tué... Chez moi... chez moi... » Elle s'assit, n'en pouvant plus.

Il battit un entrechat, fit les castagnettes avec ses doigts, claqua de la langue,[35] et, riant toujours: « Si tu savais... si tu savais... » Brusquement, il l'embrassa.

Elle se débarrassa de lui. Et, la voix coupée par la colère: « Je ne veux pas que cette fille reste un jour de plus chez moi, tu entends? Pas un jour... pas une heure. Quand elle va rentrer nous allons la jeter dehors... »

M. Lerebour avait saisi sa femme par la taille et il lui plantait des rangs de baisers dans le cou, des baisers à bruits, comme jadis. Elle se tut de nouveau, percluse[36] d'étonnement. Mais lui, la tenant à pleins bras, l'entraînait doucement vers le lit...

Vers neuf heures et demie du matin, Céleste, étonnée de ne pas voir encore ses maîtres qui se levaient toujours de bonne heure, vint frapper doucement à leur porte.

Ils étaient couchés, et ils causaient gaiement côte à côte. Elle demeura saisie, et demanda: [37] « Madame, c'est le café au lait. » Mme Lerebour prononça d'une voix très douce: « Apporte-le ici, ma fille, nous sommes un peu fatigués, nous avons très mal dormi. »

À peine la bonne fut-elle sortie[38] que M. Lerebour se remit à rire en chatouillant[39] sa femme et répétant: « Si tu savais! Oh! si tu savais ! » Mais elle lui prit les mains « voyons, reste tranquille, mon chéri, si tu ris tant que ça, tu vas te faire du mal. » Et elle l'embrassa, doucement, sur les yeux.

Mme Lerebour n'a plus d'aigreurs.[40] Par les nuits claires,[41] quelquefois, les deux époux vont, à pas furtifs,[42] le long des massifs et des plates-bandes[43] jusqu'à la petite serre au bout du jardin. Et ils restent là blottis[44] l'un près de l'autre contre le vitrage[45] comme s'ils regardaient au-dedans une chose étrange et pleine d'intérêt.

Ils ont augmenté les gages[46] de Céleste.

M. Lerebour a maigri.[47]

---

34. *complice:* accomplice (to the "crime.")
35. *Il battit ... langue:* He did a dancing leap, snapped his fingers, clicked his tongue.
36. *percluse:* paralyzed.
37. *Elle demeura saisie, et demanda:* Stunned, she asked....
38. *A peine la bonne fut-elle sortie:* Scarcely had the maid left.
39. *en chatouillant:* while tickling.
40. *plus d'aigreurs:* no more nasty spells.
41. *Par les nuits claires:* On moonlit nights.
42. *à pas furtifs:* with furtive steps (i.e., walking stealthily as if sneaking up on someone.)
43. *plates-bandes:* flower beds.
44. *blottis:* crouched.
45. *vitrage:* window panes.
46. *gages:* wages. (They gave Celeste a raise in pay instead of firing her.)
47. *a maigri:* slimmed down.

BIBLIOGRAPHY

For further reading about the authors and their works, the following secondary source books are recommended. Some are renowned classics of their kind, while others represent more recent research. Almost all are widely available as of this writing.

French Literature in General

Cabeen, David C., editor. *Critical Bibliography of French Literature.* (Syracuse University Press, 1983.)

Dictionnaire des Oeuvres littéraires de langue française. (Bordas, 1994.)

Harvey, Paul, and Heseltine, J.E., editors. *New Oxford Companion to Literature in French.* (Oxford University Press, 1995.)

Hollier, Denis, editor. *A New History of French Literature.* (Harvard University Press, 1989.)

Lagarde, André and Michard, Laurent, editors. *Le Lagarde et Michard.* (Bordas, four-volume set with CD-Rom, 2003.)

Lanson, Gustave and Tuffrau, Paul, editors. *Manuel illustré d'histoire de la litterature francaise.* (Hachette, 1968.)

Levi, Anthony. *Guide to French Literature: Beginnings to 1789* (St. James, 1994.)

Stade, George, editor. *European Writers.* (Scribner, 1989.)

The Nineteenth Century

Baguley, David. *Naturalist Fiction: The Entropic Vision.* (Cambridge University Press, 1990.)

Crouzet, Michel. *Stendhal, ou, Monsieur moi-même.* (Flammarion, 1990.)

Porter, Laurence. *The Crisis of French Symbolism.* (Cornell University Press, 1990.)

Richard, J.-P. *Etudes sur le romantisme.* (Seuil, 1971.)

Raymond, Marcel. *De Baudelaire au surréalisme.* (J. Corti , 1966; originallly 1933.)

Robb, Graham. *Victor Hugo.* (Norton, 1998.)

Satiat, Nadine. *Balzac ou la fureur d'écrire.* (Hachette Littératures, 1999.)

Walton, Whitney. *Eve's Proud Descendants: Four Women Writers and Republican Politics in Nineteenth-Century France.* (Stanford University Press, 2000.)

A BIOGRAPHICAL NOTE ABOUT THE EDITORS

Kenneth T. Rivers is a Professor of French at Lamar University, Beaumont, in the Texas State University System. Born in Oakland, California in 1950, he went on to receive his BA, MA, and PhD in French, with a minor in History, from the University of California at Berkeley. While there in the 1960's and 70's during much social upheaval, he developed an expertise on socially conscious literature and art. He has authored a previous book, *Transmutations: Understanding Literary and Pictorial Caricature*, and many scholarly articles on a variety of subjects including the works of Balzac, Flaubert, and other authors; the art of Daumier; French cinema; French politics; and, perhaps most notably, the effects of climate changes throughout history upon European culture. The journals in which he has published include, among others, the *Stanford French Review*, *The European Studies Journal*, *Images*, and *Revue du Pacifique*. He has also authored fourteen biographical encyclopedia entries on French writers and filmmakers from Lesage and Prévost to Cousteau and Godard. Lamar University named him its Distinguished Faculty Lecturer in 2005. He has been awarded two National Endowment for the Humanities fellowships and eight grants. He experienced his fifteen minutes of fame when interviewed on CNN about his research on the effects of the Internet upon language and international relations. In his spare time, he has acted in community theater, won a play writing contest, and led, or co-led with his wife, Dr. Dianna Rivers, over a dozen study-abroad tours to at least ten European countries. He believes the study of literature and languages, combined with world travel, to be a key to international understanding that ought to be made available to all students. His next project is the subsequent volume of the anthology that you have in your hand.

Kenneth T. Rivers with Honoré de Balzac. Photo by Dianna Rivers

Morris Bishop. Photo courtesy of Alison Jolly.

Morris Gilbert Bishop (1893-1973) was one of the great literary scholars of his time and an acclaimed biographer. He championed the academic life, not only in books — *A Survey of French Literature* (first and second editions) and *A History of Cornell* — but also by serving as President of the Modern Language Association. He had a unique start in life, being born at Willard State Insane Asylum in Ovid, New York, where his father was a medical doctor. Bishop would remark that he learned early that five out of six of the people he met were insane, and saw little reason to revise his opinion later. Although orphaned as a boy, he went on to attend Cornell University, graduating in the class of 1914. He was an infantry lieutenant in World War I, using his college French to serve as a translator. He gained an abiding love of France — its people, not just its literature. After some time in advertising, he obtained his PhD at Cornell and taught there for the rest of his life, punctuated by sabbaticals in Europe. He wrote light verse for the New Yorker and Saturday Evening Post, hundreds of essays, and biographies of people he admired, including writers such as Pascal, Ronsard and Petrarch, the explorers Champlain and Cabeza de Vaca, and Saint Francis of Assisi. Returning from the devastated Europe of World War II, Bishop declared that "literature, in the broadest sense, is wisdom. It represents the long effort of man to understand himself and, if the youth of today are to guide the world safely through the terrors of the atomic age, they must now serve their apprenticeship to wisdom. If I propose the study of literature as a means to wisdom, it is because I believe that in literature are most clearly written the means for the understanding of man's nature and man's world. And I propose that the teacher of literature take up this dreadful burden, not for the sake of literature, but for the sake of humanity."